올림 포스

구문연습 300

KB190385

정답과 해설은 EBS*i* 사이트(www.ebs*i*.co.kr)에서 다운로드 받으실 수 있습니다.

EBS*i* 사이트에서 본 교재의 문항별 해설 강의 검색 서비스를 제공하고 있습니다.

| 교재 내용 문의 | 교재 및 강의 내용 문의는 EBS*i* 사이트 (www.ebs*i*.co.kr)의 학습 Q&A 서비스를 활용하시기 바랍니다. | 교재 정오표 공지 | 발행 이후 발견된 정오 사항을 EBS*i* 사이트 정오표 코너에서 알려 드립니다. **EBS*i* 사이트 ▶ 교재 ▶ 교재 정오표** | 교재 정정 신청 | 공지된 정오 내용 외에 발견된 정오 사항이 있다면 EBS에 알려 주세요. **EBS*i* 사이트 ▶ 교재 ▶ 교재 정정 신청** |

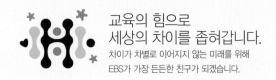

교육의 힘으로
세상의 차이를 좁혀갑니다.
차이가 차별로 이어지지 않는 미래를 위해
EBS가 가장 든든한 친구가 되겠습니다.

기획 및 개발

김 탄
양성심
이원구
최서윤

집필 및 검토

김옥환 (대표집필) (현) 동탄국제고
Indiana University 언어학 박사
EBS Grammar Power 상 · 하 · 기본 대표집필
2015 EBS 수능특강, 2016-2017 수능완성 대표집필

양승찬 (현) 경신고
서울대학교 영어교육과(졸)
EBS Grammar Power 상 · 하 · 기본 집필
2014-2018 EBS 수능특강 영어 집필

김도현 (현) EBS 수능 강사
서울대학교 정치학과(졸)
EBS 강의노트 김도현의 왕초보 영문법 집필

검토

김광수 (현) 서울과학고
류혜경 (현) 대구대
이창수 (현) 유원대
박찬숙 (현) 동탄국제고

원어민 감수

Amy Ahn (현) 서울과기대
Robin Klinkner (현) 서울과기대

편집 검토

심현경
사태숙
유희경
이정화
조문영
주 희
황지언

표지기획

김나미

본 교재의 강의는 TV와 모바일, EBS*i* 사이트(www.ebs*i*.co.kr)에서 무료로 제공됩니다.

발행일 2018. 2. 13. **5쇄 인쇄일** 2020. 11. 24. **신고번호** 제2017-000193호 **펴낸곳** 한국교육방송공사 경기도 고양시 일산동구 한류월드로 281
표지디자인 디자인싹 **편집디자인** ㈜글사랑 **편집** ㈜글사랑 **인쇄** ㈜SJC성전
인쇄 과정 중 잘못된 교재는 구입하신 서점에서 교환하여 드립니다.

올림포스
구문연습 300

구성과 활용법

본 교재의 목적은 주로 고등학교 1, 2학년 학생들이 영어 지문을 정확하고 빠르게 읽는 능력을 길러 학교 내신과 수능에서 상위 등급에 도전할 수 있도록 체계적이고 효율적인 영어 구문 연습 기회를 제공하는 데 있습니다. 이를 위해 본 교재는 구문 분석에 실제로 활용하기 어려운 문법 지식을 최대한 배제하고, 대신 문장을 구성하는 기본 요소와 어구의 확장이라는 일관된 관점을 통해 직관적이고 합리적인 분석 방법을 제시합니다. 또한 분석에만 그치지 않고 그 분석을 실제 해석 절차와 연관시킵니다. 고등학생이 꼭 알아야 할 영어 구문을 엄선하여 자기 주도적 학습이 가능한 워크북 형태로 구성했기 때문에 본 교재를 처음부터 차근차근 공부하다보면 자신의 학습 수준에 상관없이 모든 학습자가 튼튼한 영어 독해 능력을 기를 수 있게 될 것입니다.

〈EBS 올림포스 구문연습 300〉의 특징

- 모든 해설은 세세한 영문법 설명을 최대한 피하고 대신 기호, 도해, 삽화를 통한 직관적, 과학적 분석에 의존합니다.
- 자기주도 학습과 발견 학습이 가능하도록 구문의 관찰을 중시하고 그에 수반한 질문을 유도합니다.
- 구문의 분석은 기본 개념부터 시작하여 최종 문장 구조까지 철저한 단계별 이해를 추구합니다.
- 각 구문별로 분석과 연습이 마주보는 두 페이지 안에서 완성됩니다. 왼쪽 페이지에서 학습한 구문 분석법을 오른쪽 페이지에서 직접 적용하여 해당 구문의 학습을 완결할 수 있습니다.

〈EBS 올림포스 구문연습 300〉의 구성

- 교재는 총 8개의 Unit으로 이루어지고, 그 안에 88개의 Structure, 300개의 문형 예문, 880개의 연습 문제가 포함됩니다.
- 각 Structure는 3~6개의 문형 예문, 관찰과 질문, 분석, 해석 조언으로 이루어집니다.
- 각 Structure에서 학습한 기본 문형을 자기 것으로 만들 수 있도록 10개의 연습 문제가 제공됩니다. 대부분 수능이나 모의평가의 기출 문장이고, 다양한 난이도가 반영됩니다.
- 〈정답과 해설〉에는 이 책에 수록된 모든 문장과 그 해석, 해설이 담겨 있어 해설책만 따로 가지고 다니며 학습할 수 있습니다.
- 별도로 제공되는 구문 카드에는 핵심 문장 300개가 수록되어 간편히 휴대하여 해석 연습을 해 볼 수 있습니다.

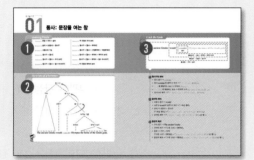

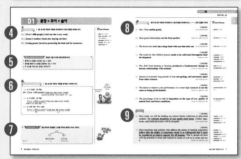

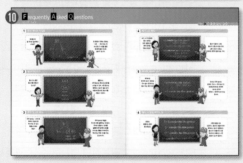

❶ Learning Points
각 Unit에서 학습하게 될 구문을 한눈에 볼 수 있습니다.

❷ Structure of a Sentence
대표 예문의 도해를 통해 문장 구조를 한눈에 파악할 수 있습니다.

❸ Crack the Code
문장의 분석이 실제 해석과 연관되는 과정을 생생하게 추적할 수 있습니다.

❹ Challenge
문장 해석을 해보면서 학습하게 될 구문의 형태를 인식하는 단계입니다.

❺ Observation & Question
대표 예문을 관찰하며 문장의 내부 구조나 역할에 대해 생각하거나 질문하는 단계입니다.

❻ Analysis & Translation
대표 문장을 설명 대신 부호와 도해를 활용하여 체계적으로 분석하는 단계입니다.

❼ Translation TIP
분석을 통해 이해한 구문 지식을 실제 해석 과정에 적용하는 실용적 단계입니다.

❽ Application
관찰과 분석을 통해 얻은 구문 지식을 실제 문제 해결을 통해 완전한 자기 것으로 만드는, 일종의 적응 단계입니다.

❾ Level Up
문맥이 주어진 중장문을 분석·해석하며 구문 실력을 한 단계 높여 도전해 보는 단계입니다.

❿ Frequently Asked Questions
각 Unit을 학습하면서 학습자들이 궁금해 할 질문과 그에 대한 명쾌한 답변을 통해 궁금증을 풀어 드립니다.

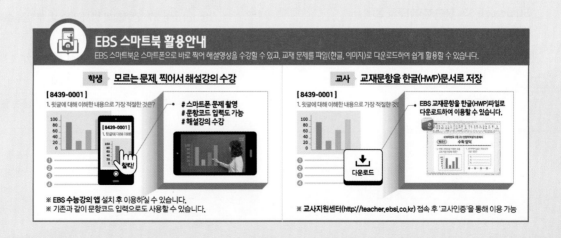

EBS 스마트북 활용안내
EBS 스마트북은 스마트폰으로 바로 찍어 해설영상을 수강할 수 있고, 교재 문제를 파일(한글, 이미지)로 다운로드하여 쉽게 활용할 수 있습니다.

학생 | **모르는 문제, 찍어서 해설강의 수강**

[8439-0001]
1. 윗글에 대해 이해한 내용으로 가장 적절한 것은?

→ # 스마트폰 문제 촬영
문항코드 입력도 가능
해설강의 수강

[8439-0001]
1. 한글에 대해 이해

① ② ③ ④

찰칵!

※ EBS 수능강의 앱 설치 후 이용하실 수 있습니다.
※ 기존과 같이 문항코드 입력으로도 사용할 수 있습니다.

교사 | **교재문항을 한글(HWP)문서로 저장**

[8439-0001]
1. 윗글에 대해 이해한 내용으로 가장 적절한 것

→ EBS 교재문항을 한글(HWP)파일로 다운로드하여 이용할 수 있습니다.

① ② ③ ④

다운로드

※ 교사지원센터(http://teacher.ebsi.co.kr) 접속 후 '교사인증'을 통해 이용 가능

CONTENTS

U/N/I/T

01 동사: 문장을 여는 창

Structure of a Sentence

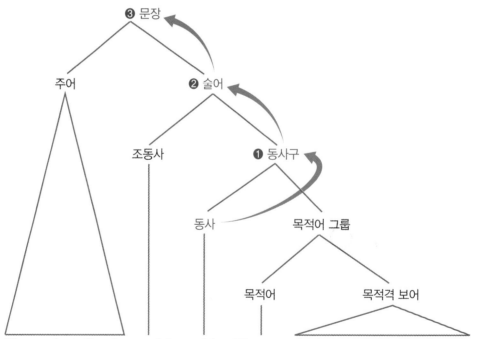

Crack the Code

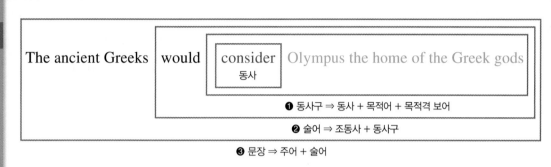

1 동사구의 해석
- ▶ 동사 찾기 ⇒ consider
- ▶ 동사 consider의 문맥 속 의미 ⇒ 「~이 …이라고 생각하다」
- ▶ 「~이」에 해당하는 요소 ⇒ 목적어 Olympus
- ▶ 「…이라고」에 해당하는 요소 ⇒ 목적격 보어 the home of the Greek gods
- ▶ 동사구의 해석 ⇒ 「Olympus가 그리스 신들의 집이라고 생각하다」

2 술어의 해석
- ▶ 조동사 찾기 ⇒ would
- ▶ 조동사 would의 문맥 속 의미 ⇒ 「~하곤 했다」
- ▶ 술어 ⇒ 조동사 + 동사구
  (「~하곤 했다」 + 「Olympus가 그리스 신들의 집이라고 생각하다」)
- ▶ 술어의 해석 ⇒ 「Olympus가 그리스 신들의 집이라고 생각하곤 했다」

3 문장의 해석
- ▶ 주어 찾기 ⇒ The ancient Greeks
- ▶ 주어의 의미 ⇒ 「고대 그리스 사람들은」
- ▶ 문장 ⇒ 주어 + 술어
  (「고대 그리스 사람들은」 + 「Olympus가 그리스 신들의 집이라고 생각하곤 했다」)
- ▶ 문장의 해석 ⇒ 「고대 그리스 사람들은 Olympus가 그리스 신들의 집이라고 생각하곤 했다.」

Structure 01 ▶ 문장 = 주어 + 술어

Challenge 　[　]로 표시된 부분의 역할에 유의하면서 다음 문장을 해석해 보자.

001 [Over 1,000 people] [visit our site every week].

002 [Jenny's mother] [hates her staying out late].

003 [Going green] [involves protecting the land and its resources].

Words & Phrases

▶ site (인터넷) 사이트
▶ stay out late 늦게까지 집에 안 들어오다
▶ go green 친환경적이 되다
▶ involve 수반[포함]하다
▶ resources 자원

Observation & Question 　문장의 기본 구조에 대해 생각해 보자.

▶ 동작이나 상태를 나타내는 요소 ⇒ 술어
▶ 동작을 행하거나 상태를 경험하는 요소 ⇒ 주어
❖ 두 요소를 구분 짓는 경계는 어디인가?

Analysis & Translation 　[　]로 표시된 부분의 역할을 분석하고 해석해 보자.

STEP ❶ 두 번째 [　]의 역할
001 [Over 1,000 people] [<u>visit our site every week</u>].
　　　　　　　　　　　　'방문하다'라는 동작을 나타내는 동사로 시작 ⇒ 술어

STEP ❷ 첫 번째 [　]의 역할
　　　　[Over 1,000 people] [visit our site every week].
　'방문하다'라는 동작을 행함 ⇒ 주어

STEP ❸ 경계 구분: 주어 / 술어
　　　　[Over 1,000 people] / [visit our site every week].
　　　　　　　　주어　　　　　　　　　　　　술어

주어와 술어의 경계는 동사이겠네요?

조동사가 없을 때는 그래. 술어는 대개 동사로 시작되니까.

Translation TIP 　문장 해석의 첫걸음은 그것을 주어와 술어로 나누는 것이다.

　　　　　　　　　　　문장
　　　　　　　┌────────┴────────┐
　　　　　　　주어　　　　　　　　술어
　　　　　　　│　　　　　　　　　│
　　　　　　행위자/경험자　　　동작/상태
　　　　　　「~은」　　　　　「...하다/이다」
해석 ⇨

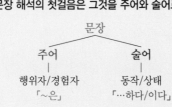

Application 굵게 표시된 부분에 유의하면서 다음 문장을 해석하시오.(09~10번은 밑줄만 해석)

Words & Phrases

□ 8441-0001

01 Mrs. Cline **smiled gently**.

(2017년 9월 모평 19번)

▸ gently 부드럽게

□ 8441-0002

02 Most good relationships **are far from perfect**.

(2017년 국가 성취도 평가 21번)

▸ far from 전혀 ~이 아닌

□ 8441-0003

03 The brown tree snake **has a large head with eyes that stick out**. (2017년 9월 모평 25번)

▸ stick out 툭 튀어나오다

□ 8441-0004

04 The creativity that children possess **needs to be cultivated throughout their development**.

(2016년 수능 31번)

▸ creativity 창의성
▸ possess 소유하다
▸ cultivate 함양하다
▸ development 성장

□ 8441-0005

05 The shift from hunting to farming **produced a fundamental change in human relationships with animals**.

(2017년 국가 성취도 평가 24번)

▸ shift 변천, 변화
▸ fundamental 근본적인

□ 8441-0006

06 Interest in extremely long periods of time **sets geology and astronomy apart from other sciences**.

(2017년 6월 모평 31번)

▸ extremely 지극히
▸ geology 지질학
▸ astronomy 천문학

□ 8441-0007

07 The desire to improve your performance or to meet high standards **is not the same as being perfectionistic**.

(2017년 국가 성취도 평가 19번)

▸ perfectionistic 완벽주의의

□ 8441-0008

08 The percentage of fat in milk **is dependent on the type of cow, quality of animal feed, and farm conditions**.

(2016년 국가 성취도 평가 27번)

▸ be dependent on ~에 달려 있다

Levelup

□ 8441-0009

09 Next week, we will be holding our school charity collection to help local students. We <u>welcome donations of your gently-used items</u>. Clothes, bags, books, and small electronics will be accepted.

(2017년 9월 모평 26번)

▸ charity 자선 용품
▸ collection 모음, 수집
▸ donation 기증
▸ electronics 전자 제품

□ 8441-0010

10 Most musicians and scholars who address the nature of musical experience <u>believe that the ability to experience music is so widespread that it must be considered an inborn capacity for all humans</u>. That is, people are born with the potential to listen and respond to sound, as well as to create and use it.

(2016년 국가 성취도 평가 21번)

▸ scholar 학자
▸ address 다루다
▸ widespread 널리 퍼진
▸ inborn 타고난, 선천적인
▸ capacity 능력
▸ potential 능력, 가능성

Structure 02 ▶ 술어 = (조동사) + 동사구

Challenge

[ ]로 표시된 술어의 내부 구조에 유의하면서 다음 문장을 해석해 보자.

004 Personal computers [**can store vast amounts of information**].

005 I [**don't feel like going out tonight**].

006 Humor in the workplace [**maintains a climate of positive energy**].

Words & Phrases

▶ store 저장하다
▶ vast 막대한
▶ feel like ~을 하고 싶다
▶ workplace 직장
▶ maintain 유지하다
▶ climate 분위기, 풍조

Observation & Question 술어의 구성 요소에 대해 생각해 보자.

▶ 술어 = 조동사 + 동사구
▶ 술어 = 동사구
◐ 조동사는 술어를 만드는 데 반드시 필요한 요소인가?

Analysis & Translation [ ]로 표시된 부분의 역할과 구조를 분석해 보자.

STEP ❶ 술어 = 동사구
004 Personal computers [**store vast amounts of information**].
　　　　　　　　　　　　　　동사구
　　　　　　　　　　　　　　　술어

STEP ❷ 동사구 앞에 조동사 넣기
　　Personal computers <u>can</u> [**store vast amounts of information**].
　　　　　　　　　　　조동사

STEP ❸ 술어 = 조동사 + 동사구
　　Personal computers [**can** {**store vast amounts of information**}].
　　　　　　　　　　조동사　　　　　동사구
　　　　　　　　　　　　　　술어

조동사가 있을 때는 그것이 술어의 시작 부분이 되는군요.

맞아. 없으면 물론 동사가 술어의 시작 부분이 되는 거구.

Translation TIP 술어를 해석할 때 동사구를 먼저 해석하고 조동사는 그 다음에 해석한다. 술어에 조동사가 없으면 동사구만 해석한다.

문장
주어　　　　술어
　　　(조동사)　　동사구
해석 ⇨　　「~은」　(조동사)의 의미　「…하다/이다」

 **Application**　굵게 표시된 부분에 유의하면서 다음 문장을 해석하시오.(09~10번은 밑줄만 해석)

Words & Phrases

01 The morning walk **will be cancelled in the event of rain**.

🔲 8441-0011

(2016년 수능 27번)

▸ in the event of
　~할 경우에는

02 Excessive punishment **may trigger aggressive behavior**.

🔲 8441-0012

(2017년 국가 성취도 평가 20번)

▸ excessive 과도한
▸ trigger 촉발하다
▸ aggressive 공격적인

03 The subway stations **will be better for passengers without trash cans**.

🔲 8441-0013

(2015년 6월 모평 29번)

▸ trash can 쓰레기통

04 People at the top of their field **must set high standards to achieve what they do**.

🔲 8441-0014

(2017년 국가 성취도 평가 19번)

▸ standard 기준
▸ achieve 성취하다

05 Many of the most important scientific discoveries **have come from these so-called failures**.

🔲 8441-0015

(2015년 국가 성취도 평가 18번)

▸ so-called 소위, 이른바

06 Lindsay's precious Blue Bunny **was a gift from her father, who worked overseas**.

🔲 8441-0016

(2017년 9월 모평 19번)

▸ precious 소중한
▸ overseas 해외에서

07 Creating human races artificially by cloning **would have potentially very dangerous consequences, both biologically and socially**.

🔲 8441-0017

(2016년 국가 성취도 평가 23번)

▸ artificially 인위적으로
▸ clone 복제하다
▸ consequence 결과

08 The symbolic gestures used by specific cultures **can seem completely arbitrary unless one knows the culturally specific code on which they are modeled**.

🔲 8441-0018

(2016년 국가 성취도 평가 26번)

▸ specific 특정한, 구체적인
▸ arbitrary 임의적인
▸ code 관례, 규칙
▸ model 만들다, 형성하다

Level up

09 The Best Booth Contest is one of the main events of the Gold Rose Flower Festival. Participation in the contest is free of charge, and the best-looking booths <u>**will be chosen as winners**</u>. Please come and join in the fun!

🔲 8441-0019

(2017년 9월 모평 27번)

▸ free of charge 무료인

10 The vast majority of "emerging" viruses capable of infecting humans <u>**have "jumped" from animals to humans**</u>. Fortunately, most new viruses seem not to spread among the human population. For example, bird flu has repeatedly jumped from domesticated birds to humans, but has not yet adapted to spread directly from those humans to others.

🔲 8441-0020

(2017년 국가 성취도 평가 27번)

▸ emerge 부상하다
▸ infect 감염시키다
▸ domesticated bird
　집에서 기르는 (닭, 오리, 거위 등의) 조류
▸ adapt 적응하다

🔅 **Challenge** 조동사의 역할이나 의미에 유의하면서 다음 문장을 해석해 보자.

007 **Do** you like music?

008 Jeff **is** running faster than I **am**.

009 Similar action **was** taken by the Korean government.

010 Ashley **has** already gone.

011 Customers **can** choose from sixty hit titles before buying.

012 All passengers **must** wear seat belts.

Words & Phrases

▶ **take action** 조치를 취하다
▶ **title** 서적, 출판물
▶ **passenger** 승객
▶ **seat belt** 안전벨트

Observation & Question 조동사의 역할에 대해 생각해 보자.

▶ 의문문, 진행형, 수동태, 완료형을 만들 때 사용 ⇒ 문법적 보조 기능
▶ 가능성이나 의무를 나타낼 때 사용 ⇒ 서법 조동사 기능

Analysis & Translation I 조동사가 문법적 보조 기능을 하는 문장을 분석, 해석해 보자.

보조 기능 ❶ 의문문

007 <u>**Do**</u> you <u>like</u> music?
　　　조동사 ⇒ 의문문 형성

보조 기능 ❷ 진행형

008 Jeff **is** <u>running</u> faster than I **am** (**running**).
　　　조동사 ⇒ 진행형 형성

보조 기능 ❸ 수동태

009 Similar action **was** <u>taken</u> by the Korean government.
　　　　　조동사 ⇒ 수동태 형성

보조 기능 ❹ 완료형

010 Ashley **has** already <u>gone</u>.
　　　조동사 ⇒ 완료형 형성

그런 역할 외에 능력, 허가, 가능성 등과 같은 의미를 더하는 기능도 있어. 아래를 보겠니?

조동사는 이렇게 문법적 도우미 역할만 하나요?

Analysis & Translation II 서법 조동사가 사용된 문장을 해석해 보자.

STEP ❶ 동사구

011 Customers [**choose from sixty hit titles before buying**].

STEP ❷ 동사구 앞에 조동사 넣기

　　　Customers **can** [**choose from sixty hit titles before buying**].
　　　　조동사 ⇒ 가능성을 나타냄(「~할 수 있다」)

의미를 더하는 조동사의 기능을 좀 볼까?
can/could
⇒ 능력, 허가, 가능성
may/might
⇒ 허가, 추측
must ⇒ 의무, 추측
should ⇒ 의무, 추측

 **Application** 굵게 표시된 부분에 유의하면서 다음 문장을 해석하시오.(09~10번은 밑줄만 해석)

Words & Phrases

01 Mrs. Cline **was** holding the toy.

☐ 8441-0021
(2017년 9월 모평 19번)

02 What **did** Ricky's father think about his son's success?

☐ 8441-0022
(2017년 9월 모평 43~45번)

03 A painting by Pablo Picasso **is** called "a Picasso."

☐ 8441-0023
(2017년 9월 모평 37번)

04 While local networks tend to be small, cosmopolitan networks **can** be huge.

☐ 8441-0024
(2017년 9월 모평 40번)

▶ **cosmopolitan** 전 세계에 걸친
▶ **huge** 거대한

05 The conference **is** held every year in Chicago.

☐ 8441-0025
(2017년 수능 11번)

06 As a matter of fact, one **should** break away from experience and let the mind wander freely.

☐ 8441-0026
(2017년 9월 모평 22번)

▶ **wander** 돌아다니다

07 The oil trading company Enron **had** cooked its books to overstate its profitability in its mandated reports.

☐ 8441-0027
(2017년 9월 모평 23번)

▶ **cook** 꾸며대다
▶ **overstate** 과장하다
▶ **profitability** 수익성
▶ **mandated** 법에 규정된

08 The thing about creativity is that at the outset, you **can**'t tell which ideas will succeed and which will fail.

☐ 8441-0028
(2017년 9월 모평 31번)

▶ **at the outset** 처음에, 처음부터

Level up

09 Experimental studies have shown that insight is actually the result of ordinary analytical thinking. The restructuring of a problem can be caused by unsuccessful attempts in solving the problem, leading to new information being brought in while the person is thinking. The new information can contribute to a completely different perspective in finding a solution, thus producing the Aha! Experience.

☐ 8441-0029

(2017년 9월 모평 22번)

▶ **insight** 통찰력, 이해
▶ **restructure** 재구성하다
▶ **attempt** 시도
▶ **contribute** ~의 원인이 되다
▶ **perspective** 관점
▶ **solution** 해법, 해결책

10 The brown tree snake is infamous for causing the extinction of the majority of native bird species in Guam. Shortly after World War Ⅱ, the brown tree snake **was** accidentally brought into Guam from its native range in the South Pacific, probably as an unwanted passenger on a ship or plane. It is not hunted or eaten by any other animals in Guam and is therefore at the top of its food chain, which has led the snake to increase dramatically in number.

☐ 8441-0030

(2017년 9월 모평 25번)

▶ **infamous** 악명이 높은
▶ **extinction** 멸종
▶ **accidentally** 우연히
▶ **dramatically** 현저히

Challenge [ ]로 표시된 동사구의 내부 구조에 유의하면서 다음 문장을 해석해 보자.

013 Ken [**sneezed all day**].

014 Finally, Steve's flight has [**arrived**].

015 The explosion [**occurred in the early morning**].

Words & Phrases

▶ sneeze 재채기하다
▶ explosion 폭발
▶ occur 발생하다

Observation & Question 동사구의 구성 요소에 대해 생각해 보자.

▶ 동사구 = 동사
▶ 동사구 = 동사구 + 부사어구
◐ 동사구에 포함된 부사어구는 반드시 필요한 요소인가?

Analysis & Translation [ ]로 표시된 부분의 구조를 분석해 보자.

STEP ❶ 동사구 = [동사]

013 Ken [**sneezed**].
　　　　동사
　　　　└─────┘
　　　　동사구

STEP ❷ 동사구 = [동사구 + 부사어구]

Ken [**sneezed all day**].
　　　동사구　부사어구(선택 요소)
　　　└──────────────┘
　　　　동사구

정말 동사 하나만으로도 동사구를 이룰 수 있나요?

그럼, 어떤 동사가 보어나 목적어 없이 동작이나 상태를 나타낼 수 있으면 그 동사 자체가 바로 동사구지.

Translation TIP 사람이나 사물이 스스로 일으키는 동작이나 상태를 나타내는 동사는 목적어나 보어가 필요 없다. 이런 동사는 수식어구의 유무와 상관없이 스스로 동사구를 만든다.

```
              술어
        ┌──────┴──────┐
    (조동사)         동사구
                ┌──────┴──────┐
              동사구          부사어구
```
해석 ⇨　　　(조동사의 의미)「…하다/이다」　(장소, 시간, 방식 등)

보어나 목적어 없이도 동사구가 될 수 있는 동사들이야.
arrive. come. cough. die. disappear. fall. happen. rise. wait 등

Application 굵게 표시된 부분에 유의하면서 다음 문장을 해석하시오. (09~10번은 밑줄만 해석)

Words & Phrases

---

01 Paul **jumped** on the sofa.

☐ 8441-0031
(2016년 국가 성취도 평가 16번)

02 A light **appeared** at the bottom of the stairs.

☐ 8441-0032
(2017년 국가 성취도 평가 16번)

03 A father and his daughter were **playing** in the park.

☐ 8441-0033
(2017년 국가 성취도 평가 33~34번)

04 The smile had **disappeared** from the father's face.

☐ 8441-0034
(2017년 국가 성취도 평가 33~34번)

05 During the winter, people tend to **gather** in indoor environments more than they do during the warmer months.

☐ 8441-0035
(2016년 국가 성취도 평가 28번)

▸ gather 모이다
▸ indoor environment 실내 환경

06 Sometimes I had to **look** pretty hard to find something, but I praised Larry over and over.

☐ 8441-0036
(2016년 국가 성취도 평가 33~34번)

▸ praise 칭찬하다
▸ over and over 반복해서

07 There is a mental aspect of attention that involves processing that can **occur** independently of eye movements.

☐ 8441-0037
(2017년 9월 모평 36번)

▸ mental 정신적인
▸ involve 수반[포함]하다
▸ independently of ~과 관계없이

08 It has been said that eye movements are windows into the mind, because where people **look** reveals what environmental information they are attending to.

☐ 8441-0038
(2017년 9월 모평 36번)

▸ reveal 드러내다

Level Up

09 "I'm so sorry, Steve! This election hasn't damaged our friendship, has it?" "Of course not, Dave. We're friends as always!" Steve **responded** with a smile. As Steve arrived home, his dad was proudly waiting for him and said, "Congratulations on the win! How did Dave take it?" Steve replied, "We're fine now, best friends for life!" His dad laughed, "Sounds like you won two battles today!"

☐ 8441-0039
(2017년 수능 43~45번)

▸ election 선거
▸ damage 손상하다
▸ battle 전투

10 David pushed the door open and looked out into the darkness. At the same instant, a light came into view at the bottom of the stairs and moved slowly up them. David watched, wide-eyed, and when the light reached the top of the stairs, he could see a large man carrying it. Frightened, he **froze** as the light **moved** noiselessly down the hall and **disappeared** into Amanda's room.

☐ 8441-0040
(2017년 국가 성취도 평가 16번)

▸ noiselessly 조용히
▸ disappear 사라지다

Challenge [ ]로 표시된 부분의 역할에 유의하면서 다음 문장을 해석해 보자.

016 Katie became [**a linguist**].

017 The whole situation seems [**very strange**] to me.

018 Many scientists remain [**unconvinced by the current evidence**].

Words & Phrases

▶ linguist 언어학자
▶ unconvinced 납득하지 못하는
▶ current 현재의
▶ evidence 증거

Observation & Question 동사구의 구성 요소에 대해 생각해 보자.

▶ 동사구 = 동사 + 주격 보어
▶ 주격 보어 = 명사구, 형용사구, 분사구
◐ 동사와 주격 보어 사이의 관계는 무엇인가?

Analysis & Translation [ ]로 표시된 부분의 역할을 분석해 보자.

STEP ❶ 보어가 필요한 동사

016 Katie **became** [ ].
'~이 되다'라는 상태를 보완하는 요소가 필요

STEP ❷ 동사구 = [동사 + 주격 보어]

Katie **became** [**a linguist**].
동사   became을 보완하여 주어의 신분을 설명 ⇒ 주격 보어
동사구

주격 보어가 필요한 주요 동사의 예야. be, become, feel, get, keep, look, prove, remain, seem, sound, stay 등

Translation TIP 어떤 동사는 주어의 신분, 속성, 상태에 대해 설명하는 요소(즉 주격 보어)를 반드시 필요로 한다. 이런 동사는 주격 보어를 취하여 동사구를 만든다.

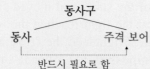

동사구
동사   주격 보어
반드시 필요로 함

해석 ⇨   주격 보어는 주어의 신분, 속성, 상태를 설명하는 것으로 해석

주격 보어는 형용사구이지만 우리말로 해석하면 부사구처럼 보여. 해석이 그렇더라도 영어 형태는 형용사구인 것을 명심해야 해.

 **Application**   굵게 표시된 부분에 유의하면서 다음 문장을 해석하시오.(**09~10**번은 밑줄만 해석)

Words & Phrases

☐ 8441-0041

01 Our school parking space **is limited**.

(2017년 국가 성취도 평가 17번)

▸ limited 한정된

☐ 8441-0042

02 I **feel bad** every time I'm handed a paper receipt.

(2016년 국가 성취도 평가 29번)

▸ receipt 영수증

☐ 8441-0043

03 Parents **are responsible for the actions of their children**. (2016년 국가 성취도 평가 17번)

☐ 8441-0044

04 In the summer, food waste **becomes smelly and unpleasant**.

(2015년 국가 성취도 평가 29번)

▸ food waste 음식물 쓰레기
▸ unpleasant 불쾌한

☐ 8441-0045

05 Watching Amy **look so discouraged**, Laurie, her best friend, decided she needed some cheering up.

(2016년 9월 모평 19번)

▸ discouraged 낙담한, 낙심한
▸ cheering up 격려

☐ 8441-0046

06 The tutoring program has always **been popular** among international students.

(2016년 수능 18번)

▸ tutoring program 과외 프로그램

☐ 8441-0047

07 Lindsay **felt calm and comforted** now that she had her toy again.

(2017년 9월 모평 19번)

▸ now that ~이므로

☐ 8441-0048

08 When considered in terms of evolutionary success, many of the seemingly irrational choices that people make do not **seem so foolish** after all.

(2017년 6월 모평 40번)

▸ in terms of ~ 면에서
▸ evolutionary 진화상의
▸ seemingly 겉보기에는
▸ irrational 불합리한

Level up

☐ 8441-0049

09 For me, the most important tasks of every morning revolved around making sure my uniform looked perfect and my hair was neat. <u>This meant that I took rather longer to **get ready** than my friend Jason did.</u> While I was rushing around the house searching for my school bag or my books, Jason would stand by the front door, white with worry as he watched the minutes passing by on the clock in the hallway.

(2014년 국가 성취도 평가 26번)

▸ revolve around ~을 중심으로 돌아가다
▸ rush around 뛰어다니다
▸ hallway 복도

☐ 8441-0050

10 In 1855, U.S. Secretary of War Jefferson Davis believed <u>camels might **prove more useful than horses**</u> in the severe, desert-like conditions in much of the <u>western United States.</u> A total of seventy-eight camels were brought from the Middle East to Texas. They quickly proved their worth. The camels could carry more than a thousand pounds on their backs, go days or weeks without water, and eat desert vegetation that other animals would not touch.

(2014년 국가 성취도 평가 31번)

▸ severe 혹독한
▸ vegetation 식물

Challenge

[   ]로 표시된 부분의 역할에 유의하면서 다음 문장을 해석해 보자.

019 My keys are [**in the drawer**].

020 What time will we get [**there**]?

021 The poet lived [**during a period of great social change**].

Words & Phrases

▶ drawer 서랍
▶ period 시기
▶ social change 사회 변혁

Observation & Question 동사구의 구성 요소에 대해 생각해 보자.

▶ 동사구 = 동사 + 필수 부사어구
▶ 부사어구 = 주격 보어
▶ 부사어구 = 필수 수식어구
◑ 부사어구도 보어 역할을 할 수 있는가?

Analysis & Translation [   ]로 표시된 부분의 역할을 분석해 보자.

STEP ❶ 주격 보어가 필요한 동사

019 My keys <u>are</u> [   ].

　　　　　　장소 정보를 보완하는 요소가 필요

STEP ❷ 동사구 = [동사 + 주격 보어]

　　　My keys **are** [**in the drawer**].

　　　동사　are를 보완하여 주어의 위치 설명 ⇒ 주격 보어

　　　　　　　　　동사구

이상하지?
in the drawer는 장소를
나타내는 부사어구 같은데
주격 보어 역할을 하고 있으니까.
이 책을 열심히 공부하다 보면
의문을 풀 수 있게 될 거야.

Translation TIP

어떤 동사는 주어의 위치, 방향, 시기에 대해 설명하는 요소(즉 주격 보어)를 반드시 필요로 하는데, 이 역할을 하는 것은 주로 부사어구(부사구나 전치사구 등)이다. 이런 동사는 주격 보어를 취하여 동사구를 만든다.

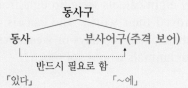

　　　　　　　　　　　동사구
　　　　　　　　　　／　　　＼
　　　　　　동사　　　　　부사어구(주격 보어)
　　　　　　└‑‑‑‑‑‑‑‑‑‑‑‑‑‑‑‑‑‑‑‑‑‑┘
　　　　　　　　　반드시 필요로 함

해석 ⇨　　　　　「있다」　　　　　「~에」

주로 장소를 나타내는 부사어구를
필요로 하는 동사들이야. be. get.
go. keep. live. remain 등

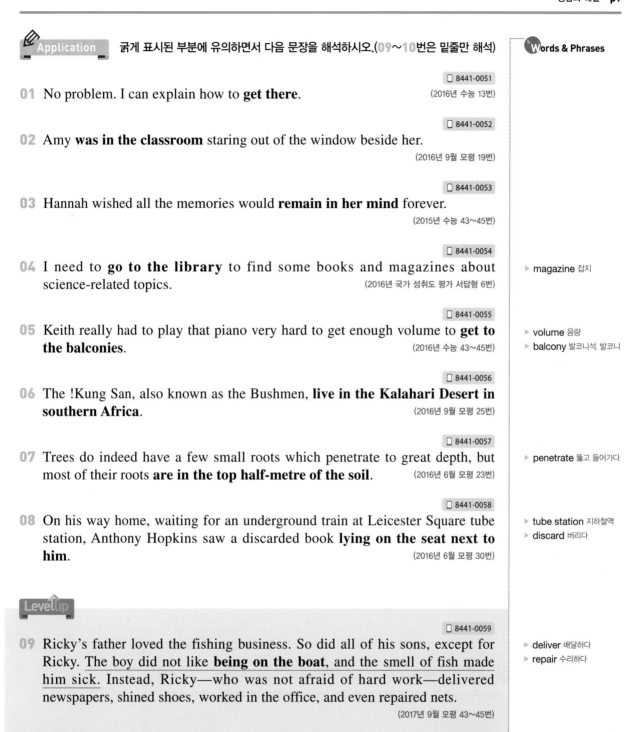

Application   굵게 표시된 부분에 유의하면서 다음 문장을 해석하시오.(09~10번은 밑줄만 해석)

Words & Phrases

📱 8441-0051

01 No problem. I can explain how to **get there**.

(2016년 수능 13번)

📱 8441-0052

02 Amy **was in the classroom** staring out of the window beside her.

(2016년 9월 모평 19번)

📱 8441-0053

03 Hannah wished all the memories would **remain in her mind** forever.

(2015년 수능 43~45번)

📱 8441-0054

04 I need to **go to the library** to find some books and magazines about science-related topics.

(2016년 국가 성취도 평가 서답형 6번)

▶ magazine 잡지

📱 8441-0055

05 Keith really had to play that piano very hard to get enough volume to **get to the balconies**.

(2016년 수능 43~45번)

▶ volume 음량
▶ balcony 발코니석, 발코니

📱 8441-0056

06 The !Kung San, also known as the Bushmen, **live in the Kalahari Desert in southern Africa**.

(2016년 9월 모평 25번)

📱 8441-0057

07 Trees do indeed have a few small roots which penetrate to great depth, but most of their roots **are in the top half-metre of the soil**.

(2016년 6월 모평 23번)

▶ penetrate 뚫고 들어가다

📱 8441-0058

08 On his way home, waiting for an underground train at Leicester Square tube station, Anthony Hopkins saw a discarded book **lying on the seat next to him**.

(2016년 6월 모평 30번)

▶ tube station 지하철역
▶ discard 버리다

Level Up

📱 8441-0059

09 Ricky's father loved the fishing business. So did all of his sons, except for Ricky. <u>The boy did not like **being on the boat**, and the smell of fish made him sick.</u> Instead, Ricky—who was not afraid of hard work—delivered newspapers, shined shoes, worked in the office, and even repaired nets.

(2017년 9월 모평 43~45번)

▶ deliver 배달하다
▶ repair 수리하다

📱 8441-0060

10 Protogenes worked on the *Satyr* during Demetrius Poliorcetes' attack on Rhodes from 305 to 304 B.C. <u>Interestingly, the garden in which he painted the *Satyr* **was in the middle of the enemy's camp**.</u> Protogenes is said to have been about seventy years of age when the *Satyr* was completed.

(2015년 수능 25번)

▶ camp 진영, 막사

Challenge   [ ]로 표시된 부분의 역할에 유의하면서 다음 문장을 해석해 보자.

022 The boys remained [**silent about their experiences**].

023 Traffic congestion remained [**a problem**].

024 Incredibly, the duck family remained [**on the road**].

Words & Phrases

▶ traffic congestion
교통 혼잡
▶ incredibly 믿기 어렵게도

Observation & Question   주격 보어를 구성하는 요소에 대해 생각해 보자.

▶ 주격 보어① = 형용사구, 명사구
▶ 주격 보어② = 필수 부사어구(전치사구)
◐ 부사어구도 형용사구나 명사구처럼 문장에 반드시 필요한 요소인가?

Analysis & Translation   [ ]로 표시된 부분의 종류에 대해 설명해보자.

TYPE ❶ 형용사구나 명사구
022 The boys **remained** [**silent about their experiences**].
　　　　　　　　　　　　　주격 보어(형용사구)
023 Traffic congestion **remained** [**a problem**].
　　　　　　　　　　　주격 보어(명사구)
TYPE ❷ 부사어구(전치사구)
024 Incredibly, the duck family **remained** [**on the road**].
　　　　　　　　　　　　　　주격 보어(부사어구)
　　　　　　　　　　　　동사구

형태는 서로 다르지만 기능이 결국 같아. silent about their experiences는 형용사구이고 on the road는 부사어구(형태상 전치사구)이지만 둘 다 remained의 주격 보어 역할을 하고 있잖아.

Translation TIP   주격 보어 역할을 하는 것은 일반적으로 형용사구나 명사구이다. 장소를 나타내는 부사어구(부사구나 전치사구)도 주격 보어 역할을 할 수 있다. 이러한 역할의 부사어구는 문장에 반드시 필요한 요소이다.

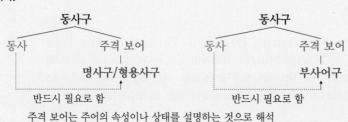

해석 ⇨   주격 보어는 주어의 속성이나 상태를 설명하는 것으로 해석

주격 보어가 부사어구이면 보통 '~에'로 해석이 되는 경우가 많아.

 **Application** 굵게 표시된 부분에 유의하면서 다음 문장을 해석하시오.(09~10번은 밑줄만 해석)

Words & Phrases

🗒 8441-0061

01 Mom, I **am home**. Sorry I **am so late**.

(2016년 수능 2번)

🗒 8441-0062

02 The next day, the teen girl **seemed somewhat cheerful**.

(2014년 수능 29번)

▶ somewhat 다소
▶ cheerful 쾌활한

🗒 8441-0063

03 That day **was unusually foggy** as if something mysterious **were ahead**.

(2015년 수능 43~45번)

▶ foggy 안개가 낀
▶ mysterious 불가사의한

🗒 8441-0064

04 "I know you've been having a hard time lately, and you aren't **feeling really good or positive about your life**."

(2014년 수능 29번)

🗒 8441-0065

05 I **was just in a meeting about our new advertising plan**.

(2016년 수능 8번)

▶ advertising 광고

🗒 8441-0066

06 The presentation went better than expected, and my manager **seemed particularly pleased**.

(2014년 수능 19번)

▶ presentation 발표
▶ particularly 특별히

🗒 8441-0067

07 It's hard to believe that his first school performance **is this afternoon**.

(2016년 수능 7번)

▶ performance 공연. 연주회

🗒 8441-0068

08 Science tells us **where** we **are** and **what** we **are**, and that knowledge **is beyond value**.

(2015년 수능 41~42번)

Level up

🗒 8441-0069

09 A first judgment about the value of a food source is made on its appearance and smell. Food that **looks and smells attractive** is taken into the mouth. Here, based on a complex sensory analysis that is not only restricted to the sense of taste but also includes smell, touch, and hearing, the final decision whether to swallow or reject food is made.

(2015년 수능 39번)

▶ appearance 생김새
▶ attractive 매력적인
▶ sensory 감각의
▶ restricted 제한된
▶ swallow 삼키다
▶ reject 거부하다

🗒 8441-0070

10 I wish I could camp in the wild and enjoy the company of mosquitos, snakes, and spiders. I'd love to make the world's largest rainforest home. My heart swells as much as my chubby bags; yet, I'd better get some sleep since a long, tough journey is ahead of me.

(2015년 수능 19번)

▶ company 함께 있음
▶ mosquito 모기
▶ rainforest 우림
▶ swell 부풀다
▶ chubby 불룩한

08 동사구 = [동사 + 목적어]

Challenge
[ ]로 표시된 부분의 역할에 유의하면서 다음 문장을 해석해 보자.

025 Joe enjoys [**reading Icelandic family sagas**].

026 The chairman refused [**to answer any more questions**].

027 We believe [**that all men should be treated equally**].

Words & Phrases

▸ family saga 가문 대하 소설
▸ chairman 의장
▸ refuse 거부하다
▸ treat 대하다
▸ equally 동등하게

Observation & Question 동사구의 구성 요소에 대해 생각해 보자.

▸ 동사구 = 동사 + 목적어
↻ 동사와 목적어 사이의 관계는 무엇인가?

Analysis & Translation [ ]로 표시된 부분의 역할을 분석해 보자.

STEP ❶ 목적어가 필요한 동사

025 Joe **enjoys** [   ].
        '즐기다'라는 상태의 영향이 미치는 대상이 필요

STEP ❷ 동사구 = [동사 + 목적어]

   Joe **enjoys** [**reading Icelandic family sagas**].
      동사   enjoys의 영향이 미치는 대상 ⇒ 목적어
      └─────────────── 동사구 ───────────────┘

특정 형태의 목적어를 취하는 동사를 확인해 볼까?
동명사구 ⇒ avoid. deny. enjoy. mind. recommend 등
to부정사구 ⇒ begin. choose. hope. prefer. want 등
that절 ⇒ argue. insist. know. realize. say. think. understand 등
의문절 ⇒ ask. decide. guess. tell. wonder 등

Translation TIP 어떤 동사는 동작이나 상태의 영향이 미치는 대상(즉 목적어)을 반드시 필요로 한다. 이런 동사는 목적어를 취하여 동사구를 만든다.

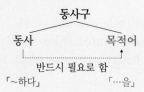

```
            동사구
         ／       ＼
      동사          목적어
      └┈┈┈ 반드시 필요로 함 ┈┈┈┘

해석 ⇨     「～하다」        「...을」
```

그럼 자주 쓰이는 중요한 동사인 consider나 suggest가 취하는 목적어는 동명사구일까 to부정사구일까? 정답은 동명사구야.

Application 굵게 표시된 부분에 유의하면서 다음 문장을 해석하시오.(09~10번은 밑줄만 해석)

Words & Phrases

🗀 8441-0071

01 This book **deserves a five-star recommendation**. (2017년 국가 성취도 평가 서답형 6번)

▸ deserve ~을 받을 만하다
▸ recommendation 추천

🗀 8441-0072

02 We **damage the relationship by choosing to focus on the negative**. (2017년 국가 성취도 평가 21번)

▸ damage 훼손하다
▸ negative 부정적인

🗀 8441-0073

03 Chicken breast and most fish **have more delicate muscle fibers**. (2017년 국가 성취도 평가 22번)

▸ delicate 담백하고 맛있는
▸ muscle fiber 근섬유

🗀 8441-0074

04 Lindsay **quickly searched the classroom** and **checked her bag one more time**. (2017년 9월 모평 19번)

🗀 8441-0075

05 We need to **update our understandings about the capacity limits of working memory**. (2017년 국가 성취도 평가 28번)

▸ update 갱신하다
▸ capacity limit 용량 제한
▸ working memory 작동 기억

🗀 8441-0076

06 The emerging world **involves sharing ideas, delivering thoughts, and expressing opinions**. (2017년 국가 성취도 평가 서답형 5번)

▸ emerging 최근 생겨난
▸ involve 수반[포함]하다
▸ deliver 전하다

🗀 8441-0077

07 Ellen Dissanayake **believes that the importance of physical movement as a constituent of musical behavior has been underestimated**. (2017년 국가 성취도 평가 25번)

▸ physical movement 신체 운동
▸ constituent 구성 성분
▸ underestimate 과소평가하다

🗀 8441-0078

08 For more information, **contact the school office at 0093-1234-5678**. (2017년 9월 모평 26번)

▸ contact 연락하다

Level Up

🗀 8441-0079

09 Geniuses don't necessarily have a higher success rate than other creators; they simply do more—and they do a range of different things. They have more successes *and* more failures. That goes for teams and companies too. It's impossible to **generate a lot of good ideas** without also **generating a lot of bad ideas**. (2017년 9월 모평 31번)

▸ generate 생성하다

🗀 8441-0080

10 For Ricky, playing baseball with his older brother was a way to forget his hardship. Fortunately, Ricky was very good at it, and was treated like a hero among his playmates. When Ricky was sixteen, he **decided to drop out of school to become a baseball player**. And by the time he was through with baseball, he had become a legend. (2017년 9월 모평 43~45번)

▸ hardship 어려움
▸ be through with ~을 끝내다
▸ legend 전설적인 인물

Challenge [ ]로 표시된 부분의 역할에 유의하면서 다음 문장을 해석해 보자.

028 Language gives [**us**] [**the ability to communicate with each other**].

029 Someone had told [**me**] [**that the meeting was canceled**].

030 Ask [**your mom**] [**if you can come with us**].

Words & Phrases

▶ language 언어
▶ communicate 의사소
통블 하나
▶ cancel 취소하다

Observation & Question 동사구의 구성 요소에 대해 생각해 보자.

▶ 동사구 = 동사 + 목적어 1 + 목적어 2
◐ 목적어 1과 목적어 2의 차이는 무엇인가?

Analysis & Translation [ ]로 표시된 부분의 역할을 분석해 보자.

두 개의 목적어를 취하는 동사에는
give. grant. offer. send.
show. teach. tell 등이 있어.

STEP ❶ 간접목적어

028 Language **gives** [**us**] [ ].
받을 대상을 필요로 함 ⇒ 간접목적어

STEP ❷ 직접목적어

Language **gives** [**us**] [**the ability to communicate with each other**].
줄 것을 필요로 함 ⇒ 직접목적어

STEP ❸ 동사구

Language **gives** [**us**] [**the ability to communicate with each other**].
동사　간접목적어　　　　　직접목적어
동사구

Translation TIP 주로 '(해)주다'라는 의미의 동사는 받는 대상(간접목적어)과 줄 것(직접목적어)이라는 두 개의 목적어를 필요로 한다.

동사구에 목적어가 두 개이면
보통 '~에게 …을 (해)주다'로
해석하면 돼.

✎ **Application** 굵게 표시된 부분에 유의하면서 다음 문장을 해석하시오.(09~10번은 밑줄만 해석)

Words & Phrases

🔲 8441-0081

01 I'll **show you a magic trick** with coins.

(2016년 수능 5번)

▸ magic trick 마술 묘기

🔲 8441-0082

02 Can you **tell us how you make huge things like cars disappear**?

(2014년 수능 5번)

▸ huge 거대한
▸ disappear 사라지다

🔲 8441-0083

03 We now **ask both batters how much time has passed**.

(2016년 수능 41~42번)

▸ batter 타자

🔲 8441-0084

04 Today my teacher **gave me three suggestions on how I can explore science-related careers**.

(2016년 성취도 평가 서답형 6번)

▸ suggestion 제안
▸ explore 탐구하다
▸ career 직업

🔲 8441-0085

05 **Teach your child how to write love notes**, and I promise you will have many, many happy returns.

(2016년 9월 모평 20번)

▸ love note 사랑의 편지(글)
▸ return 보답, 이익

🔲 8441-0086

06 The sense of hearing **gives us a remarkable connection with the invisible, underlying order of things**.

(2014년 수능 30번)

▸ remarkable 놀라운
▸ connection 연관성
▸ invisible 보이지 않는
▸ underlying 근본적인

🔲 8441-0087

07 One day Larry's mother stopped by and **told me that her son was not very smart**.

(2016년 성취도 평가 33~34번)

▸ stop by 잠시 들르다

🔲 8441-0088

08 That morning, Andrew had received a call from the nursing home **informing him that Grandad's condition had become serious**.

(2017년 6월 모평 43~45번)

▸ nursing home 양로원
▸ inform 알리다

Level Up

🔲 8441-0089

09 The 18th century is called the Golden Age of botanical painting, and Georg Dionysius Ehret is often praised as the greatest botanical artist of the time. Born in Heidelberg, Germany, he was the son of a gardener who <u>**taught him much about art and nature**</u>.

(2014년 수능 24번)

▸ botanical 식물의
▸ gardener 정원사

🔲 8441-0090

10 The ears do not lie. Through our ears we gain access to vibration, which underlies everything around us. <u>The sense of tone and music in another's voice **gives us an enormous amount of information about that person, about her stance toward life, about her intentions**</u>.

(2014년 수능 30번)

▸ gain access 접근하다
▸ vibration 진동, 떨림
▸ enormous 막대한
▸ stance 자세, 태도
▸ intention 의도, 목적

Challenge   [ ]로 표시된 부분의 역할에 유의하면서 다음 문장을 해석해 보자.

031 My parents wouldn't allow [**my sister**] [**to go to the party**].

032 Virginia found [**the homework**] [**very interesting**].

033 Good weather makes [**Spain**] [**a popular tourist destination**].

Words & Phrases

▶ allow 허락하다
▶ tourist destination
   관광지

Observation & Question   동사구의 구성 요소에 대해 생각해 보자.

▶ 동사구 = 동사 + 목적어 + 목적격 보어
▶ 목적격 보어 = to부정사구, 형용사구, 명사구
❍ 목적어와 목적격 보어 사이의 의미 관계는 무엇인가?

Analysis & Translation   [ ]로 표시된 부분의 역할을 분석해 보자.

STEP ❶ 목적어

031 My parents wouldn't **allow** [my sister] [ ].
                                      └─────┬─────┘
                            동사의 영향이 미치는 대상 ⇒ 목적어

STEP ❷ 목적격 보어

My parents wouldn't **allow** [my sister] [to go to the party].
                              └────┬────┘ └────────┬────────┘
                        동사 보완, 목적어가 놓인 장소(위치)에 대해 설명하는 요소

STEP ❸ 동사구(「~이 …하게 하다」)

My parents wouldn't **allow** [my sister] [to go to the party].
          동사   목적어   목적격 보어
          └──────────────────┬──────────────────┘
                          동사구

겉보기에 비슷한 동사구
John [persuaded {Bill}
{to go back home}].은 어떨까?
동사 persuaded는 '~에게
…할 것을 설득했다'라는 뜻이잖아.
따라서 Bill은 간접목적어,
to부정사구는 직접목적어가 돼.
'Bill에게 집에 돌아갈 것을
설득했다'라는 뜻이고, 동사의
성질에 따라 동사구의 내부 구조가
완전히 달라지지?

Translation TIP   어떤 동사는 목적어와 함께, 그 목적어에 대해 설명하는 목적격 보어를 반드시 필요로 한다.

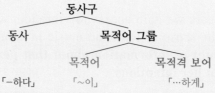

```
                    동사구
            ┌─────────┴─────────┐
           동사              목적어 그룹
                         ┌───────┴───────┐
                        목적어          목적격 보어
해석 ⇨      「-하다」        「~이」          「…하게」
```

목적어와 목적격 보어의 관계가
마치 주어와 술어인 것처럼
해석해야 해.

 **Application** 굵게 표시된 부분에 유의하면서 다음 문장을 해석하시오. (09~10번은 밑줄만 해석)

Words & Phrases

🔲 8441-0091

01 A lot of people **consider bananas one of the best fruits for their health**.

(2016년 국가 성취도 평가 서답형 4번)

🔲 8441-0092

02 What **makes watercolor such a challenging medium** is its unpredictable nature.

(2016년 국가 성취도 평가 26번)

▶ watercolor 수채화 그림물감
▶ challenging 다루기 힘든
▶ medium 표현 수단
▶ unpredictable 예측할 수 없는

🔲 8441-0093

03 Although challenging, once mastered, watercolor **allows the artist to produce effects that simply are not possible with other mediums**.

(2016년 국가 성취도 평가 26번)

🔲 8441-0094

04 Although the family **called the boy Ricky**, his father had his own nickname for him: Good-for-Nothing.

(2017년 9월 모평 43~45번)

▶ nickname 별명
▶ good-for-nothing 아무짝에도 쓸모없는 사람

🔲 8441-0095

05 In order to **keep our apartment complex clean and safe**, all residents should carefully read and follow this notification.

(2015년 국가 성취도 평가 17번)

▶ apartment complex 아파트 단지
▶ resident 주민
▶ notification 공고문, 통지서

🔲 8441-0096

06 Voting can **cause certain members to be identified by their minority position on a decision**.

(2015년 국가 성취도 평가 28번)

▶ identify 신원을 확인하다
▶ minority 소수 집단

🔲 8441-0097

07 I often **let someone else choose my meal for me** when I go out for dinner.

(2016년 국가 성취도 평가 18번)

🔲 8441-0098

08 Now, we all know **making things disappear** is your specialty. (2016년 수능 5번)

▶ specialty 장기, 전문

LevelUp

🔲 8441-0099

09 The Securities and Exchange Commission that monitors American stock markets <u>**forces firms to meet certain reporting requirements before their stock can be listed on exchanges such as the New York Stock Exchange**</u>. Such reporting helps ensure that private investors have reliable information on which to base their investment decisions.

(2017년 9월 모평 23번)

▶ Security and Exchange Commission 증권 거래 위원회
▶ monitor 감시하다
▶ ensure 반드시 ~이게 하다
▶ private investor 개인 투자가

🔲 8441-0100

10 The nation came to know Ricky as the most complete player of his generation, and he was voted into the Hall of Fame. And what did his father think about it? <u>Though he had **wanted all of his sons to join the family business**,</u> he was finally proud of Ricky and respected his accomplishments. Ricky held onto hope in one of the most difficult moments of his life and achieved greatness.

(2017년 9월 모평 43~45번)

▶ generation 세대
▶ Hall of Fame 명예의 전당
▶ accomplishment 공적
▶ hold onto 꼭 잡다

11 동사구 = [동사 + 목적어 + 필수 부사어구]

Challenge   [ ]로 표시된 부분의 역할에 유의하면서 다음 문장을 해석해 보자.

Words & Phrases
▷ secretary 비서
▷ slice 조각
▷ false teeth 틀니

034 The secretary put [**the coffee**] [**on the table**].

035 Place [**some lemon slices**] [**on the fish**] before serving it.

036 My grandfather kept [**his false teeth**] [**in a glass next to his bed**].

Observation & Question   동사구의 구성 요소에 대해 생각해 보자.

▶ 동사구 = 동사 + 목적어 + 부사어구
▶ 부사어구 = 목적격 보어
▶ 부사어구 = 필수 수식어구
○ 부사어구도 문장에 반드시 필요한 요소인가?

Analysis & Translation   [ ]로 표시된 부분의 역할을 분석해 보자.

STEP ❶ 목적어

034   The secretary **put** [the coffee] [   ].
                      동사의 영향이 미치는 대상 ⇒ 목적어

STEP ❷ 부사어구

    The secretary **put** [the coffee] [on the table].
                      동사 보완, 목적어에 대해 설명하는 요소 ⇒ 목적격 보어

STEP ❸ 동사구(「~을 …에 두다」)

    The secretary **put** [the coffee] [on the table].
           동사   목적어   필수 부사어구
                      동사구

목적어 외에 그것을 수식하거나 장소에 대해 설명하는 부사어구가 반드시 필요한 동사에는 keep, leave, place, put, treat 등이 있어.

Translation TIP   어떤 동사는 목적어와 함께, 동사를 보완하고 그 목적어에 대해 설명하는 부사어구를 반드시 필요로 한다.

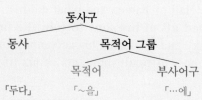

                     동사구
        동사   목적어 그룹
                 목적어   부사어구

해석 ⇨   「두다」   「~을」   「…에」

기억하지? 목적어와 목적격 보어는 마치 주어와 술어의 관계인 것처럼 해석한다는 것을.

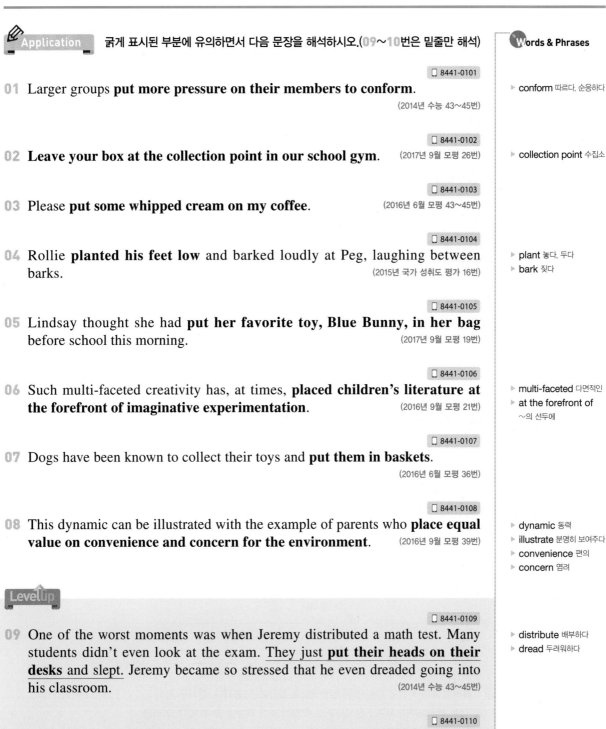

Application 굵게 표시된 부분에 유의하면서 다음 문장을 해석하시오.(09~10번은 밑줄만 해석)

Words & Phrases

□ 8441-0101

01 Larger groups **put more pressure on their members to conform**.

(2014년 수능 43~45번)

▶ conform 따르다, 순응하다

□ 8441-0102

02 **Leave your box at the collection point in our school gym**. (2017년 9월 모평 26번)

▶ collection point 수집소

□ 8441-0103

03 Please **put some whipped cream on my coffee**. (2016년 6월 모평 43~45번)

□ 8441-0104

04 Rollie **planted his feet low** and barked loudly at Peg, laughing between barks. (2015년 국가 성취도 평가 16번)

▶ plant 놓다, 두다
▶ bark 짖다

□ 8441-0105

05 Lindsay thought she had **put her favorite toy, Blue Bunny, in her bag** before school this morning. (2017년 9월 모평 19번)

□ 8441-0106

06 Such multi-faceted creativity has, at times, **placed children's literature at the forefront of imaginative experimentation**. (2016년 9월 모평 21번)

▶ multi-faceted 다면적인
▶ at the forefront of ~의 선두에

□ 8441-0107

07 Dogs have been known to collect their toys and **put them in baskets**. (2016년 6월 모평 36번)

□ 8441-0108

08 This dynamic can be illustrated with the example of parents who **place equal value on convenience and concern for the environment**. (2016년 9월 모평 39번)

▶ dynamic 동력
▶ illustrate 분명히 보여주다
▶ convenience 편의
▶ concern 염려

Level up

□ 8441-0109

09 One of the worst moments was when Jeremy distributed a math test. Many students didn't even look at the exam. They just **put their heads on their desks** and slept. Jeremy became so stressed that he even dreaded going into his classroom. (2014년 수능 43~45번)

▶ distribute 배부하다
▶ dread 두려워하다

□ 8441-0110

10 Here are some useful tips for keeping proper posture while you use your computer. First, make sure to sit 50 to 70 centimeters away from the monitor. Sitting too close to your monitor can hurt your eyes. Second, to lessen the stress on your neck, you need to sit directly in front of your monitor, not to the left or to the right. Lastly, try to **keep your knees at a right angle** to reduce the pressure on your back. (2015년 수능 3번)

▶ posture 자세
▶ lessen 줄이다

Challenge [ ]로 표시된 부분의 역할에 유의하면서 다음 문장을 해석해 보자.

037 My job keeps [me] [really busy].

038 Harriet kept [me] [convinced that I was the problem].

039 I'd hate to have a job that kept [me] [in the office] all the time.

Words & Phrases

▶ convince 납득시키다
▶ all the time 항상, 줄곧

Observation & Question 목적격 보어를 구성하는 요소에 대해 생각해 보자.

▶ 목적격 보어① = 형용사구, 분사구
▶ 목적격 보어② = 필수 부사어구(전치사구)
◐ 부사어구도 형용사구나 분사구처럼 문장에 반드시 필요한 요소인가?

Analysis & Translation [ ]로 표시된 부분의 형태에 대해 설명해보자.

형태는 서로 다르지만 기능이 결국 같아. really busy는 형용사구이고 in the office는 부사어구(형태상 전치사구)이지만 둘 다 동사 keep의 목적격 보어 역할을 하고 있거든.

TYPE ❶ 형용사구, 명사구, 분사구

037 My job **keeps** [me] [**really busy**].
　　　　　　　　　　　목적격 보어(형용사구)

038 Harriet **kept** [me] [**convinced that I was the problem**].
　　　　　　　　　　　　　목적격 보어(분사구)

TYPE ❷ 필수 부사어구

039 I'd hate to have a job that **kept** [me] [**in the office**] all the time.
　　　　　　　　　　　　　　　목적격 보어(부사어구)
　　　　　　　　　　　　　　　동사구

Translation TIP 목적격 보어 역할을 하는 것은 일반적으로 형용사구, 명사구, 분사구 등이다. 일부 동사의 경우 장소를 나타내는 부사어구(부사구나 전치사구)도 목적격 보어 역할을 할 수 있다. 이러한 역할의 부사어구는 문장에 반드시 필요한 요소이다.

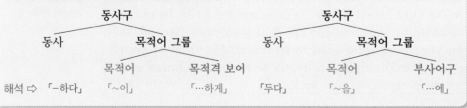

 **Application** 굵게 표시된 부분에 유의하면서 다음 문장을 해석하시오.(09~10번은 밑줄만 해석)

▶ **W**ords & Phrases

🔲 8441-0111

01 **Put my name on the waiting list**, please.

(2016년 수능 13번)

▶ waiting list 대기자 명단

🔲 8441-0112

02 Donors are issued membership cards which **allow them to borrow equipment free of charge**.

(2015년 수능 11번)

▶ donor 기부자
▶ issue 발행하다
▶ equipment 장비
▶ free of charge 무료로

🔲 8441-0113

03 Why don't you **put your house number where it can be seen**?

(2016년 9월 모평 43~45번)

🔲 8441-0114

04 Today I **saw all of the students laughing and enjoying themselves during the class**.

(2015년 수능 4번)

🔲 8441-0115

05 I **put the toy dinosaur next to the bookshelf** because the children have been learning about dinosaurs.

(2016년 수능 6번)

▶ dinosaur 공룡
▶ bookshelf 책장

🔲 8441-0116

06 I was told that I have to come and **have my tooth checked again** sometime next week.

(2015년 수능 4번)

🔲 8441-0117

07 **Put all items into a box** and write your name on it.

(2017년 9월 모평 26번)

🔲 8441-0118

08 **Place your plant into the new larger pot**, and fill in around the root ball with additional soil.

(2014년 국가 성취도 평가 27번)

▶ root ball 분형근(盆形根)
▶ additional 추가의

Level Up

🔲 8441-0119

09 Avoidance training is responsible for many everyday behaviors. It has taught you to carry an umbrella when it looks like rain to avoid the punishment of getting wet, and to **keep your hand away from a hot iron** to avoid the punishment of a burn.

(2014년 수능 36번)

▶ avoidance 회피
▶ behavior 행동
▶ punishment 벌
▶ burn 화상

🔲 8441-0120

10 Brian is a volunteer mentor at a local community center. He feels that his students are learning a lot, and that he's benefitting from the experience as well. Sarah tells Brian about her plan and asks him to recommend some volunteer work for her. Since Brian **finds his volunteer work rewarding**, he wants to suggest to Sarah that she be a mentor at the community center.

(2017년 9월 모평 15번)

▶ benefit 득을 보다
▶ recommend 추천하다
▶ rewarding 보람 있는
▶ suggest 제안하다

Frequently **A**sked **Q**uestions

1 문장 해석의 첫걸음

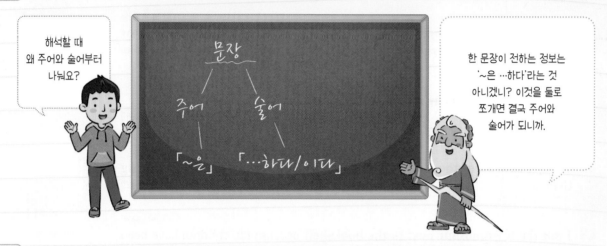

해석할 때 왜 주어와 술어부터 나눠요?

한 문장이 전하는 정보는 '~은 …하다'라는 것 아니겠니? 이것을 둘로 쪼개면 결국 주어와 술어가 되니까.

2 동사구의 크기

동사 하나로만 동사구를 만들 수 있나요?

물론이지. 어떤 동사는 혼자서도 동작을 나타낼 수 있어. 이런 동사는 목적어나 보어가 필요 없기 때문에 혼자서도 동사구를 만들 수 있단다.

3 주격 보어의 해석

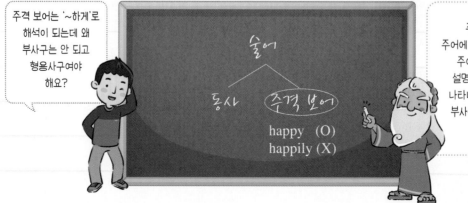

주격 보어는 '~하게'로 해석이 되는데 왜 부사구는 안 되고 형용사구여야 해요?

주격 보어의 역할은 주어에 대해 설명하는 것이잖아. 주어의 성질이나 상태를 설명하자면 당연히 상태를 나타내는 형용사구여야겠지. 부사구는 주로 수식을 하는 요소이니까.

4 목적어의 해석

여기 이 두 문장은 동사 외에는 모두 같은데 왜 해석 방식은 전혀 다르죠?

(1) [taught {me} {to swim}]
　　　간접목적어　직접목적어
　'나에게 수영하는 법을 가르쳐 주셨다'

(2) [allowed {me} {to swim}]
　　　　목적어　목적격 보어
　'내가 수영하는 것을 허락하셨다'

동사가 달라서 그래. 동사가 다르니까 동사구의 내부 구조가 다르고, 해석도 완전히 달라지는 거야.

5 목적격 보어의 해석

목적어와 목적격 보어가 해석상 '주어-술어 관계'라는 말이 무슨 뜻인가요?

I [consider this film perfect].
　　　　　목적어　목적격 보어

해석: consider [this film = perfect]

주어와 주격 보어의 관계가 '주어 = 주격 보어'인 것처럼 목적어와 목적격 보어의 관계가 '목적어 = 목적격 보어'라는 뜻이야.

6 동사 ⇒ 문장 해석의 창

문장의 종결자는 결국 동사로군요.

문장 I consider this film perfect.
　　　⇑
술어 consider this film perfect
　　　⇑
동사구 consider this film perfect
　　　⇑
동사 consider ('~이 …이라고 생각하다')

그렇게 말할 수도 있겠구나. 동사의 성질에 따라 목적어나 보어가 결정되고, 동사구가 만들어진 다음 주어까지 더해지고 나면 문장이 되니까 말이다.

02 문장의 필수 요소와 선택 요소

Structure of a Sentence

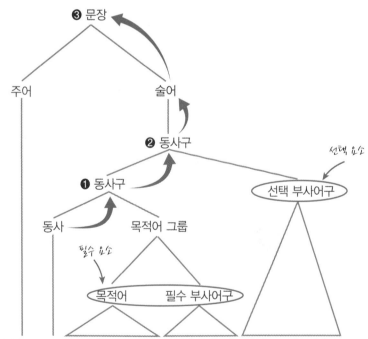

Chloe put the photograph on the desk without looking.

Chloe	put the photograph	on the desk	without looking
	필수 요소	필수 요소	선택 요소

❶ 동사구 ⇒ 동사 + 필수 요소

❷ 확장된 동사구 ⇒ 동사구 + 선택 요소

❸ 문장 ⇒ 주어 + 술어

1 동사구의 해석

▶ 동사 찾기 ⇒ put

▶ 동사 put의 문맥 속 의미 ⇒「~을 …에 놓다」

▶「~을」에 해당하는 요소 ⇒ 필수 요소(목적어 the photograph)

▶「…에」에 해당하는 요소 ⇒ 필수 요소('장소'의 부사어구 on the desk)

▶ 동사구의 해석 ⇒「사진을 책상 위에 놓았다」

2 확장된 동사구의 해석

▶ 동사구의 선택 요소 확인 ⇒ without looking

▶ 동사구의 확장 ⇒ put the photograph on the desk + without looking

▶ 확장된 동사구의 해석 ⇒「사진을 보지 않고 책상 위에 놓았다」

3 문장의 해석

▶ 주어 찾기 ⇒ Chloe

▶ 문장 ⇒ 주어 + 술어

　　(「Chloe는」+「사진을 보지 않고 책상 위에 놓았다」)

▶ 문장의 해석 ⇒「Chloe는 사진을 보지 않고 책상 위에 놓았다.」

🔅 **Challenge** [ ]로 표시된 부분의 내부 구조에 유의하면서 다음 문장을 해석해 보자.

040 George [**became king (at the age of 54)**].

041 Mrs. Green [**treats the dog like one of the family**].

042 Chloe [**put the photograph on the desk (without looking)**].

Words & Phrases

▶ treat 대하다

Observation & Question 동사구 구성 요소의 성질에 대해 생각해 보자.

▶ 동사구 = 동사 + 필수 요소 + (선택 요소)
▶ 필수 요소 = 보어, 목적어, 필수 부사어구
▶ 선택 요소 = 선택 부사어구
◎ 부사어구가 문장에 반드시 필요한 경우는 언제인가?

Analysis & Translation [ ]로 표시된 부분의 내부 구조를 분석해 보자.

TYPE ❶ 동사구 = 동사 + 보어 + 선택 부사어구
040 George [**became <u>king</u> (<u>at the age of 54</u>)**].
　　　　　　　　　　　　보어　　　선택 부사어구

TYPE ❷ 동사구 = 동사 + 목적어 + 필수 부사어구
041 Mrs. Green [**treats <u>the dog</u> <u>like one of the family</u>**].
　　　　　　　　　　　　목적어　　　필수 부사어구

TYPE ❶ + ❷ 동사구 = 동사 + 목적어 + 필수 부사어구 + 선택 부사어구
042 Chloe [**put <u>the photograph</u> <u>on the desk</u> (<u>without looking</u>)**].
　　　　　　　목적어　　　필수 부사어구　　선택 부사어구
　　　　　　　　▼　　　　　　▼　　　　　　▼
　　　　　　　필수 요소　　　필수 요소　　　선택 요소

동사구를 만들기 위해 동사가 반드시 필요로 하는 요소가 필수 요소야. 기억하지?

네, 그리고 부가 정보를 더하기 때문에 없어도 문법에 어긋나지 않는 요소가 선택 요소죠.

Translation TIP 동사를 핵으로 하는 대부분의 동사구는 보어나 목적어를 반드시 필요로 하고, 동사의 성질에 따라 부사어구를 반드시 또는 선택적으로 필요로 한다.

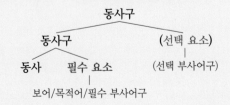

Application 표시된 부분에 유의하면서 다음 문장을 해석하시오(**09**~**10**번은 밑줄만 해석).

Words & Phrases

01 The star on top of the tree **looks very pretty**.

☐ 8441-0121
(2016년 수능 6번)

02 We could **put some candy in the basket on the table**.

☐ 8441-0122
(2014년 수능 6번)

03 I **saw your magic performance at the theater a few days ago**.

☐ 8441-0123
(2016년 수능 5번)

▶ magic performance
마술 쇼
▶ theater 극장

04 Did anybody **leave a jacket behind last night**?

☐ 8441-0124

05 The hotel **is within walking distance from here**.

☐ 8441-0125
(2017년 수능 13번 응용)

06 The directors want you to **present your business proposal at the meeting next week**.

☐ 8441-0126
(2015년 수능 13번)

▶ director 이사
▶ business proposal
사업 제안

07 When families **place elderly relatives into residential care**, a similar feeling of guilt is often apparent.

☐ 8441-0127

▶ residential care 거주
[재택] 간호
▶ guilt 죄책감
▶ apparent 분명한

08 The young man was **kept in prison for a week without charge**.

☐ 8441-0128

▶ charge 기소

Level Up

09 In the 1950s, when my dad was a little boy, my grandpa built a 600-square-foot cottage. He <u>**put the twenty-by-thirty-foot structure on a small plot of land in Pleasant Hill**</u>. Dad remarked, "Reusing and recycling was a necessity. In essence, he was recycling before it became 'cool.'"

☐ 8441-0129

(2013년 수능 B형 43~45번)

▶ cottage 작은 집
▶ plot 터, 대지
▶ remark 말하다
▶ necessity 불가피한 일

10 Investigators as a personality type <u>**place a high value on science, process, and learning**</u>. They excel at research, using logic and the information gained through their senses to conquer complex problems. Nothing thrills them more than a "big find." Intellectual, introspective, and exceedingly detail-oriented, investigators are happiest when they're using their brain power to pursue what they deem as a worthy outcome.

☐ 8441-0130

(2015년 9월 모평 32번)

▶ investigator 연구원
▶ personality type 성격형
▶ excel at ~에 뛰어나다
▶ introspective 자기
성찰적인
▶ exceedingly 대단히
▶ deem 여기다

Challenge [ ]로 표시된 부분의 역할과 형태에 유의하면서 다음 문장을 해석해 보자.

043 Some years ago [**a friend of mine**] visited a South African gold mine.

044 [**Swimming in the winter**] boosts your immune system.

045 [**To become a rapper**] takes years of training.

046 [**That she is not prepared for the audition**] concerns the would-be actress.

047 [**Why the actress suddenly burst into tears**] remains a mystery.

048 [**What an octopus can do with only eight arms**] always amazes scientists.

Words & Phrases

▶ gold mine 금광
▶ boost 신장하다
▶ immune system 면역 체계
▶ rapper 랩 가수
▶ concern 우려하게 만들다
▶ burst into tears 갑자기 울음을 터뜨리다
▶ octopus 문어
▶ amaze 놀라게 하다

Observation & Question 주어의 역할과 형태에 대해 생각해 보자.

▶ 주어의 역할 ⇒ 술어가 나타내는 동작의 행위자 또는 상태의 경험자
▶ 주어의 형태 ⇒ 명사구, 동명사구, to부정사구, that절, 의문절, 선행사 포함 관계절
◐ 주어의 오른쪽 경계는 어디인가?

Analysis & Translation [ ]로 표시된 부분의 형태와 역할을 분석해 보자.

TYPE ❶ 명사구

043 Some years ago [<u>**a friend of mine**</u>] **visited** a South African gold mine.
　　　　　　　　　　　명사구 ⇒ 주어

TYPE ❷ 동명사구

044 [<u>**Swimming in the winter**</u>] **boosts** your immune system.
　　　　동명사구 ⇒ 주어

TYPE ❸ to부정사구

045 [<u>**To become a rapper**</u>] **takes** years of training.
　　　to부정사구 ⇒ 주어

TYPE ❹ that절

046 [<u>**That she is not prepared for the audition**</u>] **concerns** the would-be actress.
　　　　　that절 ⇒ 주어

TYPE ❺ 의문절

047 [<u>**Why the actress suddenly burst into tears**</u>] **remains** a mystery.
　　　　의문절 ⇒ 주어

TYPE ❻ 선행사 포함 관계절

048 [<u>**What an octopus can do with only eight arms**</u>] always **amazes** scientists.
　　　선행사 포함 관계절 ⇒ 주어

문장의 주어가 길면 어디까지가 주어인지 아는 것이 중요하겠군요.

맞아. 대개 술어가 시작되는 조동사나 동사를 찾으면 주어의 범위가 결정될 거야. 그 왼쪽 부분이 주어가 될 가능성이 크니까.

주어의 해석

　　　　　문장
　　　　／　　＼
　　주어　　　술어
「～은」　「…하다/이다」

Application 표시된 부분에 유의하면서 다음 문장을 해석하시오(09~10번은 밑줄만 해석).

🔲 8441-0131
01 **Traditional hunters** typically view the animals they hunt as their equals.
(2017년 국가 성취도 평가 24번)

🔲 8441-0132
02 **To fail** is to learn: we learn more from our failures than from our successes.
(2015년 국가 성취도 평가 18번)

🔲 8441-0133
03 Today, **buying and being happy** are considered virtually the same.
(2017년 국가 성취도 평가 18번)

🔲 8441-0134
04 **What I had to do now** was allow him to be a success. (2016년 국가 성취도 평가 33~34번)

🔲 8441-0135
05 **That toy dinosaur next to the bookshelf** looks good. (2016년 수능 6번)

🔲 8441-0136
06 **What Larry's problem was** became immediately obvious.
(2016년 국가 성취도 평가 33~34번 응용)

🔲 8441-0137
07 **Reading at an appropriate level** is more enjoyable and motivates learners to keep going.
(2016년 수능 4번)

🔲 8441-0138
08 **That the result of expressing toothpaste is a long, thin, cylinder** does not entail that toothpaste itself is long, thin, or cylindrical. (2016년 9월 모평 34번)

Level up

🔲 8441-0139
09 Today, we'll talk about a variety of materials used to make musical instruments. One common source of materials is different parts of animals. **One example of making musical instruments from animals** comes from Mongolia. There, people made a stringed instrument using animal skin around a frame and horsehair for the strings. (2017년 수능 16~17번 응용)

🔲 8441-0140
10 Cultural differences in gestures have been widely documented, and the meaning of symbolic gestures can differ from one culture to another. For example, in American culture, **giving another individual the "thumbs-up" gesture** helps to communicate success or approval. However, the same "thumbs-up" sign could be interpreted as a very rude gesture in Persian culture.
(2017년 국가 성취도 평가 26번)

Words & Phrases

▸ equal 동등[대등]한 것

▸ virtually 사실상

▸ dinosaur 공룡
▸ bookshelf 책장

▸ immediately 즉시, 즉각
▸ obvious 분명한

▸ appropriate 적절한
▸ motivate 동기를 부여하다

▸ toothpaste 치약
▸ cylinder 원통형 용기[통]
▸ entail 수반하다
▸ cylindrical 원통형의

▸ a variety of 여러가지의
▸ musical instrument 악기
▸ stringed instrument 현악기

▸ document 기록하다
▸ symbolic 상징적인
▸ communicate 전하다
▸ approval 승인
▸ interpret 해석하다
▸ rude 무례한

15 주격 보어의 형태

Words & Phrases

- pollution 공해
- ambitious 야심적인
- betray 배신하다
- legacy 유산
- Apartheid (예전 남아프리카공화국의) 인종 차별정책
- genuine 진품의

Challenge [ ]로 표시된 부분의 역할과 형태에 유의하면서 다음 문장을 해석해 보자.

049 Pollution from cars has become [**a major problem**].

050 This study sounds [**very ambitious**].

051 The native South Africans remain [**betrayed by the legacy of Apartheid**].

052 What I really like is [**travelling to other countries**].

053 The diamonds appeared [**to be genuine**].

054 The problem is [**that you never think before you speak**].

Observation & Question 주격 보어의 역할과 형태에 대해 생각해 보자.

▶ 주격 보어의 역할 ⇒ 동사를 보완하여 주어에 대해 설명
▶ 주격 보어의 형태 ⇒ 명사구, 형용사구, 분사구, 동명사구, to부정사구, 명사절
◑ 주어와 주격 보어 사이의 관계는 무엇인가?

Analysis & Translation [ ]로 표시된 부분의 형태와 역할을 분석해 보자.

TYPE ❶ 명사구

049 Pollution from cars has **become** [**a major problem**].
　　　　　　　　　　　　　　　'~이 되다'라는 상태를 보완하는 요소(주격 보어)

TYPE ❷ 형용사구

050 This study **sounds** [**very ambitious**].
　　　　　　　　　　'~처럼 들리다'라는 상태를 보완하는 요소(주격 보어)

TYPE ❸ 분사구

051 The native South Africans **remain** [**betrayed by the legacy of Apartheid**].
　　　　　　　　　　　　　　　　'계속 ~이다'라는 상태를 보완하는 요소(주격 보어)

TYPE ❹ 동명사구

052 What I really like **is** [**travelling to other countries**].
　　　　　　　　　　'~이다'라는 상태를 보완하는 요소(주격 보어)

TYPE ❺ to부정사구

053 The diamonds **appeared** [**to be genuine**].
　　　　　　　　　　'~처럼 보이다'라는 상태를 보완하는 요소(주격 보어)

TYPE ❻ 명사절

054 The problem **is** [**that you never think before you speak**].
　　　　　　　　　'~이다'라는 상태를 보완하는 요소(주격 보어)

주격 보어는 형용사구와 명사구만 있는 줄 알았는데, 생각보다 훨씬 다양한 형태로군요.

그럼, 이번 기회에 정리를 해두면 좋겠지?

주격 보어의 해석

동사구

동사　　주격 보어

주격 보어는 주어의 속성이나 상태를 설명하는 것으로 해석

UNIT
2

 **Application** 표시된 부분에 유의하면서 다음 문장을 해석하시오(09~10번은 밑줄만 해석).

**W**ords & Phrases

---

01 Hunters had moved across the land bridge and become **the first immigrants to the new land**.

🔲 8441-0141
(2016년 9월 모평 37번)

▶ immigrant 이주민

---

02 The first suggestion was **getting information on science-related careers**.

🔲 8441-0142
(2016년 국가 성취도 평가 서답형 6번)

▶ suggestion 제안

---

03 Most bees sting when they feel **threatened**.

🔲 8441-0143
(2015년 수능 16~17번)

▶ sting 쏘다
▶ threaten 위협하다

---

04 A pet's continuing affection becomes **crucially important for people enduring hardship**.

🔲 8441-0144
(2016년 수능 28번)

▶ continuing 지속적인
▶ affection 애정
▶ endure 견디다

---

05 The trees seemed **to be taking on smiling faces**.

🔲 8441-0145
(2016년 9월 모평 43~45번)

▶ take on ~을 띠다

---

06 Without the ice age, North America might have remained **unpopulated for thousands of years more**.

🔲 8441-0146
(2016년 9월 모평 37번)

▶ unpopulated 사람이 살지 않는

---

07 Professor Alfred Adler's point is **that comparing is both a normal and a necessary part of the process of growing up**.

🔲 8441-0147
(2015년 국가 성취도 평가 20번)

▶ compare 비교하다
▶ normal 정상적인
▶ process 과정

---

08 Fortunately, most new viruses seem **not to spread among the human population**.

🔲 8441-0148
(2017년 국가 성취도 평가 27번)

▶ human population 인구

Level Up

09 It is true that mental skills become increasingly important at high levels of competition. As athletes move up the competitive ladder, they become **more homogeneous in terms of physical skills**. In fact, at high levels of competition, all athletes have the physical skills to be successful. Consequently, any small difference in mental factors can play a huge role in determining performance outcomes.

🔲 8441-0149
(2017년 6월 모평 29번)

▶ competition 시합, 경기
▶ athlete 운동선수
▶ homogeneous 동질의
▶ outcome 결과

---

10 Looking at the coffees, Richard remembered that Julie liked whipped cream on top of her hot coffee. He was wondering if it was better to put the cream on now, or wait till she arrived. "Since the cream is cold, it'll cool down the coffee faster," he reasoned. Beep! It was a text message from her. "I'll be there in 5 minutes. Please put some cream on my coffee." He was startled, because she seemed **to know what he was thinking about**. Richard called over a waiter wearing a blue shirt and asked him for whipped cream.

🔲 8441-0150
(2016년 6월 모평 43~45번)

▶ whipped cream 휩 크림
▶ startled 놀란

Structure **16** (직접)목적어의 형태

055 Do you know [**the man sitting in the corner**]?

056 The car managed to avoid [**hitting any other vehicles**].

057 Mom flatly refused [**to go back into the hospital**].

058 The scientist argued [**that a dam might increase the risk of flooding**].

059 Please choose [**which flavor of ice cream you want**].

060 The participants were allowed to do [**whatever they liked**].

Words & Phrases

▶ manage 간신히 해내다
▶ vehicle 차량
▶ flatly 단호히
▶ flooding 홍수
▶ flavor 맛
▶ participant 참가자

Observation & Question (직접)목적어의 역할과 형태에 대해 생각해 보자.

▶ 목적어의 역할 ⇒ 동사가 나타내는 동작이나 상태의 영향이 미치는 요소
▶ 목적어의 형태 ⇒ 명사구, 동명사구, to부정사구, that절, 의문절, 선행사 포함 관계절
◑ 목적어의 왼쪽 경계는 어디인가?

Analysis & Translation [ ]로 표시된 부분의 형태와 역할을 분석해 보자.

명사구부터 선행사 포함
관계절까지 (직접)목적어도
주어와 형태가 비슷하지?

TYPE **①** 명사구

055 Do you **know** [**the man sitting in the corner**]?
          '알다'라는 상태의 영향이 미치는 요소(목적어)

TYPE **②** 동명사구

056 The car managed to **avoid** [**hitting any other vehicles**].
          '피하다'라는 동작의 영향이 미치는 요소(목적어)

TYPE **③** to부정사구

057 Mom flatly **refused** [**to go back into the hospital**].
          '거절하다'라는 동작의 영향이 미치는 요소(목적어)

TYPE **④** that절

058 The scientist **argued** [**that a dam might increase the risk of flooding**].
          '주장하다'라는 동작의 영향이 미치는 요소(목적어)

TYPE **⑤** 의문절

059 Please **choose** [**which flavor of ice cream you want**].
          '선택하다'라는 동작의 영향이 미치는 요소(목적어)

TYPE **⑥** 선행사 포함 관계절

060 The participants were allowed to **do** [**whatever they liked**].
          '하다'라는 동작의 영향이 미치는 요소(목적어)

(직접)목적어의 해석

동사구

동사   (직접)목적어

「…하다」   「~을」

Application 표시된 부분에 유의하면서 다음 문장을 해석하시오(09~10번은 밑줄만 해석).

Words & Phrases

🖥 8441-0151

01 Paul couldn't contain **his excitement**. (2016년 국가 성취도 평가 16번)

▸ **contain** 억누르다, 함유하다
▸ **excitement** 흥분

🖥 8441-0152

02 Would you show me **how I can get to the airport**? (2017년 국가 성취도 평가 13번)

🖥 8441-0153

03 These differences suggest **that symbolic gestures are not universal and can be culture specific**. (2017년 국가 성취도 평가 26번)

▸ **universal** 보편적인
▸ **specific** 특유의

🖥 8441-0154

04 They all look nice, but I don't want **to spend more than $80**. (2017년 수능 12번)

🖥 8441-0155

05 My teacher also suggested **meeting professionals in the field**. (2016년 국가 성취도 평가 서답형 6번)

▸ **professional** 전문가;
(전문적인) 직업의

🖥 8441-0156

06 Identifying **whatever we can do in the workplace** serves to enhance the quality of our professional career. (2016년 수능 35번 응용)

▸ **identify** 찾다, 발견하다
▸ **workplace** 직장
▸ **enhance** 향상하다

🖥 8441-0157

07 Anyone who knows me knows **that as long as the meal has lots of protein, I'm happy**. (2016년 국가 성취도 평가 16번)

▸ **meal** 식사

🖥 8441-0158

08 Often externalizing conversations involve **tracing the influence of a problem in a child's life over time**. (2017년 9월 모평 33번 응용)

▸ **externalize** 표면화하다
▸ **trace** 추적하다

LevelUp

🖥 8441-0159

09 Our streets are lined with shopping malls and stores. Every corner of our nation has been commercialized, even our national parks. We select our political leaders almost solely on what they promise **to do for the health of the economy**. It seems everything that surrounds us makes it difficult to resist consumerism. (2017년 국가 성취도 평가 18번)

▸ **commercialize** 상업화 하다
▸ **solely** 오로지
▸ **surround** 에워싸다
▸ **resist** 저항하다
▸ **consumerism** 소비지 상주의

🖥 8441-0160

10 Paul touched his arms and legs. He felt amazing. He walked in a circle. He jumped. All his aches and pains were gone. In the last ten years, he had forgotten **what it was like to walk without pain or to sit without struggling to find comfort for his lower back**. Now he was able to move and bend easily. In fact, he could bring his knees up to his chest. (2016년 국가 성취도 평가 16번)

▸ **back** 등
▸ **bend** 숙이다

Structure 17 「간접목적어 + 직접목적어」의 형태

Challenge [ ]로 표시된 부분의 역할과 형태에 유의하면서 다음 문장을 해석해 보자.

061 The noise is giving [**my family**] [**a headache**].

062 Go and ask [**your roommate**] [**whether he's coming tonight**].

063 I tried to persuade [**Jeff's ex-girlfriend**] [**to talk to him**].

Words & Phrases

Words & Phrases

▶ noise 소음
▶ headache 두통
▶ roommate 룸메이트
▶ persuade 설득하다
▶ ex-girlfriend 전 여자친구

Observation & Question 목적어의 역할과 구성 형태에 대해 생각해 보자.

▶ 간접목적어의 역할 ⇒ 동사가 나타내는 동작의 수혜자
▶ 직접목적어의 역할 ⇒ 동사가 나타내는 동작의 영향이 직접 미치는 요소
▶ 두 목적어의 구성 ⇒ 「명사구 + 명사구」, 「명사구 + 명사절」, 「명사구 + to부정사구」
◐ 직접목적어 to부정사구가 목적격 보어 to부정사구와 어떻게 달리 해석되는가?

Analysis & Translation [ ]로 표시된 부분의 형태와 역할을 분석해 보자.

TYPE ❶ 「명사구 + 명사구」
061 The noise is giving [**my family**] [**a headache**].
　　　　　　　　　　　　간접목적어　　　　직접목적어

TYPE ❷ 「명사구 + 명사절」
062 Go and ask [**your roommate**] [**whether he's coming tonight**].
　　　　　　　　　　간접목적어　　　　　　　직접목적어

TYPE ❸ 「명사구 + to부정사구」
063 I tried to persuade [**Jeff's ex-girlfriend**] [**to talk to him**].
　　　　　　　　　　　간접목적어　　　　　　직접목적어
　　　　　　　　　　　　▼　　　　　　　　▼
　　　　　　　　　　（「~에게」）　　　（「…을」）

걸보기에 「명사구 + to부정사구」라고 해서 다 「간접목적어 + 직접목적어」인 것은 아니죠?

그럼! allow 다음의 「명사구 + to부정사구」를 기억하지? 이것은 목적어와 목적격 보어 관계이잖아.

Translation TIP 동사의 (직접)목적어 역할을 할 수 있는 요소는 명사구, 동명사구, to부정사구, that절, 의문절, 선행사 포함 관계절 등이다.

동사구
동사　　　　목적어 그룹
　　　　　간접목적어　　　직접목적어
해석 ⇨　　「(해)주다」　「~에게」　　「…을」

 **Application** 표시된 부분에 유의하면서 다음 문장을 해석하시오(09~10번은 밑줄만 해석).

UNIT

2

Words & Phrases

01 I'll give **you a hand** with your speech.

🔲 8441-0161
(2017년 9월 모평 14번)

02 Tell **me the address of the store**.

🔲 8441-0162
(2017년 9월 모평 13번)

03 I'll ask **him if he can take your place**.

🔲 8441-0163
(2017년 9월 모평 14번)

04 Let's ask **the students what they prefer to do**.

🔲 8441-0164
(2017년 수능 15번)

05 I just want to remind **you that your assignments must be completed by Friday**.

🔲 8441-0165

▸ assignment 과제
▸ complete 완수하다

06 Horace, Petrarch, Shakespeare, Milton, and Keats all hoped that poetic greatness would grant **them a kind of earthly immortality**.

🔲 8441-0166
(2015년 수능 34번)

▸ poetic 시적인
▸ grant 주다
▸ earthly 세속적인
▸ immortality 불후의 명성

07 Our class offers **you full life-saving expertise that you can then use to deliver vital support in emergencies**.

🔲 8441-0167
(2017년 9월 모평 18번)

▸ expertise 전문 기술
▸ vital 생명 유지에 필수적인
▸ emergency 긴급 사태

08 Teaching **people to accept a situation that could readily be changed** could be bad advice.

🔲 8441-0168
(2016년 9월 모평 32번)

▸ readily 손쉽게

Levelup

09 At the 2015 *Fortune* Most Powerful Women Summit, Ginni Rometty offered this advice: "When did you ever learn the most in your life? What experience? I guarantee you'll tell **me it was a time you felt at risk**." To become a better leader, you have to step out of your comfort zone. You have to challenge the conventional ways of doing things and search for opportunities to innovate.

🔲 8441-0169

(2017년 수능 20번)

▸ summit 정상 회담
▸ guarantee 장담하다
▸ at risk 위험에 처한
▸ comfort zone 안전지대
▸ conventional 기존의
▸ innovate 혁신하다

10 A seventeen-year-old German boy named Erik Brandes stepped out onto the empty vast stage of the Cologne Opera House. It was the most exciting day of Erik's life. The youngest concert promoter in Germany had persuaded **the Opera House to host a late-night concert of improvised jazz by the American pianist Keith Jarrett**. The concert was a sellout, and later that evening, Keith would sit down at the piano and play.

🔲 8441-0170

(2016년 수능 43~45번)

▸ vast 거대한
▸ promoter 기획자
▸ improvised jazz 즉흥 재즈
▸ sellout 좌석 매진

Structure 18 목적격 보어의 형태

Challenge

[ ]로 표시된 부분의 역할과 형태에 유의하면서 다음 문장을 해석해 보자.

064 This movie made the unknown actor [**an emerging star**].

065 Lots of women find the emerging star [**very attractive**].

066 The secretary kept me [**waiting outside**].

067 I need to get the washing machine [**repaired as soon as possible**].

068 The student loan enabled Jonathan [**to earn a college degree**].

069 The businessman had his secretary [**make copies of the report**].

Words & Phrases

▶ emerging star 떠오르는 스타
▶ attractive 매력적인
▶ secretary 비서
▶ repair 수리하다
▶ student loan 학자금 대출
▶ copy 사본

Observation & Question 목적격 보어의 역할과 형태에 대해 생각해 보자.

▶ 목적격 보어의 역할 ⇒ 동사를 보완하여 목적어에 대해 설명
▶ 목적격 보어의 형태 ⇒ 명사구, 형용사구, 분사구, (to)부정사구
○ 「목적어 + to부정사구」 형태의 해석을 어떻게 할 것인가?

Analysis & Translation [ ]로 표시된 부분의 형태와 역할을 분석해 보자.

TYPE ❶ 명사구
064 This movie **made** [the unknown actor] [an emerging star].
　　　　　　　　　　　　목적어　　　　　　목적격 보어(명사구)

TYPE ❷ 형용사구
065 Lots of women **find** [the emerging star] [very attractive].
　　　　　　　　　　　　　목적어　　　　　　목적격 보어(형용사구)

TYPE ❸ 분사구(핵 = 현재분사)
066 The secretary **kept** [me] [waiting outside].
　　　　　　　　　　목적어　　목적격 보어(분사구)

TYPE ❹ 분사구(핵 = 과거분사)
067 I need to **get** [the washing machine] [repaired as soon as possible].
　　　　　　　　　　　목적어　　　　　　　목적격 보어(분사구)

TYPE ❺ to부정사구
068 The student loan **enabled** [Jonathan] [to earn a college degree].
　　　　　　　　　　　　목적어　　　목적격 보어(to부정사구)

TYPE ❻ to 없는 부정사구
069 The businessman **had** [his secretary] [make copies of the report].
　　　　　　　　　　　목적어　　　목적격 보어(to 없는 원형부정사구)

목적어와 목적격 보어의 관계는 해석상 주어와 술어의 관계라는 것을 잊으면 안 돼.

「목적어 + 목적격 보어」의 해석

목적어 그룹

목적어　　목적격 보어
「～이」　　「…하게/하도록」

Application 표시된 부분에 유의하면서 다음 문장을 해석하시오(09~10번은 밑줄만 해석).

Words & Phrases

01 This winter blanket is lightweight, but it'll keep you **warm**. (2017년 수능 9번) 🔲 8441-0171

▶ lightweight 가벼운

02 So many interesting things kept me **reading the book to the end**. (2017년 국가 성취도 평가 서답형 6번 응용) 🔲 8441-0172

03 This supportive pillow will keep your head **slightly raised**. (2017년 수능 9번) 🔲 8441-0173

▶ supportive 받치는
▶ pillow 베개

04 When I started blogging, my unfamiliarity with the mechanics of posting made me **dread it**. (2016년 국가 성취도 평가 22번) 🔲 8441-0174

▶ blog 블로그에 글을 쓰다
▶ unfamiliarity 생소함
▶ mechanics 기술
▶ dread 두려워하다

05 These differing outcomes led us **to ask why only a few emergent viruses can be transmitted from human to human**. (2017년 국가 성취도 평가 27번) 🔲 8441-0175

▶ emergent 신생의, 신흥의
▶ transmit 전염시키다

06 The inherent ambiguity and adaptability of language as a meaning-making system makes the relationship between language and thinking **so special**. (2016년 수능 22번 응용) 🔲 8441-0176

▶ inherent 내재하는
▶ ambiguity 중의성
▶ adaptability 적응성

07 A greater variety of food leads people **to eat more than they would otherwise**. (2017년 수능 22번) 🔲 8441-0177

▶ otherwise 그렇지 않으면

08 The lack of real, direct experience in and with nature has caused many children **to regard the natural world as mere abstraction, that fantastic, beautifully filmed place filled with endangered rainforests and polar bears in peril**. (2017년 9월 모평 28번) 🔲 8441-0178

▶ mere ~에 불과한
▶ abstraction 추상적 개념
▶ endangered 멸종될 위기에 이른
▶ rainforest 우림
▶ in peril 위험한

Level up

09 It has been claimed that no specific knowledge, or experience is required to attain insight in the problem situation. As a matter of fact, one should break away from experience and let the mind **wander freely**. Nevertheless, experimental studies have shown that insight is actually the result of ordinary analytical thinking. (2017년 9월 모평 22번) 🔲 8441-0179

▶ attain 획득하다
▶ insight 통찰력
▶ wander 돌아다니다
▶ analytical 분석적인

10 In experimental research by Arpan and Roskos-Ewoldsen, stealing thunder in a crisis situation, as opposed to allowing the information **to be first disclosed by another party**, resulted in substantially higher credibility ratings. As significant, the authors found that "credibility ratings associated with stealing thunder directly predicted perceptions of the crisis as less severe." (2017년 6월 모평 22번) 🔲 8441-0180

▶ steal thunder 선수를 치다
▶ disclose 밝히다
▶ substantially 상당히
▶ credibility 신뢰성
▶ be associated with ~과 관련되다
▶ perception 인식

Challenge [ ]로 표시된 부분의 형태와 역할에 유의하면서 다음 문장을 해석해 보자.

070 Egypt is [**in North Africa**].

071 The old woman kept her money [**under the mattress**].

072 Why did my boss treat me [**so badly**]?

 부사구는 형태상 부사를 핵으로 하는 구이고, 부사어구는 기능상 동사구를 수식하여 부가 정보를 제공하는 여러 어구들을 가리켜. 그러니까 부사구는 부사어구의 일종이지. 동사구를 수식하면 전치사구도 부사어구라고 부르고.

Words & Phrases

▶ boss 상관, 상사
▶ treat 대하다
▶ badly 불신설하게, 기분 나쁘게

Observation & Question 부사어구의 형태에 대해 생각해 보자.

▶ 부사어구 = 주격 보어, 목적격 보어 역할
▶ 부사어구 = 필수 수식어구 역할
◑ 일부 동사가 부사어구의 수식을 받지 못하면 어떤 일이 일어나는가?

Analysis & Translation [ ]로 표시된 부사어구의 형태와 역할을 분석해 보자.

TYPE ❶ 전치사구

070 Egypt **is** [**in North Africa**].
　　　　전치사구(주격 보어) ⇒ 반드시 필요한 요소

071 The old woman **kept her money** [**under the mattress**].
　　　　　　　　　　　　전치사구(목적격 보어) ⇒ 반드시 필요한 요소

TYPE ❷ 부사구

072 Why did my boss **treat me**? 　　　　(×)
　　　　　　　　동사 목적어

Why did my boss **treat me** [**so badly**]? 　(○)
　　　　부사구(동사구 수식) ⇒ 반드시 필요한 요소

부사구와 부사어구가 어떻게 달라요?

Translation TIP 일부 부사어구는 동사가 반드시 필요로 하는 보어나 수식어의 역할을 할 수 있다. 이러한 필수 부사어구로 대표적인 것은 부사구와 전치사구 등이다.

```
            동사구                          동사구
         ┌────┴────┐                    ┌────┴────┐
        동사    필수 부사어구            동사     목적어 그룹
                  │                            ┌────┴────┐
              부사구/전치사구               목적어    필수 부사어구
                                                       │
                                                  부사구/전치사구
```

해석 ⇨ 　　　　주격 보어, 필수 수식어구로 해석 　　　　목적격 보어, 필수 수식어구로 해석

걸보기에 부사어구라고 무조건 선택 요소라고 하면 안 되겠지?

Application 표시된 부분에 유의하면서 다음 문장을 해석하시오(09~10번은 밑줄만 해석).

Words & Phrases

01 A tiny little Bösendorfer was **in poor condition**.

□ 8441-0181
(2016년 수능 43~45번 응용)

▸ tiny 아주 작은

02 One exercise in teamwork I do at a company retreat is to put the group **in a circle**.

□ 8441-0182
(2017년 수능 21번)

▸ company retreat
회사 단합대회

03 Amy was **in the classroom** staring out of the window beside her.

□ 8441-0183
(2016년 9월 모평 19번)

▸ stare 응시하다

04 If we put the candy **there**, it would get wet.

□ 8441-0184
(2014년 수능 6번)

05 We could put the rest of the candy **inside the hat in the bunny's hand**.

□ 8441-0185
(2014년 수능 6번)

06 The hot coffees were promptly placed **in front of Richard**.

□ 8441-0186
(2016년 6월 모평 43~45번)

▸ promptly 즉시, 지체 없이
▸ place 놓다, 두다; 장소

07 You shouldn't have taken your eyes **off the road**.

□ 8441-0187
(2013년 수능 3번)

08 In addition to protecting the rights of authors so as to encourage the publication of new creative works, copyright is also supposed to place reasonable time limits **on those rights** so that outdated works may be incorporated into new creative efforts.

□ 8441-0188
(2017년 수능 23번)

▸ publication 출판
▸ copyright 저작권
▸ incorporate 편입하다

Level up

09 When organizing a bag of small hardware—screws, nails, and so on—into little jars, people quickly pick out a whole series of items of the same type, making a handful of, say, small screws. They put them **in the jar** and then go back and do the same for a different kind of item. So the sorting sequence is nonrandom, producing runs of items of a single type.

□ 8441-0189
(2015년 6월 모평 39번)

▸ organize 정리하다
▸ hardware 철물, 장비
▸ sorting 분류
▸ nonrandom 무작위가 아닌

10 For many of us, expressing what we're feeling is a challenge. We fear that sharing our mood will place an unwelcome burden **on others**. But dogs don't need for us to explain when we're sad or anxious. Dogs can detect the physiological changes that accompany our feelings—and they respond. Dogs don't need to be asked to pay attention to us, and they don't need to be asked to try to raise our spirits—they're already working on it.

□ 8441-0190

▸ challenge 난제
▸ detect 간파하다
▸ physiological 생리적인
▸ accompany 수반하다
▸ raise one's spirit 기운을 돋우다

UNIT **2**

Challenge   [ ]로 표시된 부분의 형태와 역할에 유의하면서 다음 문장을 해석해 보자.

073 Now you listen to me [**very carefully**].

074 The Romans built a defensive wall [**around the city**].

075 I use a hair dryer [**to dry my hair**].

076 [**Opening the envelope**], I found two concert tickets.

077 [**Before we go on vacation**], we must make reservations.

078 [**The time we first met**], my roommate hardly spoke to me at all.

Words & Phrases

▶ defensive wall 방어벽
▶ envelope 봉투
▶ reservation 예약

Observation & Question   부사어구의 구성 요소에 대해 생각해 보자.

▶ 부사어구 = 부사구, 전치사구, to부정사구, 분사구, 부사절 등
▶ 부사어구의 역할 = 동사구나 주절 수식
◐ 필수 부사어구와 선택 부사어구의 결정적 차이는 무엇인가?

Analysis & Translation   [ ]로 표시된 부사어구의 형태와 역할을 분석해 보자.

TYPE **❶** 부사구

073 Now you <u>listen to me</u> [**very carefully**].
수식

TYPE **❷** 전치사구

074 The Romans <u>built a defensive wall</u> [**around the city**].
수식

TYPE **❸** to부정사구

075 I <u>use a hair dryer</u> [**to dry my hair**].
수식

TYPE **❹** 분사구

076 [**Opening the envelope**], <u>I found two concert tickets.</u>
수식

TYPE **❺** 부사절

077 [**Before we go on vacation**], <u>we must make reservations.</u>
수식

TYPE **❻** 명사구

078 [**The time we first met**], <u>my roommate hardly spoke to me at all.</u>
수식

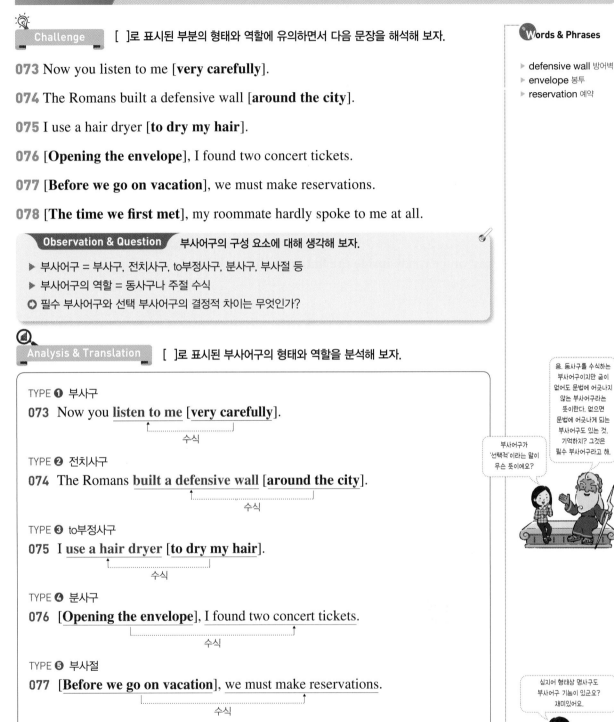

음, 동사구를 수식하는 부사어구이지만 굳이 없어도 문법에 어긋나지 않는 부사어구라는 뜻이란다. 없으면 문법에 어긋나게 되는 부사어구도 있는 것, 기억하지? 그것은 필수 부사어구라고 해.

부사어구가 '선택적'이라는 말이 무슨 뜻이에요?

심지어 형태상 명사구도 부사어구 기능이 있군요? 재미있어요.

Application   표시된 부분에 유의하면서 다음 문장을 해석하시오(09〜10번은 밑줄만 해석).

 Words & Phrases

01   🔲 8441-0191

Why did you come back **so soon**?

(2016년 9월 모평 43~45번)

02   🔲 8441-0192

Kate was happy that she could view the bridge **in the twilight**. (2017년 6월 모평 19번)

▸ twilight 황혼

03   🔲 8441-0193

Forman grew up **in a small town near Prague**.

(2016년 수능 25번)

04   🔲 8441-0194

We should use that time **to explore those topics that are more meaningful**.

(2017년 국가 성취도 평가 28번)

▸ explore 탐구하다
▸ meaningful 의미 있는

05   🔲 8441-0195

Sipping coffee leisurely at a café, Kate was enjoying the view of the Ponte Vecchio across the Arno.

(2017년 6월 모평 19번)

▸ sip 홀짝이다
▸ leisurely 느긋하게

06   🔲 8441-0196

Visitors should use public transportation **on the days of the festival**.

(2017년 국가 성취도 평가 17번 응용)

▸ public transportation 대중교통

07   🔲 8441-0197

Since the concept of a teddy bear is very obviously not a genetically inherited trait, we can be confident that we are looking at a cultural trait.

(2016년 6월 모평 35번)

▸ obviously 분명히
▸ genetically 유전적으로
▸ inherit 물려받다
▸ trait 특성

08   🔲 8441-0198

The mangrove forest alongside the canal thrilled me **as we entered its cool shade**.

(2017년 수능 19번)

▸ canal 수로
▸ shade 그늘

Level Up

09   🔲 8441-0199

In 1901, Albert C. Barnes invented the antiseptic Argyrol with a German chemist and made a fortune. **Using his wealth**, he began purchasing hundreds of paintings. In 1922, he established the Barnes Foundation to promote the education of fine arts. There he displayed his huge collection without detailed explanation.

(2017년 6월 모평 25번)

▸ antiseptic 소독제
▸ chemist 화학자
▸ make a fortune 재산을 모으다
▸ establish 설립하다
▸ promote 촉진하다

10   🔲 8441-0200

We borrow environmental capital from future generations **with no intention or prospect of repaying**. They may blame us for our wasteful ways, but they can never collect on our debt to them. We act as we do because we can get away with it: future generations do not vote; they have no political or financial power; they cannot challenge our decisions.

(2016년 수능 20번)

▸ capital 자산, 자본
▸ repay 갚다
▸ wasteful 낭비하는
▸ collect on 수령하다
▸ get away with 모면하다
▸ financial 재정적인

Frequently Asked Questions

자주 묻는 질문들

1 필수 요소 vs. 선택 요소

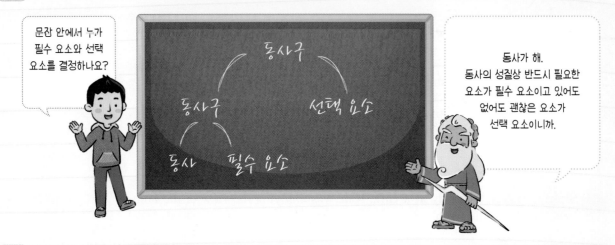

문장 안에서 누가 필수 요소와 선택 요소를 결정하나요?

동사가 해. 동사의 성질상 반드시 필요한 요소가 필수 요소이고 있어도 없어도 괜찮은 요소가 선택 요소이니까.

2 동사구의 성질

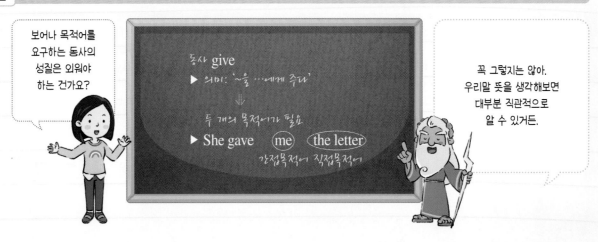

보어나 목적어를 요구하는 동사의 성질은 외워야 하는 건가요?

꼭 그렇지는 않아. 우리말 뜻을 생각해보면 대부분 직관적으로 알 수 있거든.

3 동사구의 개념

동사가 일단 꼭 필요한 보어나 목적어를 모두 갖추고 나면 동사구가 되는 거죠?

맞아. 그렇게 만들어진 동사구에 부사어구가 더해지면 동사구가 더 커지는 거지.

4 수식어가 반드시 필요한 동사

very kindly는 부사구인데 왜 없으면 문장이 틀리게 되죠?

My teacher treats me **very kindly**. (O)

My teacher treats me. (X)

이 문맥의 동사 treats는 목적어 외에도 very kindly와 같이 자신을 수식하는 부사구가 반드시 필요해. 이런 부사도 필수 부사어구 중 하나야.

5 선택 부사어구의 해석

이 문장의 to부정사구는 문장 안에서 누구를 수식하죠?

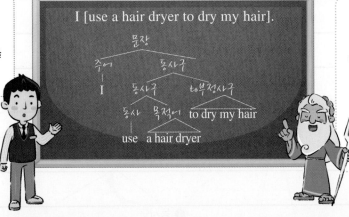

I [use a hair dryer to dry my hair].

이 to부정사구는 동사 use가 반드시 필요로 하는 요소가 아니지? 그렇다면 선택 요소이고, 선택 요소라면 동사구를 수식하겠지?

6 부사구 vs. 부사어구

부사구와 부사어구가 같은 말인가요?

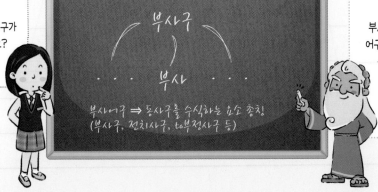

그렇지 않아. 부사구는 부사를 핵으로 하는 어구이고, 부사어구는 동사구를 수식하는 몇 가지 어구를 총칭하는 말이야. 정확히 말하자면, 부사구는 부사어구의 일부이지.

03 동사구의 확장

Structure of a Sentence

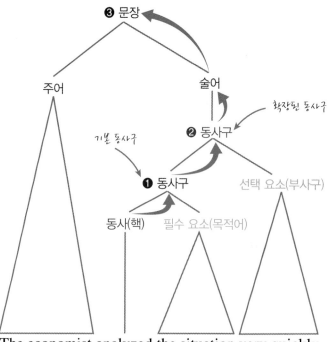

❸ 문장

주어   술어

확장된 동사구

기본 동사구

❷ 동사구

❶ 동사구   선택 요소(부사구)

동사(핵)   필수 요소(목적어)

The economist analyzed the situation very quickly.

The economist | analyzed the situation | very quickly
필수 요소 | 선택 요소

❶ 동사구 ⇒ 동사 + 필수 요소

❷ 확장된 동사구 ⇒ 동사구 + 선택 요소

❸ 문장 ⇒ 주어 + 술어

1 동사구의 해석
- ▶ 동사 찾기 ⇒ analyzed
- ▶ 동사 analyzed의 문맥 속 의미 ⇒ 「~을 분석하다」
- ▶ 「~을」에 해당하는 요소 ⇒ 필수 요소(목적어 the situation)
- ▶ 동사구의 해석 ⇒ 「그 상황을 분석했다」

2 확장된 동사구의 해석
- ▶ 동사구의 선택 요소 확인 ⇒ 부사구 very quickly
- ▶ 부사구의 해석 ⇒ 「매우 빠르게」
- ▶ 동사구의 확장 ⇒ analyzed the situation + very quickly
- ▶ 확장된 동사구의 해석 ⇒ 「매우 빠르게 그 상황을 분석했다」

3 문장의 해석
- ▶ 주어 찾기 ⇒ The economist, 「그 경제학자는」
- ▶ 문장 ⇒ 주어 + 술어
- ▶ 술어 ⇒ 확장된 동사구(analyzed the situation very quickly)
- ▶ 문장의 해석 ⇒ 「그 경제학자는 매우 빠르게 그 상황을 분석했다.」

21 동사구의 확장과 선택 요소

Challenge [ ]로 표시된 부분의 구조에 대해 생각하면서 다음 문장을 해석해 보자.

079 Fear of failure can [**stop success in an instant**].

080 As children grow, their ability to [**communicate effectively**] develops.

081 Anxiety [**has a damaging effect on mental performance of all kinds**].

▶ in an instant 즉시
▶ communicate
  의사소통하나
▶ effectively 효과적으로
▶ anxiety 불안, 걱정
▶ mental 정신의
▶ performance 수행

Observation & Question 동사구의 확장에 대해 생각해 보자.

▶ 동사구 = 하나의 동사
▶ 동사구 = 동사 + 필수 요소
▶ 확장된 동사구 = 동사구 + (선택 요소)
◐ 동사구를 확장하는 선택 요소에는 어떤 것이 있는가?

Analysis & Translation [ ]로 표시된 부분의 구조를 분석해 보자.

STEP ❶ 동사구 = 동사 + 필수 요소
079 Fear of failure can [stop success].
               동사 + 필수 요소(목적어)

STEP ❷ 동사구의 확장: 동사구 + 선택 요소
Fear of failure can [{stop success} {in an instant}].
               기본 동사구 + 선택 요소(전치사구)
               ─────────────────────────────
                      확장된 동사구

동사구가
'확장'이 돼요?

응. 동사가 반드시
필요한 요소를 갖추면
기본 동사구가 돼. 이
동사구를 선택 요소인
부사어구가 수식하게
되면 더 큰 동사구가
되겠지? 이것을
확장이라고 한단다.

Translation TIP 하나의 동사, 또는 동사와 필수 요소(목적어나 보어)로 이루어진 동사구에 다른 선택 요소(전치사구, 부사구, to부정사구)가 더해지면 원래의 동사구가 더 크게 확장된다. 선택 요소의 형태를 확인하는 것이 확장된 동사구 해석의 핵심이다.

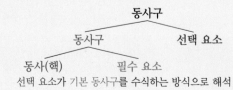

해석 ⇨ 선택 요소가 기본 동사구를 수식하는 방식으로 해석

정답과 해설 ▶ p39

Application 굵게 표시된 부분에 유의하면서 다음 문장을 해석하시오.(09~10번은 밑줄만 해석)

Words & Phrases

01 Your future is **limited only by your imagination**.

🖥 8441-0201
(2014 예비수능 A형 23번)

▶ imagination 상상력

02 Hobbes **immediately gave the man a generous offering**.

🖥 8441-0202
(2012년 9월 모평 29번)

▶ immediately 즉시
▶ generous 후한, 관대한

03 Good learners **have confidence in their ability to learn**.

🖥 8441-0203
(2012년 국가 성취도 평가 25번)

▶ confidence 자신감

04 Tom said he could **stand the pain until the end of the class**.

🖥 8441-0204
(2011년 수능 17번)

▶ stand 참다
▶ pain 고통

05 The researchers **used bee genes to understand such behavior**.

🖥 8441-0205

▶ gene 유전자
▶ behavior 행동

06 Scientists **thoroughly misunderstood the causes of complex events**.

🖥 8441-0206
(2013년 9월 모평 B형 24번)

▶ thoroughly 철저히

07 Objectivity is an interpretation that **deliberately ignores our feelings**.

🖥 8441-0207
(2013년 수능 A형 34번 응용)

▶ objectivity 객관성
▶ interpretation 해석
▶ deliberately 고의적으로
▶ ignore 무시하다

08 Bernstein **succeeded by approaching the problem from a different point of view**.

🖥 8441-0208
(2012년 국가 성취도 평가 17번 응용)

▶ approach 접근하다

Level Up

09 Guys lost on unfamiliar streets often avoid asking for directions from locals. We try to **tough it out with map and compass**. Admitting being lost feels like admitting stupidity. This is a stereotype, but it has a large grain of truth.

🖥 8441-0209
(2012년 9월 모평 28번)

▶ local 현지주민
▶ tough out ~을 참고 견디다
▶ stereotype 고정관념
▶ a grain of truth 진실의 일면

10 The Chinese saw the world as consisting of continuously interacting substances, so their attempts to understand it caused them to be oriented toward the complexities of the entire "field," that is, the context or environment as a whole. The notion that events always **occur in a field of forces** would have been completely intuitive to the Chinese.

🖥 8441-0210
(2015년 수능 28번)

▶ consist of ~로 구성되다
▶ substance 물질
▶ orient 지향하게 하다
▶ complexity 복잡성
▶ intuitive 직관적인

Structure 22 부사구의 동사구 수식

Challenge

[ ]로 표시된 부분의 구조에 대해 생각하면서 다음 문장을 해석해 보자.

082 Daniel [**greeted the visitors very politely**].

083 You [**obviously know that pink elephants don't actually exist**].

084 Our body generates free radicals to [**destroy the invaders very efficiently**].

Words & Phrases

▶ obviously 분명히
▶ generate 생성하다
▶ free radical 차유 라디칼
▶ invader 침입자
▶ efficiently 효율적으로

Observation & Question 동사구를 확장하는 선택 요소의 형태에 대해 생각해 보자.

▶ 동사구 = 동사 + 필수 요소
▶ 확장된 동사구 = (선택 요소) + 동사구 + (선택 요소)
◉ 동사구를 확장하는 선택 요소의 형태는 무엇인가?

Analysis & Translation [ ]로 표시된 부분의 구조를 분석해 보자.

STEP ❶ 동사구 = 동사 + 필수 요소

082 Daniel [**greeted the visitors**].
　　　　　　　동사　+　필수 요소(목적어)

STEP ❷ 동사구의 확장 = 동사구 + 선택 요소

Daniel [{**greeted the visitors**} {**very politely**}].
　　　　　　기본 동사구　　　　+　선택 요소(부사구)
　　　　　　　　　　　확장된 동사구

동사가 목적어를 취하면
동사구가 되겠지?
이 동사구를 부사구가
수식하면 더 큰 동사구가
된다는 뜻이야.

Translation TIP 이미 만들어진 동사구를 선택 요소인 부사구가 수식하여 동사구가 확장된다.

```
                동사구
         ┌────────┴────────┐
       동사구          선택 요소(부사구)
    ┌────┴────┐
  동사    필수 요소(목적어)
```

해석 ⇨　선택 요소인 부사구가 기본 동사구를 수식하는 방식으로 해석

Application 굵게 표시된 부분에 유의하면서 다음 문장을 해석하시오.(09~10번은 밑줄만 해석)

Words & Phrases

01 My navigation system **suddenly stopped working**.

8441-0211
(2013년 9월 모평 A형 4번)

02 Excellence often **flows most smoothly from simplicity**.

8441-0212
(2014년 6월 모평 30번 응용)

▸ excellence 탁월함
▸ simplicity 단순함

03 You should **clean the inside of your computer regularly**.

8441-0213
(2013년 수능 A형 7번)

▸ regularly 정기적으로

04 A burst of wind **slammed the door right back**, and it **hit him hard**.

8441-0214
(2013년 9월 모평 A형 43~45번)

▸ slam 쾅 닫다

05 Knowing how to **use photography effectively** is more important than ever.

8441-0215

▸ photography 사진술
▸ effectively 효과적으로

06 Mozart and Beethoven were both great composers, yet they **worked very differently**.

8441-0216
(2010년 국가 성취도 평가 24번 응용)

▸ composer 작곡가

07 Artists usually **limit themselves quite forcefully by choice of material and form of expression**.

8441-0217
(2015년 6월 모평 28번)

▸ forcefully 단호하게
▸ material 재료
▸ expression 표현

08 The individual fish or bird is **reacting almost instantly to the movements of its neighbors in the school or flock**.

8441-0218

▸ individual 개별의
▸ instantly 즉각적으로
▸ school 물고기의 떼
▸ flock (양·염소·새의) 떼

Level up

09 Close relationships develop when two people can **exchange emotional messages easily and effectively**. Whether we develop effective communication skills that promote healthy interactions depends largely on how we learn to communicate.

8441-0219
(2013년 9월 모평 A형 41~42번)

▸ relationship 관계
▸ exchange 교환하다
▸ promote 증진하다
▸ interaction 상호작용
▸ depend on ~에 달려 있다

10 We can place limits on our worries by asking: "What is the worst that can happen?" More often than not, the worst that we fear is much less terrible than our vague, unarticulated fear. Once we know the worst, we can **face it directly** and **work out more sensibly what to do**.

8441-0220
(2012년 6월 모평 25번)

▸ more often than not
대체로, 자주
▸ vague 희미한
▸ unarticulated 불분명한
▸ work out ~을 해내다

UNIT
3

23 전치사구의 동사구 수식

Challenge [ ]로 표시된 부분의 구조에 대해 생각하면서 다음 문장을 해석해 보자.

085 Throwing things out [**hurts for a little while**].

086 We must [**cultivate children's creativity throughout their development**].

087 Many people [**lose their lives from allergic reactions to bee stings**].

Words & Phrases

▶ cultivate 계발하다
▶ creativity 창의성
▶ allergic 알레르기의
▶ reaction 반응

Observation & Question 동사구를 확장하는 선택 요소의 형태에 대해 생각해 보자.

▶ 동사구 = 하나의 동사
▶ 동사구 = 동사 + 필수 요소
▶ 확장된 동사구 = 동사구 + (선택 요소)
✿ 동사구를 확장하는 선택 요소의 형태는 무엇인가?

동사가 목적어나 보어를 필요로
하지 않더라도 동사구라고
하는 것, 기억하지? 이 동사구를
전치사구가 수식하면 더 큰
동사구가 된다는 뜻이야.

Analysis & Translation [ ]로 표시된 부분의 구조를 분석해 보자.

STEP ❶ 동사구 = 동사
085 Throwing things out [**hurts**].
　　　　　　　　　　　　　하나의 동사

STEP ❷ 동사구의 확장 = 동사구 + 선택 요소
　　Throwing things out [{**hurts**} {**for a little while**}].
　　　　　　　　　　　기본 동사구 + 선택 요소(전치사구)
　　　　　　　　　　　　　　확장된 동사구

꼭 그렇지는 않아.
전치사구가 동사구를
수식하면 부사어구라고
하지만, 명사구를
수식하면 그렇게 부를
수 없지. 즉 for a little
while을 형태 중심으로
부르면 전치사구이고
역할(기능)을 중심으로
부르면 부사어구가
되는 거란다.

전치사구는 항상
부사어구라고 하나요?

Translation TIP 이미 만들어진 동사구를 선택 요소인 전치사구가 수식하여 동사구가 확장된다.

동사구

동사구　　　　　선택 요소(전치사구)

해석 ⇨ 선택 요소인 전치사구가 기본 동사구를 수식하는 방식으로 해석

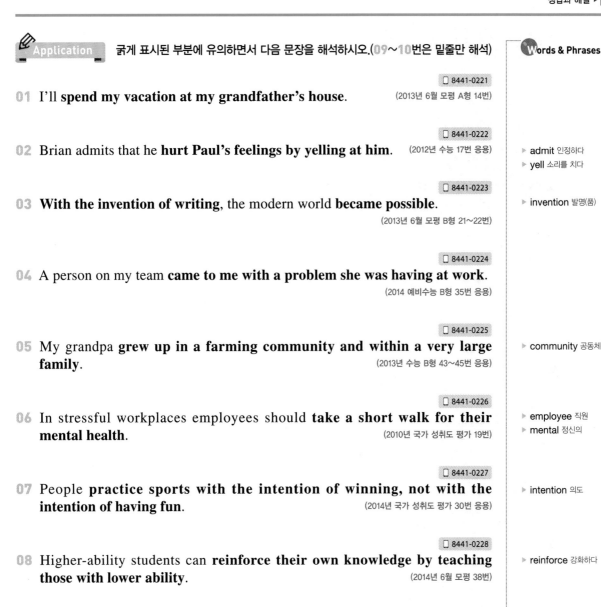

Application 굵게 표시된 부분에 유의하면서 다음 문장을 해석하시오.(09~10번은 밑줄만 해석)

Words & Phrases

🔲 8441-0221

01 I'll **spend my vacation at my grandfather's house**. (2013년 6월 모평 A형 14번)

🔲 8441-0222

02 Brian admits that he **hurt Paul's feelings by yelling at him**. (2012년 수능 17번 응용)

▸ admit 인정하다
▸ yell 소리를 치다

🔲 8441-0223

03 **With the invention of writing**, the modern world **became possible**. (2013년 6월 모평 B형 21~22번)

▸ invention 발명(품)

🔲 8441-0224

04 A person on my team **came to me with a problem she was having at work**. (2014 예비수능 B형 35번 응용)

🔲 8441-0225

05 My grandpa **grew up in a farming community and within a very large family**. (2013년 수능 B형 43~45번 응용)

▸ community 공동체

🔲 8441-0226

06 In stressful workplaces employees should **take a short walk for their mental health**. (2010년 국가 성취도 평가 19번)

▸ employee 직원
▸ mental 정신의

🔲 8441-0227

07 People **practice sports with the intention of winning, not with the intention of having fun**. (2014년 국가 성취도 평가 30번 응용)

▸ intention 의도

🔲 8441-0228

08 Higher-ability students can **reinforce their own knowledge by teaching those with lower ability**. (2014년 6월 모평 38번)

▸ reinforce 강화하다

Level up

🔲 8441-0229

09 What disturbs me is the idea that good behavior must be **reinforced with incentives**. Children must be taught to perform good deeds for their own sake, not in order to receive stickers, stars, and candy bars. (2010년 수능 23번)

▸ disturb 혼란시키다
▸ incentive 보상물, 포상
▸ deed 행동

🔲 8441-0230

10 Jane and Tom were very disappointed by the weather forecast. Still, Tom insisted that the concert go on for the audience. But Jane thought that the event should be cancelled. So, she decided to persuade Tom that it's most important to **protect the audience from any possible accident**. (2013년 9월 모평 A형 20번)

▸ insist 주장하다
▸ persuade 설득하다
▸ protect 보호하다
▸ accident 사고

24 to부정사구의 동사구 수식: 목적과 결과

Challenge   [ ]로 표시된 부분의 구조에 대해 생각하면서 다음 문장을 해석해 보자.

088 You don't [**need a high IQ to be a good thinker**].

089 You must [**have flour, eggs, milk, and oil to make pancakes**].

090 Four atoms of iron [**combine with three molecules of oxygen to form iron oxide**].

Words & Phrases

▶ flour 밀가루
▶ atom 원자
▶ combine 결합하다
▶ molecule 분자
▶ iron oxide 산화철

Observation & Question   동사구를 확장하는 선택 요소의 형태에 대해 생각해 보자.

▶ 동사구 = 하나의 동사
▶ 동사구 = 동사 + 필수 요소
▶ 확장된 동사구 = 동사구 + (선택 요소)
◐ 동사구를 확장하는 선택 요소인 to부정사구의 의미는 무엇인가?

Analysis & Translation   [ ]로 표시된 부분의 구조를 분석해 보자.

STEP ❶ 동사구 = 동사 + 필수 요소

088 You don't [**need a high IQ**].
               동사 + 필수 요소(목적어)

STEP ❷ 동사구의 확장 = 동사구 + 선택 요소

You don't [{**need a high IQ**} {**to be a good thinker**}].
            기본 동사구   +   선택 요소(to부정사구)
                     확장된 동사구

아, 흔히 사용되는 to부정사구의 '부사적 용법'이라는 말이 이런 거죠? 이미 만들어진 동사구를 to부정사구가 수식하여 더 큰 동사구를 만든다는 것, 즉 부사어구 역할을 한다는 거죠?

그래, 바로 그거란다!

Translation TIP   이미 만들어진 동사구를 선택 요소인, 목적이나 결과를 나타내는 to부정사구가 수식하여 동사구가 확장된다.

동사구
동사구   선택 요소(to부정사구)

해석 ⇨ 목적이나 결과를 나타내는 to부정사구가 기본 동사구를 수식하는 방식으로 해석

Application 굵게 표시된 부분에 유의하면서 다음 문장을 해석하시오.(09~10번은 밑줄만 해석)

Words & Phrases

🗌 8441-0231

01 His son will not **grow up to be particularly respectful to his own family**.

▶ respectful 예의 바른

🗌 8441-0232

02 The children were **waiting in line to get their cheeks painted by a local artist**. (2010년 국가 성취도 평가 29번)

▶ cheek 볼, 뺨
▶ local 현지의

🗌 8441-0233

03 **To be successful**, we need to **learn how to fail and how to respond to failure**. (2010년 국가 성취도 평가 서답형 5번 응용)

▶ respond (적절히) 대응하다

🗌 8441-0234

04 Dave did not have to **keep his sea lions hungry in order to make them perform**. (2014년 6월 모평 29번)

▶ perform 공연을 하다

🗌 8441-0235

05 Tony **kicked the stone, only to remember too late that he was still in his bare feet**.

▶ bare 맨, 벌거벗은

🗌 8441-0236

06 When this gas reaches the eye, it **mixes with water in the eye to form a weak acid**. (2014 예비수능 A형 7번)

▶ acid (화학) 산

🗌 8441-0237

07 Small animals have **developed useful weapons such as poison to protect themselves in the wild**. (2013년 수능 26번 응용)

▶ weapon 무기
▶ poison 독
▶ protect 보호하다

🗌 8441-0238

08 I **rushed out of the house only to realize that my keys and wallet were sitting on the kitchen table**. (2015년 6월 모평 32번 응용)

▶ realize 깨닫다

Level Up

🗌 8441-0239

09 Canadians often **use the impersonal formality of a lawyer's services to finalize agreements**. Egyptians, by contrast, more frequently depend on the personal relationship between bargaining partners to accomplish the same purpose. (2015년 9월 모평 29번)

▶ impersonal 사사로움에 치우치지 않는
▶ formality 형식상의 절차
▶ finalize 마무리짓다
▶ bargaining 협상

🗌 8441-0240

10 A school of fish will **split in two to avoid a predator** and then quickly regroup behind it. A herd of zebras can become a dazzling display of black and white stripes, making it more difficult for a lion to see where one zebra ends and another begins. (2013년 9월 모평 A형 25번)

▶ school 물고기의 떼
▶ regroup 다시 모이다
▶ herd 떼, 무리
▶ dazzling 현란한

UNIT
3

Structure 25 ▶ to부정사구의 동사구 수식: 원인, 판단의 근거, 조건

Challenge　[ ]로 표시된 부분의 구조에 대해 생각하면서 다음 문장을 해석해 보자.

091 I [**was amazed to see such a huge crowd of participants**].

092 Tyler must [**be out of his mind to accept their offer**].

093 [**To hear her talk**], you'd [**think she is an American**].

Words & Phrases

▶ a huge crowd of 아주 많은
▶ participant 참가자
▶ out of one's mind 제정신이 아닌

Observation & Question　동사구를 확장하는 선택 요소의 형태에 대해 생각해 보자.

▶ 동사구 = 동사 + 필수 요소
▶ 확장된 동사구 = 동사구 + (선택 요소)
◐ 동사구를 확장하는 선택 요소인 to부정사구의 의미는 무엇인가?

Analysis & Translation　[ ]로 표시된 부분의 구조를 분석해 보자.

STEP ❶ 동사구 = 동사 + 필수 요소

091 I [was amazed].
　　　　　동사 + 필수 요소(주격 보어)

STEP ❷ 동사구의 확장 = 동사구 + 선택 요소

　　I [{was amazed} {to see such a huge crowd of participants}].
　　　　기본 동사구　　+　　　　선택 요소(to부정사구)
　　　　　　　　　　　　　확장된 동사구

Translation TIP　이미 만들어진 동사구를 선택 요소인, 원인, 판단의 근거, 또는 조건을 나타내는 to부정사구가 수식하여 동사구가 확장된다.

　　　　　　　　　　동사구
　　　　　동사구　　　　선택 요소(to부정사구)
해석 ⇨ 원인, 판단의 근거, 조건을 나타내는 to부정사구가 기본 동사구를 수식하는 방식으로 해석

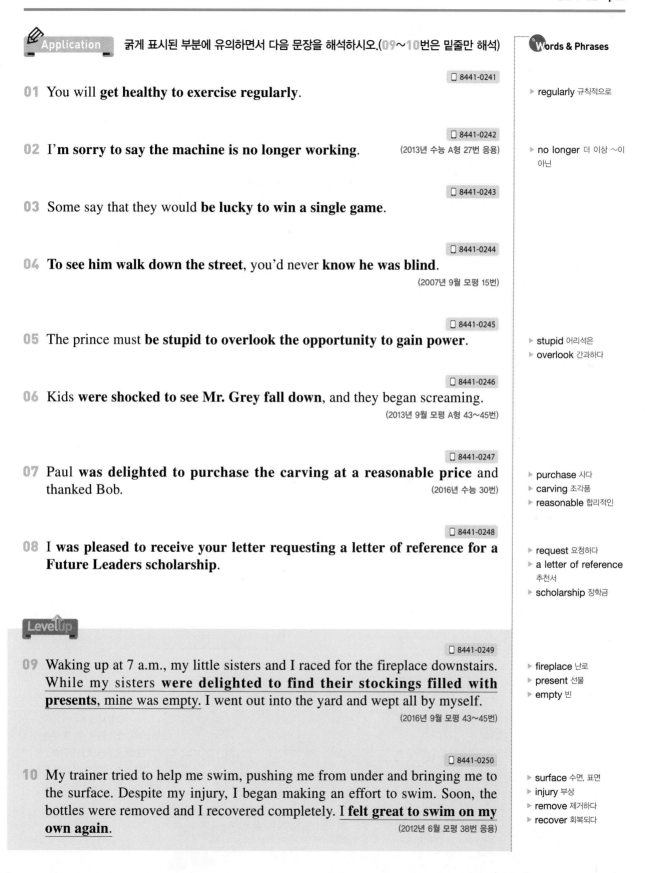

Application 굵게 표시된 부분에 유의하면서 다음 문장을 해석하시오.(09~10번은 밑줄만 해석)

Words & Phrases

☐ 8441-0241

01 You will **get healthy to exercise regularly**.

▸ regularly 규칙적으로

☐ 8441-0242

02 I'm sorry to say **the machine is no longer working**. (2013년 수능 A형 27번 응용)

▸ no longer 더 이상 ~이 아닌

☐ 8441-0243

03 Some say that they would **be lucky to win a single game**.

☐ 8441-0244

04 **To see him walk down the street**, you'd never **know he was blind**. (2007년 9월 모평 15번)

☐ 8441-0245

05 The prince must **be stupid to overlook the opportunity to gain power**.

▸ stupid 어리석은
▸ overlook 간과하다

☐ 8441-0246

06 Kids **were shocked to see Mr. Grey fall down**, and they began screaming. (2013년 9월 모평 A형 43~45번)

☐ 8441-0247

07 Paul **was delighted to purchase the carving at a reasonable price** and thanked Bob. (2016년 수능 30번)

▸ purchase 사다
▸ carving 조각품
▸ reasonable 합리적인

☐ 8441-0248

08 I **was pleased to receive your letter requesting a letter of reference for a Future Leaders scholarship**.

▸ request 요청하다
▸ a letter of reference 추천서
▸ scholarship 장학금

Level Up

☐ 8441-0249

09 Waking up at 7 a.m., my little sisters and I raced for the fireplace downstairs. While my sisters **were delighted to find their stockings filled with presents**, mine was empty. I went out into the yard and wept all by myself. (2016년 9월 모평 43~45번)

▸ fireplace 난로
▸ present 선물
▸ empty 빈

☐ 8441-0250

10 My trainer tried to help me swim, pushing me from under and bringing me to the surface. Despite my injury, I began making an effort to swim. Soon, the bottles were removed and I recovered completely. **I felt great to swim on my own again**. (2012년 6월 모평 38번 응용)

▸ surface 수면, 표면
▸ injury 부상
▸ remove 제거하다
▸ recover 회복되다

UNIT 3

Frequently **A**sked **Q**uestions

자주 묻는 질문들

1 동사구의 확장이란?

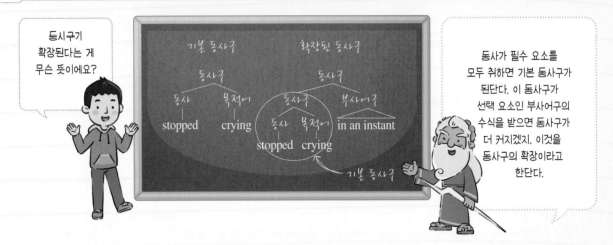

동사구가 확장된다는 게 무슨 뜻이에요?

동사가 필수 요소를 모두 취하면 기본 동사구가 된단다. 이 동사구가 선택 요소인 부사어구의 수식을 받으면 동사구가 더 커지겠지. 이것을 동사구의 확장이라고 한단다.

2 동사구를 확장하는 요소

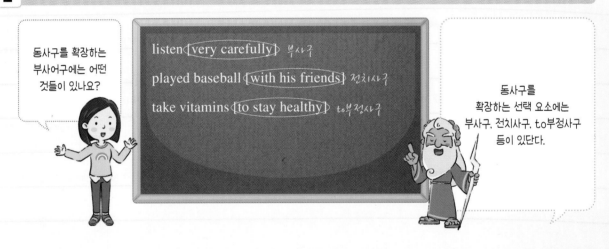

동사구를 확장하는 부사어구에는 어떤 것들이 있나요?

동사구를 확장하는 선택 요소에는 부사구, 전치사구, to부정사구 등이 있단다.

3 부사어구와 확장

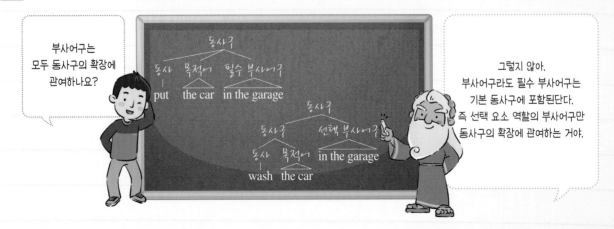

부사어구는 모두 동사구의 확장에 관여하나요?

그렇지 않아. 부사어구라도 필수 부사어구는 기본 동사구에 포함된단다. 즉 선택 요소 역할의 부사어구만 동사구의 확장에 관여하는 거야.

4 전치사구의 기능

전치사구는
항상 부사어구로만
사용되나요?

Please place the key [on the table].
필수 부사어구
We would play cards [on the table].
선택 부사어구
Sam picked the key [on the table].
명사구 수식 전치사구

그렇지 않아.
동사가 반드시 필요로 하는
전치사구는 필수 부사어구이고,
기본 동사구를 수식하는
전치사구는 선택 부사어구
역할을 해. 하지만 명사구를
수식하는 전치사구는 당연히
부사어구가 아니지 않겠니?

5 to부정사구의 기능

to부정사구의
주된 기능은
부사어구인가요?

Ben went to the door [to open it].
부사어구 ⇒ 동사구 수식
Do you want [to have some more coffee]?
필수 요소 ⇒ want의 목적어

그렇지 않아.
동사구를 수식하여 목적,
결과, 원인 등을 나타내는
to부정사구는 물론
부사어구이지만,
동사의 목적어 역할을 하는
to부정사구는 부사어구라고
말할 수 없어.

6 to부정사구의 의미상 주어

to부정사구에는
항상 의미상 주어가
있다고 들었는데,
사실인가요?

It is impossible [for me to win the game].
표현된 의미상 주어
Bill has come here [Ø to help me].
표현되지 않은 의미상 주어(Ø = Bill)

그렇단다.
의미상 주어가 「for ~」로
확실하게 표현되기도 하지만
표현되지 않은 경우도
의미상 주어가 있는 것으로
이해해야 해.

04 명사구의 확장

Learning Points

Structure of a Sentence

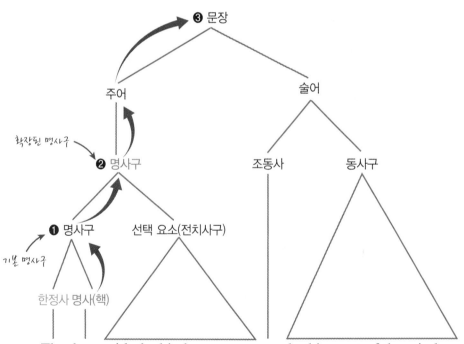

The boy with the big brown eyes was looking out of the window.

| The boy
한정사　명사 | with the big brown eyes
선택 요소 | was looking out of the window |

❶ 명사구 ⇒ 한정사 + 명사

❷ 확장된 명사구 ⇒ 명사구 + 선택 요소

❸ 문장 ⇒ 주어 + 술어

1 명사구의 해석
- ▶ 명사구의 핵 찾기 ⇒ boy
- ▶ 한정사 찾기 ⇒ The
- ▶ 명사구의 해석 ⇒「그 소년」

2 확장된 명사구의 해석
- ▶ 명사구의 선택 요소 확인 ⇒ 전치사구 with the big brown eyes
- ▶ 명사구의 확장 ⇒ The boy + with the big brown eyes
- ▶ 확장된 명사구의 해석 ⇒「커다란 갈색 눈을 가진 그 소년」

3 문장의 해석
- ▶ 주어 찾기 ⇒ 확장된 명사구가 문장의 주어
- ▶ 술어 찾기 ⇒ was looking out of the window
- ▶ 술어의 해석 ⇒「창밖을 내다보고 있었다」
- ▶ 문장 ⇒ 주어 + 술어
- ▶ 문장의 해석 ⇒「커다란 갈색 눈을 가진 그 소년은 창밖을 내다보고 있었다.」

Challenge [ ]로 표시된 부분의 구조에 대해 생각하면서 다음 문장을 해석해 보자.

Words & Phrases

▶ next to ~의 옆에
▶ hang 걸리다
▶ string 줄

094 Actually, I have [**an important meeting**] tomorrow.

095 [**The flowers next to the chair**] are really pretty.

096 There was [**something wrong with Jessica**].

097 I have [**something to ask of you**].

098 Sally loves [**the pictures hanging on the string**].

099 Jason was [**a child who hated the thought of doing anything wrong**].

Observation & Question 명사구의 확장 방식에 대해 생각해 보자.

▶ 명사구 = (한정사) + (수식어) + 명사
▶ 명사구의 확장 = 명사구 + (수식어)
◐ 명사구를 확장하는 수식어의 형태는 무엇인가?

Analysis & Translation [ ]로 표시된 부분의 구조를 분석해 보자.

TYPE ❶ 명사구 = 한정사 + 수식어 + 명사
094 Actually, I have [an important meeting] tomorrow.
　　　　　　　　　　　한정사　형용사구　　명사

TYPE ❷ 명사구의 확장: 명사구 + 수식어(전치사구)
095 [The flowers next to the chair] are really pretty.
　　　　　명사구　　　　　전치사구

TYPE ❸ 명사구의 확장: 명사구 + 수식어(형용사구)
096 There was [something wrong with Jessica].
　　　　　　　　　　　명사구　　　　형용사구

TYPE ❹ 명사구의 확장: 명사구 + 수식어(to부정사구)
097 I have [something to ask of you].
　　　　　　　　명사구　　to부정사구

TYPE ❺ 명사구의 확장: 명사구 + 수식어(분사구)
098 Sally loves [the pictures hanging on the string].
　　　　　　　　　　명사구　　　　분사구

TYPE ❻ 명사구의 확장: 명사구 + 수식어(관계절)
099 Jason was [a child who hated the thought of doing anything wrong].
　　　　　　　　　　명사구　　　　　　　관계절

명사구도 동사구처럼 '확장'이 되나요?

그럼, 핵 역할을 하는 명사가 한정사나 수식어와 결합하여 명사구를 이루고, 이 명사구가 다른 어구의 수식을 받아 더 큰 명사구로 만들어질 수 있으니까.

명사구의 확장

Application 굵게 표시된 부분에 유의하면서 다음 문장을 해석하시오.(09~10번은 밑줄만 해석)

Words & Phrases

☐ 8441-0251
(2007년 6월 모평 14번)

01 My uncle needs **some workers to pick oranges**.

☐ 8441-0252

02 I'll be able to give you **something even more precious**.

▶ precious 귀중한

☐ 8441-0253

03 The children had **some more creative toys to play with**.

▶ creative 창의적인

☐ 8441-0254
(2015년 수능 28번)

04 **A piece of wood tossed into water** floats instead of sinking.

▶ toss 던지다
▶ float (물에) 뜨다

☐ 8441-0255
(2016년 수능 28번)

05 Pets are important in **the treatment of chronically ill patients**.

▶ treatment 치료
▶ chronically 만성적으로

☐ 8441-0256

06 **The key to this prisoner's freedom** was the admission of his guilt.

(2012년 9월 모평 19번)

▶ admission 인정
▶ guilt 유죄

☐ 8441-0257

07 The politician used **every means available to convince the world of his views**.

▶ politician 정치인
▶ means 수단
▶ convince 설득하다

☐ 8441-0258

08 **A stone falling through the air** is due to the stone having the property of "gravity."

(2015년 수능 28번)

▶ due to ~때문인
▶ property 성질
▶ gravity 중력

Level Up

☐ 8441-0259

09 In **an increasingly globalized world, literature in translation** has **an especially important role**. Increasingly, writers, readers, and publishers are turning to literature as a bridge between cultures. This growing interest is, in turn, driving a boom in translation.

(2015년 6월 모평 31번 응용)

▶ literature 문학
▶ translation 번역
▶ turn to ~에 관심을 기울이다
▶ boom 호황

☐ 8441-0260

10 Appearance creates **the first impression customers have of food**, and first impressions are important. No matter how appealing the taste, an unattractive appearance is hard to overlook. As humans, we do "eat with our eyes" because our sense of sight is more highly developed than the other senses.

(2013년 6월 모평 A형 36번)

▶ appearance 겉모습
▶ first impression 첫인상
▶ appealing 끌리는
▶ unattractive 매력이 없는
▶ overlook 눈감아주다

UNIT
4

Structure 27 ▶ 한정사의 수식

Challenge [ ]로 표시된 부분의 구조에 대해 생각하면서 다음 문장을 해석해 보자.

100 [**A true victory**] comes from fair competition.

101 Lone animals rely on [**their senses**] to defend themselves.

102 Participants recorded [**which behaviors**] made them feel good.

Words & Phrases

▶ **competition** 경쟁
▶ **rely on** ~에 의존하다
▶ **defend** 방어하다
▶ **record** 기록하다

Observation & Question 한정사의 종류에 대해 생각해 보자.

▶ 명사구 = (한정사) + (수식어) + 명사
▶ 한정사의 종류에 따라 명사에 대한 규정이 달라짐
◐ 한정사를 사용하는 이유와 그 종류는 무엇인가?

Analysis & Translation [ ]로 표시된 부분에서 한정사의 기능과 의미를 파악해 보자.

TYPE ❶ 한정사: 관사
100 [**A true victory**] comes from fair competition.
　　　한정사(부정관사) ⇒ 불특정 대상 규정

TYPE ❷ 한정사: 소유격 대명사
101 Lone animals rely on [**their senses**] to defend themselves.
　　　　　한정사(소유격 대명사) ⇒ 명사의 소유 관계를 규정

TYPE ❸ 한정사: 의문사
102 Participants recorded [**which behaviors**] make them feel good.
　　　　한정사(의문사) ⇒ 명사에 관한 특정 의문 정보

우리가 알아두어야 할 한정사는 어떤 것들인가요?

우선 부정관사(a, an)와 정관사(the)가 있고, 지시사 this와 that이 있고, which, what, whose와 같은 의문사가 있고, her나 his 등과 같은 소유격 인칭대명사도 있어.

Translation TIP 한정사는 명사구 안에서 명사 앞에 놓여 그 명사의 속성, 정체, 관계 등을 규정한다.

```
              명사구
        ┌───────┼───────┐
     (한정사)  (수식어)     명사
        └────────────────↑
                한정
```

해석 ⇨　한정사가 명사의 속성, 정체, 관계를 규정하는 방식으로 해석

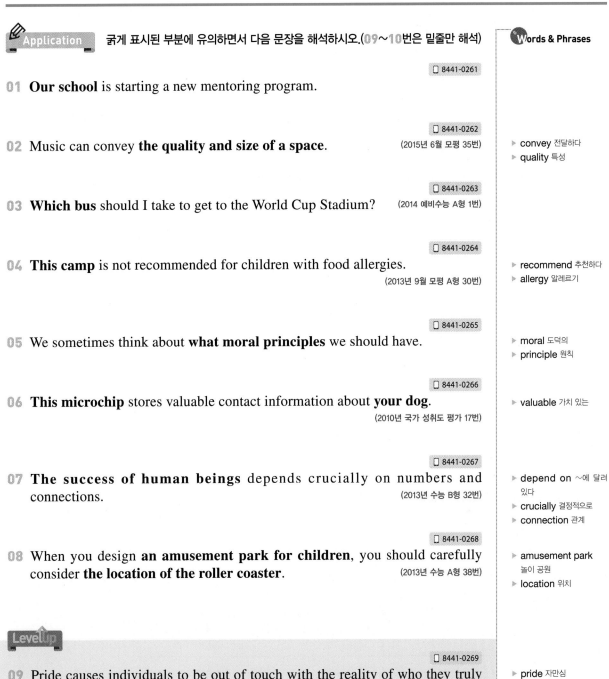

✎ **Application** 굵게 표시된 부분에 유의하면서 다음 문장을 해석하시오.(09~10번은 밑줄만 해석)

Words & Phrases

🔲 8441-0261

01 **Our school** is starting a new mentoring program.

🔲 8441-0262

02 Music can convey **the quality and size of a space**. (2015년 6월 모평 35번)

▶ convey 전달하다
▶ quality 특성

🔲 8441-0263

03 **Which bus** should I take to get to the World Cup Stadium? (2014 예비수능 A형 1번)

🔲 8441-0264

04 **This camp** is not recommended for children with food allergies.
(2013년 9월 모평 A형 30번)

▶ recommend 추천하다
▶ allergy 알레르기

🔲 8441-0265

05 We sometimes think about **what moral principles** we should have.

▶ moral 도덕의
▶ principle 원칙

🔲 8441-0266

06 **This microchip** stores valuable contact information about **your dog**.
(2010년 국가 성취도 평가 17번)

▶ valuable 가치 있는

🔲 8441-0267

07 **The success of human beings** depends crucially on numbers and connections. (2013년 수능 B형 32번)

▶ depend on ~에 달려 있다
▶ crucially 결정적으로
▶ connection 관계

🔲 8441-0268

08 When you design **an amusement park for children**, you should carefully consider **the location of the roller coaster**. (2013년 수능 A형 38번)

▶ amusement park 놀이 공원
▶ location 위치

Level Up

🔲 8441-0269

09 Pride causes individuals to be out of touch with the reality of who they truly are and of what really brings happiness. Pride prevents individuals from experiencing **their true value** or **the true value of others**. (2013년 9월 모평 A형 37번)

▶ pride 자만심
▶ out of touch with ~을 모르는
▶ prevent 막다, 방해하다

🔲 8441-0270

10 Rejecting **a new idea** is **a normal reaction**. Unfortunately, by doing so, you not only close off that avenue for exploration, but also step on the other person's ego. Nobody enjoys having **their ideas** squashed, so **this person** is likely to react defensively. (2014 예비수능 A형 35번)

▶ close off ~을 차단하다
▶ avenue 방법
▶ exploration 탐구
▶ ego 자아
▶ squash 억누르다, 으깨다

Challenge　　[　]로 표시된 부분의 구조에 대해 생각하면서 다음 문장을 해석해 보자.

103 Lemonade contains [**a lot of vitamin C**].

104 Unfortunately [**few scientists**] are truly objective.

105 Children will learn how to use [**a number of kitchen tools**].

Words & Phrases

▶ contain 함유하다
▶ objective 객관적인
▶ tool 도구

Observation & Question　수량 한정사의 쓰임에 대해 생각해 보자.

▶ 명사구 = (수량 한정사) + (수식어) + 명사
▶ 명사의 종류에 따라 수량 한정사도 달리 선택됨
◐ 수량 한정사의 종류와 용법은 무엇인가?

Analysis & Translation　　[　]로 표시된 부분의 구조를 분석해 보자.

TYPE ❶ 수량 한정사 + (수식어) + 명사(셀 수 없는 명사)

103　Lemonade contains [**a lot of vitamin C**].
　　　　　　　　　　　　　　　수량 한정사 셀 수 없는 명사

TYPE ❷ 수량 한정사 + (수식어) + 명사(셀 수 있는 명사)

104　Unfortunately [**few scientists**] are truly objective.
　　　　　　　　　　　　수량 한정사 셀 수 있는 명사

105　Children will learn how to use [**a number of kitchen tools**].
　　　　　　　　　　　　　　　　수량 한정사　　수식어 + 셀 수 있는 명사

셀 수 있는 명사를 한정하는
수량 한정사는 (a) few, several,
many, a number of 등이고,
셀 수 없는 명사를 한정하는
수량 한정사는 (a) little, much,
a great deal of 등이야.

Translation TIP　수량 한정사는 명사 앞에 놓여 명사의 '양'이나 '수'를 한정한다.

명사구

(수량 한정사)　(수식어)　　명사
　　　　　　　　　　한정

해석 ⇨　한정사가 명사의 '양'이나 '수'를 한정하는 방식으로 해석

✎ **Application**   굵게 표시된 부분에 유의하면서 다음 문장을 해석하시오.(09~10번은 밑줄만 해석)

🔊 **Words & Phrases**

🔲 8441-0271

01 Jack told me he made **a lot of money** thanks to you.   (2011년 6월 모평 16번)

▸ thanks to ~덕택인

🔲 8441-0272

02 I have **some good news for improving your study skills**.   (2013년 6월 모평 A형 21~22번)

▸ improve 개선하다

🔲 8441-0273

03 People have told **a number of stories** over the centuries.

(2014년 국가 성취도 평가 25번 응용)

🔲 8441-0274

04 **A few hundred people** cannot sustain a sophisticated technology.

(2013년 수능 B형 32번)

▸ sustain 유지하다
▸ sophisticated 정교한

🔲 8441-0275

05 Intellectual property has played **little role** in promoting basic science.

▸ intellectual property 지적 재산권
▸ promote 장려하다, 촉진 하다

🔲 8441-0276

06 They have wasted **a good deal of their time and their potential** in the past.

(2014 예비수능 A형 23번 응용)

▸ potential 잠재력

🔲 8441-0277

07 **Many virtual reality games** allow players to feel sensations of motion and touch.   (2014년 6월 모평 21번 응용)

▸ virtual reality 가상현실
▸ sensation 느낌, 감각

🔲 8441-0278

08 **Some human behaviors** are automatic reactions that are driven by external stimulation.

▸ automatic 자동적인
▸ external 외부의, 외적인
▸ stimulation 자극

Level up

🔲 8441-0279

09 **A number of 'youth friendly' mental health websites** have been developed. The information presented often takes the form of Frequently Asked Questions, fact sheets and suggested links.   (2015년 9월 모평 28번)

▸ mental 정신의
▸ present 제공하다

🔲 8441-0280

10 Although the number of books Richard owned in total is simply unknown, an episode about his passion for books is well-known: he carried **so many books** that he was able to pull book after book out of his pocket when a student tried to show off his knowledge of Greek writers.   (2015년 9월 모평 25번)

▸ in total 통틀어
▸ episode 일화
▸ passion 열정
▸ show off ~을 자랑하다

29 명사 앞의 수식어구

Challenge   [ ]로 표시된 부분의 구조에 대해 생각하면서 다음 문장을 해석해 보자.

106 [**Highly creative people**] enjoy adventure.

107 We do [**volunteer services**] for the community.

108 The new form consumes less energy than [**the existing form**].

Words & Phrases

▶ creative 창의적인
▶ community 지역사회
▶ consume 소비하다
▶ existing 기존의

Observation & Question   명사구의 확장에 대해 생각해 보자.

▶ 명사구의 확장: 명사 앞에 수식어구를 더함
▶ 확장 방식 ⇒ (한정사) + (수식어) + 명사
❍ 핵인 명사를 확장하는 수식어의 종류는 무엇인가?

Analysis & Translation   [ ]로 표시된 부분의 구조를 분석해 보자.

TYPE ❶ 수식어(형용사구) + 명사
106 [**Highly creative people**] enjoy adventure.
             형용사구   명사

TYPE ❷ 수식어(명사) + 명사(핵)
107 We do [**volunteer services**] for the community.
               명사   명사

TYPE ❸ 수식어(분사구) + 명사(핵)
108 The new form consumes less energy than [the **existing form**]
                           분사구   명사

명사구에서 핵 역할을 하는 명사 앞에 나타날 수 있는 것은 한정사, 수량 한정사, 형용사구, 분사구, 명사 들이야. 이 요소들 전부 아니면 일부가 명사 핵을 한정하거나 수식하여 명사구를 이루게 되는 거지.

Translation TIP   형용사구, 명사, 분사구 등의 수식어구가 명사 핵을 수식하여 명사구를 형성할 수 있다.

명사구
        (한정사)   (수식어)   명사

해석 ⇨   수식어가 명사를 수식하는 방식으로 해석

Application 굵게 표시된 부분에 유의하면서 다음 문장을 해석하시오.(**09~10**번은 밑줄만 해석)

01 🔲 8441-0281

His comforting words brought a smile to Tom's face.   (2013년 6월 모평 A형 33번 응용)

▶ comforting 위로가 되는

02 🔲 8441-0282

Safety features are going to be added to vehicles and roads.   (2012년 수능 45번 응용)

▶ safety feature 안전장치
▶ vehicle 차량

03 🔲 8441-0283

Their brain activity was monitored as they read classical works.

(2014년 9월 모평 40번 응용)

▶ monitor 추적 관찰하다

04 🔲 8441-0284

I lost **a really important business client** because of your company!

(2012년 수능 2번)

▶ client 고객

05 🔲 8441-0285

They're holding **a video contest** to encourage citizens to ride bicycles.

(2012년 수능 15번)

▶ encourage 장려하다
▶ citizen 시민

06 🔲 8441-0286

George Crooks had to choose between **two equally competent men** for a key job.   (2012년 국가 성취도 평가 21번 응용)

▶ competent 적임의, 유능한

07 🔲 8441-0287

The adoption of agriculture was **the most fundamental change** in human history.   (2014년 국가 성취도 평가 23번)

▶ adoption 채택
▶ fundamental 근본적인

08 🔲 8441-0288

Scientifically designed policies can serve interests that run counter to the public interest.   (2013년 수능 B형 33번)

▶ policy 정책
▶ run counter to ~을 거스르다

Level Up

09 🔲 8441-0289

To prepare for the race, both Zach and Tony bought **a specially made swimming suit** that could minimize resistance against water and help them swim faster. But they found out that this type of special suit had not been allowed in previous races.   (2013년 6월 모평 A형 43~45번 응용)

▶ minimize 최소화하다
▶ resistance 저항
▶ previous 이전의

10 🔲 8441-0290

The creativity that children possess needs to be cultivated throughout their development. Research suggests that overstructuring the child's environment may actually limit **creative and academic development**. This is a central problem with much of science instruction.   (2016년 수능 31번)

▶ cultivate 육성하다
▶ overstructure 지나치게 구조화하다
▶ instruction 교육

Challenge [ ]로 표시된 부분의 구조에 대해 생각하면서 다음 문장을 해석해 보자.

Words & Phrases

▶ article 기사
▶ migration 이동
▶ frequent 자주 있는
▶ complaint 질환, 병

109 Clear writing is [**a sign of clear thinking**].

110 I read [**an article about bird migrations**] the other day.

111 Back pain is [**one of the most frequent health complaints**].

Observation & Question 명사구의 확장에 대해 생각해 보자.

▶ 명사구 = (한정사) + (수식어) + 명사
▶ 확장된 명사구 = 명사구 + (수식어)
◐ 명사구를 확장하는 수식어의 종류는 무엇인가?

Analysis & Translation [ ]로 표시된 부분의 구조를 분석해 보자.

STEP ❶ 명사구 = 한정사 + 명사
109 Clear writing is [a sign].
                          └─────┘
                           명사구

STEP ❷ 명사구의 확장 ⇒ 명사구 + 수식어
     Clear writing is [{**a sign**} {**of clear thinking**}].
                         명사구   수식어(전치사구)
                          └┄┄┄┄┄┄┄┄┄┄┄┄┄┘

잠깐만요, 전치사구는 동사구를 수식하여 더 큰 동사구로 확장하는 부사어구 역할을 한다고 배웠는데요.

그랬지. 하지만 겉보기에 똑같은 전치사구가 부사어구가 되기도 하고 때로 명사구를 수식하는 요소가 되기도 한단다. 나타나는 위치의 문제야. 가령 [The key (on the table)] is mine.에서 전치사구 on the table은 명사구 The key를 수식하고 있잖니?

Translation TIP 명사구를 전치사구가 뒤에서 수식하여 더 큰 명사구를 만들 수 있다.

확장된 명사구
     ┌──────────┴──────────┐
   명사구   전치사구
    └┄┄┄┄┄┄┄┄┄┄┄┄┄┄┄┘

해석 ⇨ 전치사구가 기본 명사구를 수식하는 방식으로 해석

🖉Application 굵게 표시된 부분에 유의하면서 다음 문장을 해석하시오.(09~10번은 밑줄만 해석)

Words & Phrases

📱 8441-0291

01 **The growth potential of the company** is really great. (2010년 9월 모평 2번)

▶ potential 잠재력

📱 8441-0292

02 Winning is not **the whole picture of what sports are about**. (2014년 국가 성취도 평가 30번)

▶ whole 전체의

📱 8441-0293

03 **The construction for expanding the parking lot** will begin next Monday. (2013년 수능 A형 5번 응용)

▶ construction 건축공사
▶ expand 확장하다

📱 8441-0294

04 Your rooftop garden will lower **the need for cooling and heating systems**. (2013년 9월 모평 A형 6번 응용)

▶ rooftop garden 옥상 정원
▶ lower 줄이다

📱 8441-0295

05 It is essential to welcome **people with good writing skills** into your company. (2013년 9월 모평 A형 26번)

▶ essential 필수적인

📱 8441-0296

06 Our personalities are actually **a combination of our attitudes, habits, and appearances**. (2010년 국가 성취도 평가 30번)

▶ combination 조합
▶ appearance 외모

📱 8441-0297

07 **Nutrients such as protein, fats, minerals, and vitamins** are what keep the body working. (2012년 국가 성취도 평가 서답형 5번)

▶ nutrient 영양소
▶ protein 단백질

📱 8441-0298

08 Confirmation bias is **a term for the way the mind systematically avoids confronting contradiction**. (2013년 수능 B형 36번)

▶ confirmation bias 확증 편향
▶ confront 대면하다
▶ contradiction 모순

Level up

📱 8441-0299

09 Those who donate to one or two charities seek <u>**evidence about what the charity is doing and whether it is really having a positive impact**</u>. If the evidence indicates that the charity is really helping others, they make a substantial donation. (2017년 수능 28번)

▶ donate 기부하다
▶ charity 자선단체
▶ positive 긍정적인
▶ impact 영향
▶ substantial 상당한

📱 8441-0300

10 For books, there are various filters that help readers distinguish between reliable and unreliable information. <u>On the Internet, **the relation between the producer and the consumer of information** tends to be direct, so nothing protects the consumer from polluted information.</u> (2013년 6월 모평 A형 41~42번 응용)

▶ distinguish 구별하다
▶ reliable 신뢰할 수 있는
▶ direct 직접적인
▶ pollute 오염시키다

31 형용사구의 명사구 수식

Challenge   [ ]로 표시된 부분의 구조에 대해 생각하면서 다음 문장을 해석해 보자.

112 Mustard gives [**tiny yellow flowers full of nectar and pollen**].

113 They now have [**a religious identity different from their childhood faith**].

114 This approach can work well for [**problems similar to those previously solved**].

Words & Phrases

▶ mustard 겨자
▶ nectar 화밀
▶ pollen 화분
▶ identity 정체성
▶ faith 신념

Observation & Question   명사구의 확장에 대해 생각해 보자.

▶ 명사구 = (한정사) + (수식어) + 명사
▶ 확장된 명사구 = 명사구 + (수식어)
◉ 명사구를 확장하는 수식어의 종류는 무엇인가?

Analysis & Translation   [ ]로 표시된 부분의 구조를 분석해 보자.

STEP ❶ 명사구 = 수식어 + 명사

112 Mustard gives [**tiny yellow flowers**].
형용사구 / 명사(핵)
명사구

STEP ❷ 명사구의 확장 ⇒ 명사구 + 수식어

Mustard gives [{**tiny yellow flowers**} {**full of nectar and pollen**}].
명사구 / 수식어(형용사구)

형용사구는 명사 앞에도 뒤에도 나타나는군요?

그래, 하지만 앞의 형용사구는 명사 핵을 수식하여 명사구가 되고, 이 명사구를 뒤의 형용사구가 수식하여 더 큰 명사구로 확장되는 거야. 아래 그림을 보겠니?

Translation TIP   명사구를 형용사구가 뒤에서 수식하여 더 큰 명사구를 만들 수 있다.

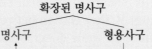

확장된 명사구

명사구   형용사구

해석 ⇨   형용사구가 기본 명사구를 수식하는 방식으로 해석

정답과 해설 ▶ p54

Application 굵게 표시된 부분에 유의하면서 다음 문장을 해석하시오.(09~10번은 밑줄만 해석)

Words & Phrases

⬜ 8441-0301

01 I'm sorry, ma'am, but there are **no more seats available**. (2013년 수능 B형 26번)

▶ available 이용 가능한

⬜ 8441-0302

02 **Foods high in fiber like apples** fill you up without too many calories.
(2013년 9월 모평 B형 5번)

▶ fiber 섬유질

⬜ 8441-0303

03 Sometimes, animals behave in **a way quite contrary to our expectation**.
(2016년 6월 모평 28번 응용)

▶ contrary to ~과 반대되는
▶ expectation 기대

⬜ 8441-0304

04 This phenomenon, called adaptation, reflects the fatigue of **receptors sensitive to sour tastes**.

▶ phenomenon 현상
▶ adaptation 적응
▶ receptor 감각 기관

⬜ 8441-0305

05 The aquaculture industry has a negative impact on local wildlife inhabiting **areas close to the fish farms**. (2014년 수능 28번 응용)

▶ aquaculture 양식
▶ negative 부정적인
▶ inhabit 살다

⬜ 8441-0306

06 In fact, the winner-take-all society may actually decrease the range of **opportunities open to most people**. (2012년 국가 성취도 평가 19번)

▶ winner-take-all 승자 독식의
▶ range 범위

⬜ 8441-0307

07 Unfortunately, the physician lost **the objectivity essential to the most precise assessment of what is wrong**. (2014년 9월 모평 32번 응용)

▶ objectivity 객관성
▶ assessment 평가

⬜ 8441-0308

08 Developing **the interpersonal skills necessary to fuel collaboration** is a hurdle for investigators as a personality type. (2015년 9월 모평 32번 응용)

▶ fuel 자극하다
▶ collaboration 협력

Level Up

⬜ 8441-0309

09 Any story has **many possible beliefs inherent in it**. But how does someone listening to a story find those beliefs? We find them by looking through the beliefs we already have. (2016년 6월 모평 22번)

▶ inherent 고유하게 존재하는

⬜ 8441-0310

10 One must select **a particular strategy appropriate to the occasion** and follow the chosen course of action. Doing so will ensure more lasting success in reaching one's goals. (2015년 9월 모평 20번)

▶ strategy 전략
▶ appropriate 알맞은, 적절한
▶ lasting 지속적인

UNIT
4

Structure 32 ▶ to부정사구의 명사구 수식

Challenge [ ]로 표시된 부분의 구조에 대해 생각하면서 다음 문장을 해석해 보자.

Words & Phrases

▶ **suppose** 가정하다
▶ **seed** 씨앗
▶ **objectivity** 객관성

115 Suppose a farmer gives you [**ten seeds to plant**].

116 Tom looked around and saw there was [**no one else to help**].

117 People often think that 'objectivity' is [**the best way to see the world**].

Observation & Question 명사구의 확장에 대해 생각해 보자.

▶ 명사구 = (한정사) + (수식어) + 명사
▶ 확장된 명사구 = 명사구 + (수식어)
◑ 명사구를 확장하는 수식어의 종류는 무엇인가?

Analysis & Translation [ ]로 표시된 부분의 구조를 분석해 보자.

> 하하, 그렇단다. 어쨌든 to부정사구가 바로 앞의 명사구를 수식하니까 그런 이름이 붙은 거겠지.

> 그러고 보니, 흔히들 to부정사구의 '형용사 용법'이라고 말하는 게 바로 이것이었군요!

STEP ❶ 명사구 = 수식어 + 명사

115 Suppose a farmer gives you [ten seeds].
　　　　　　　　　　　　　　　　　　　형용사 명사(핵)
　　　　　　　　　　　　　　　　　　　　　　명사구

STEP ❷ 명사구의 확장 ⇒ 명사구 + 수식어

Suppose a farmer gives you [{ten seeds} {to plant}].
　　　　　　　　　　　　　　　　명사구　　수식어(to부정사구)

Translation TIP 명사구를 to부정사구가 뒤에서 수식하여 더 큰 명사구를 만들 수 있다.

확장된 명사구

명사구　　　　　　to부정사구

해석 ⇨　to부정사구가 기본 명사구를 수식하는 방식으로 해석

 **Application** 굵게 표시된 부분에 유의하면서 다음 문장을 해석하시오.(**09~10**번은 밑줄만 해석)

Words & Phrases

01 We have **several scenic spots to visit today**.

⬚ 8441-0311
(2010년 9월 모평 14번)

▸ scenic 경치가 좋은

02 They were excited about **the presidential elections to be held on November 2**.

⬚ 8441-0312
(2012년 국가 성취도 평가 18번)

▸ presidential election 대통령 선거

03 I still have **one more thing to do for the presentation**.

⬚ 8441-0313
(2008년 수능 15번)

▸ presentation 발표

04 Maria became **the first woman** in Italy **to graduate from medical school**.

⬚ 8441-0314
(2012년 국가 성취도 평가 31번 응용)

▸ graduate 졸업하다

05 True listening is creating **a space for people to tell you what they mean**.

⬚ 8441-0315
(2014 예비수능 B형 35번)

06 A 13-year-old American boy has become **the youngest person to reach the top of Mount Everest**.

⬚ 8441-0316
(2010년 국가 성취도 평가 31번)

07 It's also hard to motivate myself to study because there are **no other students to study with**.

⬚ 8441-0317
(2009년 6월 모평 16번)

▸ motivate 동기를 부여하다

08 This is a metal strip used as **a safety device to protect tall or isolated structures from lightning**.

⬚ 8441-0318
(2010년 국가 성취도 평가 22번 응용)

▸ strip 길고 가느다란 조각
▸ isolated 고립된

Level up

09 Persuasion is **the strategic use of language to move an audience**. It works by appealing to our emotion as well as by appealing to our reason. Therefore, sometimes you may try to appeal to an emotion in your audience by imitating it.

⬚ 8441-0319
(2012년 6월 모평 30번)

▸ persuasion 설득
▸ strategic 전략적인
▸ appeal to ~에 호소하다
▸ imitate 모방하다

10 In April 2008, Vermont became **the first U.S. state to allow a new type of business called an L3C**. This entity is a corporation—but not as we typically think of it. As one report explained, an L3C "operates like a for-profit business generating at least modest profits, but its primary aim is to offer significant social benefits."

⬚ 8441-0320
(2014년 국가 성취도 평가 17번 응용)

▸ entity 기업
▸ corporation 회사
▸ for-profit 이익 지향적인
▸ generate 낳다, 일으키다
▸ modest 얼마간의
▸ primary 주된

UNIT
4

Structure 33 분사구의 명사구 수식

118 [**Actual time spent with the dolphins**] is about forty minutes.

119 A group of [**animals fleeing from a predator**] can create confusion.

120 A long time ago, [**a young man named Sunho**] lived with his mother.

Words & Phrases

▶ actual 실제의
▶ flee 달아나다
▶ predator 포식자
▶ confusion 혼란, 혼동

Observation & Question 명사구의 확장에 대해 생각해 보자.

▶ 명사구 = (한정사) + (수식어) + 명사
▶ 확장된 명사구 = 명사구 + (수식어)
◎ 명사구를 확장하는 수식어의 종류는 무엇인가?

Analysis & Translation [ ]로 표시된 부분의 구조를 분석해 보자.

STEP ❶ 명사구 = 수식어 + 명사

118 [**Actual time**] is about forty minutes.
　　　　형용사　명사(핵)
　　　　　　명사구

STEP ❷ 명사구의 확장 : 명사구 + 수식어

[{**Actual time**} {**spent with the dolphins**}] is about forty minutes.
　　　명사구　　　　　　수식어(분사구)

분사구가 언제 현재분사 또는 과거분사를 핵으로 하는지 알고 있지?

그럼요. 수식을 받는 명사구가 분사구의 행위자나 경험자일 때는 핵이 현재분사(V-ing)이고, 수식을 받는 명사구가 분사의 영향이 미치는 대상일 때는 핵이 과거분사(V-en)죠.

Translation TIP 명사구를 분사구가 뒤에서 수식하여 더 큰 명사구를 만들 수 있다.

확장된 명사구

명사구　　　　　분사구

분사구가 기본 명사구를 수식하는 방식으로 해석

해석 ⇨

Application 굵게 표시된 부분에 유의하면서 다음 문장을 해석하시오.(**09**~**10**번은 밑줄만 해석)

Words & Phrases

01 Laughing reduces **hormones associated with stress response**. (2011년 수능 6번)

⬭ 8441-0321

▶ associated with
~과 관련된

02 **An old man holding a puppy** can relive a childhood moment accurately. (2016년 수능 28번 응용)

⬭ 8441-0322

▶ relive 다시 체험하다
▶ accurately 정확하게

03 We tend to believe our culture mirrors **a reality shared by everyone**. (2012년 수능 35번)

⬭ 8441-0323

▶ mirror 반영하다
▶ share 공유하다

04 **The sunlight streaming through the hallway windows** was making Julio hot. (2010년 국가 성취도 평가 33~34번 응용)

⬭ 8441-0324

▶ hallway 복도

05 **The qualities of the mind required to think well** can be mastered by anyone. (2010년 국가 성취도 평가 20번 응용)

⬭ 8441-0325

▶ quality 자질
▶ master 숙달하다

06 The term *euphemism* derives from **a Greek word meaning 'to speak with good words'**. (2011년 수능 31번)

⬭ 8441-0326

▶ euphemism 완곡어법
▶ derive from ~에서 유래하다

07 Jim was **the only photographer granted backstage access for the Beatles' final full concert**. (2017년 수능 25번 응용)

⬭ 8441-0327

▶ grant 허락하다
▶ access 접근

08 Sports serve **diplomatic functions contributing to cultural understanding and world peace**.

⬭ 8441-0328

▶ diplomatic 외교적인
▶ contribute to ~에 이바지하다

Level Up

09 Self-fulfilling prophecies can have a positive side. We know that **students introduced to their teachers as "intellectual bloomers"** often do better on achievement tests than do their counterparts who lack such a positive introduction. (2014년 9월 모평 36번)

⬭ 8441-0329

▶ self-fulfilling 자기 충족적인
▶ prophecy 예언
▶ bloomer 재능을 발휘하는 사람
▶ counterpart 상대방

10 When you hear the word science, what's the first thing that comes to mind? It's probably an image of **a laboratory filled with glassware and sophisticated equipment**. The person doing the science is wearing a white lab coat and probably looks rather serious while engaged in some type of experiment. (2012년 9월 모평 44번)

⬭ 8441-0330

▶ glassware 유리기구
▶ sophisticated 정교한
▶ equipment 장비
▶ engaged in ~에 몰두한

34 관계절의 명사구 수식: 관계사(1)

Words & Phrases

▸ biological clock 생체
시계
▸ signal 신호로 알리다
▸ ignorance 무지
▸ in terms of ~의 관점에서

Challenge [ ]로 표시된 부분의 구조에 대해 생각하면서 다음 문장을 해석해 보자.

121 Birds have [**a biological clock which signals when they should move**].

122 Ignorance should not become [**something that we should be ashamed of**].

123 You will often find [**people who introduce themselves in terms of their work**].

Observation & Question 명사구의 확장에 대해 생각해 보자.

▶ 명사구 = (한정사) + (수식어) + 명사
▶ 확장된 명사구 = 명사구 + (수식어)
❂ 명사구를 확장하는 수식어의 종류는 무엇인가?

Analysis & Translation [ ]로 표시된 부분의 구조를 분석해 보자.

STEP ❶ 명사구 = 한정사 + 형용사구 + 명사
121 Birds have [**a biological clock**].
　　　　　　　　　　한정사　형용사구　　명사(핵)
　　　　　　　　　　　　　　　　명사구

STEP ❷ 명사구의 확장 ⇒ 명사구 + 수식어
　　　Birds have [{**a biological clock**} {**which signals when they should move**}].
　　　　　　　　　　　　명사구　　　　　　　　　　　수식어(관계절)

Translation TIP 관계사가 주어나 목적어 혹은 소유격 인칭 대명사의 역할을 하는 관계절이 앞에 놓인 명사구를 수식하여 더 큰 명사구를 만들 수 있다.

확장된 명사구

명사구　　　　　관계절

해석 ⇨　　　관계절이 기본 명사구를 수식하는 방식으로 해석

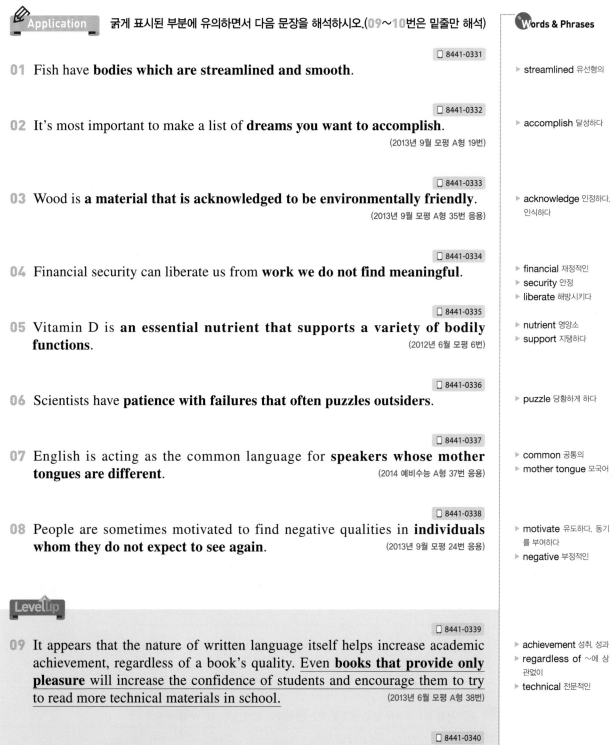

Application 굵게 표시된 부분에 유의하면서 다음 문장을 해석하시오.(09~10번은 밑줄만 해석)

Words & Phrases

01 Fish have **bodies which are streamlined and smooth**.

⬜ 8441-0331

▶ streamlined 유선형의

02 It's most important to make a list of **dreams you want to accomplish**.
(2013년 9월 모평 A형 19번)

⬜ 8441-0332

▶ accomplish 달성하다

03 Wood is **a material that is acknowledged to be environmentally friendly**.
(2013년 9월 모평 A형 35번 응용)

⬜ 8441-0333

▶ acknowledge 인정하다, 인식하다

04 Financial security can liberate us from **work we do not find meaningful**.

⬜ 8441-0334

▶ financial 재정적인
▶ security 안정
▶ liberate 해방시키다

05 Vitamin D is **an essential nutrient that supports a variety of bodily functions**.
(2012년 6월 모평 6번)

⬜ 8441-0335

▶ nutrient 영양소
▶ support 지탱하다

06 Scientists have **patience with failures that often puzzles outsiders**.

⬜ 8441-0336

▶ puzzle 당황하게 하다

07 English is acting as the common language for **speakers whose mother tongues are different**.
(2014 예비수능 A형 37번 응용)

⬜ 8441-0337

▶ common 공통의
▶ mother tongue 모국어

08 People are sometimes motivated to find negative qualities in **individuals whom they do not expect to see again**.
(2013년 9월 모평 24번 응용)

⬜ 8441-0338

▶ motivate 유도하다, 동기를 부여하다
▶ negative 부정적인

LevelUp

09 It appears that the nature of written language itself helps increase academic achievement, regardless of a book's quality. Even <u>**books that provide only pleasure**</u> <u>will increase the confidence of students and encourage them to try</u> <u>to read more technical materials in school.</u>
(2013년 6월 모평 A형 38번)

⬜ 8441-0339

▶ achievement 성취, 성과
▶ regardless of ~에 상관없이
▶ technical 전문적인

10 People who change do not question whether change is possible or look for reasons they cannot change. <u>They simply decide on **a change they want**</u> and <u>do what is necessary to accomplish it.</u> Changing, which always stems from a firm decision, becomes job number one.
(2015년 수능 35번)

⬜ 8441-0340

▶ stem from ~에서 생겨나다
▶ firm 확고한

35 관계절의 명사구 수식: 관계사(2)

Challenge [ ]로 표시된 부분의 구조에 대해 생각하면서 다음 문장을 해석해 보자.

124 The Internet is [**free space where anybody can post anything**].

125 There were [**moments when the tree's great strength was also its weakness**].

126 Eugene finally told me [**the reason why he was so angry with my behavior**].

Words & Phrases

▶ post 게시하다
▶ strength 강점
▶ weakness 약점
▶ behavior 행동

Observation & Question 명사구의 확장에 대해 생각해 보자.

▶ 명사구 = (한정사) + (수식어) + 명사
▶ 확장된 명사구 = 명사구 + (수식어)
❍ 명사구를 확장하는 수식어의 종류는 무엇인가?

Analysis & Translation [ ]로 표시된 부분의 구조를 분석해 보자.

STEP ❶ 명사구 = 형용사구 + 명사
124 The Internet is [**free space**].
　　　　　　　　　　형용사구　명사(핵)
　　　　　　　　　　　　　　명사구

STEP ❷ 명사구의 확장: 명사구 + 수식어
　　The Internet is [{**free space**} {**where anybody can post anything**}].
　　　　　　　　　　명사구　　　　　　　　수식어(관계절)

흔히 '관계부사'라고 하는 것이 이끄는 관계절을 말씀하시는 거죠? 이 관계절이 명사구를 수식하여 더 큰 명사구를 이루게 된다는.

그렇단다. 아주 정확하구나.

Translation TIP 관계사가 부사어구와 같은 역할을 하는 관계절이 앞에 놓인 명사구를 수식하여 더 큰 명사구를 만들 수 있다.

확장된 명사구

명사구　　　　관계절

해석 ⇨　　관계절이 기본 명사구를 수식하는 방식으로 해석

Application 굵게 표시된 부분에 유의하면서 다음 문장을 해석하시오.(09~10번은 밑줄만 해석)

Words & Phrases

📱 8441-0341

01 Labs aren't **the only place where science is at work**. (2012년 9월 모평 44번 응용)

▶ at work 작동하는

📱 8441-0342

02 Create **an environment where your children know that you are with them in their efforts**. (2014년 6월 모평 39번 응용)

▶ environment 환경

📱 8441-0343

03 There comes **a time** in every rich artist's life **when they may consider changing careers**. (2014년 6월 모평 39번 응용)

▶ career 직업, 이력, 생애

📱 8441-0344

04 Hannah recalled **the first day of school when she had stood in the middle of many anxious freshmen**. (2015년 수능 43~45번 응용)

▶ recall 떠올리다
▶ anxious 걱정하는

📱 8441-0345

05 **One reason why apologies fail** is that the "offender" and the "victim" usually see the event differently. (2012년 수능 41번)

▶ apology 사과
▶ offender 남의 감정을 상하게 한 사람

📱 8441-0346

06 It was better to have **a region where it rained so much that people stayed in and watched TV**. (2012년 국가 성취도 평가 17번)

▶ region 지역

📱 8441-0347

07 **One way plants attract particular microorganisms into their soil** is by concentrating more sugars in their roots. (2014 예비수능 A형 36번)

▶ attract 끌어들이다
▶ microorganism 미생물
▶ concentrate 농축하다

📱 8441-0348

08 **The way that we behave in a given situation** is often influenced by how important one value is to us relative to others. (2016년 9월 모평 39번)

▶ relative to ~에 비해

Level up

📱 8441-0349

09 Aerobic enzymes help you burn more fat, which is **another reason why aerobic exercise has such a pronounced effect on your body fat**. This effect is a primary reason why people doing aerobic exercises establish a new metabolism and a leaner body. (2014 예비수능 B형 27번 응용)

▶ aerobic 유산소의
▶ enzyme 효소
▶ pronounced 현저한
▶ metabolism 신진대사

📱 8441-0350

10 I believe **the biggest reason why so many salespeople fail** is because they can't separate themselves from their product. Whether you sell anything, a potential customer usually has no reason to dislike you personally. Even if he does, it's no big deal. (2014 예비수능 A형 25번)

▶ separate 구별하다
▶ potential 잠재적인
▶ dislike 싫어하다
▶ big deal 별일, 큰일

Challenge [ ]로 표시된 부분의 구조에 대해 생각하면서 다음 문장을 해석해 보자.

Words & Phrases

▶ choose 선택하다
▶ context 맥락

127 Seoul is [**the city in which my father chose to live**].

128 Zaynab went to Alexandria, with [**the Egyptian family she worked for**].

129 [**The context in which a food is eaten**] can be as important as the food itself.

Observation & Question 명사구의 확장에 대해 생각해 보자.

▶ 명사구 = (한정사) + (수식어) + 명사
▶ 확장된 명사구 = 명사구 + (수식어)
◐ 명사구를 확장하는 수식어의 종류는 무엇인가?

Analysis & Translation [ ]로 표시된 부분의 구조를 분석해 보자.

STEP ❶ 명사구 = 한정사 + 명사

127 Seoul is [the city].
　　　　　　　　한정사　명사(핵)
　　　　　　　　　　　명사구

STEP ❷ 명사구의 확장 ⇒ 명사구 + 수식어

Seoul is [{the city}{in which my father chose to live}].
　　　　　　　　명사구　　　　　　수식어(관계절)

이 전치사는 관계절의 끝에
그대로 남아 있을 수도 있고 관계사
앞으로 이동해 올 수도 있어.
아래처럼 말이야.
the city [which my
father chose to live in]
또는
the city [in which my
father chose to live]

Translation TIP 전치사를 수반하는 관계사가 이끄는 관계절이 앞에 놓인 명사구를 수식하여 더 큰 명사구를 만들 수 있다.

확장된 명사구
　　　╱　　╲
명사구　　　관계절

해석 ⇨　관계절이 기본 명사구를 수식하는 방식으로 해석

 **Application**   굵게 표시된 부분에 유의하면서 다음 문장을 해석하시오.(09~10번은 밑줄만 해석)

 Words & Phrases

01   🔲 8441-0351

Science is **the medium through which the unknown world can be explored**.

▸ medium 수단
▸ explore 탐험하다

02   🔲 8441-0352

I remember **a few stories in which the gods made promises with each other like humans**. (2013년 수능 A형 43~45번 응용)

▸ promise 약속하다

03   🔲 8441-0353

We will eventually reach **a point at which conflict with the finite nature of resources is inevitable**. (2015년 9월 모평 38번 응용)

▸ conflict 갈등
▸ finite 유한의
▸ inevitable 피할 수 없는

04   🔲 8441-0354

We may decide to listen to **a piece of music we have listened to many times**. (2016년 9월 모평 36번 응용)

05   🔲 8441-0355

The garden in which Protogenes painted the *Satyr* was in the middle of the enemy's camp. (2016년 수능 25번)

▸ enemy 적

06   🔲 8441-0356

All human societies have **economic systems within which goods and services are produced, distributed, and consumed**. (2013년 6월 모평 B형 37번)

▸ distribute 분배하다
▸ consume 소비하다

07   🔲 8441-0357

Patience easily picked up information from **women with whom she socialized often**. (2012년 6월 모평 36번 응용)

▸ socialize 어울리다

08   🔲 8441-0358

Scientists used to think that animals would risk their lives only for **kin with whom they shared common genes**. (2014년 9월 모평 35번)

▸ risk 위험을 무릅쓰다
▸ common 공통의
▸ gene 유전자

Level Up

09   🔲 8441-0359

When computers "multitask," they switch back and forth, alternating their attention until both tasks are done. <u>**The speed with which computers tackle multiple tasks** feeds the illusion that everything happens at the same time.</u> (2014년 수능 31번)

▸ multitask 멀티태스킹을 하다
▸ alternate 번갈아 하다
▸ tackle 처리하다
▸ illusion 착각

10   🔲 8441-0360

Like life in traditional society, but unlike other team sports, baseball is not governed by the clock. <u>A football game is comprised of exactly sixty minutes of play, a basketball game forty or forty-eight minutes, but baseball has **no set length of time within which the game must be completed**</u>. (2016년 9월 모평 28번)

▸ govern 좌우하다, 지배하다
▸ be comprised of ~으로 구성되다
▸ length 길이

Structure **37** 관계절의 명사구 수식: 부가적 수식

Challenge [ ]로 표시된 부분의 구조에 대해 생각하면서 다음 문장을 해석해 보자.

Words & Phrases

▶ explore 조사하다
▶ unique 독특한
▶ car dealership 자동차 영업소

130 This picture was drawn by [**van Gogh, who lived an unhappy life**].

131 They are exploring [**the unique site, which lies in 1,500 feet of water**].

132 In 1913, Warren moved to [**Arizona, where he opened car dealerships**].

Observation & Question 명사구의 확장에 대해 생각해 보자.

▶ 명사구 = (한정사) + (수식어) + 명사
▶ 확장된 명사구 = 명사구 + (수식어)
❍ 명사구를 확장하는 수식어의 종류는 무엇인가?

Analysis & Translation [ ]로 표시된 부분의 구조를 분석해 보자.

STEP ❶ 명사구 = 명사

130 This picture was drawn by [**van Gogh**].
　　　　　　　　　　　　　　　　　명사구

STEP ❷ 명사구의 확장 ⇒ 명사구 + 수식어

This picture was drawn by [{**van Gogh**}, {**who lived an unhappy life**}].
　　　　　　　　　　　　　명사구　　　　　　수식어(관계절)
　　　　　　　　　　　　　　　　부연 설명

Translation TIP 관계절이 앞에 놓인 명사구를 부가적으로 수식하여 더 큰 명사구를 만들 수 있다.

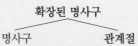

확장된 명사구

명사구　　　　관계절

해석 ⇨ 관계절이 명사구에 대한 부연 설명을 하는 구조이므로, 관계사를 '(and)+선행사'로 바꾼 다음 관계절을 해석

 **Application** 굵게 표시된 부분에 유의하면서 다음 문장을 해석하시오.(09~10번은 밑줄만 해석)

Words & Phrases

⬜ 8441-0361

01 We arrived in Los Angeles on **Tuesday, when it was very sunny**.

⬜ 8441-0362

02 I got a phone call from **Bill, who was helping me publish my first novel**.
(2014년 6월 모평 34번 응용)

▶ publish 간행하다

⬜ 8441-0363

03 I have invented **a reusable lunch bag, which I am now selling on my website**.
(2013년 9월 모평 A형 23번)

▶ reusable 재활용할 수 있는

⬜ 8441-0364

04 **A strong economy, where opportunities are plentiful**, helps break down social barriers.
(2016년 6월 모평 33번 응용)

▶ economy 경제
▶ plentiful 풍부한
▶ barrier 장애물

⬜ 8441-0365

05 I had accepted a job offer from **Dr. Gilbert, who had opened a medical clinic at an inland village last year**.
(2012년 수능 22번)

▶ accept 받아들이다
▶ inland 내륙의

⬜ 8441-0366

06 Grandpa got most of the materials for his little house from **the Oakland docks, where he was working**.
(2013년 수능 B형 43~45번)

▶ material 자재, 재료

⬜ 8441-0367

07 Every year, we throw away **more than 125 million cell phones, which accounts for nearly 65,000 tons of toxic waste**.
(2014 예비수능 A형 26번)

▶ account for ~을 차지하다
▶ toxic 유독성의

⬜ 8441-0368

08 What interested me the most about the new house was **the stable in the backyard, in which my father let me make a small space for a pony**.
(2016년 9월 모평 43~45번)

Level up

⬜ 8441-0369

09 Cats can sleep for many hours of the day. In fact, the average cat naps for 13-18 hours every day to save energy and pass the time. <u>Cats in the wild are most active in **the early morning and evenings, when they do most of their hunting**</u>. Domestic cats adjust to our routines. After all, it's more fun to be awake when we are, and to sleep at night.
(2014 예비수능 A형 31번)

▶ nap 낮잠을 자다
▶ active 활동적인
▶ domestic 길들여진
▶ adjust 순응하다, 적응하다
▶ routine 일상

⬜ 8441-0370

10 O'Keeffe began a series of simple, abstract charcoal drawings that expressed her own ideas and feelings. <u>She sent these drawings to **a friend in New York, who showed them to Alfred Stieglitz, the owner of the influential gallery 291**</u>.
(2013년 6월 모평 B형 30번)

▶ abstract 추상적인
▶ charcoal drawing 목탄화
▶ influential 영향력이 있는

38 동격어구와 명사구

Words & Phrases

▶ **satiety** 포만(감)
▶ **satisfaction** 만족
▶ **regularly** 규칙적으로
▶ **develop** 발병시키다
▶ **faith** 믿음, 신념

Challenge [ ]로 표시된 부분의 구조에 대해 생각하면서 다음 문장을 해석해 보자.

133 Fat contributes to [**satiety, the satisfaction of feeling full after a meal**].

134 Exercising regularly can reduce [**the chances of developing cancer**].

135 Good learners have [**a faith that they are capable of solving problems**].

Observation & Question 명사구의 확장에 대해 생각해 보자.

▶ 명사구 = (한정사) + (수식어) + 명사
▶ 확장된 명사구 = 명사구 + (수식어)
◉ 명사구를 확장하는 수식어의 종류는 무엇인가?

Analysis & Translation [ ]로 표시된 부분의 구조를 분석해 보자.

STEP ❶ 명사구 = 명사

133 Fat contributes to [satiety].
                          명사(핵)
                          └┄┄┄┄┄┄┘
                            명사구

STEP ❷ 명사구의 확장: 명사구 + 수식어

Fat contributes to [{satiety}, **the satisfaction of feeling full after a meal**].
                     명사구   수식어(동격어구)
                       └┄┄┄┄┄┄┄┄┄┄┄┄┄┄┘

Translation TIP 명사구를 동격어구(명사구, 전치사구, to부정사구, 명사절 등)가 뒤에서 수식
하여 더 큰 명사구를 만들 수 있다.

확장된 명사구
         ┌─────┴─────┐
       명사구   동격어구
         └┄┄┄┄┄┄┘

해석 ⇨   동격을 나타내는 어구가 기본 명사구를 수식하는 방식으로 해석

 **Application** 굵게 표시된 부분에 유의하면서 다음 문장을 해석하시오.(09~10번은 밑줄만 해석)

01 Pride is **a sense that I am better than others**.

☐ 8441-0371
(2013년 9월 모평 A형 37번)

▶ pride 자만심

02 Giving people **the flexibility to use their judgment** accelerates progress.

☐ 8441-0372
(2011년 수능 42번 응용)

▶ flexibility 융통성
▶ accelerate 촉진하다
▶ progress 발전

03 **Your resolve to be future-oriented** will give you energy and enthusiasm.

☐ 8441-0373
(2014 예비수능 A형 23번)

▶ resolve 결심, 결의
▶ enthusiasm 열정

04 Traveling is **a chance to relax, meet new people, and discover new things**.

☐ 8441-0374
(2012년 6월 모평 3번)

▶ chance 기회
▶ relax 쉬다

05 I've always wanted to explore **the Amazon, the unknown and mysterious world**.

☐ 8441-0375
(2015년 수능 19번)

▶ explore 탐험하다

06 An animal in a group has **a smaller chance of being the unlucky individual picked out by a predator**.

☐ 8441-0376
(2013년 9월 모평 A형 25번 응용)

▶ pick out ~을 고르다
▶ predator 천적

07 There is **growing evidence that combining activities such as walking or cycling with nature increases well-being**.

☐ 8441-0377
(2010년 국가 성취도 평가 19번)

▶ evidence 증거
▶ combine 결합하다

08 Her father wanted Maria to become **a teacher, the only professional avenue considered appropriate to women at the time**.

☐ 8441-0378
(2012년 국가 성취도 평가 31번 응용)

▶ avenue (나아갈) 길, 방안
▶ appropriate 적절한

Level up

09 In many school physical education programs, team sports dominate the curriculum at the expense of various individual and dual sports. In such cases, the students lose **the opportunity to develop skills in activities that they can participate in throughout their adult lives**.

☐ 8441-0379
(2015년 6월 모평 35번 응용)

▶ dominate 지배하다
▶ at the expense of ~을 희생하여
▶ dual 둘의

10 Your mind will become more creative during the break, and you will become mentally fitter. Free time without feelings of guilt will give you **the strength to do high-quality work in the remaining time**. Furthermore, a certain amount of recreation reduces the chances of developing stress-related disorders.

☐ 8441-0380
(2013년 수능 A형 25번)

▶ fit 건강한
▶ strength 힘
▶ reduce 줄이다
▶ disorder 질병

Challenge   [ ]로 표시된 부분의 구조에 대해 생각하면서 다음 문장을 해석해 보자.

136 [**Many early successes of cinema**] were adaptations of popular novels.

137 [**The scholar close to the ideal human**] was selfless and disciplined.

138 [**Someone to talk to about your day**] is needed.

139 [**Seeds having thinner coats**] were preferred as they are easier to eat.

140 [**Technology that produces pollution**] is generally cheaper.

141 [**The fact that the ground is wet**] means nothing to the dogs.

Words & Phrases

▶ adaptation 각색
▶ novel 소설
▶ ideal 이상적인
▶ selfless 사심 없는
▶ disciplined 절제력이 있는
▶ thin 얇은
▶ coat 껍질
▶ prefer 선호하다
▶ pollution 오염

Observation & Question   명사구의 확장에 대해 생각해 보자.

▶ 문장의 술어 찾기 ⇒ '(조동사) + 동사구'의 형태
▶ 문장의 주어 찾기 ⇒ 술어 앞의 명사구
❍ 주어와 술어의 경계는 어디인가?

Analysis & Translation   [ ]로 표시된 부분의 구조를 분석해 보자.

TYPE ❶ 주어 ⇒ 명사구(명사구 + 전치사구)
136 [주어 **Many early successes of cinema**] were adaptations of popular novels.
      명사구   +   전치사구   술어

TYPE ❷ 주어 ⇒ 명사구(명사구 + 형용사구)
137 [주어 **The scholar close to the ideal human**] was selfless and disciplined.
      명사구   +   형용사구   술어

TYPE ❸ 주어 ⇒ 명사구(명사구 + to부정사구)
138 [주어 **Someone to talk to about your day**] is needed.
      명사구   +   to부정사구   술어

TYPE ❹ 주어 ⇒ 명사구(명사구 + 분사구)
139 [주어 **Seeds having thinner coats**] were preferred as they are easier to eat.
      명사구 +   분사구   술어

TYPE ❺ 주어 ⇒ 명사구(명사구 + 관계절)
140 [주어 **Technology that produces pollution**] is generally cheaper.
      명사구   +   관계절   술어

TYPE ❻ 주어 ⇒ 명사구(명사구 + 동격어구)
141 [주어 **The fact that the ground is wet**] means nothing to the dogs.
      명사구   +   동격어구   술어

주어가 길어질수록 문장이 길고 복잡해지겠지? 주어가 명사구이면 수식하는 어구의 끝이 어디인지를 잘 따져봐야 해. 문장의 술어동사를 만나게 되면 그 전까지가 주어가 될 가능성이 커질 거야.

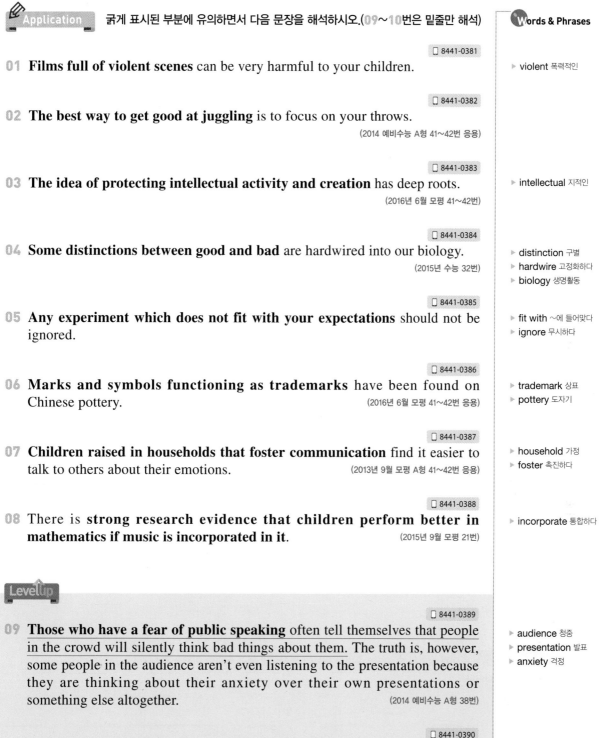

Application 굵게 표시된 부분에 유의하면서 다음 문장을 해석하시오.(09~10번은 밑줄만 해석)

Words & Phrases

☐ 8441-0381

01 **Films full of violent scenes** can be very harmful to your children.

▶ violent 폭력적인

☐ 8441-0382

02 **The best way to get good at juggling** is to focus on your throws.

(2014 예비수능 A형 41~42번 응용)

☐ 8441-0383

03 **The idea of protecting intellectual activity and creation** has deep roots.

(2016년 6월 모평 41~42번)

▶ intellectual 지적인

☐ 8441-0384

04 **Some distinctions between good and bad** are hardwired into our biology.

(2015년 수능 32번)

▶ distinction 구별
▶ hardwire 고정화하다
▶ biology 생명활동

☐ 8441-0385

05 **Any experiment which does not fit with your expectations** should not be ignored.

▶ fit with ~에 들어맞다
▶ ignore 무시하다

☐ 8441-0386

06 **Marks and symbols functioning as trademarks** have been found on Chinese pottery.

(2016년 6월 모평 41~42번 응용)

▶ trademark 상표
▶ pottery 도자기

☐ 8441-0387

07 **Children raised in households that foster communication** find it easier to talk to others about their emotions.

(2013년 9월 모평 A형 41~42번 응용)

▶ household 가정
▶ foster 촉진하다

☐ 8441-0388

08 There is **strong research evidence that children perform better in mathematics if music is incorporated in it**.

(2015년 9월 모평 21번)

▶ incorporate 통합하다

Level up

☐ 8441-0389

09 **Those who have a fear of public speaking** often tell themselves that people in the crowd will silently think bad things about them. The truth is, however, some people in the audience aren't even listening to the presentation because they are thinking about their anxiety over their own presentations or something else altogether.

(2014 예비수능 A형 38번)

▶ audience 청중
▶ presentation 발표
▶ anxiety 걱정

☐ 8441-0390

10 When a new story appears, we attempt to find a belief of ours that relates to it. When we do, we find a story attached to that belief and compare the story in our memory to the one we are processing. **Our understanding of the new story** becomes, at that point, a function of the old story.

(2016년 6월 모평 22번)

▶ relate to ~과 관련이 있다
▶ attach 첨부하다
▶ compare 비교하다
▶ process 다루다

Challenge [ ]로 표시된 부분의 구조에 대해 생각하면서 다음 문장을 해석해 보자.

142 [**The days of the solitary inventor working on his own**] **are** gone.

143 [**Not all interesting discoveries**] **have** an obvious application.

144 There **is** [**a period for growth during which failures are beneficial**].

Words & Phrases

▶ solitary 고독한
▶ discovery 발견
▶ obvious 분명한
▶ application 응용, 적용
▶ beneficial 이로운

Observation & Question 주어와 술어의 수일치에 대해 생각해 보자.

▶ 주어 = 명사구
▶ 술어 = (조동사)+동사구
▶ 주어와 술어의 수일치 = 명사구 핵과 동사구 핵의 수일치
◯ 명사구 핵과 동사구 핵의 위치는 어디인가?

Analysis & Translation [ ]로 표시된 부분의 구조에 대해 분석해 보자.

STEP ❶ 주어 = 명사구 & 술어 = 동사구

142 [**The days of the solitary inventor working on his own**] [**are gone**].
　　　　　　　　　　　　　주어　　　　　　　　　　　　　　　　술어

STEP ❷ 주어와 술어의 수일치 = 명사구 핵과 동사구 핵의 수일치

[**The days of the solitary inventor working on his own**] [**are gone**].
한정사　핵(명사)　　　　수식어(전치사구)　　　　　동사구의 핵
　　　└─────────────── 복수로 수일치 ───────────────┘

원리는 간단해. 주어인 명사구가 제 아무리 길고 복잡해도 결국 핵은 하나의 명사로 좁혀질 거야. 이 명사의 수(단수 vs. 복수)에 따라 술어 동사도 수를 맞추는 거야.

Translation TIP 주어와 술어의 수일치는 주어를 이루는 명사구의 핵과 술어를 이루는 동사구의 핵 사이의 수일치를 의미한다.

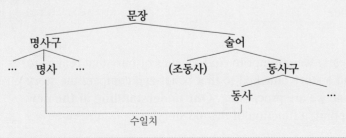

Application 굵게 표시된 부분에 유의하면서 다음 문장을 해석하시오.(09~10번은 밑줄만 해석)

Words & Phrases

☐ 8441-0391

01 **The costs of providing first-rate education** just **keep** going up.

(2012년 9월 모평 20번)

▶ first-rate 최고의

☐ 8441-0392

02 **A painter making a fresco has** limited time before the paint dries.

(2014년 6월 모평 32번)

☐ 8441-0393

03 We tend to assume that **the way to get more time is** to speed up.

(2015년 6월 모평 32번)

▶ assume 가정하다

☐ 8441-0394

04 **The greatest errors in judging a person are** made by his parents.

(2012년 6월 모평 29번)

☐ 8441-0395

05 **One difference between winners and losers is** how they handle losing.

(2014년 수능 18번)

▶ handle 다루다

☐ 8441-0396

06 **The fact that information is conveyed in this high-tech manner** somehow **adds** authority to what is conveyed.

(2012년 수능 36번 응용)

▶ convey 전달하다
▶ authority 권위

☐ 8441-0397

07 **Children's exposure to ready-made visual images restricts** their ability to generate novel images of their own.

(2014년 9월 모평 38번)

▶ exposure 노출
▶ restrict 제한하다
▶ novel 새로운

☐ 8441-0398

08 **One reason many people keep delaying things they should do is** that they fear they will do them wrong or poorly.

(2014년 9월 모평 21번 응용)

▶ delay 미루다

Level up

☐ 8441-0399

09 <u>**The number of unsuccessful people who come from successful parents is** proof that genes have nothing to do with success.</u> You can't change your genes, but you can change the people you imitate. The choice is up to you, so why not imitate the best? There are hundreds of great people to imitate and copy.

(2012년 수능 39번)

▶ proof 증거
▶ gene 유전자
▶ imitate 모방하다

☐ 8441-0400

10 One remarkable aspect of aboriginal culture is the concept of "totemism," where the tribal member at birth assumes the soul and identity of a part of nature. <u>**This view of the earth and its riches as an intrinsic part of oneself** clearly **rules** out mistreatment of the environment because this would only constitute a destruction of self.</u>

(2016년 6월 모평 34번)

▶ remarkable 두드러진
▶ aboriginal 원주민의
▶ assume (양상을) 취하다
▶ intrinsic 고유한
▶ mistreatment 학대
▶ constitute ~이 되다

Frequently **A**sked **Q**uestions

자주 묻는 질문들

1 명사와 명사구

명사 없이는 명사구를 만들 수 없는 건가요?

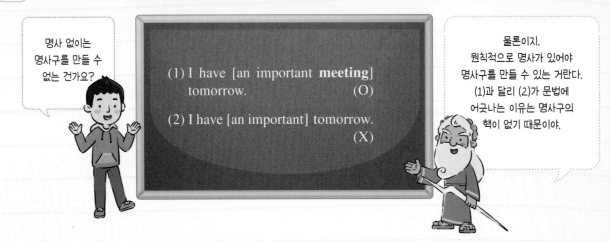

(1) I have [an important **meeting**] tomorrow.　　　　　(O)

(2) I have [an important] tomorrow.　　　　　　　　　(X)

물론이지. 원칙적으로 명사가 있어야 명사구를 만들 수 있는 거란다. (1)과 달리 (2)가 문법에 어긋나는 이유는 명사구의 핵이 없기 때문이야.

2 한정사와 수식어의 차이

명사구 안의 한정사와 수식어는 서로 어떻게 다른가요?

[A true victory] comes from fair
한정사 수식어 핵
competition.

한정사는 명사 앞에 놓여 그 명사의 정체나 관계 등을 규정해. 수식어는 한정사와 명사 사이에 놓여 그 명사의 성질을 설명하지. 한편 뒤에서 명사구를 수식하는 수식어도 있어.

3 명사구의 역할

명사구는 문장에서 어떤 역할을 하나요?

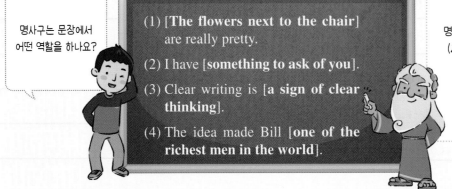

(1) [**The flowers next to the chair**] are really pretty.

(2) I have [**something to ask of you**].

(3) Clear writing is [**a sign of clear thinking**].

(4) The idea made Bill [**one of the richest men in the world**].

명사구는 (1)처럼 문장의 주어, (2)처럼 동사의 목적어, 또는 (3)과 (4)와 같이 보어 역할을 하지.

4 전치사구의 역할

전치사구는 동사구의 확장뿐 아니라 명사구를 확장하는 역할도 할 수 있나요?

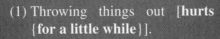

(1) Throwing things out [**hurts {for a little while**}].

(2) I read [**an article {about bird migrations**}] the other day.

맞아. (1)의 전치사구 { }는 동사 hurts를 수식하여 동사구를 확장하지만, (2)의 { }는 명사구 an article을 수식하여 그 명사구를 확장하지.

5 to부정사구의 역할

to부정사구도 전치사구와 마찬가지로 동사구뿐 아니라 명사구의 확장에도 관여할 수 있겠네요?

(1) You must [have flour, eggs, milk, and oil {**to make pancakes**}].

(2) A farmer gave me [ten seeds {**to plant**}].

물론이야. (1)의 to부정사구 { }는 동사구를 수식하여 그 동사구를 더 크게 확장하지만, (2)의 to부정사구 { }는 명사구를 수식하여 더 큰 명사구로 확장하고 있어.

6 주어와 술어의 수일치

술어를 이루는 동사구의 핵은 주어의 어느 부분과 수일치를 하나요?

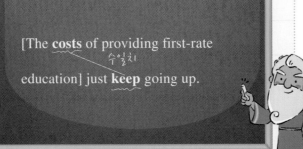

[The **costs** of providing first-rate education] just **keep** going up.

이 문장에서, 주어를 이루는 명사구의 핵은 costs야. 이 명사구의 핵과 동사구의 핵인 keep 사이에 수일치를 하는 거지. costs가 복수이니까 동사 keep도 복수로 일치하는 거고.

05 절의 확장

Learning Points

Structure of a Sentence

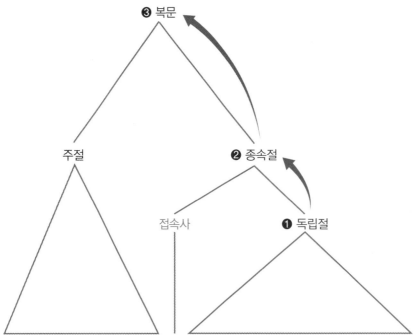

❸ 복문

주절   ❷ 종속절

접속사   ❶ 독립절

Eugene would not admit that he was an accomplice in the crime.

Eugene would not admit | that | he was an accomplice in the crime

❶ 독립절 ⇒ 주어 + 술어

❷ 종속절 ⇒ 접속사 + 독립절

❸ 복문 ⇒ 주절 + 종속절

1 독립절의 해석

▶ 주어 찾기 ⇒ he

▶ 술어 찾기 ⇒ was an accomplice in the crime

▶ 독립절의 구성 ⇒ 주어 + 술어

▶ 독립절의 해석 ⇒「그가 그 범죄의 공범이었다」

2 종속절의 해석

▶ 종속절 ⇒ 접속사 that + 독립절

▶ that의 기능 ⇒ 뒤따르는 독립절이 주절 동사 admit의 목적어라는 것을 표시

▶ that의 해석 ⇒「~라는 것을」

▶ 종속절의 해석 ⇒「그가 그 범죄의 공범이었다는 것을」

3 복문의 해석

▶ 복문 ⇒ 주절 + 종속절

▶ 주절 ⇒ 주어 + 술어

▶ 주절 술어 ⇒ would + 동사구

▶ 주절 동사구 ⇒ admit + 종속절(「그가 그 범죄의 공범이었다는 것을」)

▶ 문장의 해석 ⇒「Eugene은 자신이 그 범죄의 공범이라는 것을 인정하려고 하지 않았다.」

Structure 41 ▶ 핵과 구

[ ]로 표시된 부분의 형태와 구성 요소에 유의하면서 다음 문장을 해석해 보자.

145 [**That young woman over there**] is desperate to become a mother.

146 We met [**a lot of local people**] during the trip.

147 The police [**searched the entire area for the suspect**].

148 David was feeling [**quite nervous**] on the flight to Boston.

149 I used to play the flute [**very well**].

150 Inclement weather kept the students [**from attending classes**].

Words & Phrases

▶ desperate 간절히 바라는
▶ local 현지의
▶ suspect 용의자
▶ inclement weather 악천후

Observation & Question [ ]로 표시된 부분의 구성상의 특징에 대해 생각해 보자.

▶ [ ]는 한 개 이상의 단어가 모여 문장의 일부를 이룸
▶ [ ]는 핵심 요소를 중심으로 앞뒤에 다른 단어가 이어짐
◐ [ ]의 핵심 요소는 무엇인가?
◐ [ ]의 좌우 경계는 어디인가?

Analysis & Translation [ ]의 내부 구조를 분석해 보자.

STEP ❶ 핵(명사)

145 [That young <u>**woman**</u> over there] is desperate to become a mother.
　　　　　　　핵(명사)

STEP ❷ 구(명사구)

　　[**That young woman over there**] is desperate to become a mother.
　　 한정사　수식어　핵(명사)　　수식어

STEP ❸ [ ]의 경계

　　[**That young woman over there**] is desperate to become a mother.
　　　　　　　명사구(주어)

핵? 핵심 요소라는 뜻인가요?

그래. 명사구를 명사구로 만드는 결정적 핵심 요소는 명사겠지? 이 명사를 핵이라고 해. 물론 동사구의 핵은 동사이고.

Translation TIP 문장은 1개 이상의 구로 이루어지고, 구는 핵을 포함한 1개 이상의 단어로 이루어진다.

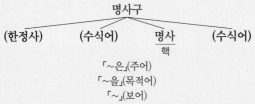

```
                    명사구
        ┌──────────┬────────┬────────┐
     (한정사)    (수식어)    명사    (수식어)
                              핵
```

해석 ⇨　　　　　「~은」(주어)
　　　　　　　　「~을」(목적어)
　　　　　　　　「~」(보어)

Application 굵게 표시된 부분에 유의하면서 다음 문장을 해석하시오.(09~10번은 밑줄만 해석)

Words & Phrases

🔲 8441-0401

01 **Volcanic eruptions** are **one of the most violent natural threats**.

(2013년 국가 성취도 평가 24번)

▶ eruption (화산의) 폭발
▶ violent 끔찍한

🔲 8441-0402

02 A key factor **in high achievement** is bouncing back **from the low points**.

(2014년 수능 18번)

▶ bounce back 다시 회복되다
▶ low point 최저의 상태

🔲 8441-0403

03 Lynn had **just started first grade** and **was excited about learning to read**.

(2011년 국가 성취도 평가 26번)

▶ grade 학년

🔲 8441-0404

04 Some cultural changes may be adopted **quite quickly** by a whole population.

(2015년 6월 모평 36번)

▶ adopt 채택하다

🔲 8441-0405

05 One must select a particular strategy **appropriate to the occasion** and follow the chosen course of action.

(2015년 9월 모평 20번)

▶ strategy 전략
▶ appropriate 적절한

🔲 8441-0406

06 One of the mistakes we often make when confronting a risk situation **is our tendency to focus on the end result**.

(2014년 수능 23번)

▶ confront ~에 맞닥뜨리다
▶ tendency 경향

🔲 8441-0407

07 **Benjamin** had developed unusual and repetitive behaviors sometimes observed in children who cannot see.

(2011년 국가 성취도 평가 30번)

▶ repetitive 반복적인

🔲 8441-0408

08 **Team sports such as basketball and soccer** provide an opportunity for students to develop skills and to enjoy working and competing together as a team.

(2015년 6월 모평 35번)

▶ compete 경쟁하다

LevelUp

🔲 8441-0409

09 Out of the darkness, a motorbike with two men approached slowly. Without warning, one of the men grabbed my daypack. <u>**Within seconds**, the two were out of sight.</u> The bag had my passport, money, an airline ticket and other things precious to me. I was in deep trouble.

(2011년 국가 성취도 평가 33~34번)

▶ warning 경고
▶ daypack 작은 배낭
▶ sight 시야

🔲 8441-0410

10 Delaying puddings used to be thought of as a good idea, but that doesn't work. <u>"No pudding until you have finished your main course" **was the standard line when most parents of today were young** and is **still commonly used**, but it **only makes sweet things seem more desirable**.</u>

(2015년 6월 모평 41~42번 응용)

▶ delay 뒤로 미루다
▶ commonly 흔히
▶ desirable 탐나는

UNIT
5

42 절과 단문

Words & Phrases

▶ diploma 졸업장

Challenge　[　]로 표시된 부분의 형태와 구성 요소에 유의하면서 다음 문장을 해석해 보자.

151 [**Luke will pass the test**].

152 Lisa thinks [**that Luke will pass the test**].

153 Sandra is receiving the diploma, [**which she has always wanted**].

Observation & Question　[　]로 표시된 부분의 구성상의 특징에 대해 생각해 보자.

▶ [　] = 「주어 + 술어」
▶ [　] = 「접속사/관계사 + {주어 + 술어}」
◐ [　]의 좌우 경계는 어디인가?
◐ 그 자체로 전체 문장을 이루는 [　]와 전체 문장의 일부를 이루는 [　]는 형태와 역할에서 무슨 차이가 있는가?

Analysis & Translation　[　]의 내부 구조와 역할을 분석해 보자.

TYPE ❶ 독립절 ⇒ 단문
151 [**Luke will pass the test**].
　　　　주어　　　　술어
　　　절 ⇒ 독립절(= 단문)

TYPE ❷ 종속절 ⇒ 명사절/관계절
152 Lisa thinks [**that** {**Luke will pass the test**}].
　　　　　　　　接속사　　　　절
　　　　　　절 ⇒ 종속절(= 명사절)

153 Sandra is receiving the diploma, [**which** {**she has always wanted**}].
　　　　　　　　　　　　　　관계사　　　　절
　　　　　　　　절 ⇒ 종속절(= 관계절)

두 종류의 절이 있어. 혼자 설 수 있는 절(독립절)과 그럴 수 없는 절(종속절)이지. 종속절은 「접속사 + 독립절」로 이루어져 있어.

그럼 하나의 독립절로 된 문장을 단문이라고 하겠네요?

그렇지! 대단하구나!

Translation TIP　절은 주어와 술어로 이루어진다. 그 자체로 하나의 문장(단문)이 되는 절을 독립절이라 하고, 접속사로 유도되어 더 큰 문장의 일부가 되는 절을 종속절이라고 한다.

절 〈
　　[주어 + 술어]　　⇒ 독립절(= 단문)
　　[접속사 + 독립절]　⇒ 종속절(= 명사절, 관계절, 부사절)

Application 다음 문장을 해석하시오.(09~10번은 밑줄만 해석)

Words & Phrases

🔲 8441-0411

01 True understanding inevitably requires a knowledge of context.

(2015년 9월 모평 41~42번)

▶ inevitably 불가피하게
▶ context 맥락

🔲 8441-0412

02 How can we preserve our forests?

(2015년 6월 모평 26번)

▶ preserve 보존하다

🔲 8441-0413

03 Imagine cooking a very large pot of chicken soup on the stove.

(2015년 6월 모평 38번)

▶ imagine 상상하다

🔲 8441-0414

04 What a beautiful world you are living in!

🔲 8441-0415

05 Early, small communities had to concentrate all their physical and mental effort on survival.

(2014년 수능 33번)

▶ survival 생존

🔲 8441-0416

06 The negative effects of extrinsic motivators such as grades have been documented with students from different cultures.

(2015년 수능 21번)

▶ extrinsic 외적인
▶ motivator 동기 부여 요인
▶ document 문서로 입증하다

🔲 8441-0417

07 The Internet and communication technologies play an ever-increasing role in the social lives of young people in developed societies.

(2015년 9월 모평 28번)

▶ ever-increasing 계속 증가하는

🔲 8441-0418

08 The sense of tone and music in another's voice gives us an enormous amount of information about that person, about her stance toward life, about her intentions.

(2014년 수능 30번)

▶ tone 어조
▶ stance 태도
▶ intention 의향

Level Up

🔲 8441-0419

09 Do you have the emotional state of mind to become a leader? People pay close attention to a leader's subtle expressions of emotion through body language and facial expression. Some emotions such as enthusiasm can quickly become contagious. Others, such as depression or discouragement, can drag down the entire organization.

(2015년 9월 모평 22번)

▶ subtle 미묘한
▶ enthusiasm 열정
▶ discouragement 낙심

🔲 8441-0420

10 For many of us, hurrying is a way of life. Some of us enjoy the thrill that it gives us while others are driven crazy by the constant pressure and feel that their lives are speeding up to an unacceptable degree. Either way, there are almost certainly areas of our life that could be enhanced by a little go-slow behavior.

(2015년 6월 모평 32번)

▶ constant 끊임없는
▶ enhance 향상시키다

UNIT
5

43 **중문**

Challenge [ ]로 표시된 부분의 연결에 유의하면서 다음 문장을 해석해 보자.

 Words & Phrases

▶ tremble 떨리다
▶ race (심장이) 고동치다
▶ definitely 절대로
▶ miserable 비참한

154 [My voice was trembling] and [my heart was racing].

155 [You may win the battle] but [you definitely won't win the war].

156 [You can be miserable] or [you can be happy].

Observation & Question 두 [ ]의 연결 상태에 대해 생각해 보자.

▶ [ ] ... [ ] = 「독립절 + and/but/or + 독립절」
○ and, but, 또는 or가 하는 일은 무엇인가?

Analysis & Translation [ ]의 지위와 연결 상태를 분석해 보자.

STEP ❶ 두 개의 독립절
154 [My voice was trembling] and [my heart was racing].
　　　　　독립절　　　　　　　　　　　독립절

STEP ❷ 등위접속사
　　[My voice was trembling] **and** [my heart was racing].
　　　　　　　　　　　　등위접속사 ⇒ 두 개의 독립절을 대등하게 연결

STEP ❸ 중문
　　[My voice was trembling] **and** [my heart was racing].
　　　　독립절　　　　등위접속사　　　　독립절
　　　　　　　　　하나의 문장 ⇒ 중문

Translation TIP 두 개 이상의 독립절이 and, but, or 등과 같은 등위접속사로 대등하게 연결된 하나의 문장을 중문이라고 한다.

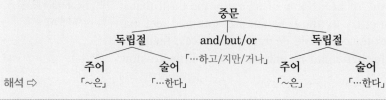

 **Application** 굵게 표시된 부분에 유의하면서 다음 문장을 해석하시오.(09~10번은 밑줄만 해석)

 Words & Phrases

01 ☐ 8441-0421

The new student didn't speak to anyone **and** nobody spoke to him.

02 ☐ 8441-0422

You may not understand now, **but** one day you will. (2015년 6월 모평 43~45번)

03 ☐ 8441-0423

Visit our cheese shop, **and** you can learn how to make cheese. (2015년 6월 모평 27번)

04 ☐ 8441-0424

Genes are alterable, **and** they adjust to our environment and state of mind.

(2013년 국가 성취도 평가 28번)

▶ gene 유전자
▶ alterable 바뀔 수 있는
▶ adjust to ~에 적응하다

05 ☐ 8441-0425

Humans can try to adapt to a higher altitude, **but** their success is less than certain. (2011년 국가 성취도 평가 31번)

▶ adapt 적응하다
▶ altitude 고도
▶ less than 결코 ~이 아닌

06 ☐ 8441-0426

Psychological, social, as well as the physical diets provided by parents must all be healthy, **or** the children learn to repeat the unhealthy patterns of their parents. (2016년 3월 모평 34번)

▶ provide 제공하다
▶ pattern 양식

07 ☐ 8441-0427

The concept of humans doing multiple things at a time has been studied by psychologists since the 1920s, **but** the term "multitasking" didn't exist until the 1960s. (2014년 수능 31번)

▶ concept 개념
▶ term 용어

08 ☐ 8441-0428

Investigators as a personality type are not interested in leadership, **and** developing the interpersonal skills necessary to fuel collaboration is a hurdle for many of them. (2015년 9월 모평 32번 응용)

▶ investigator 조사자
▶ interpersonal 대인 관계의
▶ collaboration 공동 작업

Level up

09 ☐ 8441-0429

Celebrities suffer from an extreme invasion of privacy. They are constantly exposed to the public, even when they're not working. The public finds out whatever they did or whoever they met. <u>However, celebrities are people with the right to privacy</u>, **and** <u>we should respect that.</u> (2011년 국가 성취도 평가 28번)

▶ celebrity 유명 연예인
▶ invasion 침해

10 ☐ 8441-0430

Tourism is important for more than just vacationing. <u>Tourism allows people from different places and cultures to come together</u>, **and** <u>then tourists and host communities learn about each other's differences and similarities.</u> They also learn new tastes and ways of thinking, which may lead to a better understanding between hosts and tourists. (2015년 6월 모평 23번)

▶ tourism 관광
▶ similarity 유사점
▶ taste 취향

UNIT
5

44 복문: 명사절

Words & Phrases

▸ determined 단단히 결심한
▸ go in the right direction 올바른 방향으로 나아가다

Challenge [ ]로 표시된 부분의 형태와 역할에 유의하면서 다음 문장을 해석해 보자.

157 Being a good listener doesn't mean [**that you should just listen**].

158 The manager tried to explain [**how the accident had happened**].

159 The problem is [**whether we are determined to go in the right direction**].

Observation & Question [ ]의 내부 구조와 역할에 대해 생각해 보자.

▸ [ ]는 「접속사 + 독립절」의 형태
▸ [ ]는 문장의 일부 ⇒ 종속절
▸ [ ]는 주절 동사의 목적어나 보어 역할
○ [ ]의 좌우 경계는 어디인가?
○ 복문의 [ ]는 중문의 [ ]와 어떻게 다른가?

Analysis & Translation [ ]의 지위와 역할을 분석해 보자.

STEP ❶ 주절 동사의 목적어

157 Being a good listener doesn't **mean** [**that you should just listen**].
　　　　　　　　　　　　　　　　　　　　목적어 ⇒ 명사절

STEP ❷ 종속절

Being a good listener doesn't **mean** [**that** {**you should just listen**}].
　　　　　　　　　　　　　　　　　　접속사　　　독립절　　　⇒ 종속절

STEP ❸ 복문

Being a good listener doesn't mean [**that you should just listen**].
　　　　　주절　　　　　　　　　　　　　종속절
　⌞　　　　　　　　　하나의 문장 ⇒ 복문　　　　　　　　⌟

단문, 중문, 복문을 구분할 수 있겠지?

Translation TIP 주절과 명사절이 결합하여 만들어진 문장은 복문의 한 유형이다.

```
                    문장                          ⇒ 복문
            ┌────────┴────────┐
          주어              동사구
                      ┌────────┴────────┐
                    동사              목적어          ⇒ 종속절
                              ┌────────┴────────┐
                            접속사              독립절
해석 ⇨                「-은」          「~이 …한다는 것을」
```

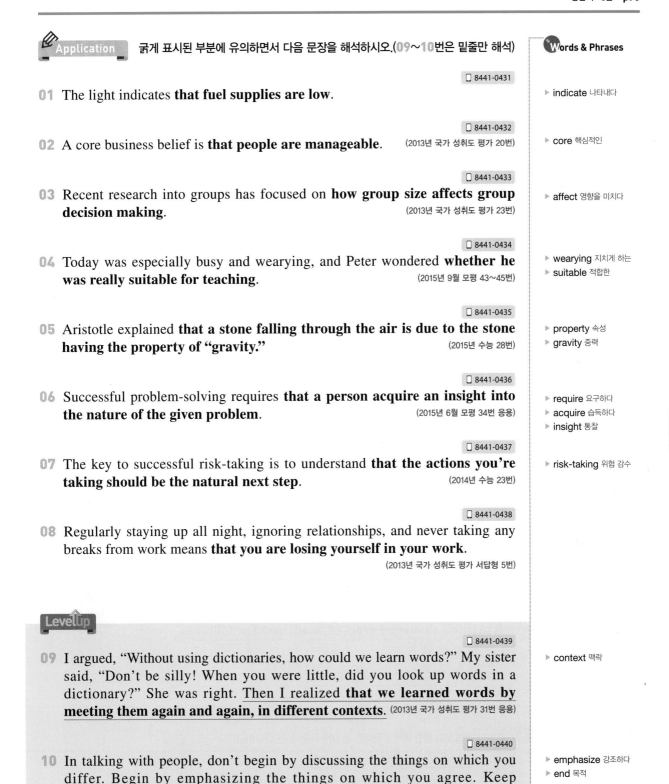

Application 굵게 표시된 부분에 유의하면서 다음 문장을 해석하시오.(09~10번은 밑줄만 해석)

Words & Phrases

🔲 8441-0431

01 The light indicates **that fuel supplies are low**.

▸ indicate 나타내다

🔲 8441-0432

02 A core business belief is **that people are manageable**. (2013년 국가 성취도 평가 20번)

▸ core 핵심적인

🔲 8441-0433

03 Recent research into groups has focused on **how group size affects group decision making**. (2013년 국가 성취도 평가 23번)

▸ affect 영향을 미치다

🔲 8441-0434

04 Today was especially busy and wearying, and Peter wondered **whether he was really suitable for teaching**. (2015년 9월 모평 43~45번)

▸ wearying 지치게 하는
▸ suitable 적합한

🔲 8441-0435

05 Aristotle explained **that a stone falling through the air is due to the stone having the property of "gravity."** (2015년 수능 28번)

▸ property 속성
▸ gravity 중력

🔲 8441-0436

06 Successful problem-solving requires **that a person acquire an insight into the nature of the given problem**. (2015년 6월 모평 34번 응용)

▸ require 요구하다
▸ acquire 습득하다
▸ insight 통찰

🔲 8441-0437

07 The key to successful risk-taking is to understand **that the actions you're taking should be the natural next step**. (2014년 수능 23번)

▸ risk-taking 위험 감수

🔲 8441-0438

08 Regularly staying up all night, ignoring relationships, and never taking any breaks from work means **that you are losing yourself in your work**. (2013년 국가 성취도 평가 서답형 5번)

UNIT
5

Level Up

🔲 8441-0439

09 I argued, "Without using dictionaries, how could we learn words?" My sister said, "Don't be silly! When you were little, did you look up words in a dictionary?" She was right. Then I realized <u>**that we learned words by meeting them again and again, in different contexts**</u>. (2013년 국가 성취도 평가 31번 응용)

▸ context 맥락

🔲 8441-0440

10 In talking with people, don't begin by discussing the things on which you differ. Begin by emphasizing the things on which you agree. Keep emphasizing, if possible, <u>**that you are both working for the same end and that your only difference is one of method and not of purpose**</u>. (2011년 국가 성취도 평가 29번)

▸ emphasize 강조하다
▸ end 목적

45 복문: 관계절

Challenge [ ]로 표시된 부분의 형태와 역할에 유의하면서 다음 문장을 해석해 보자.

 Words & Phrases

160 Leaders [**who emit negative emotional states of mind**] have few followers.

▸ emit 토로하다
▸ follower 추종자

161 Parking lot D is the place [**where I parked my car**].

▸ parking lot 주차장
▸ sturdy 튼튼한

162 For camp, the children need sturdy shoes, [**which are expensive**].

Observation & Question [ ]의 내부 구조와 역할에 대해 생각해 보자.

▸ [ ]는 「관계사 + 절」의 형태
▸ [ ]는 문장의 일부 ⇒ 종속절
▸ [ ]는 주절의 명사구를 수식함
⟳ [ ]의 좌우 경계는 어디인가?
⟳ [ ]는 주절과 어떻게 결합하고 있나?

Analysis & Translation [ ]의 지위와 역할을 분석해 보자.

> 이제 복문의 유형을 한 번 정리해볼까?
> 명사절 ⇒ 주절(독립절) 동사의 주어, 보어, 목적어 역할
> 부사절 ⇒ 주절 동사구를 수식 하는 역할
> 관계절 ⇒ 주절 명사구를 수식 하는 역할
> 선행사 포함 관계절 ⇒ 주절 동 사의 주어, 보어, 목적어 역할

STEP ❶ 관계절 ⇒ 주절 명사구 수식

160 Leaders [who emit negative emotional states of mind] have few followers.
　　　　　　　└─────────── 관계절 ───────────┘

STEP ❷ 종속절

Leaders [who {△ emit negative emotional states of mind}] have few followers.
　　　　　관계사　　　　　　　　　절
　　　　　└──────── 종속절 ────────┘

STEP ❸ 복문

Leaders [who emit negative emotional states of mind] have few followers.
주절 주어　　　　　종속절　　　　　　　　주절 술어
└──────── 하나의 문장 ⇒ 복문 ────────┘

Translation TIP 주절과 관계절이 결합하여 만들어진 문장은 복문의 한 유형이다.

```
              복문
           /      \
        주절       관계절
      … 명사구 …
해석 ⇨            「…하는」
```

Application 굵게 표시된 부분에 유의하면서 다음 문장을 해석하시오.(09~10번은 밑줄만 해석)

Words & Phrases

🔲 8441-0441

01 Planning involves only the half of your brain **that controls your logical thinking**. (2015년 6월 모평 20번)

▸ involve 관련시키다
▸ logical thinking 논리적 사고

🔲 8441-0442

02 Tolstoy is confident that the artist **who sincerely expresses feelings of pride will pass those feelings on to us**. (2014년 수능 40번)

▸ confident 확신하는
▸ sincerely 진심으로

🔲 8441-0443

03 The interview was held in a seminar room **where Anderson met the principal for the first time three years ago**. (2015년 9월 모평 43~45번)

🔲 8441-0444

04 Basic scientific research provides the raw materials **that technology and engineering use to solve problems**. (2015년 수능 41~42번)

▸ raw material 원료
▸ engineering 공학

🔲 8441-0445

05 Jennifer teaches first graders, **which means she lives in a world of riddles, birthday cakes, and pointless stories**. (2015년 9월 모평 43~45번 응용)

▸ riddle 수수께끼
▸ pointless 무의미한

🔲 8441-0446

06 No one has yet found a case **in which true world-class expertise was accomplished in less than 10,000 hours**. (2013년 국가 성취도 평가 18번 응용)

▸ expertise 전문 기술
▸ accomplish 성취하다

🔲 8441-0447

07 A child **who has been repeatedly criticized for poor performance on math** may learn to dodge difficult math problems in order to avoid further punishment. (2015년 수능 36번)

▸ dodge (교묘히) 회피하다
▸ further 더 이상의

🔲 8441-0448

08 It is easy to find examples of correlations **which are far more systematic than could occur by chance** and yet **which it would be absurd to treat as evidence of a direct causal link**. (2015년 9월 모평 33번)

▸ correlation 상관관계
▸ absurd 불합리한

LevelUp

🔲 8441-0449

09 Researchers have found that those <u>**who forgive someone who has hurt them**</u> <u>seem to get significant mental health benefits</u>. And, according to studies of long-married couples, the act of forgiving appears to be one of the basic processes that keeps personal relationships functioning. (2013년 국가 성취도 평가 25번)

▸ significant 상당한
▸ function (제대로) 기능하다

🔲 8441-0450

10 Problems can be distinguished according to whether they are reasonable or unreasonable. Reasonable problems are of the kind <u>**that can be solved in a**</u> <u>**step-by-step manner**</u>. Unreasonable problems, in contrast, cannot be treated this way because the task contains some 'trick' or 'catch' that must be understood before someone can arrive at a solution. (2015년 6월 모평 34번 응용)

▸ manner 방식
▸ catch 함정

Words & Phrases

▶ encounter 맞닥뜨리다
▶ insurmountable 극복할
  수 없는
▶ lay the foundation
  for ~을 위한 토대를 놓다
▶ distribute 나누어 주다

Challenge　　[ ]로 표시된 부분의 형태와 역할에 유의하면서 다음 문장을 해석해 보자.

163 Every child encounters [**what seem like insurmountable problems**].

164 School is [**where we lay the foundation for healthy habits**].

165 One of the worst moments was [**when Jeremy distributed a math test**].

Observation & Question　　[ ]의 내부 구조와 역할에 대해 생각해 보자.

▶ [ ]는 「관계사 + 절」의 형태
▶ [ ]는 문장의 일부 ⇒ 종속절
▶ [ ]는 주절의 주어, 목적어, 또는 보어 역할
○ [ ]의 좌우 경계는 어디인가?
○ [ ]는 일반적인 관계절과 어떻게 다른가?

Analysis & Translation　　[ ]의 지위와 역할을 분석해 보자.

STEP ❶ 관계절 ⇒ 명사절

163 Every child **encounters** [**what seem like insurmountable problems**].
　　　　　　　　　　　　　　　　　　　　　목적어　　　　　　　　　⇒ 관계절

STEP ❷ 종속절

Every child encounters [what {△ seem like insurmountable problems}].
　　　　　　　　　　　　　　관계사　　　　　　절　　　　　　⇒ 종속절

STEP ❸ 복문

Every child encounters [what seem like insurmountable problems].
　　　　주절　　　　　　　　　종속절

하나의 문장 ⇒ 복문

Translation TIP　　주절과 관계절이 결합하여 만들어진 문장은 복문의 한 유형이다.

```
                         관계절
                        /      \
          관계사 what/where/when      절
             /        \
         선행사        관계사
           |            |
       (the) thing     that
       (the) place
       (the) time
해석 ⇨       「~ 것/곳/때는/를」
```

✎ **Application** 굵게 표시된 부분에 유의하면서 다음 문장을 해석하시오. (09~10번은 밑줄만 해석)

ⓌⓄⓇⓓ**ords & Phrases**

🗋 8441-0451

01 **What the businessman did** was morally wrong.

▶ morally 도덕적으로

🗋 8441-0452

02 Separating **what's important** from **what's not important** is prioritizing.

(2015년 9월 모평 23번)

▶ separate 분리하다
▶ prioritize 우선순위를 매기다

🗋 8441-0453

03 Several studies have identified **what has been called the loss-gain effect**.

(2015년 6월 모평 37번)

▶ identify 밝혀내다
▶ loss-gain effect 득실 효과

🗋 8441-0454

04 Do you remember **when you were little and you imagined that adults had infinite power**?

(2015년 수능 37번)

▶ infinite 무한한

🗋 8441-0455

05 Society, through ethical and economic constraints, exerts a powerful influence on **what science accomplishes**.

(2015년 9월 모평 41~42번)

▶ constraint 제약
▶ exert 행사하다

🗋 8441-0456

06 "Sit there until you finish" may be **how we learned**, and may also be the only way you feel able to achieve your goal.

(2015년 6월 모평 41~42번)

▶ achieve 달성하다

🗋 8441-0457

07 That's **why David took the job in the first place even though some of his friends attempted to persuade him to be a lawyer or businessman**.

(2015년 9월 모평 43~45번 응용)

▶ attempt 시도하다
▶ persuade 설득하다

🗋 8441-0458

08 Performance must be judged in terms of **what is under the control of the individuals being evaluated** rather than those influences on performance that are beyond their control.

(2015년 수능 40번)

▶ performance 수행
▶ influence 영향

🔼 **Level up**

🗋 8441-0459

09 People who change do not question whether change is possible or look for reasons they cannot change. They simply decide on a change they want and do **what is necessary to accomplish it**. Changing, which always stems from a firm decision, becomes job number one.

(2015년 수능 35번)

▶ stem from ~에서 생겨 나다
▶ firm 확고한

🗋 8441-0460

10 Assertiveness may seem to some people to be uncharacteristic of counselors. If your picture of a counselor is someone who never disagrees, always "goes along," wants everything to be nice all the time, and only does **what other people want him or her to do**, this is not a picture of an assertive counselor.

(2015년 수능 20번)

▶ assertiveness 확신에 찬 태도
▶ uncharacteristic of ~답지 않은

UNIT **5**

복문: 부사절

Challenge [ ]로 표시된 부분의 형태와 역할에 유의하면서 다음 문장을 해석해 보자.

Words & Phrases

▶ meal 식사
▶ wash up 설거지를 하다

166 [**When the meal was finished**], Claire washed up and made coffee.

167 [**Although the sun was shining**], it wasn't that warm.

168 Mark is studying [**because he has a test tomorrow**].

Observation & Question [ ]의 내부 구조와 역할에 대해 생각해 보자.

▶ [ ]는 「접속사 + 독립절」의 형태
▶ [ ]는 문장의 일부 ⇒ 종속절
▶ [ ]는 주절을 수식함
○ [ ]의 좌우 경계는 어디인가?
○ [ ]는 복문의 명사절과 어떻게 다른가?

Analysis & Translation [ ]의 지위와 역할을 분석해 보자.

부사절은 주절을
수식하는 부사어구라는 것,
기억하고 있지?

STEP ❶ 부사절 ⇒ 주절 수식

166 [**When the meal was finished**], Claire washed up and made coffee.
　　　　　　　　　　　　　수식

STEP ❷ 종속절

[**When** {**the meal was finished**}], Claire washed up and made coffee.
　접속사　　　　독립절
　　　　종속절

STEP ❸ 복문

[**When the meal was finished**], Claire washed up and made coffee.
　　　종속절　　　　　　　　　　주절
　　　　　　하나의 문장 ⇒ 복문

Translation TIP 주절과 부사절이 결합하여 만들어진 문장은 복문의 한 유형이다.

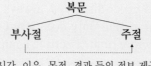

복문
부사절　　　　　주절
시간, 이유, 목적, 결과 등의 정보 제공

 **Application** 굵게 표시된 부분에 유의하면서 다음 문장을 해석하시오.(09~10번은 밑줄만 해석)

Words & Phrases

🔲 8441-0461

01 **When people face real adversity**, affection from a pet takes on new meaning.

(2016년 수능 28번)

▶ adversity 역경
▶ affection 애정

🔲 8441-0462

02 **If you live a healthy lifestyle**, you can change which genes are expressed.

(2013년 국가 성취도 평가 28번)

▶ express 발현시키다

🔲 8441-0463

03 That day was unusually foggy **as if something mysterious were ahead**.

(2015년 수능 43~45번)

🔲 8441-0464

04 **Long before Walt Whitman wrote _Leaves of Grass_**, poets had addressed themselves to fame.

(2015년 수능 34번)

▶ address oneself to
~에 주의를 기울이다
▶ fame 명성

🔲 8441-0465

05 **Although technology is responsive to the will of the people**, it can seldom respond instantaneously and is never free.

(2014년 수능 35번)

▶ responsive 반응하는
▶ will 의지
▶ instantaneously 즉각
적으로

🔲 8441-0466

06 **If I like literature**, then at least indirectly my friend is going to learn about literature and perhaps be motivated to read some literature.

(2011년 국가 성취도 평가 20번)

▶ literature 문학
▶ motivate 동기를 부여하다

🔲 8441-0467

07 The dancers stood on a two-step elevated stage, **so that there was a natural gap between those who came to dance and those who came to watch**.

(2015년 수능 30번)

▶ elevated 높은
▶ gap 간격

🔲 8441-0468

08 Remaining angry and constantly reliving a painful incident are physically and emotionally stressful, **whereas forgiveness is healing to the body, mind, and spirit**.

(2013년 국가 성취도 평가 25번 응용)

▶ constantly 끊임없이
▶ relive 상기하다
▶ forgiveness 용서

Level up

🔲 8441-0469

09 <u>**When two cultures come into contact**, they do not exchange every cultural item</u>. If that were the case, there would be no cultural differences in the world today. Instead, only a small number of cultural elements ever spread from one culture to another.

(2015년 수능 31번)

▶ come into contact 접
촉하다

🔲 8441-0470

10 <u>**Although the Internet seems truly global these days**, less than half of the world's population has access to it</u>. Some four billion people are still unconnected. This spring, IT engineers will begin to shift to the next phase in a grand plan to bring the Internet to everyone.

(2015년 6월 모평 21번)

▶ shift 이동하다
▶ phase 단계

UNIT
5

48 부사절: 시간

 Words & Phrases

Challenge [　]로 표시된 부분의 역할에 대해 생각하면서 다음 문장을 해석해 보자.

169 [**Once we arrive at the refuge**], we will begin our six-hour hike.

170 Kate ran to the mailbox [**as soon as the mail truck drove away**].

171 People take longer to leave a parking spot [**when another driver is waiting**].

▶ refuge 쉼터, 피난처
▶ mail truck 우편배달 차량
▶ drive away (지키) 떠나가 버리다
▶ parking spot 주차장

Observation & Question 부사절의 형태와 기능에 대해 생각해 보자.

▶ 부사절 = 접속사 + 독립절
▶ 부사절 ⇒ 종속절
▶ 부사절 ⇒ 주절 수식
◐ 주절을 수식하는 부사절의 의미는 무엇인가?

Analysis & Translation [　]로 표시된 부분의 역할을 분석해 보자.

STEP ❶ 주절 확인

169　　　　　　　　　We will begin our six-hour hike.
　　　　　　　　　　　　　　　　주절

STEP ❷ 부사절의 주절 수식

[**Once we arrive at the refuge**], we will begin our six-hour hike.
　　　부사절(시간)　　　　　　　　　주절

부사절은 주절에 부가 정보를 더해 주는 거죠?

그래, 주절에 시간 정보를 더해 준단다.

Translation TIP 시간을 나타내는 부사절이 주절을 수식한다.

문장
부사절　　　주절
시간 관련 정보 제공

부사절이라는 말도 수식이라는 기능에 중심을 둔 이름이야. 형태만 보면 「접속사+절」의 모양이어서 부사와는 거리가 멀지.

Application   굵게 표시된 부분에 유의하면서 다음 문장을 해석하시오.(**09~10**번은 밑줄만 해석)

01 **Every time I was asked a question**, my mind went blank.   (2012년 6월 모평 2번)

▸ 8441-0471

▸ go blank (머릿속이) 하얘지다

02 They finally wither **after the new leaves have taken over**.   (2012년 6월 모평 31번)

▸ 8441-0472

▸ wither 시들다
▸ take over 인계받다

03 You'd better use your computer **until it doesn't work anymore**.

▸ 8441-0473

04 **As Tom was waiting for a bus**, he noticed a blind man trying to cross the street.   (2013년 수능 A형 39번)

▸ 8441-0474

▸ blind 눈이 보이지 않는

05 **Until we have that evidence**, we should believe that the assumption is false.   (2011년 수능 49~50번 응용)

▸ 8441-0475

▸ evidence 증거
▸ assumption 가정
▸ false 거짓의

06 **As we put in our many hours of typing**, we may discover that we miss the human voice.   (2013년 수능 B형 41~42번 응용)

▸ 8441-0476

▸ put in (일 따위를) 하다

UNIT
5

07 **As one of the judges handed the MC an envelope**, my heart began to beat faster.   (2014 예비수능 A형 33번 응용)

▸ 8441-0477

▸ envelope 봉투

08 A friend of mine was sitting in the Miami airport reading a magazine **while she waited to catch a plane to New York**.   (2013년 수능 B형 26번)

▸ 8441-0478

Level⑪p

09 A sense of self-worth provides calmness and enjoyment when dealing with all kinds of individuals. **When individuals have a true sense of self-worth, they do not need to compare themselves with others.**   (2013년 9월 모평 A형 37번)

▸ 8441-0479

▸ a sense of self-worth 자존감
▸ calmness 평온함
▸ compare 비교하다

10 **When we try to recall something from a category that includes as many instances as "lunch" or "wine,"** many memories compete for our attention. The memory of last Wednesday's lunch isn't necessarily gone; it's that you lack the right hook to pull it out of a sea of lunchtime memories.   (2017년 수능 32번)

▸ 8441-0480

▸ recall 기억해 내다
▸ category 범주
▸ attention 주목
▸ lack 부족하다

Structure 49 부사절: 이유

Challenge [ ]로 표시된 부분의 역할에 대해 생각하면서 다음 문장을 해석해 보자.

172 [**As words have energy**], we need to be careful about using them.

173 Mark can't come to this meeting [**because he has to work**].

174 [**Now that Justin lives only a few blocks from work**], he walks to work.

Words & Phrases

▶ careful 주의하는
▶ walk to work 직장에 걸
어서 가나

Observation & Question 부사절의 형태와 기능에 대해 생각해 보자.

▶ 부사절 = 접속사 + 독립절
▶ 부사절 ⇒ 종속절
▶ 부사절 ⇒ 주절 수식
◐ 주절을 수식하는 부사절의 의미는 무엇인가?

Analysis & Translation [ ]로 표시된 부분의 역할을 분석해 보자.

STEP ❶ 주절 확인

172
We need to be careful about using them.
주절

STEP ❷ 부사절의 주절 수식

[**As words have energy**], we need to be careful about using them.
부사절(이유)　　　　　　　　　　　주절

Translation TIP 이유를 나타내는 부사절이 주절을 수식한다.

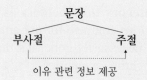

문장
부사절　　　주절
이유 관련 정보 제공

 **Application** 굵게 표시된 부분에 유의하면서 다음 문장을 해석하시오.(09~10번은 밑줄만 해석)

 Words & Phrases

🔲 8441-0481

01 **Since this company is world-famous**, there should be something available.

(2009년 수능 14번)

▶ available 유용한

🔲 8441-0482

02 Some jerboas do not need to drink, **because they get water from their food**.

(2012년 6월 모평 37번)

▶ jerboa 날쥐

🔲 8441-0483

03 Daniel decided not to go out **as he was still really tired after a long trip to China**.

🔲 8441-0484

04 You have to honor failure, **because failure is just the negative space around success**.

(2010년 국가 성취도 평가 서답형 5번)

▶ honor 존중하다
▶ negative 부정적인

🔲 8441-0485

05 **Since I was going to be a journalist**, I'd need a very special notebook in which to write.

(2011년 수능 46~48번)

▶ journalist 기자

🔲 8441-0486

06 My younger brother must have lots of expenses **since he just got married a few months ago**.

(2010년 국가 성취도 평가 18번)

▶ expense 지출, 비용

🔲 8441-0487

07 **Now that it has been decided that cleaner cars are wanted**, less polluting cars will be produced.

(2014년 수능 35번)

▶ pollute 오염시키다

🔲 8441-0488

08 **As physical conditioning has already proved its worth**, more and more athletes will find value in visual conditioning.

▶ physical 신체적인
▶ conditioning 훈련, 조절
▶ visual 시각적인

Level Up

🔲 8441-0489

09 Your company has an excellent reputation as a research institution and has many aspects that are very attractive to me. Unfortunately, I cannot accept your offer because I have decided to pursue another opportunity.

(2014년 9월 모평 18번)

▶ reputation 명성
▶ institution 기관
▶ aspect 측면
▶ pursue 추구하다

🔲 8441-0490

10 Over the past 60 years, as mechanical processes have replicated behaviors and talents we thought were unique to humans, we've had to change our minds about what sets us apart. As we invent more species of AI, we will be forced to surrender more of what is supposedly unique about humans.

(2017년 수능 34번)

▶ replicate 복제하다
▶ unique 고유한
▶ surrender 내주다
▶ supposedly 아마

UNIT
5

Structure 50 부사절: 목적과 결과

Challenge   [ ]로 표시된 부분의 역할에 대해 생각하면서 다음 문장을 해석해 보자.

Words & Phrases

▶ equipment 장비
▶ practice 연습하다
▶ twist 꼬다

175 I made Jim equipment manager [**so that he could come and practice**].

176 The ropes got twisted, [**so that I couldn't climb down again**].

177 The tree was [**so**] large [**that David could not put his arms around it**].

Observation & Question   부사절의 형태와 기능에 대해 생각해 보자.

▶ 부사절 = 접속사 + 독립절
▶ 부사절 ⇒ 종속절
▶ 부사절 ⇒ 주절 수식
�‣ 주절을 수식하는 부사절의 의미는 무엇인가?

Analysis & Translation   [ ]로 표시된 부분의 역할을 분석해 보자.

STEP ❶ 주절 확인

175 I made Jim equipment manager.
                   주절

STEP ❷ 부사절의 주절 수식

     I made Jim equipment manager [**so that he could come and practice**].
             주절   부사절(목적)

Translation TIP   목적이나 결과를 나타내는 부사절이 주절을 수식한다.

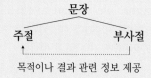

문장
주절   부사절

목적이나 결과 관련 정보 제공

Application 굵게 표시된 부분에 유의하면서 다음 문장을 해석하시오.(09~10번은 밑줄만 해석)

Words & Phrases

🔲 8441-0491

01 This exhibition is **so** important **that I'm getting nervous**. (2007년 6월 모평 2번)

▶ exhibition 전시회
▶ nervous 긴장한

🔲 8441-0492

02 It was **so** hot and humid **that I could not enjoy the tour fully**. (2017년 수능 19번)

▶ humid 습한

🔲 8441-0493

03 Indians consider the left hand dirty, **so they never shake with that hand**.
(2014 예비수능 A형 8번)

🔲 8441-0494

04 I made a full moon **so that it perfectly matches with the scene of the show**.
(2013년 수능 A형 9번)

▶ match 어울리다

🔲 8441-0495

05 In reality, the crew members had been assigned randomly **so that the two test groups were equal in ability**. (2014년 9월 모평 36번)

▶ crew 승무원
▶ assign 배정하다
▶ randomly 무작위로

🔲 8441-0496

06 Every summer Kate's father went to Africa **so that he would treat people who were too poor to go to a hospital**. (2013년 9월 모평 A형 33번 응용)

▶ treat 치료하다

🔲 8441-0497

07 The sense of sight is **so** highly developed in humans **that messages received from other senses are often ignored if they conflict with what is seen**.
(2013년 6월 모평 A형 36)

▶ ignore 무시하다
▶ conflict 상충하다

🔲 8441-0498

08 Certain animals and plants have a built-in sense of carrying capacity, **so that they remain within the limits of their habitat's ability to support them**.
(2013년 6월 모평 B형 41~42번 응용)

▶ carrying capacity 수용력
▶ built-in 타고난
▶ habitat 서식지

Level Up

🔲 8441-0499

09 Almost all of us follow the guidelines for what is "appropriate" for our roles. Few of us are bothered by such restrictions, for our socialization is **so** thorough **that we usually _want_ to do what our roles indicate is appropriate**. (2016년 6월 모평 35번)

▶ appropriate 적절한
▶ restriction 제한
▶ socialization 사회화
▶ thorough 철저한

🔲 8441-0500

10 The runner spent hours collecting data that he thought would help him improve. In fact, a good 25 percent of his athletic time was devoted to externals other than working out. Sports became **so** complex for him **that he forgot how to enjoy himself**. (2014년 6월 모평 30번 응용)

▶ improve 향상되다
▶ devote 바치다
▶ external 외적인 것
▶ complex 복잡한

UNIT 5

Structure **51**

부사절: 양보와 대조

Challenge [ ]로 표시된 부분의 역할에 대해 생각하면서 다음 문장을 해석해 보자.

178 Praise your children for attempting a task, [**even if it was unsuccessful**].

179 [**Although Fleming was criticized by them**], his stories grew in popularity.

180 [**While some people think Tom's movie is funny**], others find it offensive.

Words & Phrases

- attempt 시도하다
- criticize 비판하다
- grow in popularity 인기를 얻다
- offensive 불쾌한

Observation & Question 부사절의 형태와 기능에 대해 생각해 보자.

- 부사절 = 접속사 + 독립절
- 부사절 ⇒ 종속절
- 부사절 ⇒ 주절 수식

주절을 수식하는 부사절의 의미는 무엇인가?

Analysis & Translation [ ]로 표시된 부분의 역할을 분석해 보자.

STEP ❶ 주절 확인

178 Praise your children for attempting a task.
주절

STEP ❷ 부사절의 주절 수식

Praise your children for attempting a task, [**even if it was unsuccessful**].
주절 ← 부사절(양보)

Translation TIP 양보나 대조를 나타내는 부사절이 주절을 수식한다.

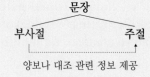

문장
부사절 → 주절
양보나 대조 관련 정보 제공

 **Application** 굵게 표시된 부분에 유의하면서 다음 문장을 해석하시오.(09~10번은 밑줄만 해석)

Words & Phrases

🗌 8441-0501

01 Numbers and mathematics exist **whether humans know about them or not**.

(2014 예비수능 B형 36번)

▸ exist 존재하다

🗌 8441-0502

02 Butterflies come out during the day, **while most moths are active after dark**.

(2013년 수능 B형 21~22번)

▸ active 활동적인

🗌 8441-0503

03 Materials which carry heat quickly are heat conductors **while those which do not are thermal insulators**.

(2012년 국가 성취도 평가 29번 응용)

▸ conductor 도체
▸ thermal 열의
▸ insulator 단열재

🗌 8441-0504

04 **When pets are prohibited in many stores**, stores almost always post a notice saying that guide dogs are permitted.

(2012년 국가 성취도 평가 28번)

▸ prohibit 금지하다
▸ guide dog 안내견

🗌 8441-0505

05 **Though she never learned to read in school**, my grandmother knew many traditional stories from her home country.

(2013년 수능 A형 43~45번 응용)

▸ traditional 전통적인

🗌 8441-0506

06 **Although individuals vary greatly in the way they perceive a taste**, it is possible to make some quantitative comparisons of sweetness.

(2014년 국가 성취도 평가 24번)

▸ perceive 인식하다
▸ quantitative 양적인
▸ comparison 비교

🗌 8441-0507

07 In our traditional culture, the values of cooperation and sharing were emphasized, **while competitive behavior was discouraged**.

▸ cooperation 협동
▸ emphasize 강조하다
▸ discourage 억제하다

🗌 8441-0508

08 For many of us, hurrying is a way of life. Some of us enjoy the thrill that it gives us **while others feel that their lives are speeding up to an unacceptable degree**.

(2015년 6월 모평 32번 응용)

▸ speed up 속도가 올라가다
▸ unacceptable 받아들일 수 없는

Level up

🗌 8441-0509

09 The children who listened to the radio produced more imaginative responses, **whereas the children who watched the television produced more words that repeated the original story**. Children's exposure to ready-made visual images restricts their ability to generate novel images of their own.

(2014년 9월 모평 38번 응용)

▸ imaginative 상상력이 풍부한
▸ original 원래의
▸ restrict 제한하다

🗌 8441-0510

10 **When we behave irrationally**, our behavior usually seems reasonable to us. When challenged, the mind says (to itself), "Why are these people giving me a hard time? I'm just doing what makes sense." In short, we naturally think that our thinking is fully justified.

(2012년 9월 모평 24번 응용)

▸ irrationally 비이성적으로
▸ reasonable 합리적인
▸ challenge 이의를 제기하다
▸ naturally 선천적으로

UNIT
5

52 부사절: 조건

Challenge

[ ]로 표시된 부분의 역할에 대해 생각하면서 다음 문장을 해석해 보자.

181 [**If you compare yourself with millionaires**], you will surely not be happy.

182 [**Unless the weather improves**], we will have to cancel the game.

183 I have spare batteries in my backpack, [**in case we need them**].

Words & Phrases

▸ compare 비교하다
▸ millionaire 백만장자
▸ improve 개선되다
▸ cancel 취소하다
▸ spare 여분의

Observation & Question 부사절의 형태와 기능에 대해 생각해 보자.

▸ 부사절 = 접속사 + 독립절
▸ 부사절 ⇒ 종속절
▸ 부사절 ⇒ 주절 수식
◑ 주절을 수식하는 부사절의 의미는 무엇인가?

Analysis & Translation [ ]로 표시된 부분의 역할을 분석해 보자.

STEP ❶ 주절 확인

181

<u>You will surely not be happy.</u>
주절

STEP ❷ 부사절의 주절 수식

[**If you compare yourself with millionaires**], <u>you will surely not be happy.</u>
부사절(조건)　　　　　　　　　　　　　　　　주절

Translation TIP 조건을 나타내는 부사절이 주절을 수식한다.

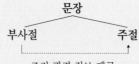

문장
부사절　　　주절
조건 관련 정보 제공

Application 굵게 표시된 부분에 유의하면서 다음 문장을 해석하시오.(09~10번은 밑줄만 해석)

Words & Phrases

01 You can't perform properly **if you are so tense.**
🔲 8441-0511 (2011년 6월 모평 2번)

▶ properly 제대로
▶ tense 긴장한

02 **If you keep trying**, you'll be a good cook someday.
🔲 8441-0512 (2012년 9월 모평 2번)

▶ cook 요리사

03 Anyone can join the course, **provided that there is space available**.
🔲 8441-0513

▶ available 이용 가능한

04 **If it is rainy on the day of the event**, the program will be canceled.
🔲 8441-0514 (2013년 6월 모평 A형 31번)

▶ cancel 취소하다

05 The space suddenly becomes more valuable **once another person wants it**.
🔲 8441-0515 (2013년 9월 모평 A형 34번 응용)

▶ valuable 가치 있는

06 **If you want to change your lifestyle**, you must accept the consequences of that decision.
🔲 8441-0516 (2013년 9월 모평 A형 27번)

▶ consequence 결과
▶ decision 결정

07 It is impossible for a child to successfully release himself **unless he knows exactly where his parents stand, both literally and figuratively**.
🔲 8441-0517 (2013년 수능 B형 24번 응용)

▶ release 풀어 주다
▶ literally 글자 그대로
▶ figuratively 비유적으로

08 **Provided those benefiting from your gift could possibly repay your generosity in the future**, that was the best thing you could do with excess meat.
🔲 8441-0518 (2011년 9월 모평 44번)

▶ repay 갚다
▶ generosity 관대함
▶ excess 여분의

Level Up

09 A painter making a fresco has limited time before the paint dries, and once it has dried, no further changes to the image are possible. <u>Similarly, a traditional filmmaker has limited means of modifying images **once they are recorded on film**.</u>
🔲 8441-0519 (2014년 6월 모평 32번)

▶ fresco 프레스코화
▶ means 수단
▶ modify 수정하다

10 **Given that music appears to enhance physical and mental skills**, <u>are there circumstances where music is damaging to performance?</u> One domain where this is of considerable significance is music's potentially damaging effects on the ability to drive safely.
🔲 8441-0520 (2013년 6월 모평 B형 27번)

▶ enhance 강화하다
▶ physical 신체적인
▶ mental 정신적인
▶ circumstance 상황
▶ domain 영역
▶ potentially 잠재적으로

UNIT 5

Structure 53 ▶ 부사절: 가정

Words & Phrases

▶ lottery 복권
▶ routine (판에 박힌) 일상
▶ chaos 혼돈
▶ protest 저항
▶ riot 폭동

Challenge

[ ]로 표시된 부분의 역할에 대해 생각하면서 다음 문장을 해석해 보자.

184 [**If I won the lottery**], I would leave my job.

185 [**If it were not for routines**], our lives would be in chaos.

186 [**If the king had tried to stop the protest**], there would have been a riot.

Observation & Question
부사절의 형태와 기능에 대해 생각해 보자.

▶ 부사절 = 접속사 + 독립절
▶ 부사절 ⇒ 종속절
▶ 부사절 ⇒ 주절 수식
◉ 주절을 수식하는 부사절의 의미는 무엇인가?

Analysis & Translation
[ ]로 표시된 부분의 역할을 분석해 보자.

STEP ❶ 주절 확인

184
<u>I would leave my job.</u>
주절

STEP ❷ 부사절의 주절 수식

[**If I won the lottery**], <u>I would leave my job.</u>
　부사절(가정)　　　　　　　　주절

Translation TIP
가정을 나타내는 부사절이 주절을 수식한다.

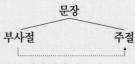

문장
부사절　　　주절
가정 관련 정보 제공

Application 굵게 표시된 부분에 유의하면서 다음 문장을 해석하시오.(09~10번은 밑줄만 해석)

🔲 8441-0521
01 Serafina could reach the barn in half the time **if she took a direct route**.
(2010년 6월 모평 49~50번 응용)

🔲 8441-0522
02 **If it were not for the Moon's steadying influence**, the Earth would wobble like a dying top.

🔲 8441-0523
03 **If I had taken packaged tours** I never would have had the eye-opening experiences. (2011 9월 모평 49~50번 응용)

🔲 8441-0524
04 History would be easy to understand **if all events could be accounted for on the basis of a set of simple laws**.

🔲 8441-0525
05 The fire would not have spread so quickly, **if our firefighters had been able to arrive at the scene in time**. (2012년 수능 18번 응용)

🔲 8441-0526
06 **If it had not been for the ice age**, North America might have remained unpopulated for thousands of years more. (2016년 9월 모평 37번)

🔲 8441-0527
07 **If they worked in a well-organized environment for any length of time**, they would be surprised at how much more productive they were. (2011년 수능 24번)

🔲 8441-0528
08 **If Louise had not learned the effective parenting skills taught in the seminars**, she would probably be using similarly ineffective threatening techniques with her own children today! (2017년 9월 모평 30번)

Level up

🔲 8441-0529
09 It is difficult to appreciate what a temperature of 20,000,000℃ means. **If the solar surface, not the center, were as hot as this**, the radiation emitted into space would be so great that the whole Earth would be vaporized within a few minutes. (2014년 6월 모평 36번)

🔲 8441-0530
10 When two cultures come into contact, they do not exchange every cultural item. **If that were the case**, there would be no cultural differences in the world today. Instead, only a small number of cultural elements ever spread from one culture to another. (2015년 수능 31번)

Words & Phrases

▶ barn 헛간
▶ direct route 직선로

▶ wobble 불안정하게 흔들리다

▶ eye-opening 놀랄만한

▶ account for ~을 설명하다

▶ scene 현장

▶ unpopulated 사람이 살지 않는

▶ well-organized 정리가 잘 된
▶ productive 생산적인

▶ parenting 양육
▶ threatening 위협적인

▶ appreciate 이해하다
▶ radiation 복사에너지
▶ emit 방출하다
▶ vaporize 증발시키다

▶ come into contact 접촉하다
▶ exchange 교환하다
▶ element 요소

Structure 54 복복문

Words & Phrases

▶ hurt 아프다
▶ pope 교황
▶ completion 완성
▶ lengthen 늘리다
▶ feed on ~을 먹이로 하다

Challenge [ ]로 표시된 부분의 형태와 역할에 유의하면서 다음 문장을 해석해 보자.

187 [**As soon as the bell rang**], I started running, [**though my feet still hurt**].

188 [**When Pope Julius II died in 1513**], he left money for the completion of his tomb, [**so Michelangelo started work again**].

189 The researchers lengthened the period of daylight [**to which the peach trees {on whose roots the insects fed} were exposed**].

Observation & Question [ ]의 내부 구조와 역할에 대해 생각해 보자.

▶ 주절이나 종속절과 결합한 [ ]는 부사절이나 관계절
▶ [ ]는 주절이나 종속절의 일부 ⇒ 종속절
◑ [ ]의 좌우 경계는 어디까지인가?

Analysis & Translation [ ]의 지위와 역할을 분석해 보자.

그렇겠지. 문장이 주절 하나와 두 개 이상의 종속절로 이루어졌으니까.

복복문은 가장 복잡한 문장 구조이겠네요?

STEP ❶ 부사절(1) ⇒ 주절 수식

187 [**As soon as the bell rang**], I started running, [though my feet still hurt].
　　　　　　　　└─────── 부사절(1) ───────↑

STEP ❷ 부사절(2) ⇒ 주절 수식

[As soon as the bell rang], I started running, [**though my feet still hurt**].
　　　　　　　　　　　　↑────── 부사절(2) ──────┘

STEP ❸ 종속절

[**As soon as** {**the bell rang**}], I started running, [**though** {**my feet still hurt**}].
　　접속사　　　독립절 ⇒ 종속절　　　　　　　　　　접속사　　　독립절 ⇒ 종속절

STEP ❹ 복문

[**As soon as the bell rang**], I started running, [**though my feet still hurt**].
　　　종속절 (1)　　　　　　　　　주절　　　　　　　　종속절 (2)
　　　　　　　　　　하나의 문장 ⇒ 복복문

Translation TIP 주절과 두 개 이상의 종속절이 결합하여 만들어진 하나의 문장을 복복문이라고 한다.

복복문
├── 종속절(1)　　　주절　　　종속절(2)
해석 ⇨　「~ 때문에/일 때/하려고/…」　「~은 …한다」　「~ 때문에/일 때/하려고/…」

 **Application** 굵게 표시된 부분에 유의하면서 다음 문장을 해석하시오.(09~10번은 밑줄만 해석)

 Words & Phrases

🔲 8441-0531

01 **When you discover a fire**, decide **if you can put the fire out**.

(2011년 국가 성취도 평가 25번)

🔲 8441-0532

02 Basic scientific research has one important use **that is so valuable it seems an insult to refer to it as merely functional**. (2015년 수능 41~42번 응용)

▸ insult 모욕
▸ functional 기능적인

🔲 8441-0533

03 Unfortunately, few, **if any**, scientists are truly objective **as they have often decided long before the experiment is begun what they would like the result to be**. (2015년 9월 모평 39번)

▸ if any 설령 있다손 치더라도
▸ objective 객관적인

🔲 8441-0534

04 **After punishment has been administered a few times**, it needn't be continued, **because the mere threat of punishment is enough to induce the desired behavior**. (2015년 수능 36번)

▸ administer 가하다
▸ induce 유발하다

🔲 8441-0535

05 Hannah recalled the first day of school **when she had stood in that same place, in the middle of many anxious freshmen, some of whom had become her closest friends**. (2015년 수능 43~45번)

▸ recall 기억해 내다
▸ freshman 신입생

🔲 8441-0536

06 Psychologists **who study giving behavior** have noticed **that some people give substantial amounts to one or two charities, while others give small amounts to many charities**. (2017년 수능 28번)

▸ substantial 상당한
▸ charity 자선 단체

🔲 8441-0537

07 **As the size of the group grows**, consensus requires lengthy and time-consuming interaction **so that everybody's objections can be clearly understood and incorporated**. (2013년 국가 성취도 평가 23번)

▸ consensus 합의
▸ objection 이의
▸ incorporate 통합시키다

🔲 8441-0538

08 Creativity is strange in **that it finds its way in any kind of situation, no matter how restricted, just as the same amount of water flows faster and stronger through a narrow strait than across the open sea**. (2015년 6월 모평 28번)

▸ restricted 제약을 받는
▸ strait 해협

Level Up

🔲 8441-0539

09 When there is no immediate danger, it is usually best to approve of the child's play without interfering. Efforts to assist him in his struggles, **while well intentioned**, may divert him from seeking and eventually finding the solution that will serve him best. (2014년 수능 21번)

▸ well intentioned 선의의
▸ divert (주의를) 다른 데로 돌리다

🔲 8441-0540

10 School physical education programs should offer a balanced variety of activities **that allow young people to develop interest in physical activities that are personally meaningful and enjoyable**. A balance should exist in any physical education program among team, dual, and individual sports. (2015년 6월 모평 35번 응용)

▸ physical education 체육

UNIT
5

55 해석 전략: 종속절의 범위 파악

Words & Phrases

▶ impressive 인상적인
▶ work out 운동하다
▶ accomplice 공범
▶ respectable 존경할 만한
▶ hesitate 망설이다

Challenge   [ ]로 표시된 부분의 범위에 유의하면서 다음 문장을 해석해 보자.

190 The question [**that Cindy asked her professor yesterday**] was impressive.

191 I couldn't believe [**what I had just heard**].

192 [**How regularly you work out**] does count.

193 Eugene would not admit [**that he was an accomplice in the crime**].

194 The fact [**that Judy became a respectable CEO**] impressed many people.

195 [**Once a goal is set**], you should not hesitate to go for it.

Observation & Question   [ ]의 내부 구조와 역할에 대해 생각해 보자.

▶ [ ]는 혼자서는 문장이 될 수 없는 종속절
▶ [ ] = 관계절, 명사절, 부사절
◯ [ ]의 좌우 경계(범위)는 어디인가?

Analysis & Translation   종속절의 지위와 범위를 분석해 보자.

문장이 아무리 길고 복잡해도 일단 주절의 동사를 찾고 나면 종속절을 이해하는 길이 열릴 거야. 기억하지, 동사는 문장을 여는 창이라는 것을?

STEP ❶ 문장의 술어

190 The question that Cindy asked her professor yesterday [was impressive].
                                                                     술어

STEP ❷ 문장의 주어

[The question that Cindy asked her professor yesterday] was impressive.
                              주어

STEP ❸ 주어의 내부 구조

The question [that {Cindy asked her professor △ yesterday}] was impressive.
선행사   관계사   절

관계절의 범위 ⇒ 선행사와 술어 사이의 요소들

Translation TIP   종속절은 보통 「접속사/관계사 + 절」로 이루어진다. 따라서 이 절의 마지막 요소와 주절 요소의 사이가 종속절의 오른쪽 경계가 된다.

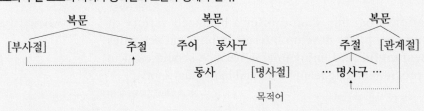

 **Application** 굵게 표시된 부분에 유의하면서 다음 문장을 해석하시오.(**09**~**10**번은 밑줄만 해석)

 Words & Phrases

01 🔲 8441-0541

I thought **that I had better go out and buy some books about famous people**. (2013년 국가 성취도 평가 21번)

02 🔲 8441-0542

Effective coaches focus on those things **that need to get done** and separate out everything else. (2015년 9월 모평 23번)

▶ effective 유능한
▶ separate out ~을 분리하다

03 🔲 8441-0543

There is evidence **that groups with an even number of members differ from groups with an odd number of members**. (2014년 수능 41~42번)

▶ even number 짝수
▶ odd number 홀수

04 🔲 8441-0544

Nancy was struggling to see the positive **when her teen daughter was experiencing a negative perspective on her life and abilities**. (2014년 수능 29번)

▶ struggle 애쓰다
▶ perspective 관점

05 🔲 8441-0545

In many situations the boundary between good and bad is a reference point **that changes over time** and depends on the immediate circumstances. (2015년 수능 32번)

▶ boundary 경계
▶ reference point (판단 · 비교의) 기준점

06 🔲 8441-0546

One value **that has become increasingly common in Western cultures** is materialism, **which places importance on money and material goods**. (2011년 국가 성취도 평가 23번)

▶ materialism 물질주의

07 🔲 8441-0547

Richard carried so many books **that he was able to pull book after book out of his pocket when a student tried to show off his knowledge of Greek writers**. (2015년 9월 모평 25번)

▶ show off ~을 자랑하다

08 🔲 8441-0548

People **who start out being nice** get our hopes up, so the letdown **we experience when we discover that they are not nice** makes it worse than **if they had acted badly from the start**. (2015년 6월 모평 37번)

▶ letdown 실망

Level up

09 🔲 8441-0549

The next time you feel attracted to someone, and want to introduce yourself, go ahead. You'll be likely to make a new friend. By giving yourself freedom to follow your intuition, you develop your sensitivity to your inner voice. You learn to hear the quiet messages that can make your life an adventure. (2015년 6월 모평 20번)

▶ intuition 직감
▶ sensitivity 세심함
▶ inner 내면의

10 🔲 8441-0550

If you walk into a store looking for a new computer and the first salesperson you meet immediately points to a group of computers and says, "Any of those are good," and then walks away, you will probably walk away, too, and with good reason. Why? You were never asked about your needs and preferences. (2015년 9월 모평 35번 응용)

▶ immediately 즉시
▶ point 가리키다
▶ preference 선호(도)

UNIT **5**

56 해석 전략: that의 정체 파악

Challenge [ ]로 표시된 부분에 포함된 that의 역할에 유의하면서 다음 문장을 해석해 보자.

196 [**That my ex-girlfriend should forget me so quickly**] was rather a shock.

197 The report [**that tuition was going up in the fall**] was untrue.

198 We are all afraid [**that the storm will be severe**].

199 The book [**that is on the floor**] should be returned to the library.

200 Michael remembers the exact time [**that he witnessed the accident**].

201 Dr. Green's speech was so boring [**that I couldn't but fall asleep**].

Words & Phrases

▶ tuition 등록금
▶ severe 심한
▶ return 반납하다
▶ witness 목격하다
▶ boring 지루한

Observation & Question [ ]의 역할과 내부 구조에 대해 생각해 보자.

▶ [ ]는 주절의 일부가 되는 요소 ⇒ 종속절
▶ [ ]는 주절의 주어, 동격, 형용사의 보문, 명사구의 수식어, 결과의 부사어구 역할
▶ [ ] = 명사절, 관계절, 부사절
◐ 각 [ ]에 포함된 that의 기능은 무엇인가?

 Analysis & Translation [ ]의 역할과 that의 기능을 분석해 보자.

TYPE ❶ 명사절(that = 접속사)

196 [**That {my ex-girlfriend should forget me so quickly}**] was rather a shock.
　　　　　　　　　　　　　주어

TYPE ❷ 동격절(that = 접속사)

197 **The report** [**that {tuition was going up in the fall}**] was untrue.
　　　　　　　　　　　　　　동격

TYPE ❸ 보문절(that = 접속사)

198 We are all **afraid** [**that {the storm will be severe}**].
　　　　　　　　　　　형용사 afraid의 보문

TYPE ❹ 관계절(that = 관계사)

199 **The book** [**that {△ is on the floor}**] should be returned to the library.
　　　　└─── 수식 ───┘

200 Michael remembers **the exact time** [**that {he witnessed the accident}**].
　　　　　　　　　　　　└──── 수식 ────┘

TYPE ❺ 부사절(that = 접속사)

201 Dr. Green's speech was **so boring** [**that {I couldn't but fall asleep}**].
　　　　　　　　　　　　　원인　　　　　　'결과'의 부사절

복문에서 that이 나타나는 환경은 명사절, 관계절, 부사절 정도죠?

맞아. that절이 주절 동사의 목적어나 보어, 또는 주절 술어의 주어 역할을 하면 명사절이고, that절이 주절 명사구를 수식하면 관계절이고, that절이 주절을 수식하여 목적이나 결과를 나타내면 부사절이야.

Translation TIP 종속절에 포함된 that은 명사절, 관계절, 부사절 등을 이끈다.

that ⟨ 접속사 ⇒ 명사절, 부사절 등을 유도
　　　 관계사 ⇒ 관계절을 유도

 **Application**　굵게 표시된 부분에 유의하면서 다음 문장을 해석하시오.(**09~10**번은 밑줄만 해석)

Words & Phrases

☐ 8441-0551

01 The scene was so spectacular **that the audience couldn't take their eyes off it**.

▸ scene 장면
▸ spectacular 장관의

☐ 8441-0552

02 I would like to thank you for approving my request **that the company pay for my college tuition**. (2015년 6월 모평 18번)

▸ approve 승인하다
▸ request 요청

☐ 8441-0553

03 Fear, rapid heartbeat, quick breathing, and sweating are simply the body's declaration **that we are ready to fight**. (2015년 6월 모평 19번)

▸ heartbeat 심장 박동
▸ declaration 선언

☐ 8441-0554

04 The very trust **that this apparent objectivity inspires** is what makes maps such powerful carriers of ideology. (2016년 수능 21번)

▸ apparent ~인 것처럼 보이는
▸ inspire 고취시키다

☐ 8441-0555

05 Marian discovered **that whenever she showed considerable effort in solving a math problem, her teacher would reward her for working hard**. (2011년 국가 성취도 평가 22번)

▸ considerable 상당한
▸ reward 보상하다

☐ 8441-0556

06 Today I remembered **that our family is going to get back from a trip on July 13**, and I'm afraid **Bradley won't be able to make it on the very first day of the program**. (2015년 수능 18번)

☐ 8441-0557

07 My friend was disappointed **that scientific progress has not cured the world's ills by abolishing wars and starvation; that gross human inequality is still widespread; that happiness is not universal**. (2014년 수능 32번)

▸ abolish 완전히 없애다
▸ gross 중대한

☐ 8441-0558

08 The fact **that language is not always reliable for causing precise meanings to be generated in someone else's mind** is a reflection of its powerful strength as a medium for creating new understanding. (2016년 수능 22번)

▸ reliable 신뢰할 만한
▸ generate 만들어 내다
▸ reflection 반영

Level up

☐ 8441-0559

09 We tend to assume that the way to get more time is to speed up. But speeding up can actually slow us down. Anyone who has ever rushed out of the house only to realize **that their keys and wallet are sitting on the kitchen table** knows this only too well. (2015년 6월 모평 32번)

▸ assume 추정하다

☐ 8441-0560

10 When a person accepts a moral principle, naturally the person believes that the principle is important and well justified. But there is more to moral principles than that. When a principle is part of a person's moral code, that person is strongly motivated toward the conduct required by the principle, and against behavior **that conflicts with that principle**. (2014년 수능 22번)

▸ principle 원칙
▸ justified 정당한
▸ conduct 행동

UNIT
5

1 절과 단문

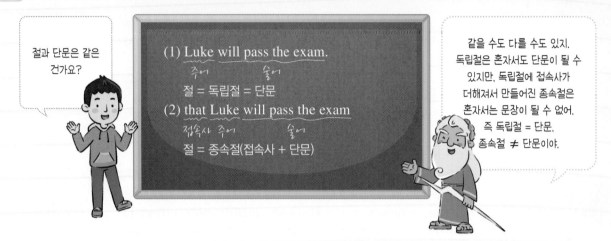

절과 단문은 같은 건가요?

(1) Luke will pass the exam.
　　주어　　　　술어
절 = 독립절 = 단문

(2) that Luke will pass the exam
　접속사　주어　　　술어
절 = 종속절(접속사 + 단문)

같을 수도 다를 수도 있지. 독립절은 혼자서도 단문이 될 수 있지만, 독립절에 접속사가 더해져서 만들어진 종속절은 혼자서는 문장이 될 수 없어. 즉 독립절 = 단문, 종속절 ≠ 단문이야.

2 중문과 복문

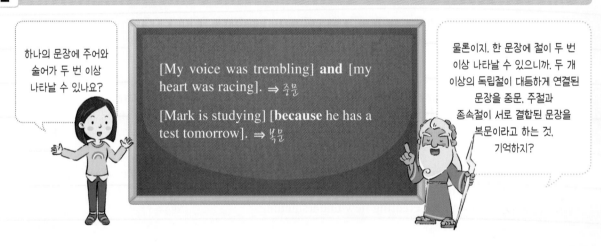

하나의 문장에 주어와 술어가 두 번 이상 나타날 수 있나요?

[My voice was trembling] **and** [my heart was racing]. ⇒ 중문

[Mark is studying] [**because** he has a test tomorrow]. ⇒ 복문

물론이지. 한 문장에 절이 두 번 이상 나타날 수 있으니까. 두 개 이상의 독립절이 대등하게 연결된 문장을 중문, 주절과 종속절이 서로 결합된 문장을 복문이라고 하는 것, 기억하지?

3 명사절의 해석

명사절은 어떻게 해석하죠?

Being a good listener doesn't mean [**that you should just listen**].
　　　　　　　　　　　　～하는 것을

명사절이 주어나 목적어, 또는 보어 등의 역할을 하는 것은 알고 있겠지? 주어이면 '～하는 것은'으로, 목적어이면 '～하는 것을'로, 보어이면 '～하는 것' 정도로 해석하면 돼.

4 부사절의 해석

부사절은 어떻게 해석하나요?

[**Although the sun was shining**], it
~이기는 하지만
wasn't that warm.

부사절을 이끄는 접속사의 의미에 따라 해석하면 돼. 가령, 접속사가 Although이면 '~이기는 하지만'으로 해석하는 거야. 주절에 부가 정보를 제공하도록.

5 관계절의 해석

관계절의 해석이 생각보다 까다로운데요?

They are the people [**that** {**Ashley met** △ **at Jon's party**}].
~한

관계절이 선행사 뒤에서 수식하기 때문일 거야. 그리고 관계절 안의 빈자리 △가 바로 관계사 that의 역할이고 또한 선행사 the people과 같은 대상이라는 것을 이해해야 해.

6 복복문

하나의 문장에 종속절이 두 개 이상 나타날 수도 있나요?

[**As soon as the bell rang**], I
~하자마자
started running, [**though my feet still hurt**].
~이기는 하지만

물론이지. 이론상 하나의 문장에 여러 개의 종속절이 포함될 수 있어. 복잡하다고 당황하지 말고 앞에서 배운 종속절의 해석 방법대로 차근차근 하면 돼.

U/N/I/T

06 생략과 축약

Learning Points

Structure 57 동사 생략

Structure 58 동사구 생략

Structure 59 절의 생략

Structure 60 명사 핵의 생략

Structure 61 해석 전략: 공통 관계 파악

Structure 62 해석 전략: 생략된 요소의 복원

Structure 63 명사절의 축약

Structure 64 관계절의 축약

Structure 65 부사절의 축약

Structure 66 분사구: 시간

Structure 67 분사구: 이유

Structure 68 분사구: 조건과 양보

Structure 69 분사구: 동시 동작, 상황

Structure of a Sentence

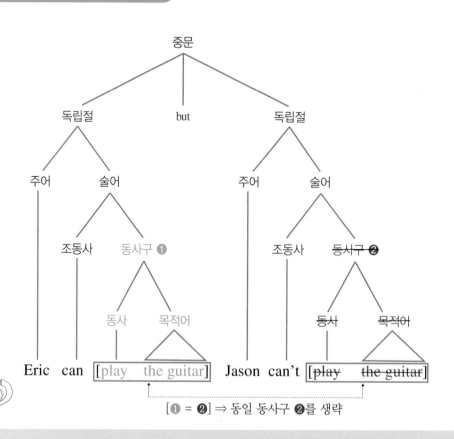

[❶ = ❷] ⇒ 동일 동사구 ❷를 생략

[Eric can play the guitar] but [Jason can't ⬚].

❶ 요소의 생략 확인

[Eric can | play the guitar |] but [Jason can't ⬚].

❷ 반복 요소 확인

[Eric can | play the guitar |] but [Jason can't ⬚].

❸ 반복 요소 복사

[Eric can | play the guitar |] but [Jason can't | play the guitar |].

복원된 문장

1 생략 요소 확인
- ▶ 접속사 but ⇒ 두 절의 대등한 연결
- ▶ 두 번째 절에 동사구가 없음 ⇒ 동사구 생략

2 반복 요소 확인
- ▶ 앞 절의 조동사 확인 ⇒ 조동사 can
- ▶ 조동사 다음의 동사구 확인 ⇒ play the guitar

3 생략 요소의 해석 ⇒ 반복 요소 복사
- ▶ can't 다음에 앞 절 동사구 복사 ⇒ can't play the guitar
- ▶ 문장 복원 ⇒ [Eric can {play the guitar}] but [Jason can't {play the guitar}].

Structure 57 · 동사 생략

Words & Phrases

▶ vote 투표하다

Challenge [ ]로 표시된 부분의 형태에 유의하면서 다음 문장을 해석해 보자.

202 Linda likes coffee and [**Lisa tea**].

203 Paul voted for Daniel, [**Mark for Brian**], and [**Kevin for Jason**].

204 Helen met Ken at Berkely and [**Karen at Harvard**].

Observation & Question [ ]로 표시된 부분의 내부 구조에 대해 생각해 보자.

▶ 내용상 절인데 동사가 없음 ⇒ 동사 생략 구문

▶ 동사뿐 아니라 목적어도 생략할 수 있음

◉ 동사 생략이 가능한 조건은 무엇인가?

Analysis & Translation 동사 생략 구문이 만들어지는 과정을 확인해 보자.

STEP ❶ 대등한 연결

202 Linda likes coffee and [Lisa likes tea].
　　　　　　　절　　　　　　　　　절
　　　　　　　　　대등한 연결 상태 확인

STEP ❷ 반복 동사 확인

Linda **likes** coffee and [Lisa **likes** tea].
　　　　　　　반복되는 동사 확인

STEP ❸ 동사 생략

Linda **likes** coffee and [Lisa ~~**likes**~~ tea].
　　　　　　　　▼
　　　　　　동사 생략

동사를 아무 곳에서나 생략할 수 있는 것은 아니죠?

그럼, 되풀이되는 같은 동사가 앞에 있어야 생략할 수 있어.

Translation TIP 두 개 이상의 절이 대등하게 연결된 문장에서, 앞 절의 동사가 뒤 절에 다시 나타날 때 뒤 절의 동사는 생략할 수 있다.

해석 ⇨ 생략된 동사가 그 자리에 있는 것처럼 복원하여 해석함

Application 생략된 요소를 복원한 후 다음 문장을 해석하시오.(09~10번은 밑줄만 해석)

Words & Phrases

🔲 8441-0561

01 Sam ate the pie and **Sally the cake**.

🔲 8441-0562

02 The girl works in a skyscraper and **the boy in a quonset hut**.

▸ skyscraper 고층 건물
▸ quonset hut 퀀셋식 간이 건물

🔲 8441-0563

03 Alan prefers for Tom to do the task, and **Sandy for Alan to do it**.

🔲 8441-0564

04 For a carving that he liked, Paul offered 300 pesos and **his opponent 450 pesos**.
(2016년 수능 30번 응용)

▸ carving 조각품
▸ peso 페소(화폐 단위)
▸ opponent 상대

🔲 8441-0565

05 Some call Joe Mike and **others Harry**.

🔲 8441-0566

06 I want to write a novel and **Mary a play**.

▸ novel 소설
▸ play 희곡, 극

🔲 8441-0567

07 Some believe the young man handsome and **others brave**.

▸ brave 용감한

🔲 8441-0568

08 Farmers in remote areas access weather data, and **their children online educational materials**.
(2015년 6월 모평 21번 응용)

▸ remote 외딴
▸ access 접하다

UNIT
6

Level up

🔲 8441-0569

09 The domestic animal is dependent for survival on its human owner. <u>The human becomes the master; **the animals his servants and slaves**</u>. By definition, domestic animals have to obey the will of humans and, for the majority of species involved, this loss of independence had some fairly damaging long-term consequences.
(2017년 국가 성취도 평가 24번 응용)

▸ domestic animal 가축
▸ by definition 당연한 일로서
▸ involved 관련된
▸ damaging 해로운
▸ consequence 결과

🔲 8441-0570

10 If you have an internal clock that runs all the time and is accurate so you're never late and never overscheduled, don't assume your partner has the same hardware or software. <u>Maybe your clock measures time to the minute and **his clock in 30-minute blocks**</u>. Or maybe his clock varies, so that 30 minutes feels like 15 minutes one day and 45 minutes the next.
(2017년 국가 성취도 평가 23번)

▸ internal clock 체내 시계
▸ accurate 정확한
▸ assume 추정하다
▸ measure 측정하다
▸ vary 달라지다

Structure 58 동사구 생략

Challenge   [ ]로 표시된 부분의 형태에 유의하면서 다음 문장을 해석해 보자.

205 Helen met Ken at Berkely and [**Karen did**], too.

206 Eric can play the guitar and [**Jason can**], too.

207 Ben likes to stay up late, and [**Martha likes to**] as well.

Words & Phrases

▶ stay up late 늦게까지
깨어 있다

Observation & Question   [ ]로 표시된 부분의 내부 구조에 대해 생각해 보자.

▶ 내용상 절인데 동사구가 없음 ⇒ 동사구 생략 구문
▶ 동사구 대신 조동사만 있음
◐ 동사구 생략이 가능한 조건은 무엇인가?

Analysis & Translation   동사구 생략 구문이 만들어지는 과정을 확인해 보자.

STEP ❶ 대등한 연결

205 Helen met Ken at Berkely **and** [Karen met Ken at Berkely], too.
　　　　　　절　　　　　　　　　　절
　　　　　　　　대등한 연결 상태 확인

STEP ❷ 반복되는 동사구 확인

Helen **met Ken at Berkely** and [Karen **met Ken at Berkely**], too.
　　　　　　　　　반복되는 동사구 확인

STEP ❸ 동사구 생략 + do-삽입

Helen **met Ken at Berkely** and [Karen **did meet Ken at Berkely**], too.
　　　　　　　　　　　▼　　　　　▼
　　　　　　　　　do-삽입　　동사구 생략

되풀이되는 동사구의 생략을 허가하는 요소는 무엇인가요?

세 가지 정도인데, 조동사, not, to부정사구의 to야.

Translation TIP   두 개 이상의 절이 대등하게 연결된 문장에서, 앞 절의 동사구가 뒤 절에 다시 나타날 때 뒤 절의 동사구는 생략할 수 있다.

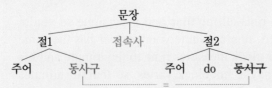

해석 ⇨　생략된 동사구가 그 자리에 있는 것처럼 복원하여 해석함

 **Application**   생략된 요소를 복원한 후 다음 문장을 해석하시오.(09~10번은 밑줄만 해석)

Words & Phrases

📱 8441-0571

01 W: Mr. Brown's open class today looked interesting.
M: Yes, **it did**. I was impressed by how active it was.　(2015년 수능 4번)

▶ open class 공개강좌
▶ impressed 감명을 받은

📱 8441-0572

02 M: Does Joshua like the mobile hanging from the ceiling, too?
W: **He does**. The children made it together.　(2016년 수능 6번)

▶ mobile 모빌
▶ ceiling 천장

📱 8441-0573

03 M: I thought that you saw your grandmother last weekend.
W: **I was going to**, but my car broke down. So, I'm going to go see her this Sunday.　(2016년 수능 6번)

📱 8441-0574

04 W: Look at the pond with the fish. It looks peaceful.
M: **It does**. I like the bear statue in the middle of the picture.　(2015년 수능 6번)

▶ statue 조각상

📱 8441-0575

05 M: Something looks different here. Did you put a clock on the wall?
W: Yes, **I did**. I also moved the microwave oven next to the refrigerator.　(2017년 6월 모평 6번)

▶ microwave oven 전자레인지

📱 8441-0576

06 Some of the simple ideological messages that maps can convey include: This land is ours; here is the center of the universe; if we do not claim this land, **the enemies will**.　(2016년 수능 21번 응용)

▶ ideological 이념적인
▶ convey 전하다

📱 8441-0577

07 Humans could access the new island with comparative ease, and **they did**!　(2016년 6월 모평 32번)

▶ access 접근하다
▶ comparative 비교적

📱 8441-0578

08 As the nature of sarcasm implies a contradiction between intent and message, nonverbal cues may "leak" and reveal the speaker's true mood **as they do** in deception.　(2016년 9월 모평 38번)

▶ sarcasm 비꼼, 빈정댐
▶ contradiction 모순
▶ nonverbal 비언어적
▶ deception 속임, 기만

Level Up

📱 8441-0579

09 Jane is a student running for student council president. David is one of Jane's friends, and he is serving as her campaign manager. <u>They mostly agree with each other, but **when they don't**, they try to ease the tension by discussing their ideas.</u>　(2015년 수능 15번)

▶ student council 학생 자치 위원회
▶ campaign manager 선거 사무장
▶ ease 느슨하게 풀다
▶ tension 긴장

📱 8441-0580

10 My mother did not care much about a messy house. She had sauce stains on her apron and sometimes allowed the laundry to pile up. In the midst of her chores, my mother spent time reading. This was her time away from endless hours of child care and housework. <u>Unironed school blouses and a dirty kitchen might make her feel guilty, but **her reading never did**.</u>　(2012년 9월 모평 48~50번 응용)

▶ messy 지저분한
▶ stain 얼룩
▶ laundry 세탁물
▶ unironed 다림질하지 않은
▶ guilty 죄책감이 드는

Structure 59 절의 생략

Challenge [ ]로 표시된 부분의 형태에 유의하면서 다음 문장을 해석해 보자.

208 I saw the actress somewhere, but [**I can't remember** {**where**}].

209 [**Although I don't know** {**why**}], the statue has been moved.

210 Beth tells me she will be back, but [{**when**} **is still unclear**].

Words & Phrases

- actress 여배우
- statue 조각상
- be back 돌아오다
- unclear 확실하지 않은

Observation & Question [ ]로 표시된 부분의 내부 구조에 대해 생각해 보자.

▶ { }는 내용상 절인데 의문사만 있고 그 뒤에 이어질 독립절이 없음 ⇒ 절 생략 구문

▶ 생략된 절 앞에 접속사의 역할을 하는 의문사가 있음

◎ 절의 생략이 가능한 조건은 무엇인가?

Analysis & Translation 절의 생략 구문이 만들어지는 과정을 확인해 보자.

STEP ❶ 대등한 연결

208 I saw the actress somewhere, **but** [I can't remember where I saw the actress].

절 ······ 절 : 대등한 연결 상태 확인

STEP ❷ 반복되는 절 확인

I saw the actress somewhere, **but** [I can't remember **where I saw the actress**].

반복되는 절 확인

STEP ❸ 의문사만 남기고 절 생략

I saw the actress somewhere, **but** [I can't remember **where** ~~I saw the actress~~].

▼ 절의 생략

Translation TIP 두 개의 절로 이루어진 문장에서 하나의 절이 다른 절 안에서 종속절로 다시 나타날 때, 그 반복되는 절은 의문사만 남기고 모두 생략할 수 있다.

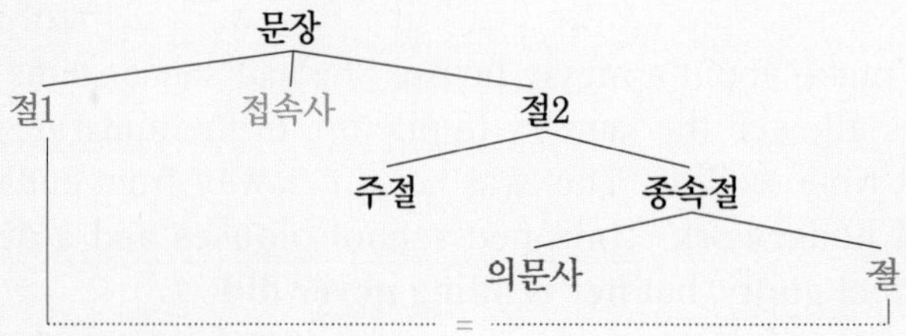

해석 ⇨ 생략된 절이 그 자리에 있는 것처럼 복원하여 해석함

Application 생략된 요소를 복원한 후 다음 문장을 해석하시오.(09~10번은 밑줄만 해석)

8441-0581

01 Jason fixed the car, but **I don't know how**.

8441-0582

02 Someone read that book, but **I don't know who**.

8441-0583

03 Barbara plays something, but I don't think **she ever told me what**.

8441-0584

04 Someone at work is going to be invited to the party by Ronald, but **they don't know who**.

8441-0585

05 **When and how is unclear**, but somebody should say something.

8441-0586

06 Cynthia has worked with someone, but **with whom isn't clear to me**.

8441-0587

07 Cliff met someone at the party. **Guess who**?

8441-0588

08 My little sister was afraid of something that day, but **I didn't know what**.

Level Up

8441-0589

09 M: Excuse me. I see the 2 o'clock flight to Dallas is delayed. <u>**Do you know why**</u>?
W: Yes. It's due to bad weather. We'll update the flight information soon, but the plane should take off within two hours. (2015년 수능 2번)

8441-0590

10 Today, we'll learn about a variety of animals that use flowers as a food source. First are hummingbirds. These birds use their long narrow beaks to get the flower's sweet liquid called nectar. Mysteriously, they only feed from upside down flowers. <u>**We still don't know why**</u>. (2016년 수능 16~17번)

Words & Phrases

▶ fix 수리하다

▶ unclear 확실하지 않은

▶ delay 지연시키다
▶ update 갱신하다
▶ flight information 항공편 정보
▶ take off 이륙하다

▶ hummingbird 벌새
▶ beak 부리
▶ nectar 꿀, 과즙
▶ upside down (꽃의 입구가) 아래를 향한

UNIT 6

Structure 60 ▶ 명사 핵의 생략

Challenge   [ ]로 표시된 부분의 역할과 형태에 유의하면서 다음 문장을 해석해 보자.

211 Although Sam's friends were late, [**Jill's**] arrived on time.

212 That shirt is too tight, so I'll wear [**this**] instead.

213 Keith caught the first train before Jeffrey caught [**the second**].

Words & Phrases

▶ **on time** 시간을 어기지 않고
▶ **tight** 꼭 끼는

Observation & Question   [ ]로 표시된 부분의 내부 구조에 대해 생각해 보자.

▶ 일반적인 명사구 = 한정사 + (수식어) + 명사(핵)
▶ 내용상 명사구인데 핵이 없음 ⇒ 명사 핵 생략
○ 명사 핵의 생략이 가능한 조건은 무엇인가?

Analysis & Translation   [ ]로 표시된 부분의 형태를 분석해 보자.

STEP ❶ 명사구의 동일 핵 확인
211 Although <u>Sam's friends</u> were late, [<u>**Jill's friends**</u>] arrived on time.
                 명사구   명사구
                핵이 같은 명사구 확인

STEP ❷ 명사 핵 생략
    Although **Sam's friends** were late, [**Jill's** ~~friends~~] arrived on time.
                                  ▼
                            명사 핵 생략

Translation TIP   두 개의 절로 이루어진 문장에서 하나의 명사구에 포함된 명사 핵이 다른 명사구의 핵과 같을 때, 그 반복되는 명사구는 한정사만 남기고 명사 핵을 생략할 수 있다.

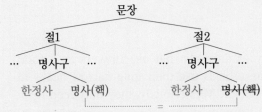

해석 ⇨ 생략된 명사 핵이 그 자리에 있는 것처럼 복원하여 해석함

Application 생략된 요소를 복원한 후 다음 문장을 해석하시오.(09~10번은 밑줄만 해석)

Words & Phrases

01 This apple is much juicier and sweeter than **that**.

🔲 8441-0591
(2017년 국가 성취도 평가 33~34번)

02 I am looking for a mug. Do you have **any** here?

🔲 8441-0592
(2017년 9월 모평 13번 응용)

▸ mug 머그잔

03 All applicants for this scholarship need to provide two references instead of **one**.

🔲 8441-0593
(2017년 6월 모평 3번)

▸ applicant 지원자
▸ scholarship 장학금
▸ reference 추천서

04 These cues are more credible than **those**, especially when they conflict.

🔲 8441-0594
(2016년 9월 모평 38번 응용)

▸ cue 신호
▸ credible 신뢰할 수 있는
▸ conflict 상충하다

05 In science, one experiment, whether it succeeds or fails, is logically followed by **another** in a theoretically infinite progression.

🔲 8441-0595
(2016년 9월 모평 40번)

▸ theoretically 이론상
▸ infinite 무한한
▸ progression 연속

06 When teachers work in isolation, they tend to see the world through one set of eyes—**their own**.

🔲 8441-0596
(2016년 수능 29번)

▸ in isolation 고립되어, 홀로

07 Because the math teacher did **the first two**, her students are going to do the last three problems.

🔲 8441-0597

08 *Clepto* means "thief" in Greek, and the term *cleptoparasite* refers specifically to an organism that lives off **another** by stealing its food.

🔲 8441-0598
(2017년 6월 모평 28번)

▸ refer to ~을 가리키다,
  ~을 나타내다
▸ organism 유기체, 생물
▸ live off ~에 의지해서 살다

Level up

09 M: You transferred here two weeks ago. How's it going?
W: The teachers are very kind, so I'm doing well in my classes.
M: It's good to hear you're adapting well. Have you made new friends?
W: I have **a few**, **but not many**. It hasn't been easy for me to make many new   friends here.

🔲 8441-0599
(2016년 9월 모평 14번)

▸ transfer 전학하다
▸ adapt 적응하다

10 It's impossible to generate a lot of good ideas without also generating a lot of bad ideas. <u>The thing about creativity is that at the outset, you can't tell which ideas will succeed and **which** will fail.</u> So, the only thing you can do is try to fail faster so that you can move onto the next idea.

🔲 8441-0600
(2017년 9월 모평 31번)

▸ generate 생성하다
▸ at the outset 처음에

UNIT
6

Structure 61 해석 전략: 공통 관계 파악

Words & Phrases

▶ examine 조사하다
▶ meager 불충분한
▶ dissatisfied 불만스러워 하는
▶ suffer 겪다, 시달리다
▶ setback 좌절

Challenge [ ]로 표시된 부분의 공통 관계에 유의하면서 다음 문장을 해석해 보자.

214 Lily is trying to examine and wanting to explain [**the problem**].

215 Before a meager and after a meager [**meal**], I am always dissatisfied.

216 When did Isaac and why did he [**suffer a setback**]?

Observation & Question [ ]로 표시된 부분은 문장의 다른 두 개의 어구와 공통으로 연관되어 있다. 어떤 관계인지 문장의 원래 구조에 대해 생각해 보자.

▶ 하나의 명사구가 두 가지 동사의 목적어 역할
▶ 하나의 명사가 두 가지 「한정사 + 수식어」 어구의 핵 역할
▶ 하나의 동사구가 두 가지 주어의 술어 역할
◉ 공통 관계가 성립하는 조건은 무엇인가?

Analysis & Translation [ ]로 표시된 부분의 내부 구조를 분석해 보자.

STEP ❶ 동사구의 동일 목적어 확인

214 Lily is [**trying to examine** {**the problem**}] and [**wanting to explain** {**the problem**}].
　　　　　　　　　　　　명사구　　　　　　　　　　　　　　　　　　　명사구
　　　　　　　　　　　　　　　동사구의 같은 목적어 확인

STEP ❷ 동일한 명사구의 생략

Lily is [**trying to examine** {~~the problem~~}] and [**wanting to explain** {**the problem**}].
　　　　　　　　　　동일 명사구　　　　　　　　　　　　　　동일 명사구
　　　　　　　　　　　▼　　　　　　　　　　　　　　　　　　　▼
　　　　　　　　　　생략　　　　　　　　　　　　　　　　　　유지

STEP ❸ 공통 관계

Lily is [trying to **examine**] and [wanting to **explain** the problem].
　　　　　　　　　하나의 명사구가 두 동사의 목적어 역할

공통 관계가 생기는 이유는 대개 생략 때문이죠?

맞아. 따라서 공통 관계를 정확하게 이해했는지 확인 하려면 생략된 요소를 제자리에 복원해야 할 거야.

Translation TIP 주로 중문이나 복문에서, 반복되는 두 개의 어구 중 하나를 생략하여 남은 어구로 공통 관계를 나타낼 수 있다. 생략된 어구를 복원하면 해석에 도움이 된다.

RX and RY ⇒ R (X and Y)

 **Application** 굵게 표시된 부분에 유의하면서 다음 문장을 해석하시오.(09~10번은 밑줄만 해석)

01 🔲 8441-0601
M: Hi, I'd like to rent a kayak.
W: Okay. Do you want a single or double **one**? (2017년 6월 모평 9번)

▶ kayak 카약

02 🔲 8441-0602
There were bank loans for and taxes on **the land**. (2015년 6월 모평 43~45번)

▶ bank loan 은행 융자
▶ tax 세금

03 🔲 8441-0603
They played, and we listened to **unusual music**.

▶ unusual 이색적인

04 🔲 8441-0604
Everyone claims but Mary does not believe **that Jill lied**.

05 🔲 8441-0605
As a new and preferred story begins to emerge, it is important to assist the child to hold on to, or stay connected to, **the new story**. (2017년 9월 모평 33번)

▶ emerge 생겨나다
▶ hold on to ~을 고수하다, 지키다

06 🔲 8441-0606
I usually don't, but Alice **wakes up early every day**.

07 🔲 8441-0607
Some people love, but other people hate, **the role that government plays in this country**.

08 🔲 8441-0608
The children donated some old toys, and encouraged their parents to donate some old clothes, **to the local orphanage**. (2017년 9월 모평 29번)

▶ donate 기증하다
▶ encourage 독려하다
▶ orphanage 고아원

UNIT 6

Level up

09 🔲 8441-0609
At any moment, a person has a particular take on what is happening. The person notices this rather than that, and she has feelings and makes judgements **about one rather than another aspect of events**. If she is hungry, for example, she may notice that a shop is selling groceries; her friend may notice only that it sells newspapers. (2017년 9월 모평 32번)

▶ take 입장
▶ aspect 측면
▶ grocery 식료품

10 🔲 8441-0610
The narratives that people create to understand their landscapes come to be viewed as marketable entities and a source of income for residents. Landscapes with a strong place identity have an advantage in marketing to tourists, as it is relatively easy to compartmentalize and market **their narratives**. (2017년 9월 모평 34번)

▶ narrative 이야기
▶ marketable 시장성이 있는
▶ entity 존재, 실체
▶ resident 주민
▶ compartmentalize 분류하다

Structure 62 ▶ 해석 전략: 생략된 요소의 복원

Challenge [ ]로 표시된 부분의 형태에 유의하면서 다음 문장을 해석해 보자.

Words & Phrases

▶ go on a vacation
휴가를 가다

217 Kameron played the clarinet, and [**Rosaline the flute**].

218 I'd like to go on a vacation, but [**I don't have time to**].

219 Which is better, the white shirt or [**the blue**]?

Observation & Question 어떤 요소가 보이지 않는 [ ]의 성질에 대해 생각해 보자.

▶ 절의 동사가 없음
▶ to부정사구의 동사구가 없음
▶ 명사구의 핵인 명사가 없음
○ 결핍된 요소가 있는 어구를 어떻게 해석할 것인가?

Analysis & Translation [ ]로 표시된 부분의 내부 구조를 분석해 보자.

생략이 일어나려면 앞에 반드시 생략된 요소와 같은 요소가 있어야 해. 따라서 생략된 요소를 복원하려면 그 동일 요소를 찾아서 복사하면 돼.

STEP ❶ 절의 대등한 연결

217 [Kameron played the clarinet], and [Rosaline the flute].
　　　　　　　　절　　　　　　　　　　　　　　　절
　　　　　　　　　두 개의 절이 대등하게 연결됨

STEP ❷ 생략 위치 확인

[Kameron played the clarinet], and [Rosaline ☐ the flute].
　　　　　　　　　　　　　　　　　　　　　　내용상 절인데 동사가 없음

STEP ❸ 앞 절의 동사 복사

[Kameron **played** the clarinet], and [Rosaline **played** the flute].
　　　　　　　　　　　　　　　　복사

Translation TIP 두 개 이상의 절로 이루어진 문장에서 하나의 절에 언급된 명사, 동사, 또는 동사구가 다른 절에 되풀이될 때 그 반복되는 요소는 생략할 수 있다. 생략된 어구는 다른 절의 대응되는 어구를 찾아 복사하는 방식으로 복원할 수 있다.

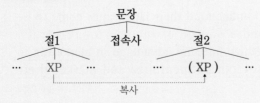

 **Application** 굵게 표시된 부분에 유의하면서 다음 문장을 해석하시오.(09~10번은 밑줄만 해석)

 Words & Phrases

01 There are two different sizes, **large and regular**.

☐ 8441-0611
(2017년 9월 모평 8번)

▸ regular 보통의

02 W: How about Peter? He's a good speaker.
M: **Is he**?

☐ 8441-0612
(2017년 9월 모평 14번)

03 W: I see you have the beef lunch box. What other kinds are there? I like chicken.
M: There are **beef, chicken, and fish**.

☐ 8441-0613
(2017년 9월 모평 8번)

04 W: Train travel seems quite beneficial in many ways. I guess I'll take the train for my next business trip.
M: **You really should**.

☐ 8441-0614
(2016년 9월 모평 4번)

▸ beneficial 이로운

05 I tried to buy the rose stamps that were just released at my town's post office, but they were sold out. Do you still have **any**?

☐ 8441-0615
(2015년 수능 14번)

▸ release 출시하다

06 M: I could check if any other post offices nearby have the newly-released rose stamps.
W: Oh, **could you**? That'd be a huge help.

☐ 8441-0616
(2015년 수능 14번)

▸ huge 막대한

07 Every corner of our nation has been commercialized, **even our national parks**.

☐ 8441-0617
(2017년 국가 성취도 평가 18번)

▸ commercialize 상업화 하다

08 M: I thought the concert was next Saturday. I'm really sorry, but I won't be able to make it.
W: **Why not?** Are you still finishing up the presentation that you talked about last week?

☐ 8441-0618
(2017년 9월 모평 8번)

▸ make it 참석하다
▸ presentation 발표

Level up

09 Daniel is a university freshman. Jenny is a junior in the same major. They're taking a course together this semester. Daniel is often late for classes and seems exhausted. When Jenny asks **why**, he tells her that it's because the university is far from his home. It takes two hours for him to get to school.

☐ 8441-0619
(2016년 9월 모평 15번)

▸ freshman 신입생
▸ junior 3학년
▸ major 전공
▸ semester 학기
▸ exhausted 기진맥진한

10 Generally, higher-graded teas are teas with leaves that are tightly and uniformly rolled. Lower-graded teas, on the other hand, are teas with leaves that are loosely and inconsistently rolled. With that said, the tightness of the roll has more to do with the steepability of a leaf **than it does with the taste of a tea**.

☐ 8441-0620
(2017년 9월 모평 35번)

▸ tightly 단단히
▸ uniformly 균일하게
▸ loosely 느슨하게
▸ inconsistently 고르지 않게
▸ steepability (차를) 우려 낼 수 있음

UNIT
6

Structure 63 — 명사절의 축약

Challenge

[ ]로 표시된 부분의 형태에 유의하면서 다음 문장을 해석해 보자.

220 a. Michael has admitted [**that he made a mistake**].
b. Michael has admitted [**making a mistake**].

221 a. Bill's lawyer advised him [**that he should plead guilty**].
b. Bill's lawyer advised him [**to plead guilty**].

222 a. Do you remember [**who wrote this picture book**]?
b. Do you remember [**the writer of this picture book**]?

Words & Phrases

▶ admit 인정하다
▶ lawyer 변호사
▶ plead guilty 유죄를 인정하다

Observation & Question 의미에 변화가 생기지 않는 문장 전환에 대해 생각해 보자.

▶ 문장 전환: that절 ⇒ 동명사구
▶ 문장 전환: that절 ⇒ to부정사구
▶ 문장 전환: 의문절 ⇒ 명사구
❍ 명사절을 여러 가지 구로 전환할 수 있는 조건은 무엇인가?

Analysis & Translation [ ]로 표시된 부분의 전환 과정을 확인해 보자.

STEP ❶ 동일 주어 생략
220 Michael Jackson has admitted [**that he made a mistake**].
양쪽 절의 주어 동일 ⇒ he 생략

STEP ❷ 접속사 생략
Michael Jackson has admitted [**that he made a mistake**].
절의 축약 ⇒ that 생략

STEP ❸ 동사 ⇒ 동명사
Michael Jackson has admitted [**that he made a mistake**].
admitted는 동명사 필요 ⇒ making

더 간단하게 표현하기 위해 종속절의 주어와 동사의 시제 정보를 없애다보면 결국 동명사구, to부정사구, 또는 명사구로 줄어들겠지?

Translation TIP 주절과 종속절로 이루어진 복문에서, 종속절이 주절 동사의 목적어 역할을 하는 명사절일 때 이 명사절은 동명사구, to부정사구, 명사구 등으로 축약될 수 있다.

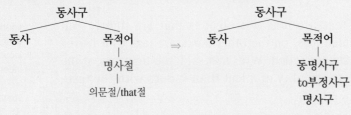

 **Application** [ ]로 표시된 부분을 적절한 형태의 구로 바꾸시오(09~10번은 밑줄만 해당).

 Words & Phrases

🔲 8441-0621

01 The man advised the woman [**that she should use a letter to apologize**].

(2017년 국가 성취도 평가 서답형 1번 응용)

▸ apologize 사과하다

🔲 8441-0622

02 Average consumers of health care do not know [**how they should diagnose their medical conditions**]. (2017년 6월 모평 30번 응용)

▸ health care 의료 서비스
▸ diagnose 진단하다
▸ medical condition 질병

🔲 8441-0623

03 Understanding [**how climate has changed over millions of years**] is vital to properly assess current global warming trends. (2017년 6월 모평 31번)

▸ vital 필수적인
▸ assess 재다, 가늠하다
▸ current 지금의

🔲 8441-0624

04 One night, Scott Adams was watching a PBS-TV program about cartooning, when he decided [**that he would write to the host of the show, Jack Cassady, to ask for his advice about becoming a cartoonist**]. (2017년 수능 30번)

🔲 8441-0625

05 By understanding students' learning patterns, educators can focus on [**how better they can teach**]. (2017년 9월 모평 16~17번)

🔲 8441-0626

06 When people try to control situations that are essentially uncontrollable, they are inclined to experience high levels of stress. Thus, suggesting [**that they need to take active control**] is bad advice in those situations. (2016년 9월 모평 32번)

▸ be inclined to ~하는 경향이 있다

🔲 8441-0627

07 It seems [**that most new viruses do not spread among the human population**]. (2017년 국가 성취도 평가 27번)

▸ spread 퍼지다

🔲 8441-0628

08 Traditional hunters may hope to persuade the animal they hunt [**that it should be more easily captured**] by means of certain magical or religious practices. (2017년 국가 성취도 평가 24번 응용)

▸ capture 포획하다
▸ by means of ~을 써서
▸ magical 마술적인
▸ religious 종교적인

Level Up

🔲 8441-0629

09 David and Julia are teachers working at the same high school. This year, they have to develop an after-school program for first-year students. David wants to first find out what their students would like to do. Therefore, he wants to suggest to Julia [**that they should hear from the students about their preferences**]. (2017년 수능 15번)

▸ preference 선호되는 것

🔲 8441-0630

10 Albert C. Barnes earned a medical degree from the University of Pennsylvania and qualified as a doctor in 1892. Barnes decided [**that he would not work as a doctor**], and after further study he entered the business world. In 1901, he invented the antiseptic Argyrol with a German chemist and made a fortune. (2017년 6월 모평 25번)

▸ qualify 자격을 얻다
▸ antiseptic 방부제, 소독제

UNIT **6**

🔍 **Challenge**　[　]로 표시된 부분의 형태에 유의하면서 다음 문장을 해석해 보자.

Words & Phrases

▶ connect 연결하다
▶ paperback 종이 표지의

223 a. The visitors stood on the bridge [**that connects the two halves of the city**].
　　 b. The visitors stood on the bridge [**connecting the two halves of the city**].

224 a. Have you got something [**that we can listen to in the car**]?
　　 b. Have you got something [**to listen to in the car**]?

225 a. The paperback books [**that are on my desk**] are about Isaac Asimov.
　　 b. The paperback books [**on my desk**] are about Isaac Asimov.

Observation & Question　의미에 변화가 생기지 않는 문장 전환에 대해 생각해 보자.

▶ 문장 전환: 관계절 ⇒ 분사구
▶ 문장 전환: 관계절 ⇒ to부정사구
▶ 문장 전환: 관계절 ⇒ 전치사구
❂ 관계절을 여러 가지 구로 전환할 수 있는 조건은 무엇인가?

Analysis & Translation　[　]로 표시된 부분의 전환 과정을 확인해 보자.

STEP ❶ 관계사 생략

223 The visitors stood on **the bridge** [~~that~~ connects the two halves of the city].
　　　　　　　　　　　　　　 the bridge가 선행사인 관계사 ⇒ 생략

STEP ❷ 관계절 동사 ⇒ 분사

The visitors stood on **the bridge** [~~that~~ **connects the two halves of the city**].
　　　　　　　　　　　　　　　　 분사로 대체 ⇒ connecting

마찬가지로, 관계절 안의 관계사와 동사의 시제 정보를 없애면 분사구로 축약돼.

Translation TIP　선행사를 수식하는 관계절을 분사구, to부정사구, 전치사구 등으로 축약할 수 있다.

```
        명사구                          명사구
     ┌────┴────┐                    ┌────┴────┐
   명사구      관계절       ⇒       명사구      분사구
     └───수식───┘                    ↑         to부정사구
                                     │         전치사구
                                     └───수식───┘
```

Application   [ ]로 표시된 부분을 적절한 형태의 구로 바꾸시오(09~10번은 밑줄만 해당).

Words & Phrases

☐ 8441-0631

01 There is a mental aspect of attention [**that involves processing that can occur independently of eye movements**]. (2017년 9월 모평 35번)

▸ involve 수반하다
▸ processing 처리, 가공
▸ independently ~과 관계없이

☐ 8441-0632

02 Ideally, you want to find a convergence of your strengths and your values with a career path [**that is in demand**]. (2017년 6월 모평 20번)

▸ convergence 합일점

☐ 8441-0633

03 The experiment [**which was conducted by Smith's team**] provided useful data.

▸ conduct 수행하다

☐ 8441-0634

04 Writing is an essential tool [**that will help you adjust to Korean university life**]. (2016년 수능 18번)

▸ adjust 적응하다

☐ 8441-0635

05 The ancient distaff and spindle are examples [**that were replaced by the spinning wheel in the Middle Ages**]. (2017년 6월 모평 39번)

▸ distaff and spindle 실을 감는 막대와 추
▸ spinning wheel 물레

☐ 8441-0636

06 The administrative staff hadn't been able to find the requested Bösendorfer piano, and they had instead installed a tiny little Bösendorfer [**that was in poor condition**]. (2016년 수능 43~45번)

▸ administrative staff 행정 직원
▸ request 요청하다
▸ install 설치하다

☐ 8441-0637

07 Based on the huge amount of legal information [**which is stored in them**], robot judges would be more objective and accurate. (2017년 국가 성취도 평가 29번 응용)

▸ legal 법률과 관련된
▸ objective 객관적인
▸ accurate 정확한

☐ 8441-0638

08 That morning Andrew received a call from the nursing home [**that informed him that Grandad's condition became serious**]. (2017년 6월 모평 43~45번 응용)

▸ nursing home 양로원
▸ serious 심각한

Level up

☐ 8441-0639

09 Rather than just maximising food production, farming is becoming more environmentally friendly, with the support of financial subsidies. This new approach increases biological diversity by conserving hedges and the wildflowers, insects, birds and other animals [**that live on the land**]. (2017년 9월 모평 41~42번)

▸ maximise 극대화하다
▸ financial 재정적인
▸ subsidy 보조금
▸ approach 접근법
▸ conserve 보존하다
▸ hedge 생울타리

☐ 8441-0640

10 Confirmation bias is a term for the way the mind systematically avoids confronting contradiction. It does this by overvaluing evidence [**that confirms what we already think or feel**] and undervaluing or simply disregarding evidence [**that refutes it**]. Testimony from members of the Crow tribe about the destruction of their culture provides an extreme and tragic example of this. (2013년 수능 B형 36번)

▸ confirmation bias 확증 편향
▸ confront 직면하다
▸ contradiction 모순
▸ disregard 묵살하다
▸ refute 논박하다
▸ testimony 증언
▸ tragic 비극적인

UNIT
6

65 부사절의 축약

Challenge [ ]로 표시된 부분의 형태에 유의하면서 다음 문장을 해석해 보자.

226 a. [**Though she was a hardworking student**], Peggy failed in the exam.
　　b. [**Though a hardworking student**], Peggy failed in the exam.

227 a. [**Because she was late**], Irene couldn't get tickets for the concert.
　　b. [**Being late**], Irene couldn't get tickets for the concert.

228 a. [**As soon as he saw it**], Brandon began to think of his ex-girlfriend.
　　b. [**Upon seeing it**], Brandon began to think of his ex-girlfriend.

Words & Phrases

▶ hardworking 열심히 공부하는
▶ ex-girlfriend 옛 여자 친구

Observation & Question　의미에 변화가 생기지 않는 문장 전환에 대해 생각해 보자.

▶ 문장 전환: 부사절 ⇒ 분사구
▶ 문장 전환: 부사절 ⇒ 전치사구
❍ 부사절을 여러 가지 구로 전환할 수 있는 조건은 무엇인가?

Analysis & Translation　[ ]로 표시된 부분의 전환 과정을 확인해 보자.

STEP ❶ 동일 주어 생략

226 [**Though ~~she~~ was a hardworking student**], **Peggy** failed in the exam.
　　　　　　주절 주어 = 종속절 주어 ⇒ 종속절 주어 생략

STEP ❷ 동사 ⇒ 분사

[**Though ~~she~~ was a hardworking student**], Peggy failed in the exam.
　　　　　　be동사 ⇒ 분사 being

STEP ❸ be동사 생략

[**Though ~~she being~~ a hardworking student**], Peggy failed in the exam.
　　　　　　be동사의 분사 ⇒ 생략

Translation TIP　부사절을 분사구나 전치사구와 같은 구로 축약할 수 있다.

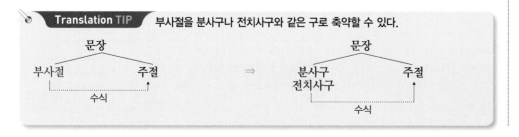

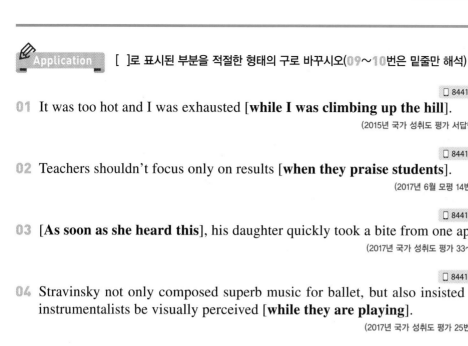

Application [ ]로 표시된 부분을 적절한 형태의 구로 바꾸시오(09~10번은 밑줄만 해석)

Words & Phrases

🔲 8441-0641

01 It was too hot and I was exhausted [**while I was climbing up the hill**].

(2015년 국가 성취도 평가 서답형 6번)

▶ exhausted 기진맥진한

🔲 8441-0642

02 Teachers shouldn't focus only on results [**when they praise students**].

(2017년 6월 모평 14번 응용)

🔲 8441-0643

03 [**As soon as she heard this**], his daughter quickly took a bite from one apple.

(2017년 국가 성취도 평가 33~34번)

▶ take a bite 한 입 베어 물다

🔲 8441-0644

04 Stravinsky not only composed superb music for ballet, but also insisted that instrumentalists be visually perceived [**while they are playing**].

(2017년 국가 성취도 평가 25번 응용)

▶ superb 최상의
▶ instrumentalist 기악 연주자
▶ perceive 인지하다

🔲 8441-0645

05 [**When you are angry**], you can talk to a friend or hit a punching bag for a while.

(2017년 국가 성취도 평가 20번)

🔲 8441-0646

06 [**As he stood up and sat down**], Keith played the unplayable piano to produce something unique.

(2016년 수능 43~45번)

▶ unique 아주 특별한

🔲 8441-0647

07 [**While you take a walk in the fresh air**], you'll be able to think outside the box.

(2017년 9월 모평 4번)

▶ think outside the box 새로운 사고를 하다

🔲 8441-0648

08 [**When they make a judgment**], human judges not only use their legal knowledge but also consider things like a person's background and psychological condition.

(2017년 국가 성취도 평가 29번)

▶ legal 법률적인

UNIT
6

Level up

🔲 8441-0649

09 Due to the increase of traffic on Parker Street, we're concerned that the safety of our students may be at risk [**while they cross the road**]. This is especially true since there's no traffic light at the crosswalk. To solve this problem, we're asking you to volunteer to be crossing guards. (2016년 6월 모평 3번)

▶ safety 안전

🔲 8441-0650

10 Jane has been writing a campaign speech for some time, and it's nearly completed. She likes what she has written and is quite proud of it. [**Before she finishes it**], Jane shows it to David so that she can get his opinion. David thinks it's well written but feels that it's a bit too strong and direct. He's afraid the speech might hurt someone's feelings. (2015년 수능 15번)

▶ campaign speech 선거 연설문
▶ direct 단도직입적인

Challenge   [ ]로 표시된 부분의 역할에 대해 생각하면서 다음 문장을 해석해 보자.

229 [**Walking to the train station**], I felt the warm sun on my back.

230 [**Taking a closer look**], Evelyn found Julie's thumb to be more swollen.

231 People experience jet lag [**when traveling across time zones**].

Words & Phrases

▸ take a closer look
더 자세히 살펴보다
▸ swollen 부어오른
▸ jet lag 시차증
▸ time zone (표준) 시간대

Observation & Question   분사구의 형태와 기능에 대해 생각해 보자.

▸ 분사구의 핵 = 분사
▸ 분사구 = 분사 + 필수 요소 + (선택 요소)
▸ 문장 = 분사구 + 주절
◑ 주절을 수식하는 분사구의 의미는 무엇인가?

Analysis & Translation   [ ]로 표시된 부분의 역할을 분석해 보자.

STEP ❶ 주절 확인
229   I felt the warm sun on my back.
                                     주절

STEP ❷ 분사구의 주절 수식
[**Walking to the train station**], I felt the warm sun on my back.
          분사구(시간)   +   주절

분사구는 대개 주절에 부가 정보를 더해주는 요소가 아닌가요?

그렇단다. 부가정보의 구체적 의미는 문맥이나 접속사를 통해서 알 수 있지.

Translation TIP   시간을 나타내는 분사구가 주절을 수식한다.

문장
분사구   주절
시간 관련 정보 제공

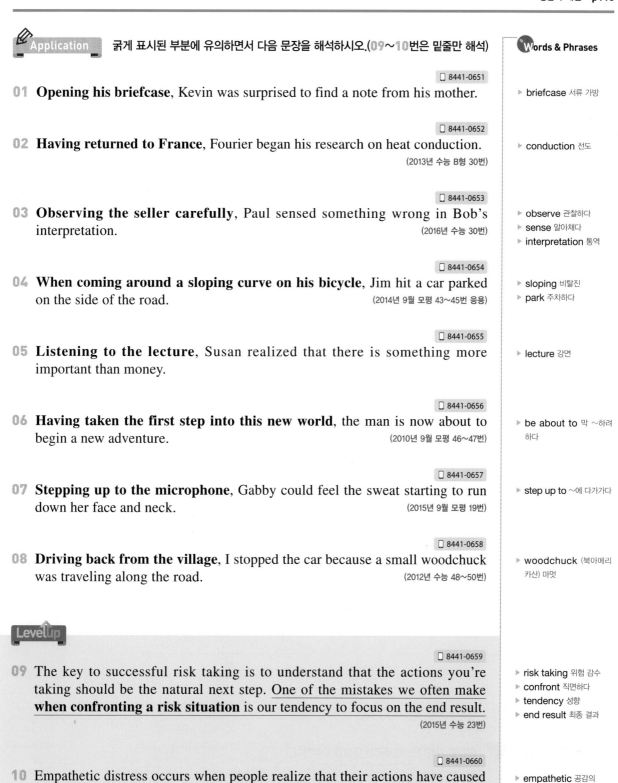

Application 굵게 표시된 부분에 유의하면서 다음 문장을 해석하시오.(09~10번은 밑줄만 해석)

Words & Phrases

☐ 8441-0651

01 Opening his briefcase, Kevin was surprised to find a note from his mother.

▶ briefcase 서류 가방

☐ 8441-0652

02 Having returned to France, Fourier began his research on heat conduction.
(2013년 수능 B형 30번)

▶ conduction 전도

☐ 8441-0653

03 Observing the seller carefully, Paul sensed something wrong in Bob's interpretation.
(2016년 수능 30번)

▶ observe 관찰하다
▶ sense 알아채다
▶ interpretation 통역

☐ 8441-0654

04 When coming around a sloping curve on his bicycle, Jim hit a car parked on the side of the road.
(2014년 9월 모평 43~45번 응용)

▶ sloping 비탈진
▶ park 주차하다

☐ 8441-0655

05 Listening to the lecture, Susan realized that there is something more important than money.

▶ lecture 강연

☐ 8441-0656

06 Having taken the first step into this new world, the man is now about to begin a new adventure.
(2010년 9월 모평 46~47번)

▶ be about to 막 ~하려 하다

☐ 8441-0657

07 Stepping up to the microphone, Gabby could feel the sweat starting to run down her face and neck.
(2015년 9월 모평 19번)

▶ step up to ~에 다가가다

☐ 8441-0658

08 Driving back from the village, I stopped the car because a small woodchuck was traveling along the road.
(2012년 수능 48~50번)

▶ woodchuck (북아메리카산) 마멋

Level up

☐ 8441-0659

09 The key to successful risk taking is to understand that the actions you're taking should be the natural next step. <u>One of the mistakes we often make **when confronting a risk situation** is our tendency to focus on the end result.</u>
(2015년 수능 23번)

▶ risk taking 위험 감수
▶ confront 직면하다
▶ tendency 성향
▶ end result 최종 결과

☐ 8441-0660

10 Empathetic distress occurs when people realize that their actions have caused harm or pain to another person. **Motivated by feelings of guilt**, <u>they are inclined to make amends for their actions.</u> Making amends serves to repair damaged social relations and restore group harmony.
(2012년 수능 30번)

▶ empathetic 공감의
▶ distress 고통
▶ motivate 자극하다
▶ make amends for ~을 보상하다
▶ restore 복원하다

UNIT 6

Structure 67 분사구: 이유

Challenge [ ]로 표시된 부분의 역할에 대해 생각하면서 다음 문장을 해석해 보자.

232 [**Injured during the soccer match**], Ken had to leave the field.

233 [**Frightened by the loud fireworks**], my little daughter hid behind me.

234 [**Wanting to honor the noble guest**], the villagers prepared a banquet.

Words & Phrases

▶ injured 부상을 당한
▶ frightened 놀란
▶ fireworks 불꽃놀이
▶ honor 경의를 표하다
▶ noble 고귀한
▶ banquet 연회

Observation & Question 분사구의 형태와 기능에 대해 생각해 보자.

▶ 분사구의 핵 = 분사
▶ 분사구 = 분사 + 필수 요소 + (선택 요소)
▶ 문장 = 분사구 + 주절
❍ 주절을 수식하는 분사구의 의미는 무엇인가?

Analysis & Translation [ ]로 표시된 부분의 역할을 분석해 보자.

STEP ❶ 주절 확인

232
<u>Ken had to leave the field.</u>
주절

STEP ❷ 분사구의 주절 수식

[**Injured during the soccer match**], <u>Ken had to leave the field.</u>
<u>분사구(이유)</u>   주절

Translation TIP 이유를 나타내는 분사구가 주절을 수식한다.

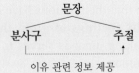

문장
분사구   주절
이유 관련 정보 제공

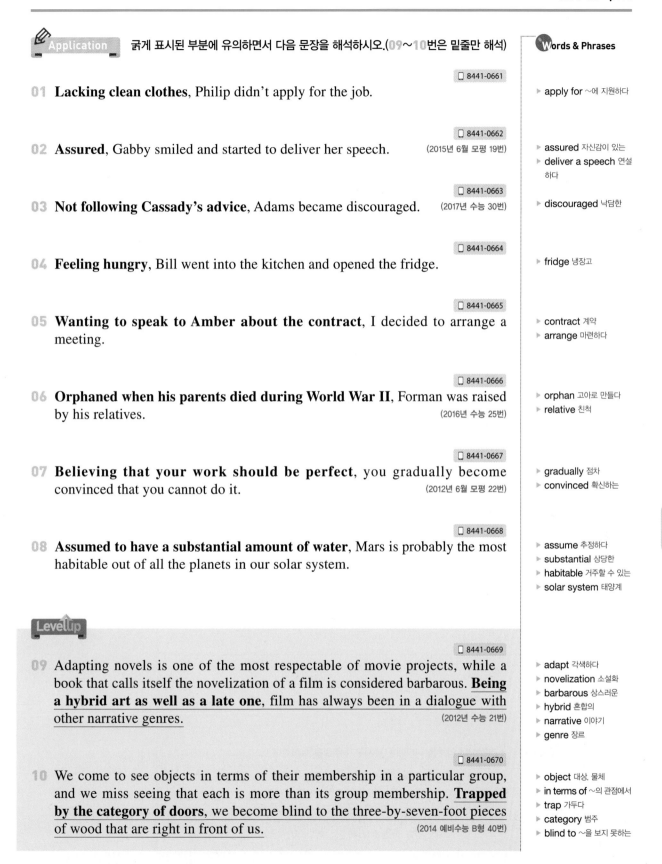

Application 굵게 표시된 부분에 유의하면서 다음 문장을 해석하시오.(09~10번은 밑줄만 해석)

Words & Phrases

01 8441-0661
Lacking clean clothes, Philip didn't apply for the job.

▶ apply for ~에 지원하다

02 8441-0662
Assured, Gabby smiled and started to deliver her speech. (2015년 6월 모평 19번)

▶ assured 자신감이 있는
▶ deliver a speech 연설하다

03 8441-0663
Not following Cassady's advice, Adams became discouraged. (2017년 수능 30번)

▶ discouraged 낙담한

04 8441-0664
Feeling hungry, Bill went into the kitchen and opened the fridge.

▶ fridge 냉장고

05 8441-0665
Wanting to speak to Amber about the contract, I decided to arrange a meeting.

▶ contract 계약
▶ arrange 마련하다

06 8441-0666
Orphaned when his parents died during World War II, Forman was raised by his relatives. (2016년 수능 25번)

▶ orphan 고아로 만들다
▶ relative 친척

07 8441-0667
Believing that your work should be perfect, you gradually become convinced that you cannot do it. (2012년 6월 모평 22번)

▶ gradually 점차
▶ convinced 확신하는

08 8441-0668
Assumed to have a substantial amount of water, Mars is probably the most habitable out of all the planets in our solar system.

▶ assume 추정하다
▶ substantial 상당한
▶ habitable 거주할 수 있는
▶ solar system 태양계

Level Up

09 8441-0669
Adapting novels is one of the most respectable of movie projects, while a book that calls itself the novelization of a film is considered barbarous. **Being a hybrid art as well as a late one**, film has always been in a dialogue with other narrative genres. (2012년 수능 21번)

▶ adapt 각색하다
▶ novelization 소설화
▶ barbarous 상스러운
▶ hybrid 혼합의
▶ narrative 이야기
▶ genre 장르

10 8441-0670
We come to see objects in terms of their membership in a particular group, and we miss seeing that each is more than its group membership. **Trapped by the category of doors**, we become blind to the three-by-seven-foot pieces of wood that are right in front of us. (2014 예비수능 B형 40번)

▶ object 대상, 물체
▶ in terms of ~의 관점에서
▶ trap 가두다
▶ category 범주
▶ blind to ~을 보지 못하는

UNIT
6

68 분사구: 조건과 양보

Challenge   [ ]로 표시된 부분의 역할에 대해 생각하면서 다음 문장을 해석해 보자.

Words & Phrases

235 [**Properly decoded**], dreams would enable us to foretell the future.

236 [**Looked after carefully**], this fan will keep you cool for many years.

237 [**Although waiting in a long queue**], Sophia stayed calm.

▶ properly 제대로
▶ decode 해독하다
▶ foretell 예언하다
▶ look after ~을 간수하다
   [돌보다]
▶ queue 줄, 열

Observation & Question   분사구의 형태와 기능에 대해 생각해 보자.

▶ 분사구의 핵 = 분사
▶ 분사구 = 분사 + 필수 요소 + (선택 요소)
▶ 문장 = 분사구 + 주절
◐ 주절을 수식하는 분사구의 의미는 무엇인가?

Analysis & Translation   [ ]로 표시된 부분의 역할을 분석해 보자.

STEP ❶ 주절 확인

235   <u>Dreams would enable us to foretell the future.</u>
                              주절

STEP ❷ 분사구의 주절 수식

    [**Properly decoded**], dreams would enable us to foretell the future.
         분사구(조건)   주절

Translation TIP   조건이나 양보를 나타내는 분사구가 주절을 수식한다.

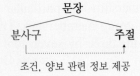

문장

분사구   주절

조건, 양보 관련 정보 제공

 굵게 표시된 부분에 유의하면서 다음 문장을 해석하시오.(09~10번은 밑줄만 해석)

Words & Phrases

□ 8441-0671

01 **Though moving irregularly**, the animal was coming straight for me.

▸ irregularly 불규칙하게

□ 8441-0672

02 **Although admitting he'd been very stupid**, Max refused to apologize to us.

▸ admit 인정하다
▸ refuse 거부하다

□ 8441-0673

03 The anxious are more likely to fail **even given superior scores on intelligence tests**. (2012년 수능 31번)

▸ anxious 걱정이 많은
▸ superior 우수한
▸ intelligence 지능

□ 8441-0674

04 **An underwater object seen from outside the water**, its appearance becomes distorted.

▸ object 물체
▸ appearance 외관, 외모
▸ distort 왜곡하다

□ 8441-0675

05 **If properly regulated**, modern genetic technology could result in significant improvements.

▸ regulate 통제하다
▸ genetic 유전의
▸ improvement 진보, 개선

□ 8441-0676

06 The influence of colors, **although scientifically proven**, is totally underestimated.

▸ underestimate 과소평가하다

□ 8441-0677

07 **Although impressed by the bravery of his fellow soldiers**, Bloch had harsh words for the army leadership.

▸ impress 감동을 주다
▸ bravery 용기
▸ harsh 거친

□ 8441-0678

08 The English hoped that the American colonies, **once established**, would be able to reduce England's dependence on imports from continental Europe. (2013년 6월 모평 28번)

▸ colony 식민지
▸ establish 세우다
▸ dependence 의존
▸ import 수입(품)
▸ continental 대륙의

UNIT
6

Level up

□ 8441-0679

09 We hope you would consider contributing generously to our fund. <u>**Knowing you're helping support the formation of future leaders**, you'll get a great feeling</u>. (2012년 9월 모평 20번 응용)

▸ generously 후하게
▸ fund 기금
▸ formation 양성, 형성

□ 8441-0680

10 <u>Ever since the coming of television, there has been a rumor that the novel is dying, **if not already dead**</u>. Indeed, print-oriented novelists seem doomed to disappear, as electronic media and computer games are becoming more influential. (2004년 수능 30번)

▸ print-oriented 인쇄 지향의
▸ doomed to ~할 운명인
▸ influential 영향력 있는

69 분사구: 동시 동작, 상황

Structure

Challenge [ ]로 표시된 부분의 역할에 대해 생각하면서 다음 문장을 해석해 보자.

238 The robber went on his way, [**leaving all the things Ben had laid out**].

239 An old man struggled into the bus, [**looking fruitlessly for a seat**].

240 The bird rests on the ground [**with its big eyes closed**].

Observation & Question 분사구의 형태와 기능에 대해 생각해 보자.

▶ 분사구의 핵 = 분사
▶ 분사구 = 분사 + 필수 요소 + (선택 요소)
▶ 문장 = 분사구 + 주절
◐ 주절을 수식하는 분사구의 의미는 무엇인가?

Analysis & Translation [ ]로 표시된 부분의 역할을 분석해 보자.

STEP ❶ 주절 확인

238 <u>The robber went on his way</u>.
　　　　　　　　주절

STEP ❷ 분사구의 주절 수식

<u>The robber went on his way</u>, [**leaving all the things Ben had laid out**].
　　　　주절　　　　　　　　　　　　　　　　분사구(동시 동작)

분사구가 문장 맨 앞에 있든 지글처럼 맨 끝에 있든 수식 관계는 달라지지 않는단다.

Translation TIP 동시 동작이나 상황을 나타내는 분사구가 주절을 수식한다.

문장
주절　　　　분사구
동시 동작이나 상황 관련 정보 제공

분사구의 '동시 동작'이 무슨 뜻이에요?

주절 동사구의 동작과 분사구의 동작이 동시에 일어난다는 뜻이야.

정답과 해설 ▶ **p117**

 **Application** 굵게 표시된 부분에 유의하면서 다음 문장을 해석하시오.(09~10번은 밑줄만 해석)

Words & Phrases

01 🗔 8441-0681
Talking and laughing over coffee, they enjoyed the fabulous spring day.
(2016년 6월 모평 43~45번)

▸ fabulous 아주 멋진

02 🗔 8441-0682
Dad just laughed and walked out of the room **still holding Slade in his arms**.
(2015년 9월 모평 30번)

03 🗔 8441-0683
Beethoven wrote groups of musical notes in notebooks, **often reworking and polishing them for years**.
(2010년 국가 성취도 평가 24번)

▸ musical note 악보, 음표
▸ rework 손질하다
▸ polish 다듬다

04 🗔 8441-0684
I held my tongue and accepted his decision unwillingly, **climbing into the front seat and slamming the door**.
(2010년 국가 성취도 평가 16번)

▸ hold one's tongue (말을 하고 싶은 걸) 참다
▸ unwillingly 마지못해

05 🗔 8441-0685
One of the best ways to write a book is to write it as quickly as possible, **getting your thoughts onto paper without regard to style**.
(2014년 9월 모평 21번)

▸ without regard to ~에 상관없이
▸ style 문체

06 🗔 8441-0686
The bird's tale rises and falls like a Greek tragedy, **with island populations savagely destroyed by humans until almost all were gone**.
(2016년 6월 모평 32번)

▸ population 개체(군)
▸ savagely 잔혹하게
▸ destroy 죽이다, 말살하다

07 🗔 8441-0687
Economical writing should only include necessary words or sentences, **requiring a minimum of energy from readers while giving them a maximum of meaning**.
(2014년 국가 성취도 평가 18번)

▸ economical 경제적인
▸ minimum 최소의
▸ maximum 최대의

08 🗔 8441-0688
Canada had the second largest daily oil production followed by Mexico and Brazil, **with Venezuela recording the lowest among the five countries in 2010**.
(2016년 6월 모평 24번)

▸ production 생산(량)

Level Up

09 🗔 8441-0689
Parents often believe that they are providing help to their children when they constantly correct and criticize them, **assuming that they will grow from these remarks**. But ask yourself: Do you like being corrected? Do you grow when you are constantly criticized? In truth, we tend to stay the same when we are criticized.
(2014년 6월 모평 39번 응용)

▸ constantly 끊임없이
▸ assume 생각하다
▸ remark 언급, 발언

10 🗔 8441-0690
In areas where the snakes are known to be active, sightings of medium-size mammals have dropped by as much as 99 percent. It's not hard to envision what happens next. **With their prey exhausted**, the snakes will begin moving out of the Everglades in search of food.
(2014 예비수능 B형 25번 응용)

▸ mammal 포유류
▸ envision 상상하다
▸ prey 먹잇감
▸ exhausted 소진된
▸ in search of ~을 찾아

Frequently **A**sked **Q**uestions

자주 묻는 질문들

1 동사 생략

동사가 생략된 것을 어떻게 알 수 있죠?

[Linda **likes** coffee] and [Lisa **likes** tea].

and로 연결된 두 어구 모두 원래 절이 아니었겠니? 그렇다면 두 번째 [ ]는 동사가 없다는 것만 제외하면 역시 절일 것이고, 그래서 likes가 생략되었다는 것을 알 수 있지.

2 동사구 생략 vs. '대동사'

동사구 생략이 흔히 말하는 대동사와 같은 것인가요?

▶ 동사구 생략
Helen [**met Ken at Berkely**] and Karen did [**meet Ken at Berkely**], too.

▶ '대동사'
Helen [met Ken at Berkely] and Karen did, too.

그래. 단지 관점의 차이일 거야. 조동사 did 뒤에서 동사구가 생략되었다고 보는 것도, 조동사 did가 앞 절의 동사구를 대신한다고 보는 것도 결과적으로는 마찬가지니까.

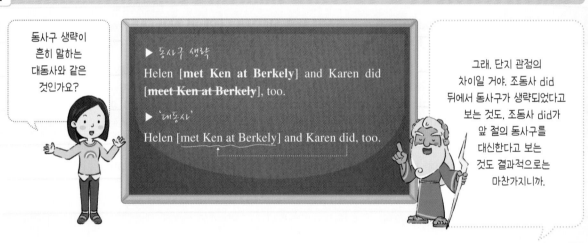

3 생략이 일어나는 조건

생략이 아무 데서나 일어날 수 있는 것은 아니죠?

▶ [· · · 반복 동사 · · ·]접속사[· · · 반복 동사 · · ·]
▶ [· · · 반복 동사구 · · ·]접속사[· · · 반복 동사구 · · ·]

그럼. 아무 데서나 일어나는 것은 아니고, 대개 앞 절이나 앞 문장에 반복되는 요소가 있을 때 그 요소가 생략되곤 해.

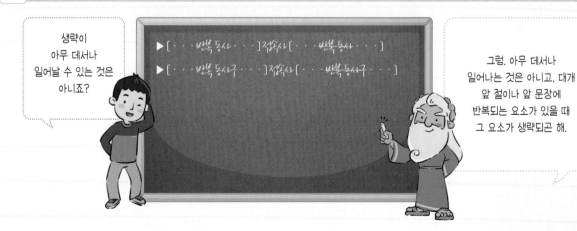

4 공통 관계의 파악

어떤 요소가 다른 요소와 공통 관계에 있다는 것을 어떻게 알 수 있나요?

Lily is trying to examine [**the problem**] and wanting to explain [**the problem**].

접속사 and로 두 개의 동사구가 연결되어 있는데, 동사의 목적어가 두 번째 동사구에만 나타나잖아. 이럴 때 우리는 하나의 명사구가 두 동사의 공통 목적어라고 파악하게 되지.

5 생략된 요소의 해석

생략된 요소는 구체적으로 어떻게 해석을 할 수 있어요?

Which is better,
[**the white shirt**] or [**the blue** Δ]?
복사

두 번째 명사구의 핵이 생략되었지? 반복되는 요소가 생략된 것이니까 그 자리에 앞 명사구의 핵을 복사해서 해석하면 돼.

6 축약과 의미 변화

절을 구로 축약하면 의미에 변화가 생기지 않나요?

[**Because she was late**], Irene couldn't get tickets for the concert.
↓
[**Being late**], Irene couldn't ~.
주어 & 시제 생략

그렇지 않아. 축약이 일어나도 술어의 의미는 그대로 유지되기 때문에 문장에 의미 차이가 생긴다고 할 수는 없어. 형태상 간결하게 한 거야.

07 비교 구문

Structure of a Sentence

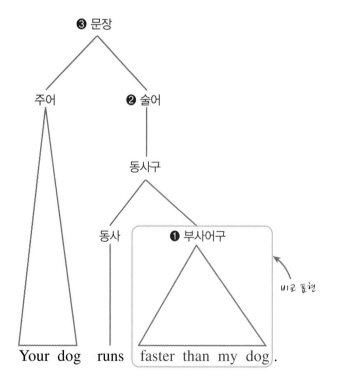

❸ 문장

주어   ❷ 술어

동사구

동사   ❶ 부사어구

비교 표현

Your dog   runs   faster than my dog.

[Your dog] runs <u>faster</u> than [my dog].
비교 형태
|_____| |_____|
비교 대상   than + 비교 대상

1 비교 표현의 해석
▶ 형용사나 부사의 비교 형태 확인 ⇒ 부사 fast의 비교 형태 faster
▶ 비교 형태의 해석 「더 ~한/하게」 ⇒ 「더 빠르게」
▶ than 뒤에 나오는 비교 대상 파악 ⇒ my dog
▶ 비교 표현의 해석 ⇒ 「나의 개보다 더 빠르게」

2 술어의 해석
▶ 동사 찾기 ⇒ runs
▶ 동사구의 확장 ⇒ runs faster than my dog
▶ 술어의 해석 ⇒ 「나의 개보다 더 빠르게 달린다」

3 문장의 해석
▶ 주어 찾기 ⇒ Your dog
▶ 문장 ⇒ 주어 + 술어(Your dog + runs faster than my dog)
▶ 문장의 해석 ⇒ 「너의 개가 나의 개보다 더 빠르게 달린다.」

Structure **70** 비교 표현

Challenge 굵게 표시된 부분의 형태와 의미에 유의하면서 다음 문장을 해석해 보자.

241 This box is **bigger than** the one I lost.

242 Your dog runs **faster than** my dog.

243 Noah was **more embarrassed than** Carol about the test scores.

Words & Phrases

▶ embarrassed 창피한
▶ test score 시험 점수

Observation & Question 비교를 나타내는 표현의 기본 형태에 대해 생각해 보자.

▶ 형용사나 부사에 -er 요소를 더함
▶ 비교 대상을 than 뒤에 나타냄
❍ 음절수가 많은 형용사나 부사는 비교 표현을 어떻게 만드는가?

Analysis & Translation 비교 구문이 만들어지는 과정을 확인해 보자. 두 요소 간 비교는 「형용사나 부사의 비교 형태 + than ~」을 통해 나타낼 수 있다. 형용사나 부사의 비교 형태는, 1~2음절의 짧은 것은 -er 요소를 붙이고 2음절 이상의 긴 것은 바로 앞에 more나 less를 더한다.

STEP ❶ 형용사 big

This box is **big**.
　　　　　형용사

STEP ❷ 비교 표현 요소 -er

This box is **bigger**.
　　　　　‾‾‾‾‾
　　　　　　-er
　　　　　　▼
　　　　　비교 형태

STEP ❸ 비교 대상

241 [This box] is **bigger than** [the one I lost].
　　　비교 대상　　　　　　　　　비교 대상

This box is bigger than the one I lost.

Translation TIP 비교 표현은 'X는 Y보다 더 ~하다'라고 해석한다.

X is 형용사-er than Y (is)
X does 부사-er than Y (does)

해석 ⇨ 'X는 Y보다 더 ~이다/한다'

 **Application** 비교 표현에 유의하면서 다음 문장을 해석하시오.(09~10번은 밑줄만 해석)

Words & Phrases

🔲 8441-0691

01 This book is **longer than** that book.

🔲 8441-0692
(2014년 수능 19번)

02 The presentation went **better than** expected.

▶ presentation 발표

🔲 8441-0693
(2015년 9월 모평 33번)

03 Children tend to have much **smaller** feet **than** adults.

🔲 8441-0694
(2011년 국가 성취도 평가 19번)

04 You may have noticed that, after a snowfall, it seems **quieter than** usual.

▶ notice 의식하다

🔲 8441-0695
(2015년 9월 모평 40번)

05 Certain species are **more crucial** to the maintenance of their ecosystem **than** others.

▶ crucial 결정적인
▶ maintenance 유지
▶ ecosystem 생태계

🔲 8441-0696
(2014년 수능 41~42번)

06 Members of larger groups tend to offer **more** suggestions **than** members of smaller groups.

▶ suggestion 제안

🔲 8441-0697
(2015년 6월 모평 18번 응용)

07 Your support will enable me to perform **better** at my work and contribute **more** to the company.

▶ perform 수행하다
▶ contribute 기여하다

🔲 8441-0698
(2015년 6월 모평 37번)

08 People are **more attracted** to individuals who are consistently negative **than** to people who initially behave positively and then switch to negative behavior.

▶ consistently 일관되게
▶ initially 처음에
▶ behave 행동하다

LevelUp

🔲 8441-0699

09 Do business executives suffer more from stress than their employees, who merely carry out their decisions? Most executives have jobs in which the demands are high but so is their level of control. Research indicates that lack of control is **more stressful than** the burden of decision-making.
(2011년 국가 성취도 평가 27번)

▶ executive (기업의) 임원
▶ carry out ~을 수행하다
▶ control 통제(력)
▶ burden 부담
▶ decision-making 의사 결정

🔲 8441-0700

10 Many disciplines are **better** learned by entering into the doing **than** by mere abstract study. This is often the case with the most abstract as well as the seemingly more practical disciplines. For example, within the philosophical disciplines, logic must be learned through the use of examples and actual problem-solving.
(2014년 수능 20번)

▶ discipline 학문의 분야
▶ abstract 추상적인
▶ practical 실용적인
▶ logic 논리
▶ problem-solving 문제 해결

UNIT **7**

Structure 71 동등 비교

 Challenge 굵게 표시된 부분의 형태와 의미에 유의하면서 다음 문장을 해석해 보자.

244 Bill is **as hardworking as** his father is.

245 My roommate plays video games **as much as** Timothy.

246 Group work can be **as beneficial** to the teacher **as** it is to the student.

Words & Phrases

▶ hardworking 근면한
▶ beneficial 유익한

Observation & Question 동등한 성질을 비교하는 표현의 기본 형태에 대해 생각해 보자.

▶ 성질의 동등 비교: X is 「as + 형용사 + as」 Y is
▶ 동작의 동등 비교: X does 「as + 부사 + as」 Y does
⊙ 동등 비교에 사용되는 형용사나 부사의 형태는 어떤 것인가?

Analysis & Translation 동등 비교 표현이 만들어지는 과정을 확인해 보자.

STEP ❶ 형용사의 기본 형태
　　　Bill is **hardworking**.
　　　　　　　　형용사

STEP ❷ 동등 비교
244　Bill is **as hardworking as** his father is.
　　　　　　　　　동등 비교

STEP ❸ 비교 대상 확인
　　　Bill is as hardworking as **his father** is.
　　　　　　　　　　비교 대상

STEP ❹ 동등하지 않은 성질 비교
　　　Bill is **not as hardworking as** his father is.
　　　　　　　동등하지 않은 비교

Translation TIP 동등 비교 표현은 'X는 Y만큼 ~하다'라고 해석한다.

　　　X is as 형용사 as Y (is)
　　　X does as 부사 as Y (does)
해석 ⇨ 'X는 Y만큼 ~이다/한다'

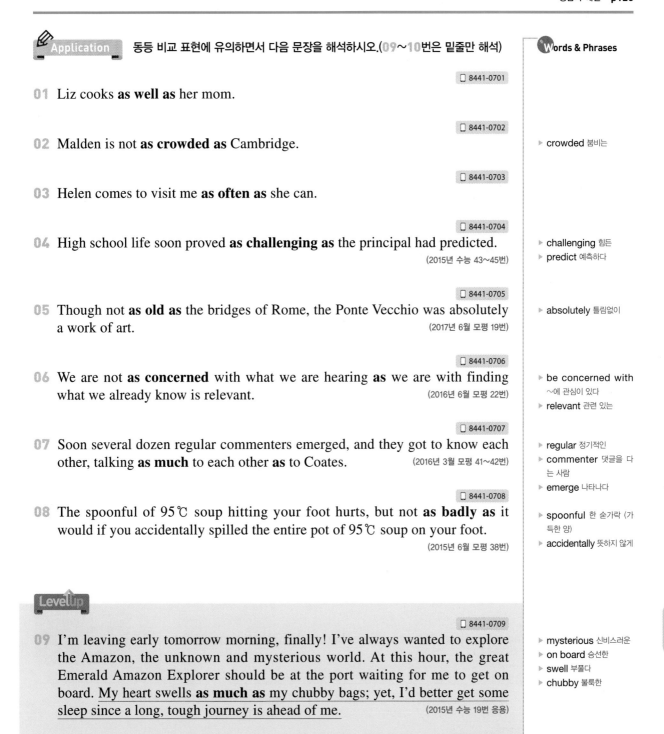

Application 동등 비교 표현에 유의하면서 다음 문장을 해석하시오.(09~10번은 밑줄만 해석)

Words & Phrases

☐ 8441-0701

01 Liz cooks **as well as** her mom.

☐ 8441-0702

02 Malden is not **as crowded as** Cambridge.

▶ crowded 붐비는

☐ 8441-0703

03 Helen comes to visit me **as often as** she can.

☐ 8441-0704

04 High school life soon proved **as challenging as** the principal had predicted.

(2015년 수능 43~45번)

▶ challenging 힘든
▶ predict 예측하다

☐ 8441-0705

05 Though not **as old as** the bridges of Rome, the Ponte Vecchio was absolutely a work of art.

(2017년 6월 모평 19번)

▶ absolutely 틀림없이

☐ 8441-0706

06 We are not **as concerned** with what we are hearing **as** we are with finding what we already know is relevant.

(2016년 6월 모평 22번)

▶ be concerned with
~에 관심이 있다
▶ relevant 관련 있는

☐ 8441-0707

07 Soon several dozen regular commenters emerged, and they got to know each other, talking **as much** to each other **as** to Coates.

(2016년 3월 모평 41~42번)

▶ regular 정기적인
▶ commenter 댓글을 다는 사람
▶ emerge 나타나다

☐ 8441-0708

08 The spoonful of 95℃ soup hitting your foot hurts, but not **as badly as** it would if you accidentally spilled the entire pot of 95℃ soup on your foot.

(2015년 6월 모평 38번)

▶ spoonful 한 숟가락 (가득한 양)
▶ accidentally 뜻하지 않게

LevelUp

☐ 8441-0709

09 I'm leaving early tomorrow morning, finally! I've always wanted to explore the Amazon, the unknown and mysterious world. At this hour, the great Emerald Amazon Explorer should be at the port waiting for me to get on board. My heart swells **as much as** my chubby bags; yet, I'd better get some sleep since a long, tough journey is ahead of me.

(2015년 수능 19번 응용)

▶ mysterious 신비스러운
▶ on board 승선한
▶ swell 부풀다
▶ chubby 불룩한

☐ 8441-0710

10 It is easy to assume that when a child learns about the physical world he or she is learning objective facts. But this is not so: You and I, for example, 'know' that the world is sort of round, whereas our remote ancestors believed it to be flat. But our 'knowledge' is based on word of mouth **as much as** that of our ancestors: Someone told us.

(2013년 국가 성취도 평가 19번)

▶ assume 추정하다
▶ physical 물리적인
▶ objective 객관적인
▶ ancestor 조상
▶ word of mouth 구전

UNIT **7**

Structure 72 배수 표현

Challenge 굵게 표시된 부분의 형태와 의미에 유의하면서 다음 문장을 해석해 보자.

247 The percentage of supporters is **two times higher than** that of opposers.

248 Women suffer from migraines **three times as often as** men.

249 The new screen is **twice the width of its previous model**.

Words & Phrases

▶ supporter 지지자
▶ opposer 반대자
▶ migraine 편두통
▶ width 너비
▶ previous 이전의

Observation & Question 배수를 나타내는 몇 가지 형태에 대해 생각해 보자.

▶ X times + 비교 표현
▶ X times + 동등 비교
▶ X times + 명사구
◉ 비교되는 두 대상은 무엇인가?

Analysis & Translation 배수 표현의 형태와 그것이 만들어지는 과정을 확인해 보자.

STEP ❶ 비교 표현

　　The percentage of supporters is <u>higher than</u> that of opposers.
　　　　　　　　　　　　　　　　　비교 표현

STEP ❷ 배수 표현 1

247 　The percentage of supporters is <u>two times</u> <u>higher than</u> that of opposers.
　　　　　　　　　　　　　　　　　2배　　　비교 표현

STEP ❷ 배수 표현 2

　　The percentage of supporters is <u>two times</u> <u>as high as</u> that of opposers.
　　　　　　　　　　　　　　　　　2배　　　동등 비교 표현

STEP ❸ 비교 대상

　　[The percentage of supporters] is **two times higher than** [that of opposers].
　　　　　　　　　　　　　　　　　　　비교 대상

Translation TIP 배수 표현은 'X는 Y보다 …배 더 ~하다'라고 해석한다.

　　　X is N times 형용사-er than Y (is)
　　　X does N times 부사-er than Y (does)
　　　X is N times as 형용사 as Y (is)
　　　X does N times as 부사 as Y (does)
　해석 ⇨ 'X는 Y보다 N배 더 ~이다/한다'

Application   배수 표현에 유의하면서 다음 문장을 해석하시오.(09~10번은 밑줄만 해석)

01 Our new house is **twice the size of our old one**.

02 The competitor received about **two times more** points **than** expected.

03 Ella was producing and earning **twice the amount of her co-workers**.
(2015년 3월 모평 23번 응용)

04 The newly developed material is exactly **three times lighter than** the existing one.

05 In 2001, there were about **three times as many** Korean men who married foreigners **as** there were in 2005.
(2013년 국가 성취도 평가 32번 응용)

06 Before long, our images will have about **10 times as many** pixels on Pluto **as** the best Hubble images.

07 Participants who evaluated the scissors when recycling facilities were available used nearly **three times more** paper **than** the group who didn't have recycling facilities.
(2017년 3월 모평 41~42번)

08 A busily typing programmer could well produce **ten times as many** lines of code **as** a thinking programmer, which contain **twice as many** new problems **as** the thinker's.
(2014년 3월 모평 25번 응용)

LevelUp

09 A study of the 1974 Canadian federal elections found that attractive candidates received more than **two and a half times as many** votes **as** unattractive candidates. Despite such evidence of favoritism toward handsome politicians, follow-up research demonstrated that voters did not realize their bias.
(2012년 수능 44번)

10 Imagine a situation with four engineers assigned to different tasks in a step-by-step process when all are present at the same time. That situation is fraught with inefficiency and high labor costs, with at least three people watching while the fourth is at work. The cost will be at least **four times what it could be**.
(2012년 9월 모평 27번 응용)

Words & Phrases

▸ competitor (시합) 참가자

▸ earn 벌다
▸ co-worker 동료

▸ material 재료
▸ existing 기존의

▸ foreigner 외국인

▸ pixel 화소
▸ Pluto 명왕성
▸ Hubble 허블 우주 망원경

▸ participant 참여자
▸ recycling 재활용
▸ facility 시설

▸ programmer (컴퓨터) 프로그래머
▸ code (컴퓨터) 코드
▸ contain 포함하다

UNIT
7

▸ favoritism 편애
▸ follow-up 뒤따르는
▸ bias 편견

▸ process 과정
▸ fraught with ~으로 가득 찬
▸ inefficiency 비효율성

73 이중 비교 표현

Challenge [ ]로 표시된 부분의 형태와 의미에 유의하면서 다음 문장을 해석해 보자.

Words & Phrases

▶ grade 성적
▶ climb 오르다
▶ vegetable 채소

250 [**The harder**] you study, [**the better grades**] you will get.

251 [**The higher**] you climb up the mountain, [**the less air**] there is.

252 [**The more green vegetables**] you eat, [**the healthier**] you will be.

Observation & Question 이중 비교 표현의 형태와 의미에 대해 생각해 보자.

▶ 이중 비교 표현 ⇒ 「The + 비교 형태 ~, the + 비교 형태 …」
◐ 두 개의 비교 표현이 서로 어떻게 연결되어 있는가?

Analysis & Translation 이중 비교 표현의 형태와 그것이 만들어지는 과정을 확인해 보자.

STEP ❶ 절1의 부사 hard
  You study **hard**.
         부사 ⇒ study를 수식

STEP ❷ 절2의 형용사 good
  You will get [**good** grades].
           형용사 ⇒ grades를 수식

STEP ❸ 절1과 절2의 결합 ⇒ 이중 비교 표현

250 [**The harder**] you study, [**the better grades**] you will get.
    The + 비교 형태   the + 비교 형태
              이중 비교 표현

Translation TIP 이중 비교 표현은 '~하면 할수록 더 …하다'라고 해석한다.

The 형용사/부사-er ~, the 형용사/부사-er …

해석 ⇨   '~하면 할수록 더 …하다'

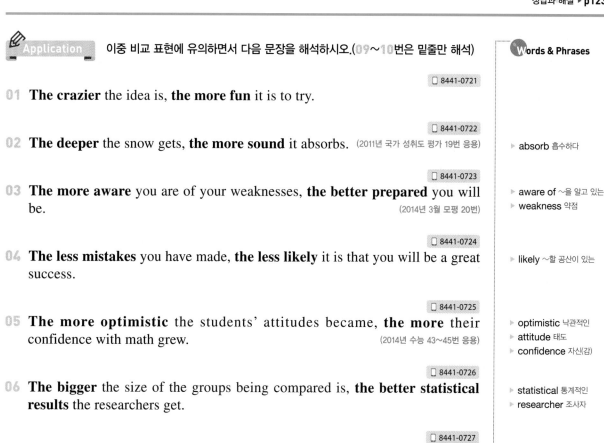

✎ Application 　이중 비교 표현에 유의하면서 다음 문장을 해석하시오.(09~10번은 밑줄만 해석)

Words & Phrases

🗋 8441-0721

01　**The crazier** the idea is, **the more fun** it is to try.

🗋 8441-0722

02　**The deeper** the snow gets, **the more sound** it absorbs. (2011년 국가 성취도 평가 19번 응용)

▶ absorb 흡수하다

🗋 8441-0723

03　**The more aware** you are of your weaknesses, **the better prepared** you will be. (2014년 3월 모평 20번)

▶ aware of ~을 알고 있는
● weakness 약점

🗋 8441-0724

04　**The less mistakes** you have made, **the less likely** it is that you will be a great success.

▶ likely ~할 공산이 있는

🗋 8441-0725

05　**The more optimistic** the students' attitudes became, **the more** their confidence with math grew. (2014년 수능 43~45번 응용)

▶ optimistic 낙관적인
● attitude 태도
● confidence 자신(감)

🗋 8441-0726

06　**The bigger** the size of the groups being compared is, **the better statistical results** the researchers get.

▶ statistical 통계적인
● researcher 조사자

🗋 8441-0727

07　**The more** you know about your reader, **the greater the chances** you will meet his or her needs and expectations. (2015년 9월 모평 35번)

▶ meet 충족시키다
● need 필요

🗋 8441-0728

08　Anyone who has tried to complete a jigsaw puzzle as the clock ticked on toward a deadline knows that **the more** they struggle to find the missing pieces, **the harder** it is to find them. (2017년 3월 모평 20번)

▶ jigsaw puzzle 조각 그림 맞추기
● tick 째깍거리다
● deadline 마감 시간

Level up

🗋 8441-0729

09　Science is the study of nature, and **the more** we learn about how nature works, **the more** we learn about what our existence in this universe means for us. The seemingly impractical knowledge we gain from space probes to other worlds tells us about our planet and our own role in the scheme of nature. (2015년 수능 41~42번 응용)

▶ impractical 비실용적인
● space probe 우주 탐사기
● scheme 체계

🗋 8441-0730

10　Shared reading is a group reading experience. It was originally called 'shared book experience' by Don Holdaway, a New Zealand educator. He studied children's experiences during bedtime storytelling and discovered that **the more** children interact with their parents at bedtime, **the more successful at reading** they become. (2013년 국가 성취도 평가 29번 응용)

▶ educator 교육학자
▶ interact 소통하다
● bedtime 잠자리에 드는 시간

UNIT
7

Structure 74 최상 표현

Challenge 굵게 표시된 부분의 형태에 유의하면서 다음 문장을 해석해 보자.

Words & Phrases

▶ race 경주
▶ talented 재능이 있는
▶ competition 성년 내회

253 This puzzle is **the easiest** in the whole book.

254 Everyone in the race ran fast, but Mike ran **the fastest** of all.

255 Katie was **the most talented** singer in the competition.

Observation & Question 최상 표현의 형태와 의미에 대해 생각해 보자.

▶ 형용사 easy의 최상 표현 ⇒ the easiest
▶ 전치사구 in the whole book ⇒ 최상의 의미가 적용되는 범위
◑ 최상 표현에 한정사 the가 필요한 이유는 무엇인가?

Analysis & Translation 최상 표현이 만들어지는 과정을 확인해 보자. 셋 이상의 요소 중 최고를 나타내는 표현은 형용사나 부사의 형태 변화를 통해 나타낼 수 있다. 최상 표현에 사용되는 형용사나 부사의 형태는, 1~2음절의 짧은 것은 -est 요소를 붙이고 2음절 이상의 긴 것은 바로 앞에 the most나 the least를 더한다.

> STEP ❶ 형용사 easy
> This puzzle is **easy**.
>   형용사
>
> STEP ❷ 최상 표현
> This puzzle is **the easiest**.
>   the -est
>   ▼
>   최상 표현
>
> STEP ❸ 적용 범위 표시
> **253** This puzzle is **the easiest** [in the whole book].
>   적용 범위 표시

Translation TIP 최상 표현은 'X는 가장 ~하다'라고 해석한다.

X is the 형용사 -est ~
X does the 부사 -est ~
해석 ⇨ 'X는 가장 ~이다/한다'

Application 최상 표현에 유의하면서 다음 문장을 해석하시오.(09~10번은 밑줄만 해석)

Words & Phrases

☐ 8441-0731

01 This is **the best** lecture that I've ever attended.

☐ 8441-0732

02 In Korea, August is usually **the hottest** month of the year.

☐ 8441-0733

03 Baseball is one of **the most popular** sports frequently broadcast on TV.

(2015년 6월 모평 35번)

▶ frequently 자주
▶ broadcast 방송하다

☐ 8441-0734

04 Feedback is usually **most effective** when you offer it at **the earliest** opportunity.

(2015년 9월 모평 34번)

▶ effective 효과적인
▶ opportunity 기회

☐ 8441-0735

05 We should keep in mind that money is not **the most important** thing in life.

☐ 8441-0736

06 The people I admire **most** are those who touch me personally like my grandfather.

(2013년 국가 성취도 평가 21번)

▶ admire 존경하다
▶ touch 감동시키다

☐ 8441-0737

07 Mathematics was an essential tool to elite civil and military engineers, and would also become a gateway subject for efficiently sorting **the best and brightest** ones.

(2017년 3월 모평 23번 응용)

▶ civil engineer 토목 기사
▶ military engineer 공병
▶ gateway 관문
▶ sort 가려내다

☐ 8441-0738

08 People still living in hunter-gatherer societies regularly make choices designed to produce not **the best** opportunity for obtaining a hyperabundant supply of food but, instead, **the least** danger of ending up with an insufficient supply.

(2017년 6월 모평 40번 응용)

▶ hunter-gatherer
수렵 · 채집인
▶ hyperabundant 엄청 나게 풍부한
▶ insufficient 불충분한

Level up

☐ 8441-0739

09 The laughter stopped as the Great Chief ordered Kione to come and sit beside him. Then he announced, "This boy is a hero. He was willing to give us his only possession, but his long, hard journey here made his present **the most magnificent** gift of all."

(2013년 국가 성취도 평가 33~34번)

▶ announce 공표하다
▶ be willing to 기꺼이 ~하다
▶ possession 소유물
▶ magnificent 훌륭한

☐ 8441-0740

10 When you have said "No," all your pride of personality demands that you remain consistent with yourself. Once having said "No," you feel you must stick to it. Hence it is of **the very greatest** importance that a person be started in the affirmative direction.

(2011년 국가 성취도 평가 29번)

▶ consistent 일관된
▶ hence 이런 이유로
▶ affirmative 긍정적인

UNIT **7**

Challenge 표시된 부분의 형태와 의미에 유의하면서 다음 문장을 해석해 보자.

256 Peter is **taller than any other student in his class**.

257 **No other student in his class** is **taller than** Peter.

258 **No other student in his class** is **as tall as** Peter.

Observation & Question 비교 표현으로 최상의 의미를 전할 수 있는 표현 방법에 대해 생각해 보자.

▶ 최상 의미 ⇒ 비교 표현 + any other 명사
▶ 최상 의미 ⇒ no other 명사 + 비교 표현
▶ 최상 의미 ⇒ no other 명사 + 동등 비교
◐ 비교 표현이 최상의 의미를 전하는 데 부정어는 어떤 역할을 하는가?

Analysis & Translation 최상의 의미를 전하는 비교 표현을 분석해 보자.

STEP ❶ 비교 표현
    Peter is taller than Paul.
            ‾‾‾‾‾‾‾‾‾‾
            비교 표현 ⇒ Peter와 Paul을 비교

STEP ❷ 비교 표현 + any other 명사
256 Peter is **taller than** [**any other student in his class**].
            ‾‾‾‾‾‾‾‾‾‾‾‾‾‾‾‾‾‾‾‾‾‾
            비교 표현 ⇒ Peter와 (임의의) 다른 어떤 학생을 비교

STEP ❸ any other 수반 명사구 ⇒ 최상 의미
    Peter is **taller than** [**any other student in his class**].
    = Peter is **the tallest student in his class**.

STEP ❸ no other 수반 명사구 ⇒ 최상 의미
257 [**No other student in his class**] is **taller than** Peter.
            Peter 이외의 다른 학생을 배제 ⇒ 최상 의미 도출
258 [**No other student in his class**] is **as tall as** Peter.
            Peter 이외의 다른 학생을 배제 ⇒ 최상 의미 도출
         = Peter is **the tallest student in his class**.

Translation TIP 주어나 비교 대상에 각각 any other나 no other가 한정하는 명사구가 포함되면 최상 의미로 해석한다.

    X is/does 비교 형태 than [any other 한정 명사구]
    [no other 한정 명사구] is/does 비교 형태 than X
    [no other 한정 명사구] is/does 동등 비교 X
해석 ⇨ 'X는 가장 ~이다/한다'

 비교 표현에 나타난 최상의 의미에 유의하면서 다음 문장을 해석하시오.(09~10번은 밑줄만 해석)

Words & Phrases

□ 8441-0741

01 **No other city** is **more beautiful than** Seoul.

□ 8441-0742

02 **No other building** is **as energy efficient as** a Monolithic Dome.

▶ Monolithic Dome
모놀리식 돔(일체형 구조를
가진 반구 모양의 건물)

□ 8441-0743

03 Julia crossed the finish line **faster than any other player in the competition**.

▶ competition 시합

□ 8441-0744

04 There is debate over whether the Nile is **longer than any other river in the world**.

▶ debate 논쟁

□ 8441-0745

05 You will see that **no other child** participates in the group discussion **more actively than** Chris.

▶ participate 참여하다
▶ discussion 토론
▶ actively 적극적으로

□ 8441-0746

06 **Nothing** could be **further** from the truth **than** assuming that we are born to compete with each other.

▶ assume 추정하다
▶ compete 경쟁하다

□ 8441-0747

07 Over the past century, society has witnessed **more** advances in medicine, science, and technology **than any other century**. (2016년 3월 모평 38번 응용)

▶ advance 발전
▶ medicine 의학

□ 8441-0748

08 A study of food preferences among the Hadza hunter-gatherers of Tanzania found that honey was the most highly preferred food item, an item that has **higher** caloric value **than any other food item**. (2017년 수능 38번 응용)

▶ preference 선호
▶ hunter-gatherer
수렵 · 채집인
▶ item 품목

LevelUp

□ 8441-0749

09 Investigators place a high value on process and learning. They use logic and the information gained through their senses to conquer complex problems. **Nothing** thrills investigators **more than** a "big find." They are happiest when they're using their brain power to pursue what they deem a worthy outcome. (2015년 9월 모평 32번 응용)

▶ thrill 전율하게 하다
▶ deem 여기다
▶ outcome 결과

□ 8441-0750

10 Once upon a time, there was only one way to launch a hit album: radio. **Nothing else** reached **as many** people, **as often**. But now radio is in seemingly terminal decline. So how to market music? Labels know the answer lies online, tapping the word-of-mouth forces that are replacing traditional marketing in creating demand, but they're still trying to figure out exactly how best to do it. (2012년 수능 43번 응용)

▶ launch 출시하다
▶ terminal 가망이 없는
▶ label 음반사
▶ tap 이용하다
▶ word-of-mouth 구전의

UNIT
7

Structure 76 기타 비교 표현

Challenge 굵게 표시된 부분의 형태에 유의하면서 다음 문장을 해석해 보자.

259 Richard is **no more fit** to be a priest **than** Fred is.

260 Resting is **not so much** a waste of time **as** an investment.

261 Money is **nothing more than** a means to an end.

262 Our customers expect **nothing less than** perfection from us.

263 **No sooner** had Betty heard the news **than** she burst into tears.

264 I **would rather** go to the movies **than** stay home.

 Words & Phrases

▶ fit 어울리는
▶ priest 성직자
▶ investment 투자
▶ means 수단
▶ end 목적
▶ customer 고객

WASTE OF TIME? NO! INVESTMENT? YES!

Observation & Question 다양한 비교 표현에 대해 생각해 보자.

▶ X is no more ~ than Y is   'X가 ~ 아닌 것은 Y가 ~ 아닌 것과 같다'
▶ ~ is not so much X as Y   '~은 X가 아니라 Y이다'
▶ X is nothing more than Y   'X는 Y에 불과하다'
▶ X is nothing less than Y   'X는 다름 아닌 바로 Y이다'
▶ no sooner X than Y   'X하자마자 Y하다'
▶ would rather X than Y   'Y하기보다는 X하고 싶다'

Analysis & Translation 기타 비교 표현을 분석해 보자.

STEP ❶ 비교 표현
259 Richard is **<u>no more fit</u>** to be a priest **<u>than</u>** Fred is.
           비교 표현

STEP ❷ 비교 대상
     <u>Richard</u> is **no more fit** to be a priest **than** <u>Fred</u> is.
           비교 대상

STEP ❸ 생략 요소 복원
     Richard is **no more fit to be a priest than** <u>Fred</u> is (**fit to be a priest**).
           복사

Application 기타 비교 표현에 유의하면서 다음 문장을 해석하시오.(09~10번은 밑줄만 해석)

📱 8441-0751

01 Interviewing is **nothing more than** expressing yourself. (2014년 수능 13번 응용)

📱 8441-0752

02 What I heard was **nothing less than** a desperate cry for help.

▶ desperate 필사적인

📱 8441-0753

03 Creativity is **not so much** an inborn talent **as** a learned skill.

▶ creativity 창의성
▶ inborn 타고난
▶ learned 학습된

📱 8441-0754

04 Jill was **not so much** nervous **as** impatient for the journey to be over.

▶ impatient 안달하는

📱 8441-0755

05 **No sooner** had Harry arrived in the States **than** he started to find a place to stay.

📱 8441-0756

06 What David wanted to hear from his student was **nothing less than** an honest answer.

▶ honest 솔직한

📱 8441-0757

07 Which school you graduated from means **nothing more than** how much you studied.

📱 8441-0758

08 The reason you don't remember what you ate for lunch last week is **not so much** that your memory of last week's lunch has disappeared **as** that your brain has filed it away with all the other lunches you've ever eaten as *just another lunch*. (2017년 수능 32번 응용)

▶ file away ~을 정리해 놓다
▶ just another 그저 그런

Level Up

📱 8441-0759

09 We can **no more** escape the artist's feelings of pride **than** we could escape an infectious disease. However, the effects of art are neither so certain nor so direct. People vary a great deal both in the intensity of their response to art and in the form which that response takes. (2014년 수능 40번 응용)

▶ infectious disease 전염병
▶ vary (서로) 다르다
▶ intensity 강도

📱 8441-0760

10 To get the best performance from workers, managers **would rather** inspire them **than** command them. Antoine de Saint-Exupery put it nicely: "If you want to build a boat, do not instruct the men to saw wood, stitch the sails, prepare the tools, and organize the work, but make them long for setting sail and travel to distant lands." (2013년 국가 성취도 평가 20번 응용)

▶ inspire 격려하다
▶ saw 톱으로 자르다
▶ stitch 꿰매다
▶ long for ~을 간절히 바라다

UNIT 7

Frequently Asked Questions

자주 묻는 질문들

1 than 뒤에 나오는 비교 대상

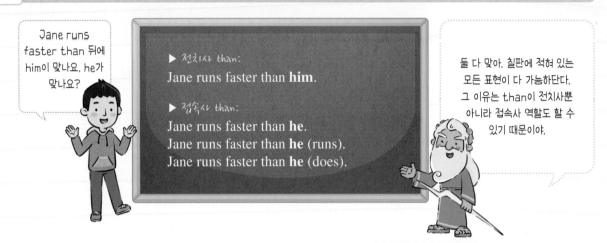

Jane runs faster than 뒤에 him이 맞나요, he가 맞나요?

▶ 전치사 than:
Jane runs faster than **him**.

▶ 접속사 than:
Jane runs faster than **he**.
Jane runs faster than **he** (runs).
Jane runs faster than **he** (does).

둘 다 맞아. 칠판에 적혀 있는 모든 표현이 다 가능하단다. 그 이유는 than이 전치사뿐 아니라 접속사 역할도 할 수 있기 때문이야.

2 'than + 비교 대상'의 생략

비교 표현에서 「than + 비교 대상」이 나타나지 않은 문장도 봤는데 왜 그렇죠?

John wants to be happier
(than he is now).

아주 좋은 질문이구나. 비교 대상을 문맥상 확실히 알 수 있을 때는 지금처럼 생략할 수 있단다.

3 비교 표현에 사용하는 대명사 that

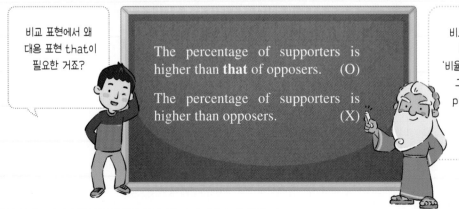

비교 표현에서 왜 대용 표현 that이 필요한 거죠?

The percentage of supporters is higher than **that** of opposers.　(O)

The percentage of supporters is higher than opposers.　(X)

비교 대상을 한번 살펴볼까? 비교 대상이 지지자들의 '비율'과 반대자들의 '비율'이지? 그래서 앞에 언급된 'The percentage'를 대신하는 대용 표현 'that'이 필요한 거란다.

4 비교의 정도

비교의 정도에도 차이가 있을 수 있잖아요. '훨씬 더 ~한/하게', '조금 더 ~한/하게'와 같은 표현은 어떻게 하죠?

> This box is **much** bigger than the one I lost. (훨씬)
>
> This box is **a little** bigger than the one I lost. (조금)

좋은 질문이야. 그럴 때는 형용사나 부사의 비교 형태 앞에 'much'나 'a little' 등을 더해서 나타낼 수 있단다.

5 최상 표현 앞의 the

최상 표현에는 왜 한정사 the가 필요한가요?

> This puzzle is **the** easiest (puzzle) in the whole book.

책 전체에서 '가장 쉬운' 퍼즐은 하나로 '한정되어' 있지 않겠니? 따라서 정해져 있는 대상을 언급하기 때문에 최상 표현 앞에 한정사 the가 필요한 거란다.

6 비교 표현에 나타난 최상의 의미

비교 표현에 나타난 최상의 의미가 복잡한 것 같아요.

> Peter is taller than any other student in his class.
> ‖
> Peter is the tallest student in his class.

그렇지? 문장을 있는 그대로 해석해 보렴. 'Peter는 자기 학급의 다른(other) 어떤(any) 학생보다도 키가 더 크다.' 결국 Peter가 제일 크다는 의미랑 같지 않니?

08 문장의 어순

Structure of a Sentence

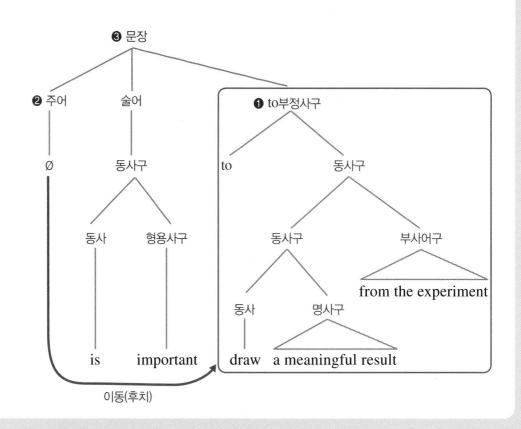

Crack the Code

❶ [To draw a meaningful result from the experiment] is important ____.

이동(후치)

❷ ∅ is important [to draw a meaningful result from the experiment].

It 삽입

❸ It is important [to draw a meaningful result from the experiment].

이동과 삽입이 완결된 문장

1 내용상 주어의 후치
▶ 주어의 해석 ⇒ 「실험에서 의미 있는 결과를 끌어내는 것은」
▶ 술어의 해석 ⇒ 「중요하다」

2 형식상의 주어 It 삽입
▶ It의 해석 ⇒ 하지 않음(∅)

3 문장의 해석
▶ 주어 찾기 ⇒ 내용상의 주어 [ ] 「실험에서 의미 있는 결과를 끌어내는 것은」
▶ 문장 ⇒ 주어 + 술어
▶ 문장의 해석 ⇒ 「실험에서 의미 있는 결과를 끌어내는 것은 중요하다.」

Structure 77 주어와 조동사의 도치

Challenge 문장의 어순에 대해 생각하면서 다음 문장을 해석해 보자.

Words & Phrases

▶ seldom 좀처럼 ~ 않는
▶ tragedy 비극

265 [**Seldom**] **do we hear** Michael say "sorry."

266 [**Only then**] **did the reporter understand** why the tragedy had happened.

267 [**Not until his death**] **did they realize** that Tony was a great artist.

Observation & Question 부정어구로 시작된 문장의 어순에 대해 생각해 보자.

▶ 일반적인 문장의 어순 ⇒ 주어 + 조동사 + 본동사
▶ 주어와 조동사가 도치된 문장의 어순 ⇒ [　] + 조동사 + 주어 + 본동사
◑ 문장의 도치 어순을 초래하는 [　]는 무엇인가?

Analysis & Translation [　]로 표시된 부분의 어순을 분석해 보자.

STEP ❶ 문장의 기본 어순

265 We seldom hear Michael say "sorry."

STEP ❷ 부정어를 문장 앞으로 이동 ⇒ 강조 효과

　　Seldom [we ~~seldom~~ **hear** Michael say "sorry]."

STEP ❸ 조동사와 주어의 도치

　　Seldom [**do** we ~~do~~ **hear** Michael say "sorry]."
　　　　　　　조동사 do의 이동

only의 수식을 받는
어구는 왜 주어와
조동사의 도치를
초래하죠?

only에 부정의 의미가
있기 때문이야. only의
수식을 받으면 경우의
수가 줄어드니까 그래.

Translation TIP 문장이 부정어구로 시작되면 조동사나 be동사가 주어 앞으로 이동한다.

부정어구 + 조동사 + 주어 + ~~조동사~~ + 본동사 …

해석 ⇨ 　　이동한 요소들을 (마음속으로) 원래 위치에 복원하여 해석

✎ **Application** 굵게 표시된 부분에 유의하면서 다음 문장을 해석하시오.(09~10번은 밑줄만 해석)

Words & Phrases

📱 8441-0761

01 **Only after we work hard can we get** what we want.

📱 8441-0762

02 **Rarely will they reveal** what you don't need to know.

▶ reveal 드러내다

📱 8441-0763

03 **Never had the soldier wanted** something to drink so badly.

▶ soldier 병사
▶ badly 몹시

📱 8441-0764

04 **Never before had the man ever chanced** to meet another human being.

▶ chance to 우연히 ~하다

📱 8441-0765

05 **Not only does Dan speak** Chinese, he's also good at dealing with computers.

▶ be good at ~에 능하다
▶ deal with ~을 다루다

📱 8441-0766

06 **Little did my father know** that he was fueling his son with a passion that would last for a lifetime. (2007년 수능 22번)

▶ fuel 불어넣다
▶ passion 열정
▶ last 지속되다

📱 8441-0767

07 **Only through a balanced program of sports is it** possible to develop well-rounded individuals. (2015년 6월 모평 35번 응용)

▶ well-rounded 균형이 잡혀 완벽한

📱 8441-0768

08 **Not only did it produce** settled societies for the first time, the adoption of agriculture also radically changed society itself. (2014년 국가 성취도 평가 23번)

▶ settled 한곳에 정주하는
▶ adoption 채택
▶ agriculture 농업
▶ radically 근본적으로

Level up

📱 8441-0769

09 Richard thanked the waiter. Following his instructions, Richard made a flower with the cream. He tried to be as precise as he could. **No sooner had he completed** his masterpiece, Julie stepped into the cafe. As she sat down, she saw her coffee. (2016년 6월 모평 43~45번)

▶ instruction 설명
▶ precise 정확한
▶ masterpiece 걸작

📱 8441-0770

10 Within the philosophical disciplines, logic must be learned through the use of examples and actual problem solving. **Only after some time and struggle does the student begin** to develop the insights and intuitions that enable him to see the centrality and relevance of this mode of thinking. (2014년 수능 20번)

▶ philosophical 철학의
▶ discipline 교과
▶ intuition 직관력
▶ centrality 중요성
▶ relevance 타당성

UNIT
8

Structure 78 ▷ 주어의 후치: 장소나 방향의 부사어구로 시작

Challenge 문장의 어순에 대해 생각하면서 다음 문장을 해석해 보자.

268 [At the bottom of the cliff] lies [a pile of fossilized horse bones].

269 With each passing week, [out] come [the tomatoes and bell peppers].

270 [In front of them] stood [a very weird-looking animal].

Words & Phrases

▶ bottom 밑바닥
▶ cliff 절벽
▶ fossilize 화석화하다
▶ bell pepper 피망
▶ weird-looking 이상하
  게 생긴

Observation & Question 장소나 방향의 부사어구로 시작된 문장의 어순에 대해 생각해 보자.

▶ 일반적인 문장의 어순 ⇒ 주어 + 술어동사 + 부사어구
▶ 장소나 방향의 부사어구로 시작된 문장의 어순 ⇒ 부사어구 + 술어동사 + 주어
◉ 장소나 방향의 부사어구로 문장이 시작될 때 일어나는 어순 변화의 특징은 무엇인가?

Analysis & Translation [ ]로 표시된 부분의 역할과 어순을 분석해 보자.

STEP ❶ 문장의 어순 확인

268 [At the bottom of the cliff] lies [a pile of fossilized horse bones].
　　　　　부사어구(장소)　　　　　술어동사　　　　　　주어

STEP ❷ 어순 변화 과정: 부사어구로 문장이 시작되면서 주어가 이동

　　　[At the bottom of the cliff] ▬▬▬ lies [a pile of fossilized horse bones].
　　　　　　　　　　　　　　　　　　└──────주어의 이동──────┘

바로 앞에서 공부한 주어와 조동사의 도치와는 다른 거죠?

그래. 여기는 조동사가 없지 않니? 주어가 술어 뒤로 이동한 거야. 그래서 주어의 '후치'라고 해.

Translation TIP 장소나 방향 등을 나타내는 부사어구로 문장이 시작되면 흔히 주어가 동사 뒤로 이동한다.

　　　　부사어구　~~주어~~　술어동사　**주어**
　　　　　　　　└─────이동─────┘

해석 ⇨　어순의 변화와 상관없이 부사어구는 술어동사를 수식하는 것으로,
　　　　술어동사 뒤의 명사구는 주어로 해석

✎ **Application** 굵게 표시된 부분에 유의하면서 다음 문장을 해석하시오.(09~10번은 밑줄만 해석)

Words & Phrases

□ 8441-0771

01 Down the stairs came **the deep shadow.**

▸ shadow 그림자

□ 8441-0772

02 On the top of the hill stood **an old oak tree.**

□ 8441-0773

03 Right in front of him stood **a huge two-headed dragon.**

▸ two-headed 머리가 두 개 달린

□ 8441-0774

04 Behind the mountain lay **the most beautiful valley that he had ever seen.**

▸ valley 계곡

□ 8441-0775

05 In the middle of the road was sitting **a strange old man dressed in black.**

▸ strange 낯선

□ 8441-0776

06 From all this came **the rich variety of colors that the artist used in his work.**

□ 8441-0777

07 Around this central core revolve **a number of planets in various stages of "maturity."**

▸ core 중심부
▸ revolve 회전하다
▸ maturity 성숙

□ 8441-0778

08 About what goes on today hangs **a cloud of thoughts concerning similar things undergone in bygone days.**

▸ concerning ~에 관한
▸ undergo 경험하다
▸ bygone 지나간

Level Up

□ 8441-0779

09 Lord Avenbury once made an experiment to see if the color of flowers attracted bees. Placing honey on slips of paper of different shades, he found that the insects which visited them seemed to have a marked preference for blue, **after which** came **white, yellow, red, green and orange.**

(2014년 9월 모평 33번)

▸ experiment 실험
▸ attract 유인하다
▸ shade 색조
▸ marked 두드러진
▸ preference 선호

□ 8441-0780

10 Getting on a radio playlist was difficult, but once a song was in heavy rotation on the radio, it had a high probability of selling. **Then, in the 1980s, came MTV,** which became the second way to create a hit. It had even more limited capacity for new music, but its influence over a generation was unparalleled.

(2012년 수능 43번)

▸ probability 가능성
▸ hit 인기 앨범
▸ capacity 수용 능력
▸ unparalleled 비할 데 없는

UNIT
8

79 주어의 후치: 보어로 시작

Challenge 문장의 어순에 대해 생각하면서 다음 문장을 해석해 보자.

271 [**Resting on the saucer**] were [**two packets of sugar**].

272 [**Around them**] were [**lots of wooden barrels and boards**].

273 Success is good, but [**more important than success**] is [**greatness**].

Words & Phrases

▸ saucer 받침접시
▸ packet 묶음
▸ wooden 나무로 된
▸ barrel 통

Observation & Question be동사의 보어로 시작된 문장의 어순에 대해 생각해 보자.

▸ 일반적인 문장의 어순 ⇒ 주어 + 술어동사(be동사) + 보어
▸ 보어로 시작된 문장의 어순 ⇒ 보어 + 술어동사(be동사) + 주어
◐ 보어로 문장이 시작될 때 일어나는 어순의 변화는 무엇인가?

Analysis & Translation [ ]로 표시된 부분의 역할과 어순을 분석해 보자.

STEP ❶ 문장의 어순 확인

271 [**Resting on the saucer**] were [**two packets of sugar**].
　　　　　　보어　　　　　　　　술어동사　　　　주어

STEP ❷ 어순 변화 과정: 보어로 문장이 시작되면서 주어가 이동

　　[**Resting on the saucer**] ▆▆ were [**two packets of sugar**].
　　　　　　　　　　　　　　　　　　주어의 이동

Translation TIP be동사의 보어로 문장이 시작되면 흔히 주어가 be동사 뒤로 이동(후치)한다.

　　　　　　보어　　~~주어~~　　be동사　　주어
　　　　　　　　　　　　　이동

해석 ⇨ 　be동사 앞의 형용사구나 분사구는 be동사의 보어로, be동사 뒤의 명사구는 문장의 주어로 해석

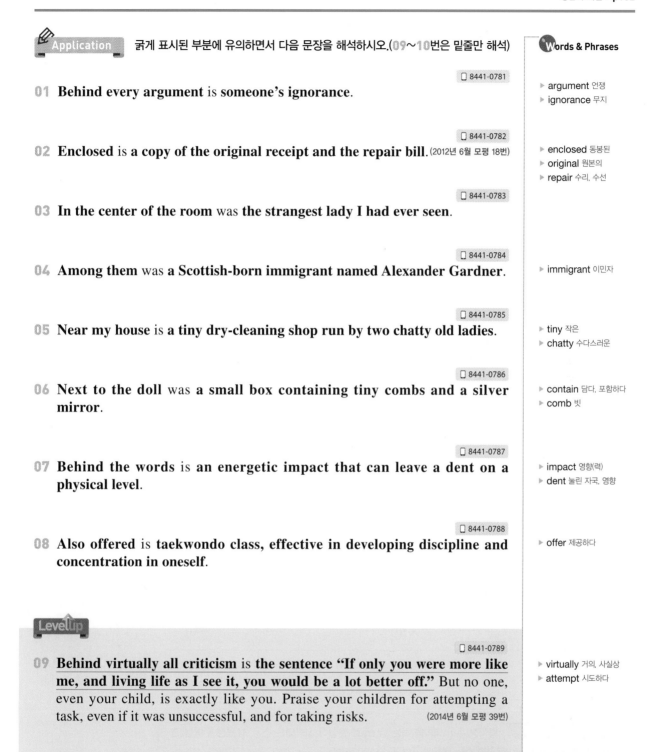

굵게 표시된 부분에 유의하면서 다음 문장을 해석하시오.(09~10번은 밑줄만 해석)

Words & Phrases

☐ 8441-0781

01 **Behind every argument** is **someone's ignorance**.

▶ argument 언쟁
▶ ignorance 무지

☐ 8441-0782

02 **Enclosed** is **a copy of the original receipt and the repair bill**. (2012년 6월 모평 18번)

▶ enclosed 동봉된
▶ original 원본의
▶ repair 수리, 수선

☐ 8441-0783

03 **In the center of the room** was **the strangest lady I had ever seen**.

☐ 8441-0784

04 **Among them** was **a Scottish-born immigrant named Alexander Gardner**.

▶ immigrant 이민자

☐ 8441-0785

05 **Near my house** is **a tiny dry-cleaning shop run by two chatty old ladies**.

▶ tiny 작은
▶ chatty 수다스러운

☐ 8441-0786

06 **Next to the doll** was **a small box containing tiny combs and a silver mirror**.

▶ contain 담다, 포함하다
▶ comb 빗

☐ 8441-0787

07 **Behind the words** is **an energetic impact that can leave a dent on a physical level**.

▶ impact 영향(력)
▶ dent 눌린 자국, 영향

☐ 8441-0788

08 **Also offered** is **taekwondo class, effective in developing discipline and concentration in oneself**.

▶ offer 제공하다

Level Up

☐ 8441-0789

09 <u>**Behind virtually all criticism** is **the sentence "If only you were more like me, and living life as I see it, you would be a lot better off."**</u> But no one, even your child, is exactly like you. Praise your children for attempting a task, even if it was unsuccessful, and for taking risks. (2014년 6월 모평 39번)

▶ virtually 거의, 사실상
▶ attempt 시도하다

☐ 8441-0790

10 There are many common arctic plants with wintergreen leaves. <u>**Among them are arctic poppy, thrift, alpine saxifrage, and several kinds of chickweeds and starworts.**</u> Wintergreen leaves are not limited to the Arctic; many plants of the northern forests have them, too. (2013년 6월 모평 31번)

▶ arctic poppy 시베리아꽃 개양귀비
▶ thrift 아르메리아
▶ alpine saxifrage 고산 범의귀
▶ chickweed 별꽃
▶ starwort 개미취

UNIT 8

Structure 80 ▶ 주어의 후치: There 구문

Words & Phrases

▶ captain 선장
▶ emphasis 강조

Challenge 문장의 어순과 [ ]로 표시된 부분의 역할에 대해 생각하면서 다음 문장을 해석해 보자.

274 In New Guinea, **there are** [**more than 800 languages**].

275 **There was once** [**a captain who named his ship after his wife**].

276 I think **there is** [**too much emphasis on winning in youth sports**].

Observation & Question 형식상의 주어 역할을 하는 there로 시작된 문장의 어순에 대해 생각해 보자.

▶ 문장의 구조 ⇒ There + be동사 + 명사구
▶ 명사구의 기능 ⇒ 문장의 내용상 주어 역할
❍ There의 기능은 무엇인가?

Analysis & Translation [ ]로 표시된 부분의 역할을 분석해 보자.

STEP ❶ 문장의 구조 확인: There + be동사 + 명사구
274 In New Guinea, **there** <u>are</u> [**more than 800 languages**].
　　　　　　　　　　　　　　be동사　　　　　명사구

STEP ❷ 성분 및 어순 확인
　　In New Guinea, **there** <u>are</u> [**more than 800 languages**].
　　　　　　　　형식상 주어　술어동사　　　　내용상 주어
　　　　　　　　　　　　　　└──────┬──────┘
　　　　　　　　　　　　　　　　　수일치

There를 부사가 아니라 형식상의 주어로 간주해야 할 증거라도 있나요?

그럼. 의문문과 부가의문문이 좋은 증거가 될 거야.
의문문 ⇒ Is there any juice left? (be동사와 주어 there의 도치)
부가의문문 ⇒ There is an easier way, isn't there? (주어가 there)

Translation TIP 형식상 주어 역할을 하는 There로 문장이 시작되는 경우, 내용상 주어는 술어동사 뒤에 위치한다. 술어동사의 수는 내용상 주어의 수와 일치한다.

　　　　There　　　　**is/are**　　+　　**명사구**
　　　形式상 주어　　　술어동사　　　　　내용상 주어
　　　　　　　　　　└──────┬──────┘
　　　　　　　　　　　　　수일치

해석 ⇨　　보통 '~이 있다'로 해석하되 「~이」는 내용상의 주어에 해당

 **Application** 굵게 표시된 부분에 유의하면서 다음 문장을 해석하시오.(09~10번은 밑줄만 해석)

 Words & Phrases

☐ 8441-0791

01 There's an extra monitor in the storage room.

(2009년 수능 15번)

▸ storage room 창고

☐ 8441-0792

02 There may be a relationship between sleeping position and personality.

(2010년 수능 3번)

▸ position 자세
▸ personality 성격

☐ 8441-0793

03 There is an important distinction to be made between denial and restraint.

(2012년 수능 23번)

▸ distinction 차이
▸ denial 부인
▸ restraint 자제

☐ 8441-0794

04 There is evidence that larger groups are more productive than smaller groups.

(2014년 수능 41~42번)

▸ evidence 증거
▸ productive 생산적인

☐ 8441-0795

05 One of the real problems is that **there has never been enough emphasis placed on forming good habits.**

(2010년 국가 성취도 평가 30번 응용)

▸ emphasis 강조

☐ 8441-0796

06 For books, **there are various filters that help readers distinguish between reliable and unreliable information.**

(2013년 6월 모평 A형 41~42번)

▸ filter 여과 장치
▸ distinguish 구분하다
▸ reliable 믿을 만한

☐ 8441-0797

07 Before you can have an idea of a chair, you need to understand that **there exist in the world certain functional objects.**

(2013년 9월 모평 A형 40번)

▸ exist 존재하다
▸ functional 기능을 가진

☐ 8441-0798

08 Beneath the many layers of shoulds and shouldn'ts that cover us, **there lies a constant, single, true self that is just waiting to be discovered.**

(2012년 국가 성취도 평가 23번)

▸ layer 층, 겹
▸ constant 지속적인

Level Up

☐ 8441-0799

09 Where denial and suppression occur, <u>**there comes the danger that in doing so the individual stores up anger and resentment**</u>. The trouble here is that at some future point they may find they cannot contain these feelings any longer.

(2012년 수능 23번)

▸ suppression 억제, 억압
▸ store up ~을 축적하다
▸ resentment 분개
▸ contain 억누르다

☐ 8441-0800

10 <u>**There are many reasons why people don't buy your product – most of which have nothing to do with you**</u>. It may be that a potential customer didn't need your product. Perhaps he couldn't afford it. The point is, you must not feel personally rejected.

(2014 예비수능 A형 25번)

▸ have nothing to do with ~과 관계가 없다
▸ potential 잠재적인
▸ reject 거절하다

UNIT
8

Structure **81**「It is ~ that ...」강조 문장

Words & Phrases

▶ budget 예산
▶ reduce 축소하다

Challenge [ ]로 표시된 부분의 위치에 유의하면서 다음 문장을 해석해 보자.

277 It is [our budget] that is reduced.

278 It is [the Louvre Museum] that Irene wants to visit most.

279 It was [when I was 14 years old] that I lived in Lexington.

Observation & Question 문장의 구조와 [ ]로 표시된 부분의 위치에 대해 생각해 보자.

▶ [ ]는「It is ~ that ...」구문의 ~ 위치를 차지하고 있음
▶ [ ]는 문장에서 가장 강조되는 요소 (초점)
❂「It is ~ that ...」구문에서 초점의 위치에 나타날 수 있는 요소로는 어떤 것들이 있는가?

Analysis & Translation [ ]의 어순 변화와 의미를 분석해 보자.

초점 위치에 나타날 수 있는 요소는 주어, 목적어, 부사어구 들이야. 보어나 동사는 이 자리에 나타날 수 없어.

기본 문장
[**Our budget**] is reduced.
　　　주어

TYPE ❶ 주어가 초점 위치 ⇒ 주어 강조

277 It is [**our budget**] that is reduced.
　　　　초점(focus) 위치

TYPE ❷ 목적어가 초점 위치 ⇒ 목적어 강조

278 It is [**the Louvre Museum**] that Irene wants to visit most.
　　　　초점(focus) 위치

TYPE ❸ 부사어구가 초점 위치 ⇒ 부사어구 강조

279 It was [**when I was 14 years old**] that I lived in Lexington.
　　　　초점(focus) 위치

Translation TIP「It is ~ that ...」의 어순을 취하는 문장에서 ~로 표시된 부분이 초점 위치이므로 이 요소가 가장 강조되도록 해석한다.

「It is [~] that ...」

해석 ⇨　'…하는 것은 바로/다름 아닌 ~이다'

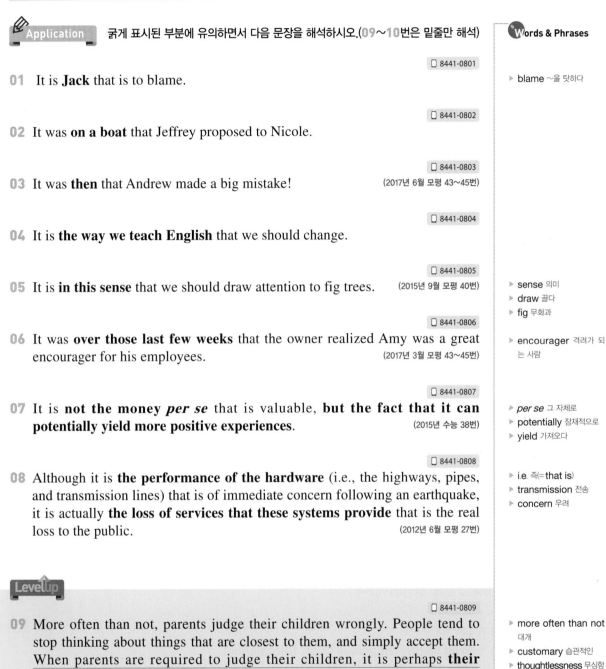

Application 굵게 표시된 부분에 유의하면서 다음 문장을 해석하시오.(09~10번은 밑줄만 해석)

🔲 8441-0801

01 It is **Jack** that is to blame.

> blame ~을 탓하다

🔲 8441-0802

02 It was **on a boat** that Jeffrey proposed to Nicole.

🔲 8441-0803

03 It was **then** that Andrew made a big mistake! (2017년 6월 모평 43~45번)

🔲 8441-0804

04 It is **the way we teach English** that we should change.

🔲 8441-0805

05 It is **in this sense** that we should draw attention to fig trees. (2015년 9월 모평 40번)

> sense 의미
> draw 끌다
> fig 무화과

🔲 8441-0806

06 It was **over those last few weeks** that the owner realized Amy was a great encourager for his employees. (2017년 3월 모평 43~45번)

> encourager 격려가 되는 사람

🔲 8441-0807

07 It is **not the money *per se*** that is valuable, **but the fact that it can potentially yield more positive experiences**. (2015년 수능 38번)

> *per se* 그 자체로
> potentially 잠재적으로
> yield 가져오다

🔲 8441-0808

08 Although it is **the performance of the hardware** (i.e., the highways, pipes, and transmission lines) that is of immediate concern following an earthquake, it is actually **the loss of services that these systems provide** that is the real loss to the public. (2012년 6월 모평 27번)

> i.e. 즉(= that is)
> transmission 전송
> concern 우려

Level Up

🔲 8441-0809

09 More often than not, parents judge their children wrongly. People tend to stop thinking about things that are closest to them, and simply accept them. When parents are required to judge their children, it is perhaps **their customary thoughtlessness** that makes them judge so mistakenly. (2012년 6월 모평 29번 응용)

> more often than not 대개
> customary 습관적인
> thoughtlessness 무심함
> mistakenly 잘못

🔲 8441-0810

10 When people are removed from the cues of "real" time—be it the sun, bodily fatigue, or timepieces themselves—it doesn't take long before their time sense breaks down. And it is **this usually imprecise psychological clock**, as opposed to the time on one's watch, that creates the perception of duration that people experience. (2016년 수능 41~42번)

> cue 신호
> fatigue 피로
> imprecise 부정확한
> duration 지속 시간

UNIT **8**

「What ... is ~」 강조 문장

Challenge

[ ]로 표시된 부분의 위치에 유의하면서 다음 문장을 해석해 보자.

280 **What** is reduced **is** [**our budget**].

281 **What** most people want **is** [**privacy**].

282 **What** you have to do **is** [**(to) tell people to get things done**].

Words & Phrases

▶ reduce 축소하다
▶ budget 예산
▶ privacy 사생활

Observation & Question
문장의 구조와 [ ]로 표시된 부분의 위치에 대해 생각해 보자.

▶ [ ]는 「What ... is ~」 구문의 ~ 위치를 차지하고 있음
▶ [ ]는 문장에서 가장 강조되는 요소 (초점)
⟳ 「What ... is ~」 구문에서 초점의 위치에 나타날 수 있는 요소로는 어떤 것들이 있는가?

Analysis & Translation
[ ]의 어순 변화와 의미를 분석해 보자.

기본 문장
[**Our budget**] is reduced.
<u>　　주어　　</u>

TYPE ❶ 주어가 초점 위치 ⇒ 주어 강조
280 **What** is reduced **is** [**our budget**].
<u>　　　초점(focus) 위치　　　</u>

TYPE ❷ 목적어가 초점 위치 ⇒ 목적어 강조
281 **What** most people want **is** [**privacy**].
<u>　　　초점(focus) 위치　　　</u>

TYPE ❸ 동사구가 초점 위치 ⇒ 동사구 강조
282 **What** you have to do **is** [**(to) tell people to get things done**].
<u>　　　초점(focus) 위치　　　</u>

초점 위치에 나타날 수 있는
요소는 주로 명사구야.
「It is ~ that ...」 강조 문장과
달리, 동사구도 to부정사구나
to가 없는 부정사구 형태로
나타날 수 있어.

Translation TIP
「What ... is ~」의 어순을 취하는 문장에서 ~로 표시된 부분이 초점 위치이
므로 이 요소가 가장 강조되도록 해석한다.

「What ... is [~]」

해석 ⟹ '…하는 것은 바로/다름 아닌 ~이다'

✎ **Application** 굵게 표시된 부분에 유의하면서 다음 문장을 해석하시오.(**09~10**번은 밑줄만 해석)

Words & Phrases

☐ 8441-0811

01 What you need is **warm encouragement**.

▶ encouragement 격려

☐ 8441-0812

02 Soil erosion is not new, and what is new is **the rate of erosion**.
(2015년 3월 모평 20번 응용)

▶ erosion 침식
▶ rate 속도

☐ 8441-0813

03 What we should do now is **(to) focus on what we have been assigned to do**.

▶ assign 맡기다

☐ 8441-0814

04 What surprised and delighted me was **that the parent birds did not push the little ones out of the nest**.
(2013년 3월 모평 A형 41~42번)

▶ delight 기쁘게 하다
▶ nest 둥지

☐ 8441-0815

05 What is required is **an ability to put many pieces of a task together to form a coherent whole**.
(2015년 6월 모평 40번)

▶ require 요구하다
▶ task 과업
▶ coherent 일관성 있는

☐ 8441-0816

06 What damaged the health and well-being of the workers was **the anxiety induced by anticipating the loss of their jobs**.
(2014년 3월 모평 44~45번 응용)

▶ induce 유발하다
▶ anticipate 예상하다
▶ loss 상실

☐ 8441-0817

07 What it was that Clayton was really trying to gain was **not recognition from others, but pure intellectual delight**.

▶ recognition 인정
▶ intellectual 지적인
▶ delight 기쁨

☐ 8441-0818

08 The memory of last Wednesday's lunch isn't necessarily gone; what you lack is **the right hook to pull it out of a sea of lunchtime memories**.
(2017년 수능 32번 응용)

▶ lack ~이 없다
▶ hook 낚싯바늘

Level Up

☐ 8441-0819

09 Even though well over a billion dollars is spent every year on promoting new movies, what really counts is **people talking to people**. This is well illustrated by the number of low-budget movies that have succeeded with little or no advertising—and by the number of big-budget flops.
(2017년 3월 모평 38번 응용)

▶ promote 홍보하다
▶ illustrate 분명히 보여 주다
▶ flop 실패작

☐ 8441-0820

10 Imagine a child playing on the beach below a cliff. He finds a cave, and full of excitement, goes in. Suddenly fear seizes him. In the deep dark of the cave, he cannot see the way ahead. What is frightening him is **the sense of the unknown stretching into the black distance**. Worries can be like this.
(2012년 6월 모평 25번)

▶ cliff 절벽
▶ seize 사로잡다
▶ sense 느낌

UNIT
8

Structure 83 내용상 주어의 후치

Words & Phrases

▶ draw 끌어내다
▶ sense 감각
▶ analyze 분석하다
▶ on the table 논의 중인
▶ recruit 모집하다

Challenge [ ]로 표시된 부분의 역할과 위치에 유의하면서 다음 문장을 해석해 보자.

283 It is important [**to draw a meaningful result from the experiment**].

284 It is not surprising [**that humans use all their five senses to analyze food quality**].

285 It is still on the table [**how many employees we need to recruit next year**].

Observation & Question [ ]로 표시된 부분의 역할과 위치에 대해 생각해 보자.

▶ [ ]는 술어 뒤에 위치함
▶ 일반적인 주어 자리에 It이 자리 잡고 있지만 내용상 [ ]가 주어로 보임
◐ 내용상 주어가 왜 술어 뒤에 자리 잡고 있는가?

Analysis & Translation [ ]의 역할과 위치를 분석해 보자.

영어에는 길고 무거운 주어를 문장 뒤쪽에 두려는 경향이 강해. 그래서 이동하는 거야.

STEP ❶ 내용상 주어

[**To draw a meaningful result from the experiment**] is important.
　　　　　내용상 주어　　　　　　　　　　　술어

STEP ❷ 주어가 너무 무거움 ⇒ 술어 뒤로 이동(후치)

Ø is important [**to draw a meaningful result from the experiment**].
　　　이동(후치)

STEP ❸ 형식상 주어 it

Ø is important [**to draw a meaningful result from the experiment**].
└····빈 주어 자리를 it으로 채움

283 It is important [**to draw a meaningful result from the experiment**].

Translation TIP 문장에서 내용상의 주어 역할을 하는 to부정사구나 명사절이 술어 뒤로 이동하고 그 빈자리에 형식상 주어 역할을 하는 It이 채워지는 경우가 있다. 이런 문장의 해석은 술어 뒤에 있는 내용상 주어를 술어의 주어로 해석하면 된다.

	It	술어	[to부정사구]
			[명사절]
해석 ⇨		「…하다」	「~은」

Words & Phrases

🔲 8441-0821

01 **It** remains unclear **why Dave changed his major abruptly**.

▸ abruptly 갑자기

🔲 8441-0822

02 **It** would seem logical **to provide online counselling for young people**.

(2015년 9월 모평 28번)

▸ logical 논리적인

🔲 8441-0823

03 **It** is important **to have good illumination, either sunlight or artificial light**.

(2013년 국가 성취도 평가 17번)

▸ illumination 조명
▸ artificial 인공의

🔲 8441-0824

04 **It**'s possible **that innovations and cultural changes can expand Earth's capacity**.

(2015년 9월 모평 38번)

▸ innovation 혁신
▸ capacity 수용력

🔲 8441-0825

05 **It** has been shown **that mathematics and music are related in various ways**.

(2015년 9월 모평 21번 응용)

▸ various 다양한

🔲 8441-0826

06 **It** is likely **that age changes begin in different parts of the body at different times**.

(2015년 수능 23번)

▸ likely ~할 공산이 있는

🔲 8441-0827

07 In large groups, **it** is hard **for everyone to take part equally in discussions or to have the same amount of influence on decisions**.

(2014년 수능 41~42번)

▸ take part in ~에 참여하다
▸ influence 영향

🔲 8441-0828

08 **It** must be emphasized **that tradition was not static, but constantly subject to minute variations appropriate to people and their circumstances**.

(2015년 9월 모평 31번)

▸ static 정적인
▸ be subject to ~을 겪다
▸ variation 변화

LevelUp

🔲 8441-0829

09 Ellie walked to school in her new shoes. "I like those," Megan whispered. "Cool." Ellie felt happy. She knew **it** was hard **to get compliments from Megan** and couldn't hide her smile.

(2015년 6월 모평 30번)

▸ whisper 속삭이다
▸ compliment 칭찬

🔲 8441-0830

10 If technology produced automobiles that pollute the air, it is because pollution was not recognized as a problem which engineers had to consider in their designs. Obviously, technology that produces pollution is generally cheaper, but now that **it** has been decided **that cleaner cars are wanted**, less polluting cars will be produced; cars which scarcely pollute at all could even be made.

(2014년 수능 35번)

▸ recognize 인식하다
▸ obviously 분명히
▸ scarcely 거의 ~않다

UNIT
8

84 내용상 목적어의 후치

Structure

Challenge

[ ]로 표시된 부분의 역할과 위치에 유의하면서 다음 문장을 해석해 보자.

286 Inflation makes **it** difficult [**for households to plan ahead**].

287 I found **it** almost impossible [**to climb the mountain without any equipment**].

288 I owe **it** to my parents [**that I was able to overcome the difficult times**].

Words & Phrases

Words & Phrases

▶ household 가정
▶ ahead 미리
▶ equipment 상비
▶ owe 신세를 지고 있다
▶ overcome 극복하다

Observation & Question

[ ]로 표시된 부분의 역할과 위치에 대해 생각해 보자.

▶ [ ]는 문장의 끝에 위치함
▶ 일반적인 목적어 자리에 it이 자리 잡고 있지만 내용상 [ ]가 목적어로 보임
❍ 내용상 목적어가 왜 문장의 끝에 자리 잡고 있는가?

Analysis & Translation

[ ]의 역할과 위치를 분석해 보자.

to부정사구는 동사 makes의 목적어가 될 수 없는 형태이므로 반드시 이동해야 해.

STEP ❶ 내용상 목적어
Inflation makes [**for households to plan ahead**] difficult.
　　　　　　　　　内容상 목적어　　　　　　　　목적격 보어

STEP ❷ [ ]는 목적어가 불가능한 형태 ⇒ 목적격 보어 뒤로 이동(후치)
Inflation makes Ø difficult [**for households to plan ahead**].
　　　　　　　　　　　　　　이동(후치)

STEP ❸ 형식상 목적어 it
Inflation makes Ø difficult [**for households to plan ahead**].
　　　　　　　　빈 목적어 자리를 it으로 채움
286 Inflation makes **it** difficult [**for households to plan ahead**].

Translation TIP

문장에서 내용상의 목적어 역할을 하는 to부정사구나 명사절이 목적격 보어 뒤로 이동하고 그 빈자리에 형식상 목적어 역할을 하는 it이 채워진다. 이런 문장의 해석은 문장 끝에 있는 내용상 목적어를 술어동사의 목적어로 해석하면 된다.

동사	it	목적격 보어	[to부정사구] [명사절]
해석 ⇨		「…하다」	「-하게」 |「~을」

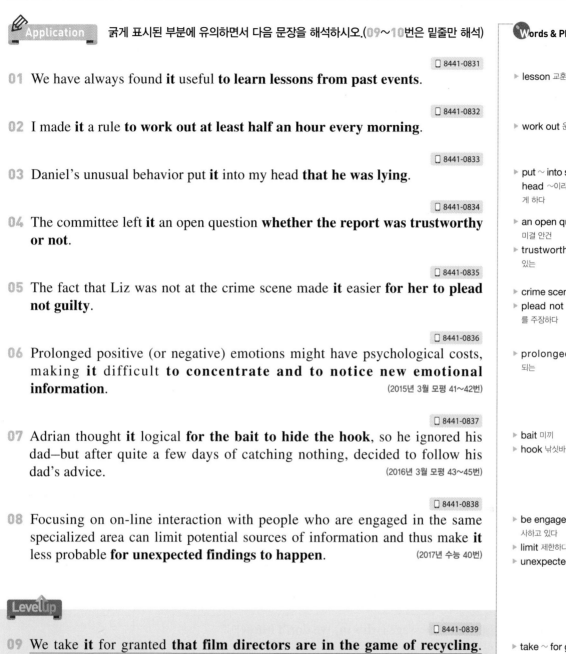

Application 굵게 표시된 부분에 유의하면서 다음 문장을 해석하시오.(09~10번은 밑줄만 해석)

Words & Phrases

☐ 8441-0831

01 We have always found **it** useful **to learn lessons from past events**.

▶ lesson 교훈

☐ 8441-0832

02 I made **it** a rule **to work out at least half an hour every morning**.

▶ work out 운동하다

☐ 8441-0833

03 Daniel's unusual behavior put **it** into my head **that he was lying**.

▶ put ~ into someone's head ~이라는 생각이 들게 하다

☐ 8441-0834

04 The committee left **it** an open question **whether the report was trustworthy or not**.

▶ an open question 미결 안건
▶ trustworthy 신뢰할 수 있는

☐ 8441-0835

05 The fact that Liz was not at the crime scene made **it** easier **for her to plead not guilty**.

▶ crime scene 범죄 현장
▶ plead not guilty 무죄를 주장하다

☐ 8441-0836

06 Prolonged positive (or negative) emotions might have psychological costs, making **it** difficult **to concentrate and to notice new emotional information**. (2015년 3월 모평 41~42번)

▶ prolonged 오래 계속되는

☐ 8441-0837

07 Adrian thought **it** logical **for the bait to hide the hook**, so he ignored his dad—but after quite a few days of catching nothing, decided to follow his dad's advice. (2016년 3월 모평 43~45번)

▶ bait 미끼
▶ hook 낚싯바늘

☐ 8441-0838

08 Focusing on on-line interaction with people who are engaged in the same specialized area can limit potential sources of information and thus make **it** less probable **for unexpected findings to happen**. (2017년 수능 40번)

▶ be engaged in ~에 종사하고 있다
▶ limit 제한하다
▶ unexpected 뜻밖의

Level up

☐ 8441-0839

09 We take **it** for granted **that film directors are in the game of recycling**. Starting in the early silent period, plays were regularly "turned into" films. However, as a source of plot, character, and dialogue, novels seemed more suitable. (2012년 수능 21번 응용)

▶ take ~ for granted ~을 당연시하다
▶ recycling 재활용
▶ suitable 적합한

☐ 8441-0840

10 Children recognize books as fiction sooner than television. <u>Apparently, the fact that print does not physically resemble the things and events it symbolizes makes **it** easier **to separate its content from the real world**</u>. Thus, as many have feared, television, with its presentation of live action, is a more tempting medium in transforming fantasy into reality.

▶ apparently 명백히
▶ presentation 제시
▶ tempting 유혹적인

UNIT
8

Structure 85 ▶ 명사구를 수식하는 어구의 후치

Words & Phrases

▶ revolutionary 혁명적인
▶ revolve (축을 중심으로) 돌다

Challenge [ ]로 표시된 부분의 역할과 위치에 유의하면서 다음 문장을 해석해 보자.

289 Someone left a message [**who(m) we don't know**].

290 I saw an exciting film last night [**about the life of penguins**].

291 The idea was quite revolutionary [**that the earth revolves around the sun**].

Observation & Question [ ]로 표시된 부분의 기능과 위치에 대해 생각해 보자.

▶ [ ]는 무언가를 수식하는 요소
▶ 하지만 바로 앞의 명사구를 수식하지는 않음
◐ [ ]가 수식하는 것은 무엇이고 왜 이 자리에 있는가?

Analysis & Translation [ ]의 역할과 위치를 분석해 보자.

STEP ❶ [ ]의 정체
289 Someone left a message [who(m) we don't know].
                              관계절(관계사 + 절)

STEP ❷ [ ]의 수식 대상: 후보 #1
Someone left **a message** [who(m) we don't know].
                수식 불가 ⇒ a message는 사람이 아니므로

STEP ❸ [ ]의 수식 대상: 후보 #2
Someone left a message [who(m) we don't know].
                수식 가능 ⇒ Someone은 사람이므로

STEP ❹ [ ]의 원래 위치와 이동
이동 전 **Someone** [who(m) we don't know] left a message.

이동 후 **Someone** ■■■ left a message [who(m) we don't know].
                이동(후치) ⇒ 주어가 너무 길어지는 것을 피하기 위해

왜 주어를 굳이 나눠서 수식어구를 문장 뒤쪽으로 이동해요?

물론 선택의 문제겠지만, 그대로 둘 경우 주어나 목적어 역할을 하는 명사구가 각각 술어나 부사어구보다 상대적으로 더 길고 복잡하지 않겠니? 그래서 수식어구만 뒤로 이동할 거야.

Translation TIP 무거운 주어 명사구를 수식하는 어구는 술어 뒤로 이동할 수 있다.

[주어 명사구 = 명사구 + [ ]] [술어 동사구] [관계절]
                                        [전치사구]
                                        [동격절]
                        이동

해석 ⇨   해석할 때는 술어 뒤로 이동한 요소를 제자리에 복원하여 해석

 **Application** 굵게 표시된 부분에 유의하면서 다음 문장을 해석하시오.(09~10번은 밑줄만 해석)

Words & Phrases

01 ☐ 8441-0841
New crises arose **that we'd never expected before**.

▶ crisis 위기(*pl.* crises)
▶ arise 발생하다

02 ☐ 8441-0842
A book was sitting on the table **about the theory of disruptive innovation**.

▶ disruptive innovation 파괴적 혁신

03 ☐ 8441-0843
Word got around the office **that the company was looking to replace Amanda**. (2017년 3월 모평 43~45번)

▶ word 소문
▶ replace 교체하다

04 ☐ 8441-0844
A lecture was delivered by Mr. Stevenson three years ago **on the future of our education**.

▶ lecture 강연
▶ deliver (연설·강연 등을) 하다

05 ☐ 8441-0845
Often, a lively discussion arises **that raises important questions about authorial ownership**.

▶ lively 활발한
▶ authorial 작가의
▶ ownership 소유(권)

06 ☐ 8441-0846
Five comfortable palm-thatched cabins are constructed of local wood **within which are fitted mosquito nets**.

▶ thatch (지붕을) 이엉으로 이다
▶ fit 설치하다

07 ☐ 8441-0847
The question remains **why diverged languages don't merge again when formerly separated people spread out and re-contact each other at speech boundaries**. (2014년 3월 모평 33번)

▶ diverge 분화하다
▶ merge 융합하다
▶ boundary 경계

08 ☐ 8441-0848
Suddenly, the phrase came floating into my mind **that you must do him or her a kindness for inner reasons, not because someone is keeping score or because you will be punished if you don't**. (2015년 3월 모평 28번 응용)

▶ phrase 구절
▶ float 떠오르다
▶ punish 처벌하다

Level up

09 ☐ 8441-0849
We don't improve by simply living. We have to be intentional about it. Musician Bruce Springsteen commented, "A time comes **when you need to stop waiting for the man you want to become and start being the man you want to be**." No one improves by accident. Personal growth doesn't just happen on its own. (2013년 3월 모평 A형 34번)

▶ improve 나아지다
▶ intentional 의도적인
▶ by accident 우연히

10 ☐ 8441-0850
In order to create interest in a product, companies will often launch pre-market advertising campaigns. In the nutrition industry, articles are often written **that discuss a new nutrient under investigation**. Then, after 4–6 months, a new product is coincidentally launched that contains the ingredient that has been discussed in previous issues. (2017년 6월 모평 36번 응용)

▶ coincidentally 우연히
▶ ingredient 성분
▶ issue (정기 간행물의) 호

UNIT **8**

86 구동사의 목적어

Challenge [ ]로 표시된 부분의 구조에 대해 생각하면서 다음 문장을 해석해 보자.

292 We [**open ourselves up**] to new possibilities in our lives.

293 I'm sorry, but I can't [**put it off**] any longer.

294 The most effective way to focus on your goals is to [**write them down**].

Words & Phrases

▶ possibility 가능성
▶ put off ~을 미루다
▶ effective 효과적인

Observation & Question [ ]로 표시된 부분의 내부 요소인 목적어와 부사의 상대적 위치에 대해 생각해 보자.

▶ 동사구의 구조 = 구동사(「동사 + 부사」) + 목적어
▶ 동사구의 어순 ⇒ 구동사가 분리되고 그 사이에 목적어가 위치
◉ 구동사의 분리를 초래하는 목적어의 형태는 무엇인가?

Analysis & Translation [ ]로 표시된 부분의 어순을 분석해 보자.

STEP ❶ 동사구의 구조 확인: 구동사 + 목적어

292 We [**open ourselves up**] to new possibilities in our lives.
        구동사   목적어

STEP ❷ 동사구의 어순 확인: 동사 + 대명사 + 부사

We [**open ourselves up**] to new possibilities in our lives.
    동사   대명사 부사

구동사와 동사구를 혼동하면 안 돼. 구동사는 「동사 + 부사」로 구성되어 마치 하나의 동사처럼 행동하는 요소야.

Translation TIP 「동사 + 부사」로 이루어진 구동사가 대명사를 목적어로 취할 때, 목적어인 대명사는 반드시 동사와 부사 사이에 놓인다.

구동사의 어순 ⇒ 「동사 + 대명사 + 부사」

해석 ⇨   구동사를 일반적인 동사처럼 간주하여 해석

 **Application** 굵게 표시된 부분에 유의하면서 다음 문장을 해석하시오.(09~10번은 밑줄만 해석)

 Words & Phrases

01 I don't know what to say. I **let our whole team down**.

🔲 8441-0851
(2010년 6월 모평 2번)

▶ let down ~을 실망시키다

02 Do everything you want to do. Don't **put it off** until tomorrow.

🔲 8441-0852

▶ put off ~을 미루다

03 The air creates resistance against falling objects so it **slows them down**.

🔲 8441-0853
(2009년 9월 모평 16번)

▶ resistance 저항
▶ object 물체

04 All you have to do is make posters and **put them up** around the school.

🔲 8441-0854
(2010년 수능 15번)

▶ put up ~을 게시하다

05 Intent on one of the pictures, she took a step back and hit the small table, **tipping it over**.

🔲 8441-0855
(2010년 수능 19번 응용)

▶ intent 열중한
▶ tip over ~을 쓰러뜨리다

06 When the buffalo went away, the hearts of my people fell to the ground and they could not **lift them up** again.

🔲 8441-0856
(2013년 수능 B형 36번 응용)

07 Mozart thought out entire symphonies and scenes from operas in his head. Later he **wrote them down** on paper.

🔲 8441-0857
(2010년 국가 성취도 평가 24번)

▶ entire 전체의
▶ symphony 교향곡

08 Students should try to guess the meaning of new words while they read rather than **look them up** in the dictionary.

🔲 8441-0858
(2013년 6월 모평 A형 38번)

▶ look up ~을 (사전 등에서) 찾아보다
▶ dictionary 사전

Levelup

09 The bag has handles and a front pocket. And the fabric is partially made from recycled plastic bottles. You will like it because you can **fold it up** and put it in your backpack.

🔲 8441-0859
(2013년 9월 모평 A형 23번)

▶ fabric 천
▶ partially 부분적으로
▶ fold up ~을 접다
▶ backpack 배낭

10 People take longer to leave a parking spot when another driver is waiting. It's as if the space suddenly becomes more valuable once another person wants it. Strictly speaking, it is no longer valuable to the person leaving it. After all, it seems that our brains are so sensitive to loss that once we have been given something, we are hesitant to **give it up**.

🔲 8441-0860
(2013년 9월 모평 A형 34번)

▶ valuable 가치 있는
▶ strictly speaking 엄밀히 말해서
▶ sensitive 민감한
▶ hesitant 주저하는
▶ give up ~을 포기하다

UNIT
8

Structure 87 의문절의 어순

Words & Phrases

▶ principal 교장 선생님
▶ handle 다루다

Challenge [ ]로 표시된 부분의 내부 구조에 유의하면서 다음 문장을 해석해 보자.

295 The principal asked [**why Justin chose to work with young children**].

296 Science tells us [**where we are** and **what we are**].

297 One difference between winners and losers is [**how they handle losing**].

Observation & Question [ ]로 표시된 부분의 내부 구조에 대해 생각해 보자.

▶ [ ] = 의문절(「의문사 + 절」)
▶ [ ] = 명사절(문장 안에서 주어, 목적어, 보어 등의 역할)
❍ 의문문의 어순과 의문절의 어순은 어떤 차이가 있는가?

Analysis & Translation 어순에 유의하며 [ ]의 내부 구조를 분석해 보자.

STEP ❶ 의문문의 기본 어순

Why did Justin choose to work with young children?
의문사 조동사 주어

STEP ❷ [ ]의 역할

295 The principal asked [**why Justin chose to work with young children**].
목적어 ⇒ 명사절

STEP ❸ 의문절

The principal **asked** [**why Justin chose to work with young children**].
동사 asked의 목적어 역할 ⇒ 의문절

STEP ❹ 의문절의 어순

The principal asked [**why** {**Justin chose to work with young children**}].
의문사 주어 술어

The principal asked why
did Justin choose to work
with young children.이라고
하면 안 돼.

Translation TIP 복문의 한 요소인 의문절은 「의문사 + 주어 + 술어」의 어순을 취한다.

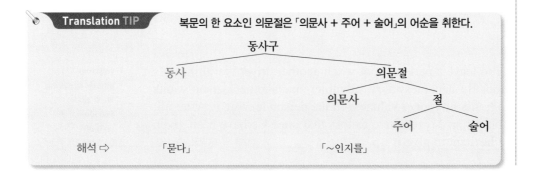

```
                        동사구
            ┌─────────────┴──────────────┐
          동사                         의문절
                                ┌────────┴────────┐
                              의문사              절
                                          ┌───────┴───────┐
                                         주어            술어

  해석 ⇨       「묻다」                    「~인지를」
```

 **Application** 굵게 표시된 부분에 유의하면서 다음 문장을 해석하시오.(09~10번은 밑줄만 해석)

□ 8441-0861

01 Can you guess **what these words say**?　(2011년 국가 성취도 평가 26번)

□ 8441-0862

02 It should be determined first **who is going to head the team**.

□ 8441-0863

03 Food plays a large part in **how much you enjoy the outdoors**.　(2014년 수능 37번)

□ 8441-0864

04 Charles asked me **when I was supposed to finish work that day**.

□ 8441-0865

05 I asked papa **why he had to go away** and **why the land was so important**.

(2015년 6월 모평 43~45번)

□ 8441-0866

06 When reading text, it is vital to figure out **what points the authors are trying to make**.

□ 8441-0867

07 People sometimes think about **what principles they should have** or **which moral standards can be best justified**.　(2014년 수능 22번 응용)

□ 8441-0868

08 Ineffective coaches either believe they have unlimited time, thinking that they will have more time tomorrow to get something done, or they underestimate **how much time they really do have**.　(2015년 9월 모평 23번)

Level Up

□ 8441-0869

09 At the zoo, visitors may witness a great beast pacing behind the bars of its cage. They may observe and admire the creature, its amazing bone structure, and its magnificent coat. However, **how long visitors spend in front of the cage** has nothing to do with their understanding of the beast.

(2015년 9월 모평 41~42번 응용)

□ 8441-0870

10 Teddy bears that had a more baby-like appearance were more popular with customers. Teddy bear manufacturers obviously noticed **which bears were selling best** and so made more of these and fewer of the less popular models, to maximize their profits. This resulted in the evolution of a more baby-like bear by the manufacturers.

(2017년 6월 모평 35번 응용)

Words & Phrases

▶ guess 추측하다

▶ determine 결정하다
▶ head 이끌다

▶ text 글
▶ vital 매우 중요한
▶ figure out ~을 알아내다

▶ principle 원칙
▶ moral 도덕적인
▶ justify 정당화하다

▶ ineffective 무능한
▶ underestimate 과소평가하다

▶ pace 서성거리다
▶ admire 감탄하다
▶ magnificent 기막힌

▶ teddy bear (봉제) 곰 인형
▶ maximize 극대화하다
▶ evolution (점진적인) 발전

UNIT
8

Structure 88 If가 생략된 절의 어순

Words & Phrases

▶ disappear 사라지다
▶ die out 멸종되다
▶ admit (입학을) 허락하다

298 [**Should honeybees disappear**], all living creatures on earth would die out.

299 [**Were I you**], I wouldn't change my mind.

300 [**Had Andy studied harder**], he would have been admitted to the school.

Observation & Question [ ]로 표시된 부분의 역할과 어순에 대해 생각해 보자.

▶ [ ] = 부사절(가정의 의미)

▶ [ ]에는 가정을 나타내는 접속사 if가 없음

◐ [ ] 안에서 if의 부재가 어순에 미치는 영향은 무엇인가?

Analysis & Translation [ ]의 내부 구조와 어순을 분석해 보자.

조동사로 시작된 문장인데 의문문은 아니고, 가정의 의미가 드러나면 If가 생략된 가정의 부사절임을 알아볼 수 있어야 해.

STEP ❶ [ ]의 정체

[**If honeybees should disappear**], all living creatures on earth would die out.
　　가정의 부사절(종속절)　　　　　　　　　　　　　　주절

STEP ❷ If의 생략

[**If honeybees should disappear**], all living creatures on earth would die out.
If의 생략

STEP ❸ 조동사의 주어 앞으로의 이동

298 [**Should honeybees should disappear**], all living creatures on earth would die out.
　　　조동사 should의 이동

Translation TIP 가정을 나타내는 접속사 If가 표현되지 않으면 had나 should와 같은 조동사가, 또는 be동사가 주어 앞으로 이동한다.

　　　　　If 주어 조동사 동사구　⇒　조동사 주어 조동사 동사구
　　　　　생략　　　　　　　　　　　　　　　이동

해석 ⇨　접속사 If가 없어도 조동사가 주어 앞으로 이동했으면 가정의 부사절로 해석

 **Application** 굵게 표시된 부분에 유의하면서 다음 문장을 해석하시오.(09~10번은 밑줄만 해석) **W**ords & Phrases

☐ 8441-0871

01 How would you feel **were I to offer you the Sales Director position in London**? (2014년 수능 19번 응용)

☐ 8441-0872

02 **Should you be interested**, please fill out this form and send it by August 10th, 2018.

☐ 8441-0873

03 What would happen **were I to go to the soil and say, "Give me some fruit. Give me some plants"**? (2013년 3월 모평 A형 23번 응용)

☐ 8441-0874

04 **Had it not been for the theory**, our way of thinking about nature might have been totally different.

▶ theory 이론

☐ 8441-0875

05 **Should you create a protagonist based directly on yourself**, you could hardly view yourself objectively on the page. (2017년 수능 41~42번 응용)

▶ protagonist 주인공
▶ objectively 객관적으로

☐ 8441-0876

06 **Had the lawyer insisted on participating in the discussion**, she would have spoiled the deal and destroyed her credibility. (2016년 3월 모평 36번 응용)

▶ spoil 망치다
▶ deal 거래
▶ credibility 신뢰도

☐ 8441-0877

07 They could have understood and predicted events better **had they reduced passion and prejudice, replacing these with observation and inference**. (2014년 수능 33번 응용)

▶ prejudice 편견
▶ observation 관찰
▶ inference 추론

☐ 8441-0878

08 **Should the extremely limited set of conditions change—as a result of nature or, more commonly, an outside force—**specialist species like the koala bear often become extinct. (2014년 3월 모평 23번 응용)

▶ extremely 극도로
▶ extinct 멸종된

LevelUp

☐ 8441-0879

09 First put forward by thinkers of the European liberal movement, the principle of non-intervention would have been capable, had it been actually followed, of serving that movement in a most effective manner. **Had it been observed in the case of the French Revolution**, France would have been left to her own free and spontaneous development.

▶ put forward ~을 제안하다
▶ non-intervention 내정 불간섭
▶ observe 준수하다
▶ spontaneous 자발적인

☐ 8441-0880

10 During the time of year when other fruits are less plentiful, fig trees become important in sustaining fruit-eating vertebrates. **Should fig trees disappear**, most of the fruit-eating vertebrates would be eliminated. Protecting fig trees is an important conservation goal because it increases the likelihood that monkeys, birds, bats, and other vertebrates will survive. (2015년 9월 모평 40번 응용)

▶ fig 무화과
▶ sustain 살아가게 하다
▶ vertebrate 척추동물

UNIT
8

Frequently Asked Questions

자주 묻는 질문들

1 도치 vs. 후치

도치와 후치가 같은 현상인가요?

(1) Seldom **do we hear** Michael say "sorry."

(2) More important than success **is greatness**.

그렇지 않아. 도치는 (1)처럼 조동사가 주어 앞으로 이동하는 것이지만, 후치는 (2)와 같이 주어가 술어 동사 뒤로 이동하는 것이야.

2 긴 주어와 목적어의 후치

주어나 목적어가 길면 왜 주로 문장 뒤쪽에 자리를 잡게 되나요?

(1) **It** is important [to draw a meaningful result from the experiment].

(2) Inflation makes **it** difficult [for households to plan ahead].

우리 인간의 정보 처리 방식 때문일 거야. 아무래도 새 정보를 나중에 말하는 것이 더 효과적일 테니까. 중요한 것은 긴 주어나 목적어를 문장 뒤쪽에 둔다는 거야.

3 There의 정체

There 구문의 주어가 There라고 말하는 사람들도 있던데요?

(1) Is **there** any bread left?

(2) There are things to tell me, aren't **there**?

형식적인 면에서는 그래. (1)의 의문문이나 (2)의 부가의문문에서 There가 주어 역할을 한다는 것을 알겠지? 하지만 내용상으로는 There is / are 다음에 오는 명사구가 주어 역할을 해.

4 수식어구의 후치

관계절이나
전치사구가 수식하는
명사구로부터 멀리
떨어진 경우도
있던데요?

(1) **Someone** left a message [**who(m) we don't know**].

(2) I saw **an exciting film** last night [**about the life of penguins**].

(1)에서 [ ]는 Someone을
수식하는 관계절이고, (2)에서
[ ]는 an exciting film을
수식하는 전치사구야. 둘 다
명사구를 너무 길게 하지
않으려 하기 때문에
생긴 결과야.

5 구동사 vs. 동사구

구동사와 동사구가
같은 말인가요?

(1) I can't [**put it off**] any longer.

(2) Mark [**treated the situation very seriously**].

그렇지 않아.
(1)의 경우, 「동사+부사」로
이루어진 요소는 하나의
동사처럼 기능하는 구동사이지만,
(2)의 동사구는 핵 역할을
하는 동사와 그 동사의
필수 요소, 그리고 선택
요소로 이루어진 구를 의미해.

6 의문문과 의문절의 어순 차이

왜 의문문과 의문절의
어순이 서로 다른가요?

(1) **Why did the prince leave** his country?

(2) The old man told me [**why the prince left** his country].

의문문은 (1)처럼
독립된 문장이어서 의문사
뒤에 「조동사 + 주어」의 어순이
유지돼. 하지만 이러한
의문문이 종속절이 되면,
절이기 때문에 여타의
다른 절과 마찬가지로
「주어 + 술어」의 어순을
유지해야 해.

전과목 로드맵

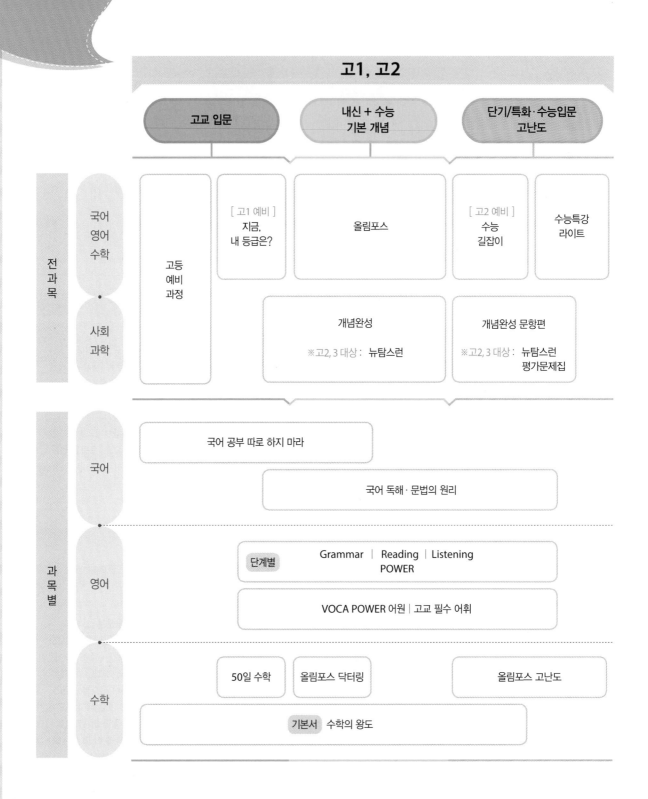

고1, 고2

고교 입문	내신 + 수능 기본 개념	단기/특화·수능입문 고난도

전과목

국어 영어 수학 · 사회 과학

- 고등 예비 과정
- [고1 예비] 지금, 내 등급은?
- 올림포스
- [고2 예비] 수능 길잡이
- 수능특강 라이트
- 개념완성 ※고2, 3 대상 : 뉴탐스런
- 개념완성 문항편 ※고2, 3 대상 : 뉴탐스런 평가문제집

과목별

국어
- 국어 공부 따로 하지 마라
- 국어 독해·문법의 원리

영어
- 단계별 Grammar | Reading | Listening POWER
- VOCA POWER 어원 | 고교 필수 어휘

수학
- 50일 수학
- 올림포스 닥터링
- 올림포스 고난도
- 기본서 수학의 왕도

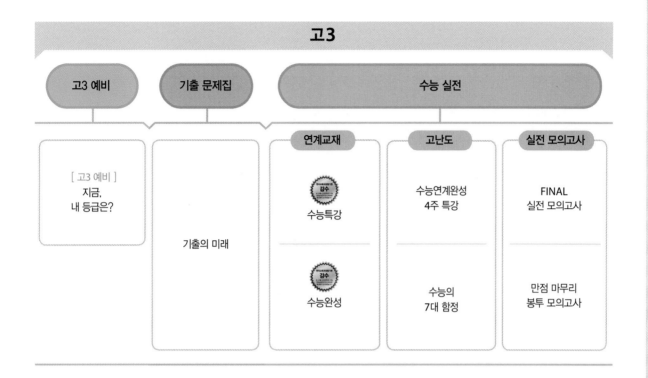

고3

고3 예비	기출 문제집	수능 실전

		연계교재	고난도	실전 모의고사
[고3 예비] 지금, 내 등급은?	기출의 미래	수능특강 수능완성	수능연계완성 4주 특강 수능의 7대 함정	FINAL 실전 모의고사 만점 마무리 봉투 모의고사

고교 내신 대비 EBS Line Up

고등학교 0학년 필수 교재
고등예비과정

국어, 영어, 수학, 한국사, 사회, 과학 6책

모든 교과서를 한 권으로,
교육과정 필수 내용을 빠르고 쉽게!

국어·영어·수학 내신 + 수능 기본서
올림포스

국어, 영어, 수학 16책

내신과 수능의 기초를 다지는 기본서
학교 수업과 보충 수업용 선택 No.1

국어·영어·수학 개념+기출 기본서
올림포스 전국연합학력평가 기출문제집

국어, 영어, 수학 10책

개념과 기출을 동시에 잡는 신개념 기본서
최신 학력평가 기출문제 완벽 분석

한국사·사회·과학 개념 학습 기본서
개념완성

한국사, 사회, 과학 19책

한 권으로 완성하는 한국사, 탐구영역의 개념
부가 자료와 수행평가 학습자료 제공

수준에 따라 선택하는 영어 특화 기본서
영어 POWER 시리즈

Grammar POWER 3책
Reading POWER 4책
Listening POWER 2책
Voca POWER 2책

원리로 익히는 국어 특화 기본서
국어 독해의 원리

현대시, 현대 소설, 고전 시가, 고전 산문,
독서 5책

국어 문법의 원리

수능 국어 문법, 수능 국어 문법 180제 2책

기초 수학 닥터링부터 고난도 문항까지
올림포스 닥터링

수학, 수학 I, 수학 II, 확률과 통계, 미적분 5책

올림포스 고난도

수학, 수학 I, 수학 II, 확률과 통계, 미적분 5책

최다 문항 수록 수학 특화 기본서
수학의 왕도

수학(상), 수학(하), 수학 I, 수학 II,
확률과 통계, 미적분 6책

개념의 시각화 + 세분화된 문항 수록
기초에서 고난도 문항까지 계단식 학습

단기간에 끝내는 내신
단기 특강

국어, 영어, 수학 8책

얇지만 확실하게, 빠르지만 강하게!
내신을 완성시키는 문항 연습

"300개의 영어 문장 마스터"로
서술형·수행평가까지!
내신의 모든 것 완벽 대비!!

올림
포스
구문연습 300

정답과 해설

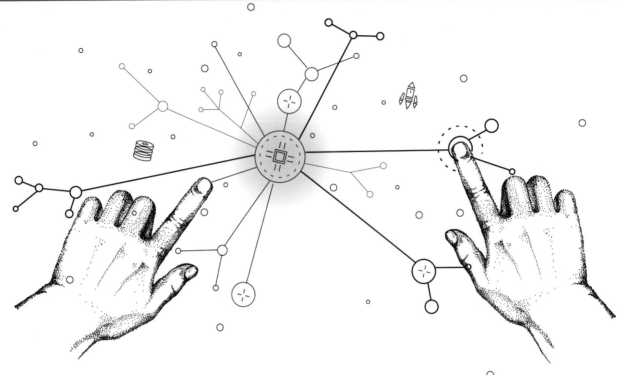

300

정답과 해설

Structure **01** 문장 = 주어 + 술어

본문 ▶ p8

Challenge

001 [Over 1,000 people] [**visit our site every week**].

▶해석 천 명도 넘는 사람들이 매주 우리 사이트를 방문한다.

▶해설 두 번째 [ ]는 '방문하다'라는 동작을 나타내는 술어이고, 첫 번째 [ ]는 그 동작의 행위자를 나타내는 주어이다.

002 [Jenny's mother] [**hates her staying out late**].

▶해석 Jenny의 어머니는 그녀가 늦게까지 집에 안 들어오는 것을 싫어하신다.

▶해설 두 번째 [ ]는 '싫어하다'라는 감정 상태를 나타내는 술어이고, 첫 번째 [ ]는 그 상태의 경험자를 나타내는 주어이다.

003 [Going green] [**involves protecting the land and its resources**].

▶해석 친환경적으로 되는 것은 땅과 거기서 나는 자원의 보호를 수반한다.

▶해설 두 번째 [ ]는 '수반하다'라는 상태를 나타내는 술어이고, 첫 번째 [ ]는 그 상태의 경험자를 나타내는 주어이다.

Application

본문 ▶ p9

01 [Mrs. Cline] [**smiled gently**].

▶해석 Cline 선생님은 부드럽게 미소를 지으셨다.

▶해설 두 번째 [ ]는 동작을 나타내는 술어이고, 첫 번째 [ ]는 그 동작의 행위자를 나타내는 주어이다.

02 [Most good relationships] [**are far from perfect**].

▶해석 대부분의 좋은 관계는 전혀 완벽하지 않다.

▶해설 두 번째 [ ]는 상태를 나타내는 술어이고, 첫 번

째 [ ]는 그 상태의 경험자를 나타내는 주어이다.

03 [The brown tree snake] [**has a large head with eyes that stick out**].

▶해석 갈색 나무 뱀은 눈이 툭 튀어나온 커다란 머리가 있다.

▶해설 두 번째 [ ]는 소유 상태를 나타내는 술어이고, 첫 번째 [ ]는 그 상태의 경험자를 나타내는 주어이다.

04 [The creativity that children possess] [**needs to be cultivated throughout their development**].

▶해석 어린이들이 지니고 있는 창의성은 그들의 전체 성장 기간을 통해 함양되어야 한다.

▶해설 두 번째 [ ]는 필요성이라는 상태를 나타내는 술어이고, 첫 번째 [ ]는 그 상태의 경험자를 나타내는 주어이다.

05 [The shift from hunting to farming] [**produced a fundamental change in human relationships with animals**].

▶해석 사냥에서 농업으로의 변천은 인간과 동물의 관계에 근본적인 변화를 불러 일으켰다.

▶해설 두 번째 [ ]는 동작을 나타내는 술어이고, 첫 번째 [ ]는 그 동작의 행위자를 나타내는 주어이다.

06 [Interest in extremely long periods of time] [**sets geology and astronomy apart from other sciences**].

▶해석 지극히 긴 기간에 대한 관심은 지질학과 천문학을 다른 과학 분야로부터 구분되게 한다.

▶해설 두 번째 [ ]는 '구분하다'라는 동작을 나타내는 술어이고, 첫 번째 [ ]는 그 동작의 행위자를 나타내는 주어이다.

07 [The desire to improve your performance or to meet high standards] [**is not the same as being perfectionistic**].

▶해석 수행능력을 향상하거나 높은 성취 기준을 충족하려는 바람은 완벽주의적인 것과 같지 않다.

▶해설 두 번째 [ ]는 상태를 나타내는 술어이고, 첫 번째 [ ]는 그 상태의 경험자를 나타내는 주어이다.

08 [The percentage of fat in milk] [**is dependent on the type of cow, quality of animal feed, and farm conditions**].

▶ **해석** 우유에 함유되는 지방의 비율은 소의 종류, 사료의 품질 및 농장 환경에 달려 있다.

▶ **해설** 두 번째 [ ]는 상태를 나타내는 술어이고, 첫 번째 [ ]는 그 상태의 경험자를 나타내는 주어이다.

Level up

09 Next week, we will be holding our school charity collection to help local students. [We] [**welcome donations of your gently-used items**]. Clothes, bags, books, and small electronics will be accepted.

▶ **해석** 우리는 다음 주에 지역 학생들을 돕기 위해 학교 자선 용품 모음 행사를 개최합니다. 사용 상태가 괜찮은 물품 기증을 환영합니다. 옷, 가방, 책, 소형 전자 제품을 받을 것입니다.

▶ **해설** 두 번째 [ ]는 '환영하다'라는 동작을 나타내는 술어이고, 첫 번째 [ ]는 그 동작의 행위자를 나타내는 주어이다.

Level up

10 [Most musicians and scholars who address the nature of musical experience] [**believe that the ability to experience music is so widespread that it must be considered an inborn capacity for all humans**]. That is, people are born with the potential to listen and respond to sound, as well as to create and use it.

▶ **해석** 음악 체험의 본질에 대해 다루는 대다수 음악가와 학자들은 음악을 체험하는 능력이 매우 많은 사람들에게서 나타나므로 그것은 모든 인간이 타고난 능력으로 간주되어야 한다고 믿는다. 즉 사람들은 소리를 만들어서 사용할 뿐 아니라 소리를 듣고 반응하는 능력을 가지고 태어난다는 것이다.

▶ **해설** 두 번째 [ ]는 믿음의 상태를 나타내는 술어이고, 첫 번째 [ ]는 그 상태의 경험자를 나타내는 주어이다.

Structure 02 술어 = (조동사) + 동사구

Challenge 본문 ▶ p10

004 Personal computers [**can {store vast amounts of information}**].

▶ **해석** 퍼스널 컴퓨터는 막대한 분량의 정보를 저장할 수 있다.

▶ **해설** [ ]로 표시된 부분은 문장의 술어로서, 조동사 can과 동사구 { }로 이루어져 있다.

005 I [**don't {feel like going out tonight}**].

▶ **해석** 나는 오늘밤에 외출을 하고 싶지 않다.

▶ **해설** [ ]로 표시된 부분은 문장의 술어로서, 조동사 do의 부정 형태와 동사구 { }로 이루어져 있다.

006 Humor in the workplace [**maintains a climate of positive energy**].

▶ **해석** 직장에서의 유머는 긍정적 에너지의 분위기를 유지한다.

▶ **해설** [ ]로 표시된 부분은 문장의 술어로서, 조동사 없이 동사구만으로 이루어져 있다. 조동사가 없기 때문에 술어와 동사구가 같다.

Application 본문 ▶ p11

01 The morning walk [**will {be cancelled in the event of rain}**].

▶ **해석** 비가 올 경우 아침 산책은 취소될 것이다.

▶ **해설** [ ]로 표시된 부분은 문장의 술어로서, 조동사 will과 동사구 { }로 이루어져 있다.

02 Excessive punishment [**may {trigger aggressive behavior}**].

▶ **해석** 과도한 벌은 공격적인 행동을 촉발할 수도 있다.

▶ **해설** [ ]로 표시된 부분은 문장의 술어로서, 조동사 may와 동사구 { }로 이루어져 있다.

03 The subway stations [**will {be better for passengers without trash cans}**].

▶ 해석 지하철역은 쓰레기통이 없으면 승객들에게 더 좋을 것이다.

▶ 해설 [ ]로 표시된 부분은 문장의 술어로서, 조동사 will
과 동사구 { }로 이루어져 있다.

---

04 People at the top of their field [**must {set high standards to achieve what they do}**].

▶ 해석 자기 분야의 정상에 있는 사람들은 자신들이 하는 일을 성취
하기 위해 높은 기준을 세워야 한다.

▶ 해설 [ ]로 표시된 부분은 문장의 술어로서, 조동사 must
와 동사구 { }로 이루어져 있다.

---

05 Many of the most important scientific discoveries [**have {come from these so-called failures}**].

▶ 해석 가장 중요한 과학적 발견들 중 많은 것이 이러한 실패라고 불
리는 것들로부터 비롯되었다.

▶ 해설 [ ]로 표시된 부분은 문장의 술어로서, 조동사 have
와 동사구 { }로 이루어져 있다.

---

06 Lindsay's precious Blue Bunny [**was a gift from her father, who worked overseas**].

▶ 해석 Lindsay의 귀중한 Blue Bunny는 해외에서 일하신 자기 아
버지의 선물이었다.

▶ 해설 [ ]로 표시된 부분은 문장의 술어로서, be동사 was
를 핵으로 하는 동사구로 이루어져 있다.

---

07 Creating human races artificially by cloning [**would {have potentially very dangerous consequences, both biologically and socially}**].

▶ 해석 복제를 통해 인공적으로 인간을 창조하는 것은 생물학적으
로나 사회적으로 모두 잠재적으로 매우 위험한 결과를 가져
올 것이다.

▶ 해설 [ ]로 표시된 부분은 문장의 술어로서, 조동사
would와 동사구 { }로 이루어져 있다.

---

08 The symbolic gestures used by specific cultures [**can {seem completely arbitrary unless one knows the culturally specific code on which they are modeled}**].

▶ 해석 특정 문화에서 사용되는 상징적 몸짓은 사람들이 그 몸짓이
만들어지는 문화적으로 특정한 규칙을 모르면 완전히 임의적

인 것으로 보일 수 있다.

▶ 해설 [ ]로 표시된 부분은 문장의 술어로서, 조동사 can
과 동사구 { }로 이루어져 있다.

Level Up

09 The Best Booth Contest is one of the main events of the Gold Rose Flower Festival. Participation in the contest is free of charge, and the best-looking booths [**will be {chosen as winners}**]. Please come and join in the fun!

▶ 해석 Best Booth Contest는 Gold Rose Flower Festival의 주요
행사 중 하나입니다. 대회 참가는 무료이며, 가장 보기 좋게
만든 부스가 입상 작품으로 뽑힐 것입니다. 오셔서 함께 즐
겨주시기 바랍니다!

▶ 해설 [ ]로 표시된 부분은 문장의 술어로서, 두 개의 조동
사 will과 be, 그리고 동사구 { }로 이루어져 있다.

Level Up

10 The vast majority of "emerging" viruses capable of infecting humans [**have {"jumped" from animals to humans}**]. Fortunately, most new viruses seem not to spread among the human population. For example, bird flu has repeatedly jumped from domesticated birds to humans, but has not yet adapted to spread directly from those humans to others.

▶ 해석 인간을 감염시킬 수 있는 '최근 생겨난' 바이러스의 대다수는
동물로부터 인간에게 '빠르게 전이' 되었다. 다행히, 대부분의
신종 바이러스가 인간들 사이에 퍼지는 것 같지는 않다. 예를
들어, 조류 독감은 집에서 기르는 조류로부터 인간에게 반복
적으로 빠르게 전이되었지만 아직은 그런 인간으로부터 다른
인간에게 직접 퍼질 정도로 적응하지는 않았다.

Level Up

▶ 해설 [ ]로 표시된 부분은 문장의 술어로서, 조동사 have
와 동사구 { }로 이루어져 있다.

Structure 03 조동사의 기능

Challenge

본문 ▶ p12

007 Do you like music?

▶ 해석 음악을 좋아하세요?

▶ 해설 문법적 보조 기능을 하는 조동사 Do는 의문문

을 이끌고 있다.

008 Jeff **is** running faster than I **am**.

▶ 해석 Jeff는 나보다 더 빨리 달리고 있다.

▶ 해설 문법적 보조 기능을 하는 be동사 is와 am은 진행형을 이끌고 있다.

009 Similar action **was** taken by the Korean government.

▶ 해석 유사한 조치가 한국 정부에 의해 취해졌다.

▶ 해설 문법적 보조 기능을 하는 be동사 was는 수동태를 이끌고 있다.

010 Ashley **has** already gone.

▶ 해석 Ashley는 이미 갔다.

▶ 해설 문법적 보조 기능을 하는 조동사 has는 완료형을 이끌고 있다.

011 Customers [**can** {choose from sixty hit titles before buying}].

▶ 해석 고객들은 구입하기 전에 60권의 인기 서적 중에서 고를 수 있다.

▶ 해설 조동사 can은 동사구 { } 앞에 놓여 가능성이라는 의미를 더해 준다.

012 All passengers [**must** {wear seat belts}].

▶ 해석 모든 승객들은 안전벨트를 착용해야 합니다.

▶ 해설 조동사 must는 동사구 { } 앞에 놓여 의무라는 의미를 더해 준다.

Application   본문 ▶ **p13**

01 Mrs. Cline **was** holding the toy.

▶ 해석 Cline 선생님은 그 장난감을 들고 계셨다.

▶ 해설 문법적 보조 기능을 하는 be동사 was는 진행형을 이끌고 있다.

02 What **did** Ricky's father think about his son's success?

▶ 해석 Ricky의 아버지는 자기 아들의 성공에 대해 어떻게 생각했는가?

▶ 해설 문법적 보조 기능을 하는 조동사 did는 의문문을 이끌고 있다.

03 A painting by Pablo Picasso **is** called "a Picasso."

▶ 해석 Pablo Picasso가 그린 그림은 '피카소 (작품)'(이)라고 불린다.

▶ 해설 문법적 보조 기능을 하는 be동사 is는 수동태를 이끌고 있다.

04 While local networks tend to be small, cosmopolitan networks [**can** {be huge}].

▶ 해석 지역 네트워크는 작은 경향이 있지만 전 세계적 네트워크는 거대한 것일 수 있다.

▶ 해설 조동사 can은 동사구 { } 앞에 놓여 가능성이라는 의미를 더해 준다.

05 The conference **is** held every year in Chicago.

▶ 해석 그 학회는 매년 시카고에서 열린다.

▶ 해설 문법적 보조 기능을 하는 be동사 is는 수동태를 이끌고 있다.

06 As a matter of fact, one [**should** {break away from experience} and {let the mind wander freely}].

▶ 해석 사실, 사람들은 경험에서 벗어나 마음이 자유로이 돌아다니게 하는 것이 좋다.

▶ 해설 조동사 should는 두 개의 동사구 { } 앞에 놓여 권고나 조언의 의미를 더해 준다.

07 The oil trading company Enron **had** cooked its books to overstate its profitability in its mandated reports.

▶ 해석 석유회사 Enron은 법정 보고서에서 회사의 수익성을 과장하기 위해 장부를 거짓으로 꾸며댔다.

▶ 해설 문법적 보조 기능을 하는 조동사 had는 완료형을 이끌고 있다.

08 The thing about creativity is that at the outset, you [**can**'t {tell which ideas will succeed and which will fail}].

Level Up

09 Experimental studies have shown that insight is actually the result of ordinary analytical thinking. The restructuring of a problem can be caused by unsuccessful attempts in solving the problem, leading to new information being brought in while the person is thinking. The new information [**can** {contribute to a completely different perspective in finding a solution, thus producing the Aha! Experience}].

▶ 해석 실험 연구는 통찰력이 실제로 일상의 분석적 사고의 결과라는 것을 보여 주었다. 문제의 재구성은 그 문제를 해결할 때 성공하지 못한 시도들에 의해 야기될 수 있는데, 이는 그 사람이 생각하는 동안 새로운 정보가 도입되게 한다. 그 새 정보는 해법을 찾는 데 있어서 완전히 다른 관점의 원인이 되어, 결국 '아하!'하는 체험을 초래할 수 있다.

▶ 해설 조동사 can은 동사구 { } 앞에 놓여 가능성이라는 의미를 더해 준다.

Level Up

10 The brown tree snake is infamous for causing the extinction of the majority of native bird species in Guam. Shortly after World War Ⅱ, the brown tree snake **was** accidentally brought into Guam from its native range in the South Pacific, probably as an unwanted passenger on a ship or plane. It is not hunted or eaten by any other animals in Guam and is therefore at the top of its food chain, which has led the snake to increase dramatically in number.

▶ 해석 갈색 나무 뱀은 Guam에서 대다수 토종 조류의 멸종을 초래한 것으로 악명이 높다. 제2차 세계 대전 직후, 갈색 나무 뱀은 남태평양에 있는 자신의 토착 지역으로부터, 아마 배나 비행기의 불청객으로서 Guam으로 우연히 유입되었을 것이다. 그것은 Guam에 있는 어떤 동물로부터도 사냥을 당하거나 잡아먹히지 않기 때문에 먹이 사슬의 맨 꼭대기에 있고, 이로 인해 그 뱀은 개체 수가 현저히 늘어났다.

▶ 해설 문법적 보조 기능을 하는 be동사 was는 수동태를 이끌고 있다.

Structure 04 동사구 = [동사]

Challenge
본문 ▶ p14

013 Ken [**sneezed** {all day}].

▶ 해석 Ken은 하루 종일 재채기를 했다.

▶ 해설 sneezed는 목적어나 보어가 필요 없는 동사이므로 동사 하나만으로 동사구를 이룬다. 이 동사구가 부사어구 { }의 수식을 받아 더 큰 동사구 [ ]를 이룬다.

014 Finally, Steve's flight has [**arrived**].

▶ 해석 마침내 Steve의 비행기가 도착했다.

▶ 해설 arrived는 목적어나 보어가 필요 없는 동사이므로 동사 하나만으로 동사구 [ ]를 이룬다.

015 The explosion [**occurred** {in the early morning}].

▶ 해석 그 폭발은 이른 아침에 일어났다.

▶ 해설 occurred는 목적어나 보어가 필요 없는 동사이므로 동사 하나만으로 동사구를 이룬다. 이 동사구가 부사어구 { }의 수식을 받아 더 큰 동사구 [ ]를 이룬다.

Application
본문 ▶ p15

01 Paul [**jumped** {on the sofa}].

▶ 해석 Paul은 소파 위에서 뛰었다.

▶ 해설 jumped는 목적어나 보어가 필요 없는 동사이므로 동사 하나만으로 동사구를 이룬다. 이 동사구가 부사어구 { }의 수식을 받아 더 큰 동사구 [ ]를 이룬다.

02 A light [**appeared** {at the bottom of the stairs}].

▶ 해석 계단 맨 아래쪽에서 불빛이 보였다.

▶ 해설 appeared는 목적어나 보어가 필요 없는 동사이므로 동사 하나만으로 동사구를 이룬다. 이 동사구가 부사어구 { }의 수식을 받아 더 큰 동사구 [ ]를 이룬다.

03 A father and his daughter were [**playing** {in the park}].

▶해석 아버지와 딸이 공원에서 놀고 있었다.

▶해설 playing은 목적어나 보어가 필요 없는 동사이므로 동사 하나만으로 동사구를 이룬다. 이 동사구가 부사어구 { }의 수식을 받아 더 큰 동사구 [ ]를 이룬다.

04 The smile had [**disappeared** {from the father's face}].

▶해석 아버지의 얼굴에서 미소가 사라졌다.

▶해설 disappeared는 목적어나 보어가 필요 없는 동사이므로 동사 하나만으로 동사구를 이룬다. 이 동사구가 부사어구 { }의 수식을 받아 더 큰 동사구 [ ]를 이룬다.

05 During the winter, people tend to [**gather** {in indoor environments} {more than they do during the warmer months}].

▶해석 겨울에는 사람들이 더 따뜻한 계절에 모이는 것보다 실내 환경에서 더 많이 모이는 경향이 있다.

▶해설 gather는 목적어나 보어가 필요 없는 동사이므로 동사 하나만으로 동사구를 이룬다. 이 동사구가 각각 { }로 표시된 두 개의 부사어구의 수식을 차례로 받아 더 큰 동사구 [ ]를 이룬다.

06 Sometimes I had to [**look** {pretty hard} {to find something}], but I praised Larry over and over.

▶해석 때로 나는 뭔가를 찾아내기 위해 상당히 열심히 봐야했지만 Larry를 거듭해서 칭찬했다.

▶해설 look은 목적어나 보어가 필요 없는 동사이므로 동사 하나만으로 동사구를 이룬다. 이 동사구가 각각 { }로 표시된 부사어구 두 개의 수식을 차례로 받아 더 큰 동사구 [ ]를 이룬다.

07 There is a mental aspect of attention that involves processing that can [**occur** {independently of eye movements}].

▶해석 눈의 움직임과 관계없이 일어날 수 있는 과정을 수반하는, 주의 집중의 정신적 측면이 있다.

▶해설 occur는 목적어나 보어가 필요 없는 동사이므로 동

사 하나만으로 동사구를 이룬다. 이 동사구가 부사어구 { }의 수식을 받아 더 큰 동사구 [ ]를 이룬다.

08 It has been said that eye movements are windows into the mind, because where people [**look**] reveals what environmental information they are attending to.

▶해석 눈의 움직임은 마음을 들여다보는 창이라고들 하는데, 왜냐하면 사람들이 어디를 보는지는 그들이 어떤 환경 정보에 주의를 기울이고 있는지 드러내기 때문이다.

▶해설 look은 목적어나 보어가 필요 없는 동사이므로 동사 하나로 동사구 [ ]를 이룬다.

Level up
09 "I'm so sorry, Steve! This election hasn't damaged our friendship, has it?" "Of course not, Dave. We're friends as always!" Steve [**responded** {with a smile}]. As Steve arrived home, his dad was proudly waiting for him and said, "Congratulations on the win! How did Dave take it?" Steve replied, "We're fine now, best friends for life!" His dad laughed, "Sounds like you won two battles today!"

▶해석 "미안해, Steve! 이 선거가 우리 우정을 해치지 않은 거, 맞지?" "물론이야, Dave. 우리는 늘 그렇듯 친구라구!" Steve는 미소와 함께 응답했다. Steve가 집에 도착했을 때 그의 아빠는 자랑스럽게 그를 기다리며 말씀하셨다. "승리를 축하한다! Dave는 어떻게 받아들였니?" Steve는 대답했다. "이제 괜찮아요. 평생 최고의 친구죠!" 그의 아빠는 웃으며 말씀하셨다. "너는 오늘 두 개의 전투에서 승리한 것 같구나!"

▶해설 responded는 목적어나 보어가 필요 없는 동사이므로 동사 하나만으로 동사구를 이룬다. 이 동사구가 부사어구 { }의 수식을 받아 더 큰 동사구 [ ]를 이룬다.

Level up
10 David pushed the door open and looked out into the darkness. At the same instant, a light came into view at the bottom of the stairs and moved slowly up them. David watched, wide-eyed, and when the light reached the top of the stairs, he could see a large man carrying it. Frightened, he [**froze**] as the light [**moved** {noiselessly} {down the hall}] and [**disappeared** {into Amanda's room}].

▶해석 David는 문을 밀어서 열고 어둠 속을 내다보았다. 같은 순간 계단 바닥에 불빛 하나가 보이더니 계단 위로 서서히 움직였다. David는 휘둥그레진 눈으로 지켜보았고, 그 불빛이 계단 꼭대기에 이르렀을 때 그는 몸집이 큰 사람이 그것을 들고 있는 것을 볼 수 있었다. 겁을 먹은 그는 불빛이 소리 없이 복도로 이동하다가 Amanda의 방 안으로 사라지자 얼어붙었다.

▶해설 첫 번째 [ ]의 froze는 목적어나 보어가 필요 없는 동사이므로 혼자 동사구를 이룬다. 두 번째와 세 번째 [ ]의 moved와 disappeared 역시 목적어나 보어가 필요 없는 동사이므로 혼자 동사구를 이루고, 각자 { }의 수식을 받아 더 큰 동사구를 이룬다.

05 동사구 = [동사 + 주격 보어]

본문 ▶ p16

Challenge

016 Katie [became {a linguist}].

▶해석 Katie는 언어학자가 되었다.

▶해설 became은 주격 보어를 필요로 하는 동사이다. became이 { }로 표시된 부분을 주격 보어로 취하여 동사구 [ ]를 이룬다.

017 The whole situation [seems {very strange} {to me}].

▶해석 전체 상황이 내게는 매우 이상해 보인다.

▶해설 seems는 주격 보어를 필요로 하는 동사이다. seems가 첫 번째 { }를 주격 보어로 취하여 동사구를 이룬다. 이 동사구는 부사어구인 두 번째 { }의 수식을 받아 더 큰 동사구 [ ]를 이룬다.

018 Many scientists [remain {unconvinced} {by the current evidence}].

▶해석 많은 과학자들은 현재의 증거가 여전히 납득이 되지 않는다.

▶해설 remain은 주격 보어를 필요로 하는 동사이다. remain이 첫 번째 { }를 주격 보어로 취하여 동사구를 이룬다. 이 동사구는 두 번째 { }의 수식을 받아 더 큰 동사구 [ ]를 이룬다.

본문 ▶ p17

Application

01 Our school parking space [is {limited}].

▶해석 우리 학교 주차 공간은 한정되어 있다.

▶해설 be동사 is는 주격 보어를 필요로 하는 동사이다. is가 { }로 표시된 부분을 주격 보어로 취하여 동사구 [ ]를 이룬다.

02 I [feel {bad} {every time I'm handed a paper receipt}].

▶해석 매번 종이 영수증이 내게 건네질 때마다 나는 기분이 좋지 않다.

▶해설 이 문맥의 feel은 주격 보어를 필요로 하는 동사이다. feel이 첫 번째 { }를 주격 보어로 취하여 동사구를 이룬다. 이 동사구는 두 번째 { }의 수식을 받아 더 큰 동사구 [ ]를 이룬다.

03 Parents [are {responsible for the actions of their children}].

▶해석 부모는 자기 자녀의 행동에 대해 책임이 있다.

▶해설 be동사 are는 주격 보어를 필요로 하는 동사이다. are가 { }로 표시된 부분을 주격 보어로 취하여 동사구 [ ]를 이룬다.

04 In the summer, food waste [becomes {smelly and unpleasant}].

▶해석 여름에는 음식물 쓰레기가 악취가 나고 불쾌하게 된다.

▶해설 becomes는 주격 보어를 필요로 하는 동사이다. becomes가 { }로 표시된 부분을 주격 보어로 취하여 동사구 [ ]를 이룬다.

05 Watching Amy [look {so discouraged}], Laurie, her best friend, decided she needed some cheering up.

▶해석 Amy가 매우 풀이 죽어있는 것을 지켜보면서 그녀의 가장 친한 친구 Laurie는 Amy가 격려가 좀 필요하다고 결론을 내렸다.

▶해설 이 문맥의 look은 주격 보어를 필요로 하는 동사이다. look이 { }로 표시된 부분을 주격 보어로 취하여 동사구 [ ]를 이룬다.

06 The tutoring program has always [been {popular} {among international students}].

▶해석 그 과외 프로그램은 항상 유학생들 사이에 인기가 있었다.

▶해설 be동사 been은 주격 보어를 필요로 하는 동사이다. been이 첫 번째 { }를 주격 보어로 취하여 동사구를 이룬다. 이 동사구는 부사어구인 두 번째 { }의 수식을 받아 더 큰 동사구 [ ]를 이룬다.

---

07 Lindsay [**felt** {**calm and comforted**}] now that she had her toy again.

▶해석 Lindsay는 자기 장난감을 다시 가졌기 때문에 평온하고 위안이 되었다.

▶해설 이 문맥의 felt는 주격 보어를 필요로 하는 동사이다. felt가 첫 번째 { }를 주격 보어로 취하여 동사구를 이룬다.

---

08 When considered in terms of evolutionary success, many of the seemingly irrational choices that people make do not [**seem** {**so foolish**}] after all.

▶해석 진화적 성공이라는 면에서 생각해 보면, 사람들이 내리는 불합리해 보이는 많은 선택들은 결국에는 그다지 어리석은 것 같지 않다.

▶해설 seem은 주격 보어를 필요로 하는 동사이다. seem이 { }로 표시된 부분을 주격 보어로 취하여 동사구 [ ]를 이룬다.

Level up

09 For me, the most important tasks of every morning revolved around making sure my uniform looked perfect and my hair was neat. This meant that I took rather longer to [**get** {**ready**}] than my friend Jason did. While I was rushing around the house searching for my school bag or my books, Jason would stand by the front door, white with worry as he watched the minutes passing by on the clock in the hallway.

▶해석 나에게는, 매일 아침 가장 중요한 일이 확실히 내 교복이 완벽하고 머리가 단정해 보이게 하는 것을 중심으로 돌아갔다. 이 말이 뜻하는 바는, 내가 내 친구 Jason보다 준비하는 데 시간이 상당히 더 오래 걸렸다는 것이다. 내가 책가방이나 책을 찾으면서 집 안을 이리저리 뛰어다니는 동안 Jason은 시간이 시시각각 흘러가는 것을 복도에 있는 시계를 통해 지켜보면서 걱정 때문에 얼굴이 하얗게 되어 현관문 곁에 서 있곤 했다.

▶해설 이 문맥의 get은 주격 보어를 필요로 하는 동사이

다. get이 { }로 표시된 부분을 주격 보어로 취하여 동사구 [ ]를 이룬다.

Level up

10 In 1855, U.S. Secretary of War Jefferson Davis believed camels might [**prove** {**more useful than horses**} {in the severe, desert-like conditions in much of the western United States}]. A total of seventy-eight camels were brought from the Middle East to Texas. They quickly proved their worth. The camels could carry more than a thousand pounds on their backs, go days or weeks without water, and eat desert vegetation that other animals would not touch.

▶해석 1855년, 미국의 육군 장관 Jefferson Davis는 낙타가 미국 서부 많은 지역의 혹독하고 사막 같은 환경에서 말보다 더 유용하다는 것이 사실로 드러날지 모른다고 생각했다. 총 78마리의 낙타를 중동에서 텍사스로 데려왔다. 그들은 재빨리 자신들의 가치를 입증했다. 낙타는 등에 천 파운드가 넘는 짐을 실어 나를 수 있었고, 물이 없이도 수일 또는 수 주일을 버틸 수 있었으며, 다른 동물들이라면 건드리지도 않을 사막 식물을 먹을 수 있었다.

▶해설 이 문맥의 prove는 주격 보어를 필요로 하는 동사이다. prove가 첫 번째 { }를 주격 보어로 취하여 동사구를 이룬다. 이 동사구는 부사어구인 두 번째 { }의 수식을 받아 더 큰 동사구 [ ]를 이룬다.

---

06 동사구 = [동사 + 필수 부사어구]

본문 ▶ p18

Challenge

019 My keys [**are** {**in the drawer**}].

▶해석 내 열쇠는 서랍 안에 있다.

▶해설 be동사 are는 주격 보어를 필요로 하는 동사이다. are가 { }로 표시된 부분을 주격 보어로 취하여 동사구 [ ]를 이룬다. 중요한 것은, 장소(위치)를 나타내는 부사어구 { }가 이 문장에 없어서는 안 되는 필수 요소로서 주격 보어 역할을 한다는 것이다.

---

020 What time will we [**get** {**there**}]?

▶ **해석** 우리는 거기에 몇 시에 도착할 거니?

▶ **해설** 이 문맥의 get은 장소를 나타내는 부사어구를 반드시 필요로 하는 동사이다. 즉 이 부사어구가 없으면 문법에 어긋나게 된다. get이 { }로 표시된 부사어구를 취하여 동사구 [ ]를 이룬다.

---

021 The poet [lived {during a period of great social change}].

▶ **해석** 그 시인은 거대한 사회 변혁 시기에 살았다.

▶ **해설** 이 문맥의 lived는 장소나 시간을 나타내는 부사어구를 반드시 필요로 하는 동사이다. 즉 이 부사어구가 없으면 문법에 어긋나게 된다. lived가 { }로 표시된 부분을 취하여 동사구 [ ]를 이룬다.

Application

본문 ▶ **p19**

01 No problem. I can explain how to [get {there}].

▶ **해석** 문제없어. 나는 거기 가는 법을 설명할 수 있어.

▶ **해설** 이 문맥의 get은 장소를 나타내는 부사어구를 반드시 필요로 하는 동사이다. 즉 이 부사어구가 없으면 문법에 어긋나게 된다. get이 { }로 표시된 부분을 취하여 동사구 [ ]를 이룬다.

02 Amy [was {in the classroom}] staring out of the window beside her.

▶ **해석** Amy는 자기 옆에 있는 창밖을 응시하면서 교실 안에 있었다.

▶ **해설** be동사 was는 주격 보어를 필요로 하는 동사이다. was는 { }를 주격 보어로 취하여 동사구를 이룬다. 중요한 것은, 이 { }가 장소를 나타내는 부사어구로서 문장에 없어서는 안 되는 필수 요소라는 것이다.

03 Hannah wished all the memories would [remain {in her mind} {forever}].

▶ **해석** Hannah는 모든 기억이 자기 마음속에 영원히 남기를 바랐다.

▶ **해설** remain은 주격 보어를 필요로 하는 동사이다. remain이 첫 번째 { }를 주격 보어로 취하여 동사구를 이룬다. 중요한 것은, 이 첫 번째 { }가 장소를 나타내는 부사어구로서 문장에 없어서는 안 되는 필수 요소라는 것이다. 이 동사구는 두 번째 { }의 수식을 받아 더 큰 동사구 [ ]를 이룬다.

04 I need to [go {to the library} {to find some books and magazines about science-related topics}].

▶ **해석** 나는 과학 관련 주제에 관한 책과 잡지를 좀 구하기 위해 도서관에 가야 한다.

▶ **해설** 이 문맥의 go는 방향을 나타내는 부사어구를 반드시 필요로 하는 동사이다. 즉 이 부사어구가 없으면 문법에 어긋나게 된다. go가 첫 번째 { }를 취하여 동사구를 이룬다. 이 동사구는 두 번째 { }의 수식을 받아 더 큰 동사구 [ ]를 이룬다.

05 Keith really had to play that piano very hard to get enough volume to [get {to the balconies}].

▶ **해석** Keith는 발코니석까지 소리가 들릴 만큼 충분한 음량을 얻기 위해 그 피아노를 정말 매우 힘껏 쳐야 했다.

▶ **해설** 이 문맥의 get은 장소(방향)를 나타내는 부사어구를 반드시 필요로 하는 동사이다. 즉 이 부사어구가 없으면 문법에 어긋나게 된다. get이 { }로 표시된 부분을 취하여 동사구 [ ]를 이룬다.

06 The !Kung San, also known as the Bushmen, [live {in the Kalahari Desert in southern Africa}].

▶ **해석** Bushmen이라고도 알려진 !Kung San 부족은 남아프리카의 Kalahari 사막에 산다.

▶ **해설** 이 문맥의 live는 장소(위치)를 나타내는 부사어구를 반드시 필요로 하는 동사이다. 즉 이 부사어구가 없으면 문법에 어긋나게 된다. live가 { }로 표시된 부분을 취하여 동사구 [ ]를 이룬다.

07 Trees do indeed have a few small roots which penetrate to great depth, but most of their roots [are {in the top half-metre of the soil}].

▶ **해석** 나무는 (땅속) 깊숙이 뚫고 들어가는 잔뿌리가 실제로 몇 개 있지만 대부분의 뿌리는 토양 표토로부터 아래쪽으로 50센티미터 안에 있다.

▶ **해설** be동사 are는 주격 보어를 필요로 하는 동사이다. are가 { }로 표시된 부분을 주격 보어로 취하여 동사구 [ ]를 이룬다. 중요한 것은, 장소(위치)를 나타내는 부사어구 { }가 이 문장에 없어서는 안 되는 필수 요소로서 주격 보어 역할을 한다는 것이다.

08 On his way home, waiting for an underground train at Leicester Square tube station, Anthony Hopkins saw a discarded book [**lying** {**on the seat next to him**}].

▶해석 Anthony Hopkins는 집으로 돌아오는 길에 Leicester Square 지하철역에서 지하철을 기다릴 때 자기 자리 옆에 놓인 버려진 책 한 권을 보았다.

▶해설 이 문맥의 lying은 장소(위치)를 나타내는 부사어구를 반드시 필요로 한다. lying은 { }로 표시된 부사어구(형태상 전치사구)를 취하여 동사구 [ ]를 이룬다.

09 Ricky's father loved the fishing business. So did all of his sons, except for Ricky. The boy did not like [**being** {**on the boat**}], and the smell of fish made him sick. Instead, Ricky— who was not afraid of hard work—delivered newspapers, shined shoes, worked in the office, and even repaired nets.

▶해석 Ricky의 아버지는 물고기 잡는 일을 좋아했다. Ricky만 빼고 그의 아들들도 모두 마찬가지였다. 소년은 배를 타는 것을 좋아하지 않았고, 생선 냄새는 그를 역겹게 했다. 그 대신, 고된 일이 두렵지 않았던 Ricky는 신문을 배달했고, 구두를 닦았고, 사무실에서 일했고, 심지어 그물을 수선하기도 했다.

▶해설 being은 주격 보어를 필요로 하는 동명사이다. being이 { }로 표시된 부분을 주격 보어로 취하여 동명사구 [ ]를 이룬다. 중요한 것은, 장소(위치)를 나타내는 부사어구 { }가 이 문장에 없어서는 안 되는 필수 요소로서 주격 보어 역할을 한다는 것이다.

10 Protogenes worked on the *Satyr* during Demetrius Poliorcetes' attack on Rhodes from 305 to 304 B.C. Interestingly, the garden in which he painted the *Satyr* [**was** {**in the middle of the enemy's camp**}]. Protogenes is said to have been about seventy years of age when the *Satyr* was completed.

▶해석 Protogenes는 기원전 305년에서 304년까지 Demetrius Poliorcetes가 Rhodes를 공격하는 동안 작품 'Satyr'를 작업했다. 흥미롭게도, 그가 (머물면서) 'Satyr'를 그렸던 정원은 적의 진영 한 가운데 있었다. Protogenes는 작품 'Satyr'가 완성되었을 때 나이가 칠십 세 정도 되었다고 한다.

▶해설 be동사 was는 장소(위치)를 나타내는 부사어구를 반드시 필요로 하는 동사이다. 즉 이 부사어구가 없으면 문법에 어긋나게 된다. was가 { }로 표시된 부사어구를 취하여 동사구 [ ]를 이룬다.

07 두 유형의 주격 보어

본문 ▶ p20

Challenge

022 The boys [**remained** {**silent about their experiences**}].

▶해석 소년들은 자신들의 경험에 대해 침묵을 지켰다.

▶해설 이 문맥의 remained는 주격 보어를 필요로 하는 동사이다. 이 주격 보어 역할을 하는 것은 { }로 표시된 형용사구이다. remained가 { }를 주격 보어로 취하여 동사구 [ ]를 이룬다.

023 Traffic congestion [**remained** {**a problem**}].

▶해석 교통 혼잡이 문제로 남았다.

▶해설 이 문맥의 remained는 주격 보어를 필요로 하는 동사이다. 이 주격 보어 역할을 하는 것은 { }로 표시된 명사구이다. remained가 { }를 주격 보어로 취하여 동사구 [ ]를 이룬다.

024 Incredibly, the duck family [**remained** {**on the road**}].

▶해석 믿기 어렵게도, 그 오리 가족은 도로 위에 있었다.

▶해설 이 문맥의 remained는 주격 보어를 필요로 하는 동사이다. 이 주격 보어 역할을 하는 것은 { }로 표시된 부사어구이다. 형태상 전치사구이지만 기능상 장소에 관한 정보를 제공하기 때문에 부사어구라고 부른다. remained가 { }를 주격 보어로 취하여 동사구 [ ]를 이룬다. 중요한 것은, 형용사구나 명사구 외에 부사어구도 문장에 없어서는 안 되는 필수 요소로서 주격 보어 역할을 할 수 있다는 것이다.

본문 ▶ p21

01 Mom, I [**am** {**home**}]. Sorry I [**am** {**so late**}].

▶해석 엄마, 저 왔어요. 너무 늦어서 죄송해요.

▶해설 be동사 am은 주격 보어를 반드시 필요로 하는 동사이다. 이 주격 보어 역할을 할 수 있는 요소로는 형용사구나 명사구뿐 아니라 장소를 나타내는 부사어구도 있다. 첫 번째 [ ]의 { }는 주격 보어 역할을 하는 부사어구이고 두 번째 [ ]의 { }는 주격 보어 역할을 하는 형용사구이다.

02 The next day, the teen girl [**seemed** {**somewhat cheerful**}].

▶해석 다음 날 그 10대 소녀는 다소 쾌활해 보였다.

▶해설 seemed는 주격 보어를 필요로 하는 동사이다. seemed가 { }로 표시된 형용사구를 주격 보어로 취하여 동사구 [ ]를 이룬다.

03 That day [**was** {**unusually foggy**}] as if something mysterious [**were** {**ahead**}].

▶해석 그날은 마치 뭔가 불가사의한 것이 앞에 있는 것처럼 유난히 안개가 많이 끼었다.

▶해설 be동사 was와 were는 주격 보어를 반드시 필요로 하는 동사이다. 이 주격 보어 역할을 할 수 있는 요소로는 형용사구뿐 아니라 장소를 나타내는 부사어구도 있다. 첫 번째 [ ]의 { }는 was의 주격 보어 역할을 하는 형용사구이고 두 번째 [ ]의 { }는 were의 주격 보어 역할을 하는, 장소(위치)를 나타내는 부사어구이다.

04 "I know you've been having a hard time lately, and you aren't [**feeling** {**really good or positive about your life**}]."

▶해석 "나는 네가 요즘 어려운 시간을 보내면서 네 삶에 대해 정말로 좋게 또는 긍정적으로 생각하고 있지 않다는 것을 알고 있다."

▶해설 이 문맥의 feeling은 주격 보어를 필요로 하는 동사이다. feeling이 { }로 표시된 형용사구를 주격 보어로 취하여 동사구 [ ]를 이룬다.

05 I [**was** {**just in a meeting about our new advertising plan**}].

▶해석 나는 방금 우리의 새로운 광고 계획에 대해 논의하는 회의에 참석했다.

▶해설 be동사 was는 주격 보어를 필요로 하는 동사이다. was가 { }로 표시된 부사어구를 주격 보어로 취하여 동사구 [ ]를 이룬다. 부사어구 { }는 장소를 나타내는 부사어구로서 문장에 없어서는 안 되는 필수 요소이다.

06 The presentation went better than expected, and my manager [**seemed** {**particularly pleased**}].

▶해석 발표는 기대보다 잘 되었고 우리 관리자는 특별히 만족한 것 같았다.

▶해설 seemed는 주격 보어를 필요로 하는 동사이다. seemed가 { }로 표시된 형용사구를 주격 보어로 취하여 동사구 [ ]를 이룬다.

07 It's hard to believe that his first school performance [**is** {**this afternoon**}].

▶해석 그의 첫 번째 학교 공연이 오늘 오후에 있다는 것이 믿어지지 않는다.

▶해설 be동사 is는 주격 보어를 필요로 하는 동사이다. is가 { }로 표시된 부사어구를 주격 보어로 취하여 동사구 [ ]를 이룬다. 부사어구 { }는 시간을 나타내는 부사어구로서 문장에 없어서는 안 되는 필수 요소이다.

08 Science tells us [{**where**} we **are**] and [{**what**} we **are**], and that knowledge [**is** {**beyond value**}].

▶해석 과학은 우리에게 우리가 어디에 있는지 그리고 우리가 무엇인지에 대해 알려주는데, 그러한 앎은 더할 나위 없이 귀중하다.

▶해설 be동사 are나 is는 주격 보어를 필요로 하는 동사이다. 첫 번째 [ ]의 { }는 are의 주격 보어로서 장소를 나타내는 부사어구(형태상 의문부사)이다. 두 번째 [ ]의 { }는 are의 주격 보어로서 명사구(형태상 의문대명사)이다. 세 번째 [ ]의 { }는 is의 주격 보어로서 장소(위치)를 나타내는 부사어구(형태상 전치사구)이다. 세 개의 [ ] 모두, be동사가 각각 { }를 주격 보어로 취하여 동사구를 이룬다.

09 A first judgment about the value of a food source is made on its appearance and smell. Food that [**looks and smells** {**attractive**}] is taken into the mouth. Here, based on a complex sensory analysis that is not only restricted to the sense of taste but also includes smell, touch, and hearing, the final decision whether to swallow or reject food is made.

▶ 해석 식량원의 가치에 대한 최초의 판단은 그것의 생김새와 냄새를 근거로 내려진다. 매력적으로 보이고 (매력적인) 냄새가 나는 식품은 입으로 가져가진다. 여기에서 미각에만 국한되지 않고 냄새, 촉감, 청각까지 포함하는 복합적 감각 분석에 의해 식품을 삼킬지 아니면 거부할지 최종 결정이 내려진다.

▶ 해설 이 문맥의 looks와 smells는 주격 보어를 필요로 하는 동사이다. looks와 smells가 { }로 표시된 형용사구를 주격 보어로 공유하여 동사구 [ ]를 이룬다.

Level Up

10 I wish I could camp in the wild and enjoy the company of mosquitos, snakes, and spiders. I'd love to make the world's largest rainforest home. My heart swells as much as my chubby bags; yet, I'd better get some sleep since a long, tough journey [is {ahead of me}].

▶ 해석 나는 황야에서 야영을 하여 모기, 뱀, 거미와 함께 있는 것을 즐길 수 있기를 바란다. 나는 세계의 가장 큰 우림을 집으로 삼고 싶다. 내 가슴은 내 불룩한 가방만큼이나 부푼다. 하지만 길고 험한 여정이 내 앞에 있으므로 나는 잠을 좀 자두는 것이 좋을 것이다.

Level Up

▶ 해설 be동사 is는 주격 보어를 반드시 필요로 하는 동사이다. { }로 표시된 부분은 장소(위치)를 나타내는 부사어구이다. is가 { }로 표시된 부분을 주격 보어로 취하여 동사구 [ ]를 이룬다.

Structure 08 ▶ 동사구 = [동사 + 목적어]

Challenge   본문 ▶ p22

025 Joe [enjoys {reading Icelandic family sagas}].

▶ 해석 Joe는 아이슬란드의 가문 대하소설을 읽는 것을 즐긴다.

▶ 해설 enjoys는 목적어를 필요로 하는 동사이다. enjoys가 { }로 표시된 부분을 목적어로 취하여 동사구 [ ]를 이룬다.

026 The chairman [refused {to answer any more questions}].

▶ 해석 의장은 더 이상의 어떤 질문에도 대답하기를 거부했다.

▶ 해설 refused는 목적어를 필요로 하는 동사이다. refused가 { }로 표시된 부분을 목적어로 취하여 동사구 [ ]를 이룬다.

027 We [believe {that all men should be treated equally}].

▶ 해석 우리는 모든 사람들이 동등하게 대해져야 한다고 믿는다.

▶ 해설 believe는 목적어를 필요로 하는 동사이다. believe가 { }로 표시된 부분을 목적어로 취하여 동사구 [ ]를 이룬다.

Application   본문 ▶ p23

01 This book [deserves {a five-star recommendation}].

▶ 해석 이 책은 별 다섯 개짜리(최고 등급의) 추천을 받을 만하다.

▶ 해설 deserves는 목적어를 필요로 하는 동사이다. deserves가 { }로 표시된 부분을 목적어로 취하여 동사구 [ ]를 이룬다.

02 We [damage {the relationship} {by choosing to focus on the negative}].

▶ 해석 우리는 부정적인 면에 초점을 맞추려고 함으로써 관계를 훼손한다.

▶ 해설 damage는 목적어를 필요로 하는 동사이다. damage가 첫 번째 { }를 목적어로 취하여 동사구를 이룬다. 이 동사구가 부사어구인 두 번째 { }의 수식을 받아 더 큰 동사구 [ ]를 이룬다.

03 Chicken breast and most fish [have {more delicate muscle fibers}].

▶ 해석 닭 가슴살과 대부분의 생선은 더 담백하고 맛있는 근섬유를 가지고 있다.

▶ 해설 have는 목적어를 필요로 하는 동사이다. have가 { }로 표시된 부분을 목적어로 취하여 동사구 [ ]를 이룬다.

04 Lindsay [**quickly searched {the classroom}**] and [**checked {her bag} one more time**].

▶해석 Lindsay는 재빨리 교실을 뒤졌고 자기 가방을 한 번 더 살폈다.

▶해설 첫 번째 [ ]의 searched는 목적어를 필요로 하는 동사이다. searched가 첫 번째 { }를 목적어로 취하여 첫 번째 동사구를 이룬다. 두 번째 [ ]의 checked도 목적어를 필요로 하는 동사이다. 두 번째 { }를 목적어로 취하여 동사구를 이룬다.

05 We need to [**update {our understandings about the capacity limits of working memory}**].

▶해석 우리는 작동 기억의 용량 제한에 대한 우리의 이해를 새롭게 해야 한다.

▶해설 update는 목적어를 필요로 하는 동사이다. update가 { }로 표시된 부분을 목적어로 취하여 동사구 [ ]를 이룬다.

06 The emerging world [**involves {sharing ideas, delivering thoughts, and expressing opinions}**].

▶해석 최근에 부상하고 있는 세계는 아이디어를 공유하고, 생각을 전하고, 의사를 표현하는 것을 수반한다.

▶해설 involves는 목적어를 필요로 하는 동사이다. involves가 { }로 표시된 부분을 목적어로 취하여 동사구 [ ]를 이룬다.

07 Ellen Dissanayake [**believes {that the importance of physical movement as a constituent of musical behavior has been underestimated}**].

▶해석 Ellen Dissanayake는 음악적 행위를 구성하는 요소로서 신체의 움직임의 중요성이 과소평가되어 왔다고 믿는다.

▶해설 believes는 목적어를 필요로 하는 동사이다. believes가 { }로 표시된 부분을 목적어로 취하여 동사구 [ ]를 이룬다.

08 For more information, [**contact {the school office} {at 0093-1234-5678}**].

▶해석 정보가 더 필요하시면 학교 사무실 0093-1234-5678번으로 연락주십시오.

▶해설 contact는 목적어를 필요로 하는 동사이다. contact가 첫 번째 { }를 목적어로 취하여 동사구를 이룬다. 이 동사구가 부사어구인 두 번째 { }의 수식을 받아 더 큰 동사구 [ ]를 이룬다.

09 Geniuses don't necessarily have a higher success rate than other creators; they simply do more—and they do a range of different things. They have more successes *and* more failures. That goes for teams and companies too. It's impossible to [**generate {a lot of good ideas} {without also generating a lot of bad ideas}**].

▶해석 천재들이 다른 창작자들에 비해 반드시 성공률이 더 높은 것은 아니다. 다만 그들은 더 많이 할 뿐인데, 갖가지 다른 것들을 한다. 그들은 성공작이 더 많고 '또한' 실패작도 더 많다. 이는 팀과 회사도 마찬가지다. 수많은 나쁜 아이디어들까지 내지 않고서 수많은 좋은 아이디어를 내는 것은 불가능하다.

▶해설 generate는 목적어를 필요로 하는 동사이다. generate가 첫 번째 { }를 목적어로 취하여 동사구를 이룬다. 이 동사구는 두 번째 { }의 수식을 받아 더 큰 동사구 [ ]를 이룬다. 두 번째 { }의 generating도 a lot of bad ideas를 목적어로 삼아 동사구를 이룬다.

10 For Ricky, playing baseball with his older brother was a way to forget his hardship. Fortunately, Ricky was very good at it, and was treated like a hero among his playmates. When Ricky was sixteen, he [**decided {to drop out of school to become a baseball player}**]. And by the time he was through with baseball, he had become a legend.

▶해석 Ricky에게는, 자기 형과 야구를 하는 것이 자신의 어려움을 잊는 방법이었다. 다행히, Ricky는 야구를 아주 잘해서 함께 경기하는 친구들 사이에서 영웅 대우를 받았다. 열 여섯 살이었을 때 Ricky는 야구 선수가 되기 위해 학교를 그만두기로 결정했다. 그리고 야구를 마치고 났을 때 그는 전설(적인 인물)이 되어 있었다.

▶해설 decided는 목적어를 필요로 하는 동사이다. decided가 { }로 표시된 부분을 목적어로 취하여 동사구 [ ]를 이룬다.

09 동사구 = [동사 + 간접목적어 + 직접목적어]

본문 ▶ p24

Challenge

028 Language [**gives** {**us**} {**the ability to communicate with each other**}].

▶해석 언어는 우리에게 서로 의사소통을 할 능력을 준다.

▶해설 동사 gives는 두 개의 목적어를 필요로 한다. 첫 번째 { }는 받는 대상을 나타내는 간접목적어이고 두 번째 { }는 줄 것을 나타내는 직접목적어이다. gives는 이러한 두 종류의 목적어를 취하여 동사구 [ ]를 이룬다.

029 Someone had [**told** {**me**} {**that the meeting was canceled**}].

▶해석 누군가가 나에게 모임이 취소되었다고 말해 주었다.

▶해설 동사 told는 두 개의 목적어를 필요로 한다. 첫 번째 { }는 얘기를 들은 대상을 나타내는 간접목적어이고 두 번째 { }는 말한 내용을 나타내는 직접목적어이다. told는 이러한 두 종류의 목적어를 취하여 동사구 [ ]를 이룬다.

030 [**Ask** {**your mom**} {**if you can come with us**}].

▶해석 네 엄마에게 네가 우리와 함께 가도 되는지 여쭤 보렴.

▶해설 동사 Ask는 두 개의 목적어를 필요로 한다. 첫 번째 { }는 물을 대상을 나타내는 간접목적어이고 두 번째 { }는 물을 내용을 나타내는 직접목적어이다. Ask는 이러한 두 종류의 목적어를 취하여 동사구 [ ]를 이룬다.

Application

본문 ▶ p25

01 I'll [**show** {**you**} {**a magic trick**} {with coins}].

▶해석 나는 여러분께 동전으로 마술 묘기를 보여 드리겠습니다.

▶해설 동사 show는 두 개의 목적어를 필요로 한다. 첫 번째 { }는 묘기를 볼 대상을 나타내는 간접목적어이고 두 번째 { }는 보여 줄 내용을 나타내는 직접목적어이다. show는 이러한 두 종류의 목적어를 취하여 동사구를 이룬다. 이 동사구는 부사어구인 세 번째 { }의 수식을 받아 더 큰 동사구 [ ]를 이룬다.

02 Can you [**tell** {**us**} {**how you make huge things like cars disappear**}]?

▶해석 우리에게 어떻게 차와 같이 큰 물체가 사라지게 만드는지 얘기해줄 수 있으세요?

▶해설 동사 tell은 두 개의 목적어를 필요로 한다. 첫 번째 { }는 얘기를 들을 대상을 나타내는 간접목적어이고 두 번째 { }는 얘기할 내용을 나타내는 직접목적어이다. tell은 이러한 두 종류의 목적어를 취하여 동사구 [ ]를 이룬다.

03 We now [**ask** {**both batters**} {**how much time has passed**}].

▶해석 우리는 이제 두 타자 모두에게 시간이 얼마나 지났는지 묻는다.

▶해설 동사 ask는 두 개의 목적어를 필요로 한다. 첫 번째 { }는 물을 대상을 나타내는 간접목적어이고 두 번째 { }는 물을 내용을 나타내는 직접목적어이다. ask는 이러한 두 종류의 목적어를 취하여 동사구 [ ]를 이룬다.

04 Today my teacher [**gave** {**me**} {**three suggestions on how I can explore science-related careers**}].

▶해석 오늘 우리 선생님께서 내게 과학 관련 직업에 대해 어떻게 탐구할 수 있는지에 관한 세 가지 제안을 주셨다.

▶해설 동사 gave는 두 개의 목적어를 필요로 한다. 첫 번째 { }는 받은 대상을 나타내는 간접목적어이고 두 번째 { }는 준 것을 나타내는 직접목적어이다. gave는 이러한 두 종류의 목적어를 취하여 동사구 [ ]를 이룬다.

05 [**Teach** {**your child**} {**how to write love notes**}], and I promise you will have many, many happy returns.

▶해석 여러분의 자녀에게 사랑의 편지를 쓰는 법을 가르치십시오. 그러면 장담하건데, 여러분께서는 기분 좋은 보답을 아주 많이 받게 될 것입니다.

▶해설 동사 Teach는 두 개의 목적어를 필요로 한다. 첫 번째 { }는 가르침을 받을 대상을 나타내는 간접목적어이고 두 번째 { }는 가르칠 내용을 나타내는 직접목적어이다. Teach는 이러한 두 종류의 목적어를 취하여 동사구 [ ]를 이룬다.

06 The sense of hearing [**gives {us} {a remarkable connection with the invisible, underlying order of things}**].

▶해석 청각은 우리에게 사물의 보이지 않는, 근원적인 질서와의 놀라운 연결을 가져다준다.

▶해설 동사 gives는 두 개의 목적어를 필요로 한다. 첫 번째 { }는 받는 대상을 나타내는 간접목적어이고 두 번째 { }는 주는 것을 나타내는 직접목적어이다. gives는 이러한 두 종류의 목적어를 취하여 동사구 [ ]를 이룬다.

07 One day Larry's mother stopped by and [**told {me} {that her son was not very smart}**].

▶해석 어느 날 Larry의 어머니께서 들르셔서 내게 자기 아들이 별로 영리하지 않다고 말씀하셨다.

▶해설 동사 told는 두 개의 목적어를 필요로 한다. 첫 번째 { }는 얘기를 들은 대상을 나타내는 간접목적어이고 두 번째 { }는 얘기한 내용을 나타내는 직접목적어이다. told는 이러한 두 종류의 목적어를 취하여 동사구 [ ]를 이룬다.

08 That morning, Andrew had received a call from the nursing home [**informing {him} {that Grandad's condition had become serious}**].

▶해석 그날 아침 Andrew는 양로원으로부터 그에게 할아버지의 상태가 심상치 않다는 것을 알려주는 전화를 받았었다.

▶해설 informing은 두 개의 목적어를 필요로 한다. 첫 번째 { }는 정보를 들은 대상을 나타내는 간접목적어이고 두 번째 { }는 알려준 정보의 내용을 나타내는 직접목적어이다. informing은 이러한 두 종류의 목적어를 취하여 [ ]로 표시된 구를 이룬다.

Level Up
09 The 18th century is called the Golden Age of botanical painting, and Georg Dionysius Ehret is often praised as the greatest botanical artist of the time. Born in Heidelberg, Germany, he was the son of a gardener who [**taught {him} {much about art and nature}**].

▶해석 18세기는 식물화의 황금기라고 불리며, Georg Dionysius Ehret는 흔히 당대 최고의 식물 화가로 칭송을 받는다. 독일의 Heidelberg에서 태어난 그는 자신에게 미술과 자연에 관해 많은 것을 가르쳐준 정원사의 아들이었다.

▶해설 동사 taught는 두 개의 목적어를 필요로 한다. 첫 번째 { }는 가르침을 받은 대상을 나타내는 간접목적

이고 두 번째 { }는 가르친 내용을 나타내는 직접목적어이다. taught는 이러한 두 종류의 목적어를 취하여 동사구 [ ]를 이룬다.

Level Up
10 The ears do not lie. Through our ears we gain access to vibration, which underlies everything around us. The sense of tone and music in another's voice [**gives {us} {an enormous amount of information about that person, about her stance toward life, about her intentions}**].

▶해석 귀는 거짓말을 하지 않는다. 귀를 통해 우리는 우리 주변의 모든 것에 기저를 이루는 진동에 접근한다. 다른 사람의 목소리에 담긴 음색과 음감은 우리에게 그 사람에 관한, 삶을 향한 그 사람의 자세에 관한, 그리고 그 사람의 의도에 관한 막대한 양의 정보를 가져다준다.

▶해설 동사 gives는 두 개의 목적어를 필요로 한다. 첫 번째 { }는 받는 대상을 나타내는 간접목적어이고 두 번째 { }는 주는 것을 나타내는 직접목적어이다. gives는 이러한 두 종류의 목적어를 취하여 동사구 [ ]를 이룬다.

Structure **10** 동사구 = [동사 + 목적어 + 목적격 보어]

Challenge
본문 ▶ p26

031 My parents wouldn't [**allow {my sister} {to go to the party}**].

▶해석 우리 부모님은 누나가 파티에 가는 것을 허락하지 않으실 것이다.

▶해설 이 문맥의 동사 allow는 목적어와 목적격 보어를 필요로 한다. 첫 번째 { }는 목적어이고 두 번째 { }는 그 목적어의 동작에 대해 설명하는 목적격 보어이다. allow는 두 개의 { }를 모두 취하여 동사구 [ ]를 이룬다.

032 Virginia [**found {the homework} {very interesting}**].

▶해석 Virginia는 숙제가 매우 재미있다는 것을 알게 되었다.

▶해설 이 문맥의 동사 found는 목적어와 목적격 보어를 필요로 한다. 첫 번째 { }는 목적어이고 두

번째 { }는 그 목적어의 상태에 대해 설명하는 목적격 보어이다. found는 두 개의 { }를 모두 취하여 동사구 [ ]를 이룬다.

033 Good weather [**makes** {**Spain**} {**a popular tourist destination**}].

▶해석 좋은 날씨는 스페인을 인기 있는 관광지로 만든다.

▶해설 이 문맥의 동사 makes는 목적어와 목적격 보어를 필요로 한다. 첫 번째 { }는 목적어이고 두 번째 { }는 그 목적어의 성질에 대해 설명하는 목적격 보어이다. makes는 두 개의 { }를 모두 취하여 동사구 [ ]를 이룬다.

Application　　　　本文 ▶ p27

01 A lot of people [**consider** {**bananas**} {**one of the best fruits for their health**}].

▶해석 많은 사람들은 바나나가 건강에 좋은 최고의 과일 중 하나라고 생각한다.

▶해설 이 문맥의 동사 consider는 목적어와 목적격 보어를 필요로 한다. 첫 번째 { }는 목적어이고 두 번째 { }는 그 목적어의 성질에 대해 설명하는 목적격 보어이다. consider는 두 개의 { }를 모두 취하여 동사구 [ ]를 이룬다.

02 What [**makes** {**watercolor**} {**such a challenging medium**}] is its unpredictable nature.

▶해석 수채화 그림물감을 매우 다루기 힘든 표현 수단으로 만드는 것은 바로 그것의 예측이 불가능한 성질이다.

▶해설 이 문맥의 동사 makes는 목적어와 목적격 보어를 필요로 한다. 첫 번째 { }는 목적어이고 두 번째 { }는 그 목적어의 성질에 대해 설명하는 목적격 보어이다. makes는 두 개의 { }를 모두 취하여 동사구 [ ]를 이룬다.

03 Although challenging, once mastered, watercolor [**allows** {**the artist**} {**to produce effects that simply are not possible with other mediums**}].

▶해석 어렵기는 하지만 일단 익히고 나면 수채화 그림물감은 화가가 다른 표현 수단으로는 도저히 가능하지 않은 효과를 내게 한다.

▶해설 이 문맥의 동사 allows는 목적어와 목적격 보어를 필요로 한다. 첫 번째 { }는 목적어이고 두 번째 { }는 그 목적어의 동작에 대해 설명하는 목적격 보어이다. allows는 두 개의 { }를 모두 취하여 동사구 [ ]를 이룬다.

04 Although the family [**called** {**the boy**} {**Ricky**}], his father had his own nickname for him: Good-for-Nothing.

▶해석 가족들은 그 소년을 Ricky라고 불렀지만 그의 아버지는 그 아이에게 자기만 부르는 별명인 '아무짝에도 쓸모없는 녀석'이 있었다.

▶해설 이 문맥의 동사 called는 목적어와 목적격 보어를 필요로 한다. 첫 번째 { }는 목적어이고 두 번째 { }는 그 목적어의 정체에 대해 설명하는 목적격 보어이다. called는 두 개의 { }를 모두 취하여 동사구 [ ]를 이룬다.

05 In order to [**keep** {**our apartment complex**} {**clean and safe**}], all residents should carefully read and follow this notification.

▶해석 우리 아파트 단지를 깨끗하고 안전하게 유지하기 위해 모든 주민들께서는 이 공고문을 주의 깊게 읽고 따라야 합니다.

▶해설 이 문맥의 동사 keep은 목적어와 목적격 보어를 필요로 한다. 첫 번째 { }는 목적어이고 두 번째 { }는 그 목적어의 상태에 대해 설명하는 목적격 보어이다. keep은 두 개의 { }를 모두 취하여 동사구 [ ]를 이룬다.

06 Voting can [**cause** {**certain members**} {**to be identified by their minority position on a decision**}].

▶해석 투표는 특정 구성원이 어떤 결정에 대해 자신들이 소수자의 위치에 있다는 것을 드러나게 할 수 있다.

▶해설 이 문맥의 동사 cause는 목적어와 목적격 보어를 필요로 한다. 첫 번째 { }는 목적어이고 두 번째 { }는 그 목적어의 동작에 대해 설명하는 목적격 보어이다. cause는 두 개의 { }를 모두 취하여 동사구 [ ]를 이룬다.

07 I often [**let** {**someone else**} {**choose my meal for me**}] when I go out for dinner.

▶해석 나는 저녁을 먹으러 나가면 자주 다른 누군가가 나 대신 내가

먹을 음식을 고르게 한다.

▶해설 이 문맥의 동사 let은 목적어와 목적격 보어를 필요로 한다. 첫 번째 { }는 목적어이고 두 번째 { }는 그 목적어의 동작에 대해 설명하는 목적격 보어이다. let은 두 개의 { }를 모두 취하여 동사구 [ ]를 이룬다.

---

08 Now, we all know [**making {things} {disappear}**] is your specialty.

▶해석 이제 우리는 모두 물체가 사라지게 하는 것이 당신의 장기라는 것을 알고 있습니다.

▶해설 이 문맥의 동명사 making은 목적어와 목적격 보어를 필요로 한다. 첫 번째 { }는 목적어이고 두 번째 { }는 그 목적어의 동작에 대해 설명하는 목적격 보어이다. making은 두 개의 { }를 모두 취하여 동명사구 [ ]를 이룬다.

Level Up
09 The Securities and Exchange Commission that monitors American stock markets [**forces {firms} {to meet certain reporting requirements before their stock can be listed on exchanges such as the New York Stock Exchange}**]. Such reporting helps ensure that private investors have reliable information on which to base their investment decisions.

▶해석 미국의 주식 시장을 감시하는 증권 거래 위원회는 회사들이 자신들의 주식을 뉴욕 증권 거래소와 같은 거래소에 상장할 수 있기 전에 일정한 보고 요구 사항을 충족하게 한다. 그러한 보고는 개인투자자들이 자신들의 투자 결정에 근거로 삼을 만한, 믿을 수 있는 정보를 얻도록 보장해 주는 데 도움이 된다.

▶해설 이 문맥의 동사 forces는 목적어와 목적격 보어를 필요로 한다. 첫 번째 { }는 목적어이고 두 번째 { }는 그 목적어의 동작에 대해 설명하는 목적격 보어이다. forces는 두 개의 { }를 모두 취하여 동사구 [ ]를 이룬다.

Level Up
10 The nation came to know Ricky as the most complete player of his generation, and he was voted into the Hall of Fame. And what did his father think about it? Though he had [**wanted {all of his sons} {to join the family business}**], he was finally proud of Ricky and respected his accomplishments. Ricky held onto hope in one of the most difficult moments of his life and achieved greatness.

▶해석 국민들은 Ricky를 당대의 가장 완벽한 선수로 알게 되었으며, 그는 명예의 전당에 오르게 되었다. 그런데 그의 아버지는 그에 대해 어떻게 생각했을까? 그는 자기 아들들 전부가 가업에 종사하기를 원했지만 마침내 Ricky를 자랑스러워했고 그의 공적을 존중했다. Ricky는 자기 생애 가장 어려운 순간에도 희망을 꼭 잡고 있었고 위업을 성취했다.

▶해설 이 문맥의 동사 wanted는 목적어와 목적격 보어를 필요로 한다. 첫 번째 { }는 목적어이고 두 번째 { }는 그 목적어의 동작에 대해 설명하는 목적격 보어이다. wanted는 두 개의 { }를 모두 취하여 동사구 [ ]를 이룬다.

Structure **11** **동사구 = [동사 + 목적어 + 필수 부사어구]**

Challenge 본문 ▶ p28

034 The secretary [**put {the coffee} {on the table}**].

▶해석 비서는 커피를 테이블 위에 놓았다.

▶해설 동사 put은 목적어와 그 목적어의 장소에 대해 설명하는 부사어구를 필요로 한다. 첫 번째 { }는 목적어이고 두 번째 { }는 그 목적어가 놓인 장소(위치)에 대해 설명하는 부사어구(형태상 전치사구)이다. 부사어구이지만 동사구를 완성하는 데 반드시 있어야 하는 필수 요소이다. put은 두 개의 { }를 모두 취하여 동사구 [ ]를 이룬다.

---

035 [**Place {some lemon slices} {on the fish} {before serving it}**].

▶해석 생선을 상에 내기 전에 레몬 조각 몇 개를 그 위에 얹어라.

▶해설 이 문맥의 동사 Place는 목적어와 그 목적어의 장소에 대해 설명하는 부사어구를 필요로 한다. 첫 번째 { }는 목적어이고 두 번째 { }는 그 목적어가 놓일 장소(위치)에 대해 설명하는 부사어구(형태상 전치사구)이다. 부사어구이지만 동사구를 완성하는 데 없어서는 안

되는 필수 요소이다. Place는 첫 번째와 두 번째 { }를 모두 취하여 동사구를 이루고, 이 동사구는 세 번째 { }의 수식을 받아 더 큰 동사구 [ ]를 이룬다.

036 My grandfather [kept {his false teeth} {in a glass next to his bed}].

▶**해석** 우리 할아버지는 틀니를 침대 옆에 있는 유리잔 안에 보관하셨다.

▶**해설** 이 문맥의 동사 kept는 목적어와 그 목적어의 장소에 대해 설명하는 부사어구를 필요로 한다. 첫 번째 { }는 목적어이고 두 번째 { }는 그 목적어의 장소(위치)에 대해 설명하는 부사어구(형태상 전치사구)이다. 부사어구이지만 동사구를 완성하는 데 없어서는 안 되는 필수 요소이다. kept는 두 개의 { }를 모두 취하여 동사구 [ ]를 이룬다.

Application   본문 ▶ p29

01 Larger groups [put {more pressure} {on their members} to conform].

▶**해석** 규모가 더 큰 집단은 자신의 구성원들에게 순응하라는 압력을 더 크게 가한다.

▶**해설** 동사 put은 목적어와 그 목적어의 장소에 대해 설명하는 부사어구를 필요로 한다. 첫 번째 { }는 목적어이고 두 번째 { }는 그 목적어가 놓이는 추상적 의미의 '장소'에 대해 설명하는 부사어구(형태상 전치사구)이다. 부사어구이지만 동사구를 완성하는 데 없어서는 안 되는 필수 요소이다. put은 두 개의 { }를 모두 취하여 동사구 [ ]를 이룬다.

02 [Leave {your box} {at the collection point in our school gym}].

▶**해석** 여러분의 상자를 우리 학교 체육관에 있는 수집소에 두십시오.

▶**해설** 이 문맥의 동사 Leave는 목적어와 그 목적어의 장소에 대해 설명하는 부사어구를 필요로 한다. 첫 번째 { }는 목적어이고 두 번째 { }는 그 목적어가 놓일 장소(위치)에 대해 설명하는 부사어구(형태상 전치사구)이다. 부사어구이지만 동사구를 완성하는 데 없어서는 안 되는 필수 요소이다. Leave는 두 개의 { }를 모두 취하여 동사구 [ ]를 이룬다.

03 Please [put {some whipped cream} {on my coffee}].

▶**해석** 내 커피에 휩 크림을 좀 넣으렴.

▶**해설** 동사 put은 목적어와 그 목적어의 장소에 대해 설명하는 부사어구를 필요로 한다. 첫 번째 { }는 목적어이고 두 번째 { }는 그 목적어의 장소(위치)에 대해 설명하는 부사어구(형태상 전치사구)이다. 부사어구이지만 동사구를 완성하는 데 없어서는 안 되는 필수 요소이다. put은 두 개의 { }를 모두 취하여 동사구 [ ]를 이룬다.

04 Rollie [planted {his feet} {low}] and barked loudly at Peg, laughing between barks.

▶**해석** Rollie는 양발을 낮추고 Peg에게 큰 소리로 짖어댔는데, 짖다가 사이사이 웃기도 했다.

▶**해설** 이 문맥의 동사 planted는 목적어와 그 목적어에 대해 설명하는 부사어구를 필요로 한다. 첫 번째 { }는 목적어이고 두 번째 { }는 그 목적어에 대해 설명하는 부사어구(형태상 부사구)이다. 부사어구이지만 동사구를 완성하는 데 없어서는 안 되는 필수 요소이다. planted는 두 개의 { }를 모두 취하여 동사구 [ ]를 이룬다.

05 Lindsay thought she had [put {her favorite toy, Blue Bunny}, {in her bag} {before school this morning}].

▶**해석** Lindsay는 오늘 아침 학교가 시작되기 전에 자기가 가장 좋아하는 장난감 Blue Bunny를 자기 가방에 넣어두었다고 생각했다.

▶**해설** 동사 put은 목적어와 그 목적어의 장소에 대해 설명하는 부사어구를 필요로 한다. 첫 번째 { }는 목적어이고 두 번째 { }는 그 목적어의 장소(위치)에 대해 설명하는 부사어구(형태상 전치사구)이다. 부사어구이지만 동사구를 완성하는 데 없어서는 안 되는 필수 요소이다. put은 두 개의 { }를 모두 취하여 동사구를 이루고, 이 동사구는 세 번째 { }의 수식을 받아 더 큰 동사구 [ ]를 이룬다.

06 Such multi-faceted creativity has, at times, [placed {children's literature} {at the fore-front of imaginative experimentation}].

▶**해석** 그처럼 다면적인 창의성은 때로 아동문학을 상상력 실험의 선두에 자리매김했다.

▶**해설** 이 문맥의 동사 placed는 목적어와 그 목적어의 장소에 대해 설명하는 부사어구를 필요로 한다. 첫 번째 { }는 목적어이고 두 번째 { }는 그 목적어의 장소(위치)에 대해 설명하는 부사어구(형태상 전치사구)이다. 부사어구이지만 동사구를 완성하는 데 없어서는 안 되는 필수 요소이다. placed는 두 개의 { }를 모두 취하여 동사구 [ ]를 이룬다.

07 Dogs have been known to collect their toys and [**put** {**them**} {**in baskets**}].

▶**해석** 개들은 자기 장난감을 모아 바구니 안에 두는 것으로 알려져 왔다.

▶**해설** 동사 put은 목적어와 그 목적어의 장소에 대해 설명하는 부사어구를 필요로 한다. 첫 번째 { }는 목적어이고 두 번째 { }는 그 목적어의 장소(위치)에 대해 설명하는 부사어구(형태상 전치사구)이다. 부사어구이지만 동사구를 완성하는 데 없어서는 안 되는 필수 요소이다. put은 두 개의 { }를 모두 취하여 동사구 [ ]를 이룬다.

08 This dynamic can be illustrated with the example of parents who [**place** {**equal value**} {**on convenience and concern for the environment**}].

▶**해석** 이러한 동력은 편의와 환경에 대한 염려에 동등한 가치를 두는 부모의 사례로 분명히 보여 줄 수 있다.

▶**해설** 이 문맥의 동사 place는 목적어와 그 목적어의 장소에 대해 설명하는 부사어구를 필요로 한다. 첫 번째 { }는 목적어이고 두 번째 { }는 그 목적어가 놓이는 추상적 의미의 '장소'에 대해 설명하는 부사어구(형태상 전치사구)이다. 부사어구이지만 동사구를 완성하는 데 없어서는 안 되는 필수 요소이다. place는 두 개의 { }를 모두 취하여 동사구 [ ]를 이룬다.

Level Up
09 One of the worst moments was when Jeremy distributed a math test. Many students didn't even look at the exam. They [just **put** {**their heads**} {**on their desks**}] and slept. Jeremy became so stressed that he even dreaded going into his classroom.

▶**해석** 최악의 순간 중 하나는 Jeremy가 수학 시험지를 배부했을 때였다. 많은 학생들은 시험지를 보지도 않았다. 그들은 그저 책상 위에 엎드려 잠을 잘 뿐이었다. Jeremy는 너무 스트레

스를 받아서 자기 교실로 가는 것이 두렵기까지 했다.

▶**해설** 동사 put은 목적어와 그 목적어의 장소에 대해 설명하는 부사어구를 필요로 한다. 첫 번째 { }는 목적어이고 두 번째 { }는 그 목적어의 장소(위치)에 대해 설명하는 부사어구(형태상 전치사구)이다. 부사어구이지만 동사구를 완성하는 데 없어서는 안 되는 필수 요소이다. put은 두 개의 { }를 모두 취하여 동사구 [ ]를 이룬다.

Level Up
10 Here are some useful tips for keeping proper posture while you use your computer. First, make sure to sit 50 to 70 centimeters away from the monitor. Sitting too close to your monitor can hurt your eyes. Second, to lessen the stress on your neck, you need to sit directly in front of your monitor, not to the left or to the right. Lastly, try to [**keep** {**your knees**} {**at a right angle**} {**to reduce the pressure on your back**}].

▶**해석** 여기 여러분이 컴퓨터를 사용할 때 올바른 자세를 유지하는 데 유용한 몇 가지 조언이 있습니다. 첫째, 반드시 모니터에서 50 내지 70센티 떨어져 앉으십시오. 모니터에 너무 가까이 앉으면 여러분의 눈에 손상을 줄 수 있습니다. 둘째, 목의 긴장(압박)을 줄이기 위해 모니터의 왼쪽이나 오른쪽이 아닌 정확히 정면에 앉아야 합니다. 마지막으로, 등에 가는 압력을 줄이기 위해 여러분의 무릎을 올바른 각도로 유지하십시오.

▶**해설** 이 문맥의 동사 keep은 목적어와 그 목적어의 장소에 대해 설명하는 부사어구를 필요로 한다. 첫 번째 { }는 목적어이고 두 번째 { }는 그 목적어가 유지해야 할 추상적 의미의 '장소'에 대해 설명하는 부사어구(형태상 전치사구)이다. 부사어구이지만 동사구를 완성하는 데 없어서는 안 되는 필수 요소이다. keep은 처음 두 개의 { }를 취하여 동사구를 이루고, 이 동사구는 세 번째 { }의 수식을 받아 더 큰 동사구 [ ]를 이룬다.

Structure **12** 두 유형의 목적격 보어

Challenge
본문 ▶ **p30**

037 My job [**keeps** {**me**} {**really busy**}].

▶해석 내가 하는 일은 나를 정말 바쁘게 한다.

▶해설 이 문맥의 동사 keeps는 목적어와 목적격 보어를 필요로 한다. 첫 번째 { }는 목적어이고, 형용사구인 두 번째 { }는 목적격 보어이다. 동사 keeps는 두 개의 { }를 취하여 동사구 [ ]를 이룬다.

038 Harriet [**kept** {**me**} {**convinced that I was the problem**}].

▶해석 Harriet은 나에게 내가 문제라는 것을 납득하게 했다.

▶해설 이 문맥의 동사 kept는 목적어와 목적격 보어를 필요로 한다. 첫 번째 { }는 목적어이고, 분사구인 두 번째 { }는 목적격 보어이다. 동사 kept는 두 개의 { }를 취하여 동사구 [ ]를 이룬다.

039 I'd hate to have a job that [**kept** {**me**} {**in the office**}] {all the time}].

▶해석 나는 내가 항상 사무실에 있게 하는 직업을 원하지 않을 것이다.

▶해설 이 문맥의 동사 kept는 목적어와 그 목적어의 장소에 대해 설명하는 부사어구를 필요로 한다. 첫 번째 { }는 목적어이고 두 번째 { }는 그 목적어의 장소에 대해 설명하는 부사어구(형태상 전치사구)이다. 부사어구이지만 동사구를 완성하는 데 없어서는 안 되는 필수 요소이다. kept는 처음 두 개의 { }를 취하여 동사구를 이루고, 이 동사구는 세 번째 { }의 수식을 받아 더 큰 동사구 [ ]를 이룬다.

Application   본문 ▶ p31

01 [**Put** {**my name**} {**on the waiting list**}], please.

▶해석 제 이름을 대기자 명단에 올려주세요.

▶해설 동사 Put은 목적어와 그 목적어의 장소에 대해 설명하는 부사어구를 필요로 한다. 첫 번째 { }는 목적어이고 두 번째 { }는 그 목적어가 놓일 장소(위치)에 대해 설명하는 부사어구(형태상 전치사구)이다. 부사어구이지만 동사구를 완성하는 데 없어서는 안 되는 필수 요소이다. Put은 두 개의 { }를 모두 취하여 동사구 [ ]를 이룬다.

02 Donors are issued membership cards which [**allow** {**them**} {**to borrow equipment free of charge**}].

▶해석 기부자들에게는 장비를 무료로 빌릴 수 있는 회원 카드가 발행됩니다.

▶해설 이 문맥의 동사 allow는 목적어와 목적격 보어를 필요로 한다. 첫 번째 { }는 목적어이고 두 번째 { }는 to부정사구인 목적격 보어이다. 동사 allow는 두 개의 { }를 취하여 동사구 [ ]를 이룬다.

03 Why don't you [**put** {**your house number**} {**where it can be seen**}]?

▶해석 집 번지수를 보이는 곳에 두는 것이 어떻겠습니까?

▶해설 동사 put은 목적어와 그 목적어의 장소에 대해 설명하는 요소를 필요로 한다. 첫 번째 { }는 목적어이고 두 번째 { }는 그 목적어가 놓일 장소(위치)에 대해 설명하는 관계절(선행사가 포함된 관계절)이다. 두 번째 { }는 동사구를 완성하는 데 없어서는 안 되는 필수 요소이다. put은 두 개의 { }를 모두 취하여 동사구 [ ]를 이룬다.

04 Today I [**saw** {**all of the students**} {**laughing and enjoying themselves during the class**}].

▶해석 오늘 나는 수업 시간에 모든 학생들이 웃으며 즐기고 있는 것을 보았다.

▶해설 이 문맥의 동사 saw는 목적어와 목적격 보어를 필요로 한다. 첫 번째 { }는 목적어이고, 분사구인 두 번째 { }는 목적격 보어이다. 동사 saw는 두 개의 { }를 취하여 동사구 [ ]를 이룬다.

05 I [**put** {**the toy dinosaur**} {**next to the bookshelf**}] because the children have been learning about dinosaurs.

▶해석 저는 아이들이 공룡에 대해 배우고 있기 때문에 장난감 공룡을 책장 옆에 두었습니다.

▶해설 동사 put은 목적어와 그 목적어의 장소에 대해 설명하는 부사어구를 필요로 한다. 첫 번째 { }는 목적어이고 두 번째 { }는 그 목적어가 놓인 장소(위치)에 대해 설명하는 부사어구(형태상 전치사구)이다. 두 번째 { }는 부사어구이지만 동사구를 완성하는 데 없어서는 안 되는 필수 요소이다. put은 처음 두 개의 { }를 취하여 동사구를 이룬다.

06 I was told that I have to come and [**have** {**my tooth**} {**checked again**}] sometime next week.

▶해석 나는 다음 주 언젠가 와서 이를 다시 점검받아야 한다고 들었다.

▶해설 이 문장의 동사 have는 목적어와 목적격 보어를 필요로 한다. 첫 번째 { }는 목적어이고, 분사구인 두 번째 { }는 목적격 보어이다. 동사 have는 두 개의 { }를 취하여 동사구 [ ]를 이룬다.

07 [**Put** {**all items**} {**into a box**}] and write your name on it.

▶해석 모든 품목을 상자 속에 넣고 그 위에 여러분의 이름을 쓰십시오.

▶해설 동사 Put은 목적어와 그 목적어의 장소에 대해 설명하는 부사어구를 필요로 한다. 첫 번째 { }는 목적어이고 두 번째 { }는 그 목적어가 놓일 장소(위치)에 대해 설명하는 부사어구(형태상 전치사구)이다. 부사어구이지만 동사구를 완성하는 데 없어서는 안 되는 필수 요소이다. Put은 두 개의 { }를 취하여 동사구 [ ]를 이룬다.

08 [**Place** {**your plant**} {**into the new larger pot**}], and fill in around the root ball with additional soil.

▶해석 여러분의 식물을 더 큰 새 화분에 넣고, 분형근(盆形根) 주위를 여분의 토양으로 채우시오.

▶해설 이 문맥의 동사 Place는 목적어와 그 목적어의 장소에 대해 설명하는 부사어구를 필요로 한다. 첫 번째 { }는 목적어이고 두 번째 { }는 그 목적어가 놓일 장소(위치)에 대해 설명하는 부사어구(형태상 전치사구)이다. 부사어구이지만 동사구를 완성하는 데 없어서는 안 되는 필수 요소이다. Place는 두 개의 { }를 취하여 동사구 [ ]를 이룬다.

LevelUp

09 Avoidance training is responsible for many everyday behaviors. It has taught you to carry an umbrella when it looks like rain to avoid the punishment of getting wet, and to [**keep** {**your hand**} {**away from a hot iron**} {to avoid the punishment of a burn}].

▶해석 회피 훈련은 여러 가지 일상적 행동의 원인이 된다. 그것은 비가 올 것 같을 때 비에 젖는 벌을 모면하기 위해 사람들이 우산을 가지고 다니도록 가르쳤고, 화상이라는 벌을 피하기 위해 손을 뜨거운 다리미로부터 멀리하도록 가르쳐왔다.

▶해설 이 문맥의 동사 keep은 목적어와 그 목적어의 장소에 대해 설명하는 부사어구를 필요로 한다. 첫 번째 { }는 목적어이고 두 번째 { }는 그 목적어와 연관된 장소(위치)에 대해 설명하는 부사어구이다. 부사어구이지만 동사구를 완성하는 데 없어서는 안 되는 필수 요소이다. keep은 처음 두 개의 { }를 취하여 동사구를 이루고, 이 동사구는 to부정사구인 세 번째 { }의 수식을 받아 더 큰 동사구 [ ]를 이룬다.

LevelUp

10 Brian is a volunteer mentor at a local community center. He feels that his students are learning a lot, and that he's benefitting from the experience as well. Sarah tells Brian about her plan and asks him to recommend some volunteer work for her. Since Brian [**finds** {**his volunteer work**} {**rewarding**}], he wants to suggest to Sarah that she be a mentor at the community center.

▶해석 Brian은 지역 사회 센터에서 멘토 자원봉사를 한다. 그는 자기 학생들이 많은 것을 배우고 있고 자기 자신도 그 경험으로부터 득을 보고 있다고 생각한다. Sarah는 Brian에게 그녀의 계획에 대해 얘기하고 자기에게 자원봉사 일 좀 추천 해달라고 부탁한다. Brian은 자기의 자원봉사 일이 보람 있다는 것을 알기 때문에 Sarah에게 지역 사회 센터에서 멘토 일을 해 볼 것을 제안하고 싶어 한다.

▶해설 이 문맥의 동사 finds는 목적어와 목적격 보어를 필요로 한다. 첫 번째 { }는 목적어이고, 형용사구인 두 번째 { }는 목적격 보어이다. 동사 finds는 두 개의 { }를 취하여 동사구 [ ]를 이룬다.

Structure **13** 동사구의 완성: 「동사 + 필수 요소 + (선택 요소)」

Challenge 본문 ▸ p36

040 George [**became** {**king**} (**at the age of 54**)].

▸ **해석** George는 54세에 왕이 되었다.

▸ **해설** [ ]로 표시된 부분은 동사구로서 핵 역할을 하는 동사 became, 주격 보어 역할의 필수 요소인 명사구 { }, 선택적 수식어구인 부사어구 ( )로 이루어져 있다.

041 Mrs. Green [**treats** {**the dog**} {**like one of the family**}].

▸ **해석** Green 부인은 그 개를 자기 가족처럼 대한다.

▸ **해설** [ ]로 표시된 부분은 동사구로서 핵 역할을 하는 동사 treats, 목적어 역할의 필수 요소인 첫 번째 { }, 부사어구이지만 역시 필수 요소인 두 번째 { }로 이루어져 있다. 두 번째 { }가 없으면 이 동사구는 문법에 어긋나게 된다.

042 Chloe [**put** {**the photograph**} {**on the desk**} (**without looking**)].

▸ **해석** Chloe는 사진을 보지도 않고 책상 위에 놓았다.

▸ **해설** [ ]로 표시된 부분은 동사구로서 핵 역할을 하는 동사 put, 목적어 역할의 필수 요소인 첫 번째 { }, 부사어구이지만 역시 필수 요소인 두 번째 { }, 그리고 선택적 수식어구인 부사어구 ( )로 이루어져 있다. 두 번째 { }가 없으면 이 동사구는 문법에 어긋나게 되지만 ( )는 없어도 상관없다.

Application 본문 ▸ p37

01 The star on top of the tree [**looks** {**very pretty**}].

▸ **해석** 나무 꼭대기에 걸린 별은 매우 예뻐 보인다.

▸ **해설** [ ]로 표시된 부분은 동사구로서 핵 역할을 하는 동사 looks와 그것을 보완하여 주어의 상태를 설명하는 주격 보어 { }로 이루어져 있다. { }는 물론 없어서는 안 되는 필수 요소이다.

02 We could [**put** {**some candy**} {**in the basket on the table**}].

▸ **해석** 우리는 약간의 캔디를 테이블 위에 있는 바구니 안에 넣을 수 있었다.

▸ **해설** [ ]로 표시된 부분은 동사구로서 핵 역할을 하는 동사 put과 목적어인 첫 번째 { }, 그 목적어의 장소(위치)에 대해 설명하는 필수 부사어구인 두 번째 { }로 이루어져 있다. 두 번째 { } 안의 on the table은 the basket을 수식하는 전치사구이다.

03 I [**saw** {**your magic performance**} (**at the theater**) (**a few days ago**)].

▸ **해석** 나는 당신의 마술 쇼를 며칠 전에 극장에서 봤습니다.

▸ **해설** [ ]로 표시된 부분은 동사구로서 핵 역할을 하는 동사 saw와 목적어인 첫 번째 { }, 그리고 선택적 수식어구 역할을 하는 두 개의 부사어구 ( )로 이루어져 있다.

04 Did anybody [**leave** {**a jacket**} {**behind**} (**last night**)]?

▸ **해석** 누가 지난밤에 재킷을 두고 갔니?

▸ **해설** [ ]로 표시된 부분은 동사구로서 핵 역할을 하는 동사 leave와 목적어인 첫 번째 { }, 그 목적어의 장소(위치)에 대해 설명하는 두 번째 { }, 선택적 수식어구인 부사어구 ( )로 이루어져 있다. 두 번째 { }는 동사 leave가 필요로 하는 부사어구로서 필수 요소이다.

05 The hotel [**is** {**within walking distance**} (**from here**)].

▸ **해석** 그 호텔은 여기서 걸을 수 있는 거리에 있다.

▸ **해설** [ ]로 표시된 부분은 동사구로서 핵 역할을 하는 be동사 is와 주격 보어인 { }, 선택적 수식어구인 부사어구 ( )로 이루어져 있다.

06 The directors want you to [**present** {**your business proposal**} (**at the meeting**) (**next week**)].

▸ **해석** 이사들은 다음 주 회의에서 당신이 사업 제안을 발표하기를 바랍니다.

▶**해설** [ ]로 표시된 부분은 동사구로서 핵 역할을 하는 동사 present와 목적어인 { }, 선택적 수식어구 역할을 하는 두 개의 부사어구 ( )로 이루어져 있다.

07 When families [place {elderly relatives} {into residential care}], a similar feeling of guilt is often apparent.

▶**해석** 가족들이 나이 든 친척들을 거주 간호(요양시설)에 맡길 때 흔히 유사한 죄책감이 분명히 보인다.

▶**해설** [ ]로 표시된 부분은 동사구로서 핵 역할을 하는 동사 place와 목적어인 첫 번째 { }, 그 목적어의 장소에 대해 설명하는 부사어구인 두 번째 { }로 이루어져 있다. 두 번째 { }는 동사 place가 필요로 하는 부사어구로서 반드시 있어야 하는 필수 요소이다.

08 The young man was [kept {in prison} (for a week) (without charge)].

▶**해석** 그 젊은이는 기소도 되지 않은 채 일주일간 감옥에 갇혔다.

▶**해설** [ ]로 표시된 부분은 동사구로서 핵 역할을 하는 동사 kept와 목적어의 장소에 대해 설명하는 필수 부사어구 { }, 선택적 수식어구인 두 개의 ( )로 이루어져 있다. 수동태 구조이기 때문에 kept의 원래 목적어 The young man은 문장의 주어 위치로 이동했다. { }는 동사 kept가 필요로 하는 부사어구로서 반드시 있어야 하는 필수 요소이다.

Level up
09 In the 1950s, when my dad was a little boy, my grandpa built a 600-square-foot cottage. He [put {the twenty-by-thirty-foot structure} {on a small plot of land in Pleasant Hill}]. Dad remarked, "Reusing and recycling was a necessity. In essence, he was recycling before it became 'cool.'"

▶**해석** 1950년대에 우리 아빠가 어렸을 때 우리 할아버지는 6백 평방피트의 작은 집을 지으셨다. 그분은 Pleasant Hill의 작은 대지에 가로 세로가 각각 20피트와 30피트인 구조물을 얹으셨다. 아빠는 "재사용과 재활용은 불가피한 것이었지. 본질적으로, 그분은 재활용이 '쿨'해지기 전에 그것을 하고 계셨어." 하고 말씀하셨다.

▶**해설** [ ]로 표시된 부분은 동사구로서 핵 역할을 하는 동사 put과 목적어인 첫 번째 { }, 그 목적어의 장소(위치)에 대해 설명하는 부사어구인 두 번째 { }로 이루어져 있다. 두 번째 { }는 put이 반드시 필요로 하는 요소로서 없으면 문법에 어긋나게 된다.

Level up
10 Investigators as a personality type [place {a high value} {on science, process, and learning}]. They excel at research, using logic and the information gained through their senses to conquer complex problems. Nothing thrills them more than a "big find." Intellectual, introspective, and exceedingly detail-oriented, investigators are happiest when they're using their brain power to pursue what they deem as a worthy outcome.

▶**해석** 성격형으로서 연구원들은 과학, 과정, 학습에 높은 가치를 부여한다. 그들은 연구에 뛰어난데, 복잡한 문제를 정복하기 위해 논리와 자신들의 감각을 통해 얻어진 정보를 이용한다. '큰 발견'보다 그들을 더 흥분시키는 것은 없다. 지적이고, 자기 성찰적이고, 대단히 세부적인 것을 중요시하는 연구자들은 자신들이 가치 있는 결과로 여기는 것을 추구하는 데 자신들의 지적 능력을 사용하고 있을 때 가장 행복하다.

▶**해설** [ ]로 표시된 부분은 동사구로서 핵 역할을 하는 동사 place와 목적어인 첫 번째 { }, 그 목적어의 추상적 '장소'에 대해 설명하는 부사어구인 두 번째 { }로 이루어져 있다. 두 번째 { }는 동사 place가 반드시 필요로 하는 부사어구로서 없으면 문법에 어긋나게 된다.

Structure **14** 주어의 형태

Challenge

본문 ▶ p38

043 Some years ago [a friend of mine] visited a South African gold mine.

▶**해석** 몇 년 전에 내 친구 한 명은 남아프리카공화국의 금광을 방문했다.

▶**해설** [ ]로 표시된 부분은 문장의 주어로서 형태는 명사구이다.

044 [Swimming in the winter] boosts your immune system.

▶**해석** 겨울철 수영은 면역 체계를 신장한다.

▶**해설** [ ]로 표시된 부분은 문장의 주어로서 형태는 동명사구이다.

---

045 [**To become a rapper**] takes years of training.

▶**해석** 랩 가수가 되는 데는 수년간의 연습이 필요하다.

▶**해설** [ ]로 표시된 부분은 문장의 주어로서 형태는 to부정사구이다.

---

046 [**That she is not prepared for the audition**] concerns the would-be actress.

▶**해석** 자신이 오디션 준비가 되어 있지 않다는 것이 그 배우 지망자를 걱정되게 한다.

▶**해설** [ ]로 표시된 부분은 문장의 주어로서 형태는 명사절(that절)이다.

---

047 [**Why the actress suddenly burst into tears**] remains a mystery.

▶**해석** 그 여배우가 왜 갑자기 울음을 터뜨렸는지는 수수께끼로 남아 있다.

▶**해설** [ ]로 표시된 부분은 문장의 주어로서 형태는 명사절(의문절)이다.

---

048 [**What an octopus can do with only eight arms**] always amazes scientists.

▶**해석** 문어가 겨우 여덟 개의 팔로 할 수 있는 것이 언제나 과학자들을 놀라게 한다.

▶**해설** [ ]로 표시된 부분은 문장의 주어로서 형태는 명사절(선행사가 포함된 관계절)이다.

Application

본문 ▶ p39

01 [**Traditional hunters**] typically view the animals they hunt as their equals.

▶**해석** 전통적인 사냥꾼들은 보통 자신들이 사냥하는 동물을 자신들과 동등한 것으로 여긴다.

▶**해설** [ ]로 표시된 부분은 문장의 주어로서 형태는 명사구이다.

---

02 [**To fail**] is to learn: we learn more from our failures than from our successes.

▶**해석** 실패하는 것이 배우는 것이다. 왜냐하면 우리는 성공보다 실패로부터 더 많이 배우기 때문이다.

▶**해설** [ ]로 표시된 부분은 문장의 주어로서 형태는 to부정사구이다.

---

03 Today, [**buying and being happy**] are considered virtually the same.

▶**해석** 오늘날 구매하는 것과 행복해지는 것은 사실상 같은 것으로 여겨진다.

▶**해설** [ ]로 표시된 부분은 문장의 주어로서 형태는 동명사구이다.

---

04 [**What I had to do now**] was allow him to be a success.

▶**해석** 내가 이제 해야 하는 것은 그가 성공한 사람이 되게 해주는 것이었다.

▶**해설** [ ]로 표시된 부분은 문장의 주어로서 형태는 명사절(선행사가 포함된 관계절)이다.

---

05 [**That toy dinosaur next to the bookshelf**] looks good.

▶**해석** 책장 옆의 저 공룡 장난감은 좋아 보인다.

▶**해설** [ ]로 표시된 부분은 문장의 주어로서 형태는 명사구이다.

---

06 [**What Larry's problem was**] became immediately obvious.

▶**해석** Larry의 문제가 무엇이었는지는 즉시 분명해졌다.

▶**해설** [ ]로 표시된 부분은 문장의 주어로서 형태는 명사절(의문절)이다.

---

07 [**Reading at an appropriate level**] is more enjoyable and motivates learners to keep going.

▶**해석** 적절한 수준의 독서는 더 재미있고 학습자가 계속할 수 있도록 동기를 부여한다.

▶**해설** [ ]로 표시된 부분은 문장의 주어로서 형태는 동명사구이다.

---

08 [**That the result of expressing toothpaste is a long, thin, cylinder**] does not entail that toothpaste itself is long, thin, or cylindrical.

▶해석 치약을 짜낸 결과가 길고 가는 원통형 용기라는 사실이 치약 그 자체가 길고 가늘고 원통형이라는 것을 수반하지는 않는다.

▶해설 [ ]로 표시된 부분은 문장의 주어로서 형태는 명사절(that절)이다.

Level up

09 Today, we'll talk about a variety of materials used to make musical instruments. One common source of materials is different parts of animals. [**One example of making musical instruments from animals**] comes from Mongolia. There, people made a stringed instrument using animal skin around a frame and horsehair for the strings.

▶해석 오늘은 악기를 만드는 데 사용되는 다양한 재료에 대해 이야기하겠습니다. 한 가지 흔한 재료의 원천은 동물의 다양한 부위입니다. 동물을 이용하여 악기를 만드는 하나의 사례는 몽골에서 나옵니다. 그곳에서 사람들은 악기 틀 둘레는 동물 가죽을 사용하고 현은 말총을 사용하여 현악기를 만들었습니다.

▶해설 [ ]로 표시된 부분은 문장의 주어로서 형태는 명사구이다.

Level up

10 Cultural differences in gestures have been widely documented, and the meaning of symbolic gestures can differ from one culture to another. For example, in American culture, [**giving another individual the "thumbs-up" gesture**] helps to communicate success or approval. However, the same "thumbs-up" sign could be interpreted as a very rude gesture in Persian culture.

▶해석 제스처(몸짓)에 있어서의 문화적 차이는 폭넓게 기록되어 왔으며 상징적 제스처의 의미는 문화마다 다를 수가 있다. 예를 들어, 미국 문화에서 다른 사람에게 '엄지 치켜들기' 제스처를 하는 것은 성공이나 인정의 의미를 전달하는 데 도움이 된다. 하지만 똑같은 '엄지 치켜들기' 제스처가 페르시아 문화권에서는 매우 무례한 제스처로 해석될 수 있다.

▶해설 [ ]로 표시된 부분은 문장의 주어로서 형태는 동명사구이다.

15 주격 보어의 형태

본문 ▶ p40

049 Pollution from cars has [**become {a major problem}**].

▶해석 자동차 공해는 중대한 문제가 되었다.

▶해설 [ ]로 표시된 부분은 동사 become을 핵으로 하는 동사구이다. 그 안의 { }는 become의 주격 보어로서 형태는 명사구이다.

050 This study [**sounds {very ambitious}**].

▶해석 이 연구는 매우 야심적인 것 같다.

▶해설 [ ]로 표시된 부분은 동사 sounds를 핵으로 하는 동사구이다. 그 안의 { }는 sounds의 주격 보어로서 형태는 형용사구이다.

051 The native South Africans [**remain {betrayed by the legacy of Apartheid}**].

▶해석 남아프리카공화국 원주민은 여전히 인종 차별 정책의 유산에 배신당하고 있다.

▶해설 [ ]로 표시된 부분은 동사 remain을 핵으로 하는 동사구이다. 그 안의 { }는 remain의 주격 보어로서 형태는 분사구이다.

052 What I really like [**is {travelling to other countries}**].

▶해석 내가 정말 좋아하는 것은 다른 나라로 여행하는 것이다.

▶해설 [ ]로 표시된 부분은 동사 is를 핵으로 하는 동사구이다. 그 안의 { }는 is의 주격 보어로서 형태는 동명사구이다.

053 The diamonds [**appeared {to be genuine}**].

▶해석 그 다이아몬드는 진품으로 보였다.

▶해설 [ ]로 표시된 부분은 동사 appeared를 핵으로 하는 동사구이다. 그 안의 { }는 appeared의 주격 보어로서 형태는 to부정사구이다.

054 The problem [**is {that you never think**

before you speak }].

▶해석 문제는 네가 절대로 말하기 전에 생각을 하지 않는다
는 것이다.

▶해설 [ ]로 표시된 부분은 동사 is를 핵으로 하는 동
사구이다. 그 안의 { }는 is의 주격 보어로서 형
태는 명사절(that절)이다.

본문 ▶ p41

Application

01 Hunters had moved across the land bridge and [**become** {**the first immigrants to the new land**}].

▶해석 수렵인들은 연결된 육로를 건너가서 새로운 땅에 최초의 이
주자가 되었다.

▶해설 [ ]로 표시된 부분은 동사 become을 핵으로 하는
동사구이다. 그 안의 { }는 become의 주격 보어로
서 형태는 명사구이다.

02 The first suggestion [**was** {**getting information on science-related careers**}].

▶해석 첫 번째 제안은 과학 관련 직종에 관한 정보를 얻는 것이었다.

▶해설 [ ]로 표시된 부분은 동사 was를 핵으로 하는 동사
구이다. 그 안의 { }는 was의 주격 보어로서 형태
는 동명사구이다.

03 Most bees sting when they [**feel** {**threatened**}].

▶해석 대부분의 벌은 위협을 받았다고 느낄 때 침을 쏜다.

▶해설 [ ]로 표시된 부분은 동사 feel을 핵으로 하는 동사
구이다. 그 안의 { }는 feel의 주격 보어로서 형태
는 분사구이다.

04 A pet's continuing affection [**becomes** {**crucially important for people enduring hardship**}].

▶해석 애완동물의 지속적인 애정은 어려움을 견디는 사람들에게 결
정적으로 중요해진다.

▶해설 [ ]로 표시된 부분은 동사 becomes를 핵으로 하는
동사구이다. 그 안의 { }는 becomes의 주격 보어
로서 형태는 형용사구이다. { } 안에서, enduring
hardship은 people을 수식하는 분사구이다.

05 The trees [**seemed** {**to be taking on smiling faces**}].

▶해석 그 나무들은 미소 띤 얼굴을 하고 있는 것 같았다.

▶해설 [ ]로 표시된 부분은 동사 seemed를 핵으로 하는
동사구이다. 그 안의 { }는 seemed의 주격 보어로
서 형태는 to부정사구이다.

06 Without the ice age, North America might have [**remained** {**unpopulated**}] for thousands of years more].

▶해석 빙하기가 없었더라면 북미는 수천 년 더 사람이 살지 않은 채
로 있었을 것이다.

▶해설 [ ]로 표시된 부분은 동사 remained를 핵으로 하는
동사구이다. 그 안의 { }는 remained의 주격 보어
로서 형태는 형용사구이다.

07 Professor Alfred Adler's point [**is** {**that comparing is both a normal and a necessary part of the process of growing up**}].

▶해석 Alfred Adler 교수의 요점은, 비교를 하는 것은 성장 과정
에서 정상적일 뿐 아니라 필요한 부분이기도 하다는 것이다.

▶해설 [ ]로 표시된 부분은 동사 is를 핵으로 하는 동사구
이다. 그 안의 { }는 is의 주격 보어로서 형태는 명
사절(that절)이다.

08 Fortunately, most new viruses [**seem** {**not to spread among the human population**}].

▶해석 다행히, 대다수 신종 바이러스는 인간들 사이에 퍼지는 것
같지 않다.

▶해설 [ ]로 표시된 부분은 동사 seem을 핵으로 하는 동
사구이다. 그 안의 { }는 seem의 주격 보어로서 형
태는 to부정사구이다.

Level up

09 It is true that mental skills become increasingly important at high levels of competition. As athletes move up the competitive ladder, they [**become** {**more homogeneous in terms of physical skills**}]. In fact, at high levels of competition, all athletes have the physical skills to be successful. Consequently, any small difference in mental factors can play a huge role in determining performance outcomes.

▶해석 수준이 높은 시합에서 정신적 기술이 점점 더 중요해지는 것은 사실이다. 운동선수들은 경쟁의 사다리를 올라가면서 신체적 기술이라는 면에서는 더 동질적으로 된다. 사실, 높은 수준의 시합에서 모든 운동선수들은 성공할 수 있는 신체적 기술을 가지고 있다. 결과적으로, 정신적 요인 중에서 어떤 대수롭지 않은 차이라도 경기 결과를 결정하는 데 막대한 역할을 할 수 있다.

▶해설 [ ]로 표시된 부분은 동사 become을 핵으로 하는 동사구이다. 그 안의 { }는 become의 주격 보어로서 형태는 형용사구이다.

Level Up

10 Looking at the coffees, Richard remembered that Julie liked whipped cream on top of her hot coffee. He was wondering if it was better to put the cream on now, or wait till she arrived. "Since the cream is cold, it'll cool down the coffee faster," he reasoned. Beep! It was a text message from her. "I'll be there in 5 minutes. Please put some cream on my coffee." He was startled, because she [seemed {to know what he was thinking about}]. Richard called over a waiter wearing a blue shirt and asked him for whipped cream.

▶해석 Richard는 커피를 바라보면서 Julie가 뜨거운 커피 위에 얹은 휩 크림을 좋아했다는 것을 기억해냈다. 그는 크림을 지금 얹는 것이 좋을지 아니면 그녀가 도착할 때까지 기다리는 것이 좋을지에 대해 생각하고 있었다. 그는 '크림이 차기 때문에 커피가 더 빨리 식게 할 것이다'라고 생각했다. 삑! 그녀가 보낸 문자 메시지였다. '5분이면 거기 도착해요. 제 커피에 크림 좀 얹어주시겠어요?' 그는 놀랐는데, 왜냐하면 그녀는 그가 무슨 생각을 하고 있는지 알고 있는 것 같았기 때문이다. Richard는 푸른색 셔츠를 입은 웨이터를 불러 휩 크림을 부탁했다.

▶해설 [ ]로 표시된 부분은 동사 seemed를 핵으로 하는 동사구이다. 그 안의 { }는 seemed의 주격 보어로서 형태는 to부정사구이다.

Challenge 본문 ▶ p42

055 Do you [know {the man sitting in the corner}]?

▶해석 너는 구석에 앉아 있는 그 남자를 알고 있니?

▶해설 [ ]로 표시된 부분은 동사 know를 핵으로 하는 동사구이다. { }로 표시된 부분은 know의 목적어로서 형태는 명사구이다.

056 The car managed to [avoid {hitting any other vehicles}].

▶해석 그 차는 다른 차량 몇 대를 들이받는 것을 가까스로 피했다.

▶해설 [ ]로 표시된 부분은 동사 avoid를 핵으로 하는 동사구이다. { }로 표시된 부분은 avoid의 목적어로서 형태는 동명사구이다.

057 Mom [flatly refused {to go back into the hospital}].

▶해석 엄마는 병원에 재입원하는 것을 단호히 거부하셨다.

▶해설 [ ]로 표시된 부분은 동사 refused를 핵으로 하는 동사구이다. { }로 표시된 부분은 refused의 목적어로서 형태는 to부정사구이다.

058 The scientist [argued {that a dam might increase the risk of flooding}].

▶해석 그 과학자는 댐이 홍수의 위험을 키울지도 모른다고 주장했다.

▶해설 [ ]로 표시된 부분은 동사 argued를 핵으로 하는 동사구이다. { }로 표시된 부분은 argued의 목적어로서 형태는 명사절(that절)이다.

059 Please [choose {which flavor of ice cream you want}].

▶해석 어떤 맛의 아이스크림을 원하는지 선택하세요.

▶해설 [ ]로 표시된 부분은 동사 choose를 핵으로 하는 동사구이다. { }로 표시된 부분은 choose의 목적어로서 형태는 명사절(의문절)이다.

060 The participants were allowed to [**do** {**whatever they liked**}].

▶해석 참가자들은 자신들이 원하는 것은 무엇이든 하도록 허용되었다.

▶해설 [ ]로 표시된 부분은 동사 do를 핵으로 하는 동사구이다. { }로 표시된 부분은 do의 목적어로서 형태는 명사절(선행사 포함 관계절)이다.

본문 ▸ p43

Application

01 Paul couldn't [**contain** {**his excitement**}].

▶해석 Paul은 흥분을 억누를 수 없었다.

▶해설 [ ]로 표시된 부분은 동사 contain을 핵으로 하는 동사구이다. { }로 표시된 부분은 contain의 목적어로서 형태는 명사구이다.

02 Would you [**show me** {**how I can get to the airport**}]?

▶해석 제게 공항 가는 길을 알려주시겠습니까?

▶해설 [ ]로 표시된 부분은 동사 show를 핵으로 하는 동사구이다. { }로 표시된 부분은 show의 직접목적어로서 형태는 명사절(의문절)이다.

03 These differences [**suggest** {**that symbolic gestures are not universal and can be culture specific**}].

▶해석 이러한 차이는 상징적 제스처(몸짓)가 보편적인 것이 아니라 문화 특유의 것일 수도 있다는 것을 시사한다.

▶해설 [ ]로 표시된 부분은 동사 suggest를 핵으로 하는 동사구이다. { }로 표시된 부분은 suggest의 목적어로서 형태는 명사절(that절)이다.

04 They all look nice, but I don't [**want** {**to spend more than $80**}].

▶해석 그것들은 모두 좋아 보이지만 80달러 이상을 쓰고 싶지 않습니다.

▶해설 [ ]로 표시된 부분은 동사 want를 핵으로 하는 동사구이다. { }로 표시된 부분은 want의 목적어로서 형태는 to부정사구이다.

05 My teacher also [**suggested** {**meeting professionals in the field**}].

▶해석 우리 선생님도 그 분야의 전문가를 만나라고 제안하셨다.

▶해설 [ ]로 표시된 부분은 동사 suggested를 핵으로 하는 동사구이다. { }로 표시된 부분은 suggested의 목적어로서 형태는 동명사구이다.

06 [**Identifying** {**whatever we can do in the workplace**}] serves to enhance the quality of our professional career.

▶해석 직장에서 우리가 할 수 있는 일이라면 무엇이든지 찾는 것은 우리의 (직업상) 경력의 질을 향상하는 데 도움이 된다.

▶해설 [ ]로 표시된 부분은 문장의 주어로서 형태상 동명사 Identifying을 핵으로 하는 동명사구이다. { }로 표시된 부분은 Identifying의 목적어로서 형태는 명사절(선행사 포함 관계절)이다.

07 Anyone who knows me [**knows** {**that as long as the meal has lots of protein, I'm happy**}].

▶해석 나를 아는 사람이면 누구든 식사에 단백질이 많기만 하면 나는 만족이라는 것을 알고 있다.

▶해설 [ ]로 표시된 부분은 동사 knows를 핵으로 하는 동사구이다. { }로 표시된 부분은 knows의 목적어로서 형태는 명사절(that절)이다.

08 Often externalizing conversations [**involve** {**tracing the influence of a problem in a child's life over time**}].

▶해석 (어떤 문제가) 표면으로 드러나게 하는 대화는 흔히 일정 기간 한 아이의 삶에 생긴 문제의 영향을 추적하는 것을 수반한다.

▶해설 [ ]로 표시된 부분은 동사 involve를 핵으로 하는 동사구이다. { }로 표시된 부분은 involve의 목적어로서 형태는 동명사구이다.

Level up

09 Our streets are lined with shopping malls and stores. Every corner of our nation has been commercialized, even our national parks. We select our political leaders almost solely on what they [**promise** {**to do for the health of the economy**}]. It seems everything that surrounds us makes it difficult to resist consumerism.

▶해석 우리의 거리에는 쇼핑몰과 가게가 줄줄이 늘어서 있다. 우리나라의 모든 모퉁이마다 상업화되고 있는데, 국립공원조차 그러하다. 우리는 정치 지도자를 거의 전적으로 그들이 건강한 경제를 위해 어떤 일을 하겠노라고 약속하느냐에 따라 선택한다. 우리를 에워싼 모든 것들이 소비지상주의에 저항하는 것을 어렵게 하는 것 같다.

▶해설 [ ]로 표시된 부분은 동사 promise를 핵으로 하는 동사구이다. { }로 표시된 부분은 promise의 목적어로서 형태는 to부정사구이다.

Level up

10 Paul touched his arms and legs. He felt amazing. He walked in a circle. He jumped. All his aches and pains were gone. In the last ten years, he had [**forgotten** {**what it was like to walk without pain or to sit without struggling to find comfort for his lower back**}]. Now he was able to move and bend easily. In fact, he could bring his knees up to his chest.

▶해석 Paul은 자기 팔다리를 만져봤다. 그는 놀라웠다. 그는 원을 그리며 걸었다. 그는 (폴짝) 뛰어보았다. 그의 모든 통증과 고통이 사라져 있었다. 지난 십 년간 그는 고통 없이 걷는 것이나 허리 아래쪽을 편안하게 하려고 애쓰지 않고 앉는 것이 어떤 느낌인지를 잊고 있었다. 이제 그는 쉽게 움직이고 숙일 수 있었다. 사실 그는 무릎을 가슴까지 끌어올릴 수 있었다.

▶해설 [ ]로 표시된 부분은 동사 forgotten을 핵으로 하는 동사구이다. { }로 표시된 부분은 forgotten의 목적어로서 형태는 명사절(의문절)이다.

Structure 17 「간접목적어 + 직접목적어」의 형태

Challenge
본문 ▶ p44

061 The noise is [**giving** {**my family**} {**a headache**}].

▶해석 그 소음은 내 가족에게 두통을 안겨주고 있다.

▶해설 [ ]로 표시된 부분은 동사 giving을 핵으로 하는 동사구이다. 그 안의 첫 번째 { }는 간접목적어 역할의 명사구이고 두 번째 { }는 직접목적어 역할의 명사구이다.

062 Go and [**ask** {**your roommate**} {**whether he's coming tonight**}].

▶해석 가서 네 룸메이트에게 오늘 밤에 올 것인지를 물어봐라.

▶해설 [ ]로 표시된 부분은 동사 ask를 핵으로 하는 동사구이다. 그 안의 첫 번째 { }는 간접목적어 역할의 명사구이고 두 번째 { }는 직접목적어 역할의 명사절(의문절)이다.

063 I tried to [**persuade** {**Jeff's ex-girlfriend**} {**to talk to him**}].

▶해석 나는 Jeff의 전 여자친구에게 그에게 얘기를 해보라고 설득하려 했다.

▶해설 [ ]로 표시된 부분은 동사 persuade를 핵으로 하는 동사구이다. 그 안의 첫 번째 { }는 간접목적어 역할의 명사구이고 두 번째 { }는 직접목적어 역할의 to부정사구이다. '~에게 …할 것을 설득하다'와 같은 방식으로 해석한다.

Application
본문 ▶ p45

01 I'll [**give** {**you**} {**a hand**} with your speech].

▶해석 나는 너의 연설 준비를 도와주겠다.

▶해설 [ ]로 표시된 부분은 동사 give를 핵으로 하는 동사구이다. 그 안의 첫 번째 { }는 간접목적어 역할의 명사구이고 두 번째 { }는 직접목적어 역할의 명사구이다.

02 [**Tell** {**me**} {**the address of the store**}].

▶해석 나에게 그 가게의 주소를 알려다오.

▶해설 [ ]로 표시된 부분은 동사 Tell을 핵으로 하는 동사구이다. 그 안의 첫 번째 { }는 간접목적어 역할의 명사구이고 두 번째 { }는 직접목적어 역할의 명사구이다.

03 I'll [**ask** {**him**} {**if he can take your place**}].

▶해석 나는 그에게 너를 대신할 수 있겠는지 물어보겠다.

▶해설 [ ]로 표시된 부분은 동사 ask를 핵으로 하는 동사구이다. 그 안의 첫 번째 { }는 간접목적어 역할의 명사구이고 두 번째 { }는 직접목적어 역할의 명사절(의문절)이다.

04 Let's [ask {the students} {what they prefer to do}].

▶해석 학생들에게 무엇을 더 하고 싶은지 물어보자.

▶해설 [ ]로 표시된 부분은 동사 ask를 핵으로 하는 동사구이다. 그 안의 첫 번째 { }는 간접목적어 역할의 명사구이고 두 번째 { }는 직접목적어 역할의 명사절(의문절)이다.

05 I just want to [remind {you} {that your assignments must be completed by Friday}].

▶해석 나는 여러분의 과제가 금요일까지 완수되어야 한다는 것을 여러분께 상기시켜드리고 싶군요.

▶해설 [ ]로 표시된 부분은 동사 remind를 핵으로 하는 동사구이다. 그 안의 첫 번째 { }는 간접목적어이고 두 번째 { }는 직접목적어 역할의 명사절(that절)이다.

06 Horace, Petrarch, Shakespeare, Milton, and Keats all hoped that poetic greatness would [grant {them} {a kind of earthly immortality}].

▶해석 Horace, Petrarch, Shakespeare, Milton, Keats는 모두 시적 위업이 자신들에게 일종의 세속적 불후의 명성을 주기를 기대했다.

▶해설 [ ]로 표시된 부분은 동사 grant를 핵으로 하는 동사구이다. 그 안의 첫 번째 { }는 간접목적어 역할의 명사구이고 두 번째 { }는 직접목적어 역할의 명사구이다.

07 Our class [offers {you} {full life-saving expertise that you can then use to deliver vital support in emergencies}].

▶해석 우리 강좌는 여러분께 (배운 다음에) 긴급 사태 때 생명 유지에 필수적인 지원을 전하는 데 사용할 수 있는 모든 생명 구조의 전문 기술을 제공합니다.

▶해설 [ ]로 표시된 부분은 동사 offers를 핵으로 하는 동사구이다. 그 안의 첫 번째 { }는 간접목적어 역할의 명사구이고 두 번째 { }는 직접목적어 역할의 명사구이다. 두 번째 { }가 길어진 이유는 명사구 full life-saving expertise를 that이 이끄는 관계절(that ~ emergencies)이 수식하여 더 큰 명사구로 확장되었기 때문이다.

08 [Teaching {people} {to accept a situation that could readily be changed}] could be bad advice.

▶해석 사람들에게 손쉽게 바뀔 수도 있는 상황을 받아들이라고 가르치는 것은 나쁜 충고일 수가 있다.

▶해설 [ ]로 표시된 부분은 동명사 Teaching을 핵으로 하는 동명사구이다. 그 안의 첫 번째 { }는 간접목적어 역할의 명사구이고 두 번째 { }는 직접목적어 역할의 to부정사구이다. '~에게 …할 것을 가르치는 것'과 같은 방식으로 해석한다. 두 번째 { }가 길어진 이유는 a situation을 that이 이끄는 관계절이 수식하기 때문이다.

Level up

09 At the 2015 *Fortune* Most Powerful Women Summit, Ginni Rometty offered this advice: "When did you ever learn the most in your life? What experience? I guarantee you'll [tell {me} {it was a time you felt at risk}]." To become a better leader, you have to step out of your comfort zone. You have to challenge the conventional ways of doing things and search for opportunities to innovate.

▶해석 '2015년 Fortune지 선정, 가장 영향력 있는 여성들의 정상 회담'에서 Ginni Rometty는 다음과 같은 조언을 했다. "여러분의 인생에서 언제 가장 많은 것을 배웠습니까? 어떤 경험이었습니까? 장담하건대 여러분은 저에게, 그것은 여러분이 위험에 처해 있다고 느꼈을 때였다고 말할 것입니다." 더 나은 지도자가 되기 위해서는, 자신의 안전지대를 벗어나야 한다. 일을 하는 기존 방식에 이의를 제기하고 혁신할 수 있는 기회를 찾아야 한다.

▶해설 [ ]로 표시된 부분은 동사 tell을 핵으로 하는 동사구이다. 그 안의 첫 번째 { }는 간접목적어 역할의 명사구이고 두 번째 { }는 직접목적어 역할의 명사절(that이 표현되지 않은 that절)이다.

Level up

10 A seventeen-year-old German boy named Erik Brandes stepped out onto the empty vast stage of the Cologne Opera House. It was the most exciting day of Erik's life. The youngest concert promoter in Germany had [persuaded {the Opera House} {to host a late-night concert of improvised jazz by the American pianist Keith Jarrett}]. The concert was a sellout, and later that evening, Keith would sit down at the piano and play.

▶ 해석 Erik Brandes라는 이름의 열일곱 살 난 독일 소년은 Cologne Opera House의 텅 빈 거대한 무대 위로 발걸음을 옮겼다. 그날은 Erik의 일생에서 가장 흥분을 불러일으키는 날이었다. 독일의 최연소 콘서트 기획자가 Opera House에게 미국인 피아니스트 Keith Jarrett이 연주하는 즉흥 재즈 심야 콘서트를 열도록 설득해냈던 것이다. 그 콘서트는 모든 좌석이 다 팔렸고, 그날 저녁 늦게 Keith가 피아노 앞에 앉아 연주를 하게 될 것이었다.

▶ 해설 [ ]로 표시된 부분은 동사 persuaded를 핵으로 하는 동사구이다. 그 안의 첫 번째 { }는 간접목적어 역할의 명사구이고 두 번째 { }는 직접목적어 역할의 to부정사구이다. '~에게 …할 것을 설득하다'와 같은 방식으로 해석한다.

18 목적격 보어의 형태

본문 ▶ p46

064 This movie [**made** {the unknown actor} {**an emerging star**}].

▶ 해석 이 영화는 그 무명 배우를 떠오르는 스타로 만들었다.

▶ 해설 [ ]로 표시된 부분은 동사 made를 핵으로 하는 동사구이다. 그 안의 첫 번째 { }는 목적어이다. 두 번째 { }는 목적격 보어로서 형태는 명사구이다.

065 Lots of women [**find** {the emerging star} {**very attractive**}].

▶ 해석 많은 여자들은 그 떠오르는 스타가 매우 매력적이라고 생각한다.

▶ 해설 [ ]로 표시된 부분은 동사 find를 핵으로 하는 동사구이다. 그 안의 첫 번째 { }는 목적어이다. 두 번째 { }는 목적격 보어로서 형태는 형용사구이다.

066 The secretary [**kept** {me} {**waiting outside**}].

▶ 해석 그 비서는 나를 밖에서 기다리게 했다.

▶ 해설 [ ]로 표시된 부분은 동사 kept를 핵으로 하는

동사구이다. 그 안의 첫 번째 { }는 목적어이다. 두 번째 { }는 목적격 보어로서 형태는 분사구(핵이 현재분사)이다.

067 I need to [**get** {the washing machine} {**repaired as soon as possible**}].

▶ 해석 나는 그 세탁기가 되도록 빨리 수리되게 해야 한다.

▶ 해설 [ ]로 표시된 부분은 동사 get을 핵으로 하는 동사구이다. 그 안의 첫 번째 { }는 목적어이다. 두 번째 { }는 목적격 보어로서 형태는 분사구(핵이 과거분사)이다.

068 The student loan [**enabled** {Jonathan} {**to earn a college degree**}].

▶ 해석 학자금 대출은 Jonathan이 학사 학위를 받을 수 있게 했다.

▶ 해설 [ ]로 표시된 부분은 동사 enabled를 핵으로 하는 동사구이다. 그 안의 첫 번째 { }는 목적어이다. 두 번째 { }는 목적격 보어로서 형태는 to부정사구이다. '~이 …할 수 있게 하다'로 해석한다.

069 The businessman [**had** {his secretary} {**make copies of the report**}].

▶ 해석 그 사업가는 자기 비서가 보고서의 사본을 만들게 했다.

▶ 해설 [ ]로 표시된 부분은 사역동사 had를 핵으로 하는 동사구이다. 그 안의 첫 번째 { }는 목적어이다. 두 번째 { }는 목적격 보어로서 형태는 to가 없는 부정사구이다. '~이 …하게 하다'로 해석한다.

본문 ▶ p47

01 This winter blanket is lightweight, but it'll [**keep** {you} {**warm**}].

▶ 해석 이 겨울 이불은 가볍지만 너를 따뜻하게 해줄 거야.

▶ 해설 [ ]로 표시된 부분은 동사 keep을 핵으로 하는 동사구이다. 그 안의 첫 번째 { }는 목적어이고, 두 번째 { }는 목적격 보어 역할을 하는 형용사구이다.

02 So many interesting things [**kept** {me} {**reading the book to the end**}].

▶해석 무척 많은 흥미로운 것들이 내가 그 책을 끝까지 읽게 했다.

▶해설 [ ]로 표시된 부분은 동사 kept를 핵으로 하는 동사구이다. 그 안의 첫 번째 { }는 목적어이다. 두 번째 { }는 목적격 보어로서 형태는 분사구(핵이 현재분사)이다.

03 This supportive pillow will [**keep** {your head} {**slightly raised**}].

▶해석 이 받쳐주는 베개는 머리가 약간 올라간 상태가 되게 할 것이다.

▶해설 [ ]로 표시된 부분은 동사 keep을 핵으로 하는 동사구이다. 그 안의 첫 번째 { }는 목적어이다. 두 번째 { }는 목적격 보어로서 형태는 분사구(핵이 과거분사)이다.

04 When I started blogging, my unfamiliarity with the mechanics of posting [**made** {me} {**dread it**}].

▶해석 내가 블로그 쓰기를 시작했을 때 게시 기술에 대한 생소함이 내가 그것을 두려워하게 했다.

▶해설 [ ]로 표시된 부분은 사역동사 made를 핵으로 하는 동사구이다. 그 안의 첫 번째 { }는 목적어이다. 두 번째 { }는 목적격 보어로서 형태는 to 없는 부정사구이다. '~이 …하게 만들다'로 해석한다.

05 These differing outcomes [**led** {us} {**to ask why only a few emergent viruses can be transmitted from human to human**}].

▶해석 이러한 상이한 결과는 우리로 하여금 왜 몇몇 신생 바이러스만이 인간에게서 인간에게로 전염될 수 있는지 묻게 한다.

▶해설 [ ]로 표시된 부분은 동사 led를 핵으로 하는 동사구이다. 그 안의 첫 번째 { }는 목적어이다. 두 번째 { }는 목적격 보어로서 형태는 to부정사구이다. '~이 …하게 하다'로 해석한다.

06 The inherent ambiguity and adaptability of language as a meaning-making system [**makes** {the relationship between language and thinking} {**so special**}].

▶해석 의미 형성 체계로서의 언어에 내재된 중의성과 적응성은 언어와 사고 사이의 관계를 매우 특별한 것으로 만든다.

▶해설 [ ]로 표시된 부분은 동사 makes를 핵으로 하는 동사구이다. 그 안의 첫 번째 { }는 목적어이다. 두 번째 { }는 목적격 보어로서 형태는 형용사구이다.

07 A greater variety of food [**leads** {people} {**to eat more than they would otherwise**}].

▶해석 더 다양한 종류의 음식은 사람들로 하여금 그렇지 않을 경우에 먹는 것보다 더 많이 먹게 한다.

▶해설 [ ]로 표시된 부분은 동사 leads를 핵으로 하는 동사구이다. 그 안의 첫 번째 { }는 목적어이다. 두 번째 { }는 목적격 보어로서 형태는 to부정사구이다. '~이 …하게 하다'로 해석한다.

08 The lack of real, direct experience in and with nature has [**caused** {many children} {**to regard the natural world as mere abstraction, that fantastic, beautifully filmed place filled with endangered rainforests and polar bears in peril**}].

▶해석 자연 속에서 자연과 함께하는 실제적이고 직접적인 체험의 부재는 많은 아이들로 하여금 자연계를 단지 추상적 개념, 즉 멸종 위기에 처한 우림과 위기에 처한 북극곰으로 가득 찬 그렇게 환상적이고, 아름답게 촬영된 장소에 불과한 것으로 여기게 한다.

▶해설 [ ]로 표시된 부분은 동사 caused를 핵으로 하는 동사구이다. 그 안의 첫 번째 { }는 목적어이고, 두 번째 { }는 목적격 보어 역할을 하는 to부정사구이다. '~이 …하도록 초래하다'로 해석한다.

Level Up

09 It has been claimed that no specific knowledge, or experience is required to attain insight in the problem situation. As a matter of fact, one should break away from experience and [**let** {the mind} {**wander freely**}]. Nevertheless, experimental studies have shown that insight is actually the result of ordinary analytical thinking.

▶해석 문제 환경에서 통찰력을 얻는 데는 어떠한 특정 지식이나 경험도 요구되지 않는다는 주장이 있어 왔다. 사실, 우리는 경험으로부터 달아나 정신이 자유롭게 돌아다니게 해야 한다. 그럼에도 불구하고 실험 연구는 통찰력이 사실 일상적인 분석적 사고의 결과라는 것을 보여 왔다.

▶해설 [ ]로 표시된 부분은 동사 let을 핵으로 하는 동사구이다. 그 안의 첫 번째 { }는 목적어이다. 두 번째 { }는 목적격 보어로서 형태는 to가 없는 원형 부정사구이다. '~이 …하게 하다'로 해석한다.

Level Up

10 In experimental research by Arpan and Roskos-Ewoldsen, stealing thunder in a crisis situation, as opposed to [**allowing** {the information} {**to be first disclosed by another party**}], resulted in substantially higher credibility ratings. As significant, the authors found that "credibility ratings associated with stealing thunder directly predicted perceptions of the crisis as less severe."

▶해석 Arpan과 Roskos-Ewoldsen이 행한 실험적 연구를 보면, 위기 상황에서 정보가 다른 사람에 의해 먼저 밝혀지게 하지 않고 선수를 치는 것이 상당히 더 높은 신뢰도 평가를 가져왔다. 마찬가지로 중요하게, 저자들은 '선수 치기와 연관된 신뢰도 평가가 곧장 그 위기를 덜 심각하게 보는 인식을 예견한다'는 것을 알아냈다.

▶해설 [ ]로 표시된 부분은 allowing을 핵으로 하는 동명사구이다. 그 안의 첫 번째 { }는 목적어이다. 두 번째 { }는 목적격 보어로서 형태는 to부정사구이다. '~이 …할 수 있도록 허용하는 것'으로 해석한다.

Structure 19 필수 부사어구의 형태

Challenge

본문 ▶ p48

070 Egypt [**is** {**in North Africa**}].

▶해석 이집트는 북아프리카에 있다.

▶해설 [ ]로 표시된 부분은 be동사 is를 핵으로 하는 동사구이다. 그 안의 { }는 겉보기에 부사어구(형태상 전치사구)이지만 is를 보완하여 주어 Egypt의 장소(위치)를 설명하는 주격 보어이다. 따라서 { }는 동사구를 완성하는 데 없어서는 안 되는 필수 요소이다.

---

071 The old woman [**kept** {her money} {**under the mattress**}].

▶해석 노부인은 자기 돈을 (침대의) 매트리스 밑에 보관했다.

▶해설 [ ]로 표시된 부분은 동사 kept를 핵으로 하는 동사구이다. 그 안의 첫 번째 { }는 목적어이고 두 번째 { }는 겉보기에 부사어구(형태상 전치사구)이지만 kept를 보완하여 목적어 her money가 놓인 장소(위치)를 설명하는, 동사구 [ ]를 완성하는 데 없어서는 안 되는 필수 요소이다.

---

072 Why did my boss [**treat** {me} {**so badly**}]?

▶해석 내 상관은 왜 내게 그토록 불친절하게 대했을까?

▶해설 [ ]로 표시된 부분은 동사 treat을 핵으로 하는 동사구이다. 그 안의 첫 번째 { }는 목적어이고 두 번째 { }는 treat을 수식하는 부사어구이다. 수식어구이지만 없으면 문법에 어긋나므로, 이 부사어구는 동사구를 완성하는 데 없어서는 안 되는 필수 요소이다.

Application

본문 ▶ p49

01 A tiny little Bösendorfer [**was** {**in poor condition**}].

▶해석 매우 작은 Bösendorfer는 상태가 좋지 않았다.

▶해설 [ ]로 표시된 부분은 be동사 was를 핵으로 하는 동사구이다. 그 안의 { }는 겉보기에 부사어구(형태상 전치사구)이지만 was를 보완하여 주어 A tiny little Bösendorfer의 상태를 설명하는 주격 보어이다. 따라서 { }는 동사구를 완성하는 데 없어서는 안 되는 필수 요소이다.

---

02 One exercise in teamwork I do at a company retreat is to [**put** {the group} {**in a circle**}].

▶해석 회사 단합대회에서 내가 실시하는 협업 분야의 훈련 한 가지는 그 집단을 원형으로 둘러 세우는 것이다.

▶해설 [ ]로 표시된 부분은 동사 put을 핵으로 하는 동사구이다. 그 안의 첫 번째 { }는 목적어이고 두 번째 { }는 겉보기에 부사어구(형태상 전치사구)이지만 put을 보완하여 목적어 the group의 상태를 설명하는, 동사구를 완성하는 데 없어서는 안 되는 필수 요소이다.

03 Amy [**was** {**in the classroom**}] staring out of the window beside her.

▶해석 Amy는 자기 곁에 있는 창문 밖을 응시하면서 교실에 있었다.

▶해설 [ ]로 표시된 부분은 be동사 was를 핵으로 하는 동사구이다. 그 안의 { }는 겉보기에 부사어구(형태상 전치사구)이지만 was를 보완하여 주어 Amy의 장소(위치)를 설명하는 주격 보어이다. 따라서 { }는 동사구를 완성하는 데 없어서는 안 되는 필수 요소이다.

04 If we [**put** {the candy} {**there**}], it would get wet.

▶해석 캔디를 거기에 두면 젖어버릴 거야.

▶해설 [ ]로 표시된 부분은 동사 put을 핵으로 하는 동사구이다. 그 안의 첫 번째 { }는 목적어이고 두 번째 { }는 겉보기에 부사어구(형태상 부사구)이지만 put을 보완하여 목적어 the candy의 장소(위치)를 설명하는, 동사구를 완성하는 데 없어서는 안 되는 필수 요소이다.

05 We could [**put** {the rest of the candy} {**inside the hat in the bunny's hand**}].

▶해석 우리는 남은 캔디를 토끼의 손에 있는 모자 안에 넣을 수 있었다.

▶해설 [ ]로 표시된 부분은 동사 put을 핵으로 하는 동사구이다. 그 안의 첫 번째 { }는 목적어이고 두 번째 { }는 겉보기에 부사어구(형태상 전치사구)이지만 put을 보완하여 목적어 the rest of the candy의 장소(위치)를 설명하는, 동사구를 완성하는 데 없어서는 안 되는 필수 요소이다.

06 The hot coffees were promptly [**placed** {**in front of Richard**}].

▶해석 뜨거운 커피가 즉시 Richard 앞에 놓였다.

▶해설 [ ]로 표시된 부분은 동사 placed를 핵으로 하는 동사구이다. placed의 목적어는 The hot coffees인데, 수동태 구조이므로 주어 위치로 이동했다. { }로 표시된 부분은 겉보기에 부사어구(형태상 전치사구)이지만 placed를 보완하여 원래의 목적어 The hot coffees가 놓인 장소(위치)를 설명하는, 동사구를 완성하는 데 없어서는 안 되는 필수 요소이다.

07 You shouldn't have [**taken** {your eyes} {**off the road**}].

▶해석 너는 길에서 눈을 떼지 말았어야 했다.

▶해설 [ ]로 표시된 부분은 동사 taken을 핵으로 하는 동사구이다. 그 안의 첫 번째 { }는 목적어이고 두 번째 { }는 겉보기에 부사어구(형태상 전치사구)이지만 taken을 보완하여 목적어 your eyes의 장소(방향)를 설명하는, 동사구를 완성하는 데 없어서는 안 되는 필수 요소이다.

08 In addition to protecting the rights of authors so as to encourage the publication of new creative works, copyright is also supposed to [**place** {reasonable time limits} {**on those rights**} {so that outdated works may be incorporated into new creative efforts}].

▶해석 창의적인 새 작품의 출판을 촉진하기 위해 작가의 권리를 보호하는 것 외에, 저작권은 또한 시대에 뒤진 작품이 새로운 창의적인 노력 안에 편입되도록 그런 권리에 적당한 기한을 두어야 한다.

▶해설 [ ]로 표시된 부분은 동사 place를 핵으로 하는 동사구이다. 그 안의 첫 번째 { }는 목적어이다. 두 번째 { }는 겉보기에 부사어구(형태상 전치사구)이지만 place를 보완하여 목적어 reasonable time limits가 놓일 추상적 의미의 '장소'를 나타내는, 동사구를 완성하는 데 없어서는 안 되는 필수 요소이다. 세 번째 { }는 목적을 나타내는 부사어구로서 두 번째 { }와는 달리 없어도 문법에 어긋나지 않는 선택 요소이다.

Level up

09 When organizing a bag of small hardware—screws, nails, and so on—into little jars, people quickly pick out a whole series of items of the same type, making a handful of, say, small screws. They [**put** {them} {**in the jar**}] and then go back and do the same for a different kind of item. So the sorting sequence is nonrandom, producing runs of items of a single type.

▶해석 한 봉지에 든 나사와 못 등의 작은 철물을 작은 병들 안에 정리할 때 사람들은 같은 종류의 품목 전체를 재빨리 골라내어, 예를 들면 작은 나사 한 움큼을 만든다. 그것을 병 안에 넣고 나서 다시 다른 종류의 품목에 대해서 같은 일을 한다. 그러

므로 그 분류 과정은 무작위가 아니며 단일 유형의 품목을 연속 나오게 하는 것이다.

▶해설 [ ]로 표시된 부분은 동사 put을 핵으로 하는 동사구이다. 그 안의 첫 번째 { }는 목적어이고 두 번째 { }는 겉보기에 부사어구(형태상 전치사구)이지만 put을 보완하여 목적어 them의 장소(위치)를 설명하는, 동사구를 완성하는 데 없어서는 안 되는 필수 요소이다.

Level Up

10 For many of us, expressing what we're feeling is a challenge. We fear that sharing our mood will [**place** {an unwelcome burden} {**on others**}]. But dogs don't need for us to explain when we're sad or anxious. Dogs can detect the physiological changes that accompany our feelings—and they respond. Dogs don't need to be asked to pay attention to us, and they don't need to be asked to try to raise our spirits—they're already working on it.

▶해석 많은 사람들에게 있어서 자신들이 느끼고 있는 바를 표현하는 것은 어려운 문제이다. 우리는 자신의 기분에 대해 남에게 말하는 것이 다른 사람들에게 반갑지 않은 부담을 지울까 봐 전전긍긍한다. 하지만 개들은 우리가 슬프거나 불안해할 때 설명할 필요가 없다. 개들은 우리의 감정에 수반하는 생리적 변화를 간파할 수 있으며, 그들은 반응을 한다. 개들은 우리에게 귀를 기울여달라는 요청을 받을 필요가 없고, 우리의 기운을 돋우어달라고 요청을 받을 필요가 없다. 그들은 이미 그 일에 공을 들이고 있는 것이다.

▶해설 [ ]로 표시된 부분은 동사 place를 핵으로 하는 동사구이다. 그 안의 첫 번째 { }는 place의 목적어이다. 두 번째 { }는 겉보기에 부사어구(형태상 전치사구)이지만 place를 보완하여 목적어가 놓일 장소(대상)를 설명하는, 동사구를 완성하는 데 없어서는 안 되는 필수 요소이다.

Structure 20 ▶ 선택 부사어구의 형태

Challenge

본문 ▶ p50

073 Now you [listen to me {**very carefully**}].

▶해석 자, 내 말을 매우 주의 깊게 들어라.

▶해설 [ ]로 표시된 부분은 동사 listen을 핵으로 하는 동사구이다. { }로 표시된 부분은 부사어구로서 형태상 부사구이다. { }는 동사가 반드시 요구하는 필수 요소가 아니므로, 즉 선택 요소이므로, 없어도 문법에 어긋나지 않는다. { }는 동사구 listen to me를 수식하여 더 큰 동사구 [ ]를 이룬다.

074 The Romans [built a defensive wall {**around the city**}].

▶해석 로마인들은 도시를 빙 둘러 방어벽을 세웠다.

▶해설 [ ]로 표시된 부분은 동사 built를 핵으로 하는 동사구이다. { }로 표시된 부분은 부사어구로서 형태상 전치사구이다. { }는 동사가 반드시 요구하는 필수 요소가 아니므로, 즉 선택 요소이므로, 없어도 문법에 어긋나지 않는다. { }는 동사구 built a defensive wall을 수식하여 더 큰 동사구 [ ]를 이룬다.

075 I [use a hair dryer {**to dry my hair**}].

▶해석 나는 머리를 말리기 위해 헤어드라이어를 사용한다.

▶해설 [ ]로 표시된 부분은 동사 use를 핵으로 하는 동사구이다. { }로 표시된 부분은 부사어구로서 형태상 to부정사구이다. { }는 동사가 반드시 요구하는 필수 요소가 아니므로, 즉 선택 요소이므로, 없어도 문법에 어긋나지 않는다. { }는 동사구 use a hair dryer를 수식하여 더 큰 동사구 [ ]를 이룬다.

076 [**Opening the envelope**], I found two concert tickets.

▶해석 봉투를 열자 두 개의 음악회 입장권이 들어 있었다.

▶해설 [ ]로 표시된 부분은 분사구로서 주절을 수식하여 시간의 정보를 제공한다. 반드시 필요한 요소는 아니므로, 즉 선택 요소이므로, 없어도 문법에 어긋나지 않는다.

077 [**Before we go on vacation**], we must make reservations.

▶해석 휴가를 떠나기 전에 우리는 예약을 해야 한다.

▶**해설** [ ]로 표시된 부분은 부사절로서 주절을 수식하여 시간의 정보를 제공한다. 반드시 필요한 요소는 아니므로, 즉 선택 요소이므로, 없어도 문법에 어긋나지 않는다.

---

078 [**The time we first met**], my roommate hardly spoke to me at all.

▶**해석** 우리가 처음 만났을 때, 내 룸메이트는 내게 거의 말을 걸지 않았다.

▶**해설** [ ]로 표시된 부분은 형태상 명사구인데 부사어구 역할을 하는 상당히 드문 흥미로운 사례이다. 주절을 수식하여 시간의 정보를 제공한다. 반드시 필요한 필수 요소는 아니므로, 즉 선택 요소이므로, 없어도 문법에 어긋나지 않는다.

Application

본문 ▶ **p51**

01 Why did you [come back {**so soon**}]?

▶**해석** 너는 왜 그렇게 빨리 돌아왔니?

▶**해설** [ ]로 표시된 부분은 구동사 come back을 핵으로 하는 동사구이다. { }로 표시된 부분은 부사어구로서 형태상 부사구이다. { }는 동사가 반드시 요구하는 필수 요소가 아니므로, 즉 선택 요소이므로, 없어도 문법에 어긋나지 않는다. { }는 동사구 come back을 수식하여 더 큰 동사구 [ ]를 이룬다.

---

02 Kate was happy that she could [view the bridge {**in the twilight**}].

▶**해석** Kate는 황혼에 그 다리를 볼 수 있어서 행복했다.

▶**해설** [ ]로 표시된 부분은 동사 view를 핵으로 하는 동사구이다. { }로 표시된 부분은 부사어구로서 형태상 전치사구이다. { }는 동사가 반드시 요구하는 필수 요소가 아니므로, 즉 선택 요소이므로, 없어도 문법에 어긋나지 않는다. { }는 동사구 view the bridge를 수식하여 더 큰 동사구 [ ]를 이룬다.

---

03 Forman [grew up {**in a small town near Prague**}].

▶**해석** Forman은 프라하 근처의 작은 도시에서 자랐다.

▶**해설** [ ]로 표시된 부분은 grew up을 핵으로 하는 동사

구이다. { }로 표시된 부분은 부사어구로서 형태상 전치사구이다. { }는 동사가 반드시 요구하는 필수 요소가 아니므로, 즉 선택 요소이므로, 없어도 문법에 어긋나지 않는다. { }는 동사구 grew up을 수식하여 더 큰 동사구 [ ]를 이룬다.

---

04 We should [use that time {**to explore those topics that are more meaningful**}].

▶**해석** 우리는 더 의미 있는 그러한 주제들을 탐구하기 위해 그 시간을 사용해야 한다.

▶**해설** [ ]로 표시된 부분은 동사 use를 핵으로 하는 동사구이다. { }로 표시된 부분은 부사어구로서 형태상 to부정사구이다. { }는 동사가 반드시 요구하는 필수 요소가 아니므로, 즉 선택 요소이므로, 없어도 문법에 어긋나지 않는다. { }는 동사구 use that time을 수식하여 더 큰 동사구 [ ]를 이룬다.

---

05 [**Sipping coffee leisurely at a café**], Kate was enjoying the view of the Ponte Vecchio across the Arno.

▶**해석** Kate는 카페에서 한가하게 커피를 홀짝이며 Arno강을 가로지른 Ponte Vecchio 다리의 경관을 즐기고 있었다.

▶**해설** [ ]로 표시된 부분은 분사구로서 주절을 수식하여 동시 동작을 나타낸다. 반드시 필요한 요소는 아니므로, 즉 선택 요소이므로, 없어도 문법에 어긋나지 않는다.

---

06 Visitors should [use public transportation {**on the days of the festival**}].

▶**해석** 방문객들은 축제일에 대중교통을 이용해야 합니다.

▶**해설** [ ]로 표시된 부분은 동사 use를 핵으로 하는 동사구이다. { }로 표시된 부분은 부사어구로서 형태상 전치사구이다. { }는 동사가 반드시 요구하는 필수 요소가 아니므로, 즉 선택 요소이므로, 없어도 문법에 어긋나지 않는다. { }는 동사구 use public transportation을 수식하여 더 큰 동사구 [ ]를 이룬다.

---

07 [**Since the concept of a teddy bear is very obviously not a genetically inherited trait**], we can be confident that we are looking at a cultural trait.

▶**해석** 테디 베어라는 개념이 매우 명백하게도 유전적으로 물려받은

특성이 아니기 때문에 우리는 문화적 특성을 보고 있다는 것을 확신할 수 있다.

▶ 해설 [ ]로 표시된 부분은 부사절로서 주절을 수식하여 이유를 나타낸다. 반드시 필요한 요소는 아니므로, 즉 선택 요소이므로, 없어도 문법에 어긋나지 않는다.

---

08 The mangrove forest alongside the canal thrilled me [**as we entered its cool shade**].

▶ 해석 수로 곁의 맹그로브 숲은 우리가 (그 숲의) 시원한 그늘로 들어가자 나를 전율하게 했다.

▶ 해설 [ ]로 표시된 부분은 부사절로서 주절을 수식하여 시간(특정 시점)을 나타낸다. 반드시 필요한 요소는 아니므로, 즉 선택 요소이므로, 없어도 문법에 어긋나지 않는다.

LevelUp
09 In 1901, Albert C. Barnes invented the antiseptic Argyrol with a German chemist and made a fortune. [**Using his wealth**], he began purchasing hundreds of paintings. In 1922, he established the Barnes Foundation to promote the education of fine arts. There he displayed his huge collection without detailed explanation.

▶ 해석 1901년에 Albert C. Barnes는 한 독일 화학자와 함께 Argyrol이라는 방부제를 발명하여 큰돈을 벌었다. 그는 자신의 부를 이용하여 수백 점의 그림을 사들이기 시작했다. 1922년에 그는 미술 교육을 촉진하기 위해 Barnes Foundation을 설립했다. 거기에서 그는 세세한 설명이 없이 그의 엄청난 규모의 수집품을 전시했다.

▶ 해설 [ ]로 표시된 부분은 분사구로서 주절을 수식하여 수단을 나타낸다. 반드시 필요한 요소는 아니므로, 즉 선택 요소이므로, 없어도 문법에 어긋나지 않는다.

LevelUp
10 We [borrow environmental capital from future generations {**with no intention or prospect of repaying**}]. They may blame us for our wasteful ways, but they can never collect on our debt to them. We act as we do because we can get away with it: future generations do not vote; they have no political or financial power; they cannot challenge our decisions.

▶ 해석 우리는 갚을 의도나 가망도 없이 미래 세대로부터 환경 자원을 빌린다. 그들은 우리의 낭비적인 방식에 대해 탓할 수는 있어도 그들에게 진 우리의 빚을 절대 받을 수 없다. 우리는 모면할 수 있기 때문에 지금처럼 행동하는데, 왜냐하면 미래 세대는 투표권이 없고 정치적 힘(권력)이나 재정적 힘이 없으며 그들은 우리의 결정에 대해 이의를 제기할 수 없기 때문이다.

▶ 해설 [ ]로 표시된 부분은 동사 borrow를 핵으로 하는 동사구이다. { }로 표시된 부분은 부사어구로서 형태상 전치사구이다. { }는 동사가 반드시 요구하는 필수 요소가 아니므로, 즉 선택 요소이므로, 없어도 문법에 어긋나지 않는다. { }는 동사구 borrow environmental capital from future generations를 수식하여 더 큰 동사구 [ ]를 이룬다.

U/N/I/T 3 동사구의 확장

21 동사구의 확장과 선택 요소

본문 ▶ p56

Challenge

079 Fear of failure can [{**stop success**} {**in an instant**}].

▶ 해석 실패에 대한 두려움은 성공을 즉시 저지할 수 있다.

▶ 해설 첫 번째 { }로 표시된 동사구에 두 번째 { }로 표시된 선택 요소가 더해지면서 원래의 동사구가 더 크게 확장되었다.

080 As children grow, their ability to [{**communicate**} {**effectively**}] develops.

▶ 해석 아이들이 자라면서, 그들이 효과적으로 의사소통하는 능력은 발전한다.

▶ 해설 첫 번째 { }로 표시된 동사구에 두 번째 { }로 표시된 선택 요소가 더해지면서 원래의 동사구가 더 크게 확장되었다.

081 Anxiety [{**has a damaging effect**} {**on mental performance of all kinds**}].

▶ 해석 불안은 모든 종류의 정신 수행에 해로운 영향을 끼친다.

▶ 해설 첫 번째 { }로 표시된 동사구에 두 번째 { }로 표시된 선택 요소가 더해지면서 원래의 동사구가 더 크게 확장되었다.

Application

본문 ▶ p57

01 Your future is [{**limited**} {**only by your imagination**}].

▶ 해석 여러분의 미래는 오로지 여러분의 상상력에 의해서만 제한된다.

▶ 해설 첫 번째 { }로 표시된 동사구에 두 번째 { }로 표시된 선택 요소가 더해지면서 원래의 동사구가 더 크게 확장되었다.

02 Hobbes [{**immediately**} {**gave the man a generous offering**}].

▶ 해석 Hobbes는 그 남자에게 즉시 후한 선물을 주었다

▶ 해설 두 번째 { }로 표시된 동사구에 첫 번째 { }로 표시된 선택 요소가 더해지면서 원래의 동사구가 더 크게 확장되었다.

03 Good learners [{**have confidence**} {**in their ability to learn**}].

▶ 해석 훌륭한 학습자들은 배우는 능력에 대한 자신감을 가지고 있다.

▶ 해설 첫 번째 { }로 표시된 동사구에 두 번째 { }로 표시된 선택 요소가 더해지면서 원래의 동사구가 더 크게 확장되었다.

04 Tom said he could [{**stand the pain**} {**until the end of the class**}].

▶ 해석 Tom은 수업이 끝날 때까지 고통을 참을 수 있다고 말했다.

▶ 해설 첫 번째 { }로 표시된 동사구에 두 번째 { }로 표시된 선택 요소가 더해지면서 원래의 동사구가 더 크게 확장되었다.

05 The researchers [{**used bee genes**} {**to understand such behavior**}].

▶ 해석 그 연구원들은 그러한 행동을 이해하기 위해 벌의 유전자를 이용했다.

▶ 해설 첫 번째 { }로 표시된 동사구에 두 번째 { }로 표시된 선택 요소가 더해지면서 원래의 동사구가 더 크게 확장되었다.

06 Scientists [{**thoroughly**} {**misunderstood the causes of complex events**}].

▶ 해석 과학자들은 복잡한 사건들의 원인을 철저히 오해했다.

▶ 해설 두 번째 { }로 표시된 동사구에 첫 번째 { }로 표시된 선택 요소가 더해지면서 원래의 동사구가 더 크게 확장되었다.

07 Objectivity is an interpretation that [{**deliberately**} {**ignores our feelings**}].

▶ 해석 객관성은 우리의 감정을 고의적으로 무시하는 하나의 해석이다.

▶ 해설 두 번째 { }로 표시된 동사구에 첫 번째 { }로 표시된 선택 요소가 더해지면서 원래의 동사구가 더 크게 확장되었다.

08 Bernstein [{**succeeded**} {**by approaching the problem from a different point of view**}].

▶ 해석 Bernstein은 다른 관점에서 문제에 접근함으로써 성공했다.

▶ 해설 첫 번째 { }로 표시된 동사구에 두 번째 { }로 표시된 선택 요소가 더해지면서 원래의 동사구가 더 크게 확장되었다.

Level Up

09 Guys lost on unfamiliar streets often avoid asking for directions from locals. We try to [{**tough it out**} {**with map and compass**}]. Admitting being lost feels like admitting stupidity. This is a stereotype, but it has a large grain of truth.

▶ 해석 낯선 거리에서 길을 잃은 사람들은 흔히 현지 주민에게 방향을 묻는 것을 피한다. 우리는 지도와 나침반으로 참고 견디려고 한다. 길을 잃었다고 인정하는 것은 어리석음을 인정하는 것처럼 느껴진다. 이것은 고정관념이지만, 상당한 진실을 담고 있다.

▶ 해설 첫 번째 { }로 표시된 동사구에 두 번째 { }로 표시된 선택 요소가 더해지면서 원래의 동사구가 더 크게 확장되었다.

Level Up

10 The Chinese saw the world as consisting of continuously interacting substances, so their attempts to understand it caused them to be oriented toward the complexities of the entire "field," that is, the context or environment as a whole. The notion that events always [{**occur**} {**in a field of forces**}] would have been completely intuitive to the Chinese.

▶ 해석 중국인은 세계를 끊임없이 상호작용하는 물질들로 구성된 것으로 보았고, 그래서 세계를 이해하고자 하는 그들의 시도는 그들로 하여금 전체적인 '장(場)', 즉 전체로서의 맥락 또는 환경의 복잡성을 지향하도록 했다. 사건은 언제나 여러 힘이 작용하는 장에서 발생한다는 개념은 중국인에게 있어 전적으로 직관적이었을 것이다.

▶ 해설 첫 번째 { }로 표시된 동사구에 두 번째 { }로 표시된 선택 요소가 더해지면서 원래의 동사구가 더 크게 확장되었다.

Structure 22 부사구의 동사구 수식

Challenge 본문 ▶ p58

082 Daniel [{**greeted the visitors**} {**very politely**}].

▶ 해석 Daniel은 그 방문객들을 매우 공손하게 맞았다.

▶ 해설 첫 번째 { }로 표시된 이미 만들어진 동사구를 두 번째 { }로 표시된 부사구가 수식하여 원래의 동사구가 확장되었다.

083 You [{**obviously**} {**know that pink elephants don't actually exist**}].

▶ 해석 여러분은 분홍색 코끼리가 실제로 존재하지 않는다는 것을 분명히 알고 있다.

▶ 해설 두 번째 { }로 표시된 이미 만들어진 동사구를 첫 번째 { }로 표시된 부사구가 수식하여 원래의 동사구가 확장되었다.

084 Our body generates free radicals to [{**destroy the invaders**} {**very efficiently**}].

▶ 해석 우리의 신체는 침입자들을 매우 효율적으로 파괴하기 위해 자유 라디칼을 생성한다.

▶ 해설 첫 번째 { }로 표시된 이미 만들어진 동사구를 두 번째 { }로 표시된 부사구가 수식하여 원래의 동사구가 확장되었다.

Application 본문 ▶ p59

01 My navigation system [{**suddenly**} {**stopped working**}].

▶ 해석 나의 내비게이션 시스템은 갑자기 작동을 멈추었다.

▶ 해설 두 번째 { }로 표시된 이미 만들어진 동사구를 첫 번째 { }로 표시된 부사구가 수식하여 원래의 동사구가 확장되었다.

02 Excellence often [{**flows**} {**most smoothly**} **from simplicity**].

▶ 해석 탁월함은 흔히 단순함에서 가장 부드럽게 흘러나온다.

▶해설 첫 번째 { }로 표시된 이미 만들어진 동사구를 두 번째 { }로 표시된 부사구가 수식하여 원래의 동사구가 확장되었다.

03 You should [{**clean the inside of your computer**} {**regularly**}].

▶해석 여러분은 컴퓨터의 내부를 정기적으로 청소해야 한다.

▶해설 첫 번째 { }로 표시된 이미 만들어진 동사구를 두 번째 { }로 표시된 부사구가 수식하여 원래의 동사구가 확장되었다.

04 A burst of wind [{**slammed the door**} {**right back**}], and it [{**hit him**] {**hard**}].

▶해석 한바탕 일어난 바람이 문을 쾅하고 원래대로 닫았고, 또 그의 몸에 세게 부딪혔다.

▶해설 첫 번째와 세 번째 { }로 표시된 이미 만들어진 동사구를 두 번째와 네 번째 { }로 표시된 부사구가 수식하여 원래의 동사구가 확장되었다.

05 Knowing how to [{**use photography**} {**effectively**}] is more important than ever.

▶해석 사진술을 효과적으로 사용하는 방법을 아는 것은 그 어느 때보다 더 중요하다.

▶해설 첫 번째 { }로 표시된 이미 만들어진 동사구를 두 번째 { }로 표시된 부사구가 수식하여 원래의 동사구가 확장되었다.

06 Mozart and Beethoven were both great composers, yet they [{**worked**} {**very differently**}].

▶해석 모차르트와 베토벤은 둘 다 위대한 작곡가였지만, 그들은 매우 다르게 작업을 했다.

▶해설 첫 번째 { }로 표시된 이미 만들어진 동사구를 두 번째 { }로 표시된 부사구가 수식하여 원래의 동사구가 확장되었다.

07 Artists usually [{**limit themselves**} {**quite forcefully**} by choice of material and form of expression].

▶해석 예술가들은 일반적으로 재료의 선택과 표현 형식에 의해 아주 단호하게 스스로를 제한한다.

▶해설 첫 번째 { }로 표시된 이미 만들어진 동사구를 두

번째 { }로 표시된 부사구가 수식하여 원래의 동사구가 확장되었다.

08 The individual fish or bird is [{**reacting**} {**almost instantly**} **to the movements of its neighbors in the school or flock**].

▶해석 물고기나 새의 개체는 무리 속의 옆에 있는 개체들의 움직임에 거의 즉각적으로 반응하고 있다.

▶해설 첫 번째 { }로 표시된 이미 만들어진 동사구를 두 번째 { }로 표시된 부사구가 수식하여 원래의 동사구가 확장되었다.

Level up
09 Close relationships develop when two people can [{**exchange emotional messages**} {**easily and effectively**}]. Whether we develop effective communication skills that promote healthy interactions depends largely on how we learn to communicate.

▶해석 친밀한 관계는 두 사람이 정서적인 메시지를 쉽고 효과적으로 주고받을 수 있을 때 생겨난다. 건전한 상호작용을 증진하는 효과적인 의사소통 기술을 발전시키느냐 아니면 발전시키지 못하느냐 하는 문제는 주로 의사소통하는 것을 배우는 방법에 달려 있다.

▶해설 첫 번째 { }로 표시된 이미 만들어진 동사구를 두 번째 { }로 표시된 부사구가 수식하여 원래의 동사구가 확장되었다.

Level up
10 We can place limits on our worries by asking: "What is the worst that can happen?" More often than not, the worst that we fear is much less terrible than our vague, unarticulated fear. Once we know the worst, we can [{**face it**} {**directly**}] and [{**work out (more sensibly) what to do**}].

▶해석 우리는 "일어날 수 있는 최악의 것이 무엇인가?"라고 질문함으로써 우리의 걱정에 대해 한계선을 설정할 수 있다. 대체로 우리가 두려워하는 최악의 것은 우리의 희미하고 불분명한 두려움보다 훨씬 덜 끔찍하다. 우리가 최악의 것을 알게 되면 우리는 그것에 직접 맞서서 해야 할 일을 더 분별 있게 해낼 수 있다.

▶해설 첫 번째와 세 번째 { }로 표시된 이미 만들어진 동사구를 두 번째 { }와 ( )로 표시된 부사구가 수식하여 원래의 동사구가 확장되었다.

Challenge 본문 ▶ p60

085 Throwing things out [{**hurts**} {**for a little while**}].

▶ 해석 물건을 내다 버리는 것은 잠시 동안 마음을 아프게 할 뿐이다.

▶ 해설 첫 번째 { }로 표시된 이미 만들어진 동사구를 두 번째 { }로 표시된 전치사구가 수식하여 원래의 동사구가 확장되었다.

086 We must [{**cultivate children's creativity**} {**throughout their development**}].

▶ 해석 우리는 아이들의 창의성을 그들의 발달 기간 동안 죽 계발해야 한다.

▶ 해설 첫 번째 { }로 표시된 이미 만들어진 동사구를 두 번째 { }로 표시된 전치사구가 수식하여 원래의 동사구가 확장되었다.

087 Many people [{**lose their lives**} {**from allergic reactions to bee stings**}].

▶ 해석 많은 사람들이 벌의 침에 대한 알레르기 반응으로 생명을 잃는다.

▶ 해설 첫 번째 { }로 표시된 이미 만들어진 동사구를 두 번째 { }로 표시된 전치사구가 수식하여 원래의 동사구가 확장되었다.

Application 본문 ▶ p61

01 I'll [{**spend my vacation**} {**at my grandfather's house**}].

▶ 해석 나는 할아버지의 집에서 휴가를 보낼 것이다.

▶ 해설 첫 번째 { }로 표시된 이미 만들어진 동사구를 두 번째 { }로 표시된 전치사구가 수식하여 원래의 동사구가 확장되었다.

02 Brian admits that he [{**hurt Paul's feelings**} {**by yelling at him**}].

▶ 해석 Brian은 Paul에게 소리를 쳐서 그의 감정을 상하게 했다는 것을 인정하고 있다.

▶ 해설 첫 번째 { }로 표시된 이미 만들어진 동사구를 두 번째 { }로 표시된 전치사구가 수식하여 원래의 동사구가 확장되었다.

03 [**With the invention of writing**], the modern world [**became possible**].

▶ 해석 현대 세계는 문자의 발명으로 가능하게 되었다.

▶ 해설 두 번째 [ ]로 표시된 이미 만들어진 동사구를 첫 번째 [ ]로 표시된 전치사구가 수식하여 원래의 동사구가 확장되었다.

04 A person on my team [{**came to me**} {**with a problem she was having at work**}].

▶ 해석 나의 팀원 한 명이 자신이 직장에서 겪고 있는 문제를 들고 내게 왔다.

▶ 해설 첫 번째 { }로 표시된 이미 만들어진 동사구를 두 번째 { }로 표시된 전치사구가 수식하여 원래의 동사구가 확장되었다.

05 My grandpa [{**grew up**} {**in a farming community and within a very large family**}].

▶ 해석 나의 할아버지께서는 농촌 마을에서, 그리고 매우 큰 대가족 속에서 자라셨다.

▶ 해설 첫 번째 { }로 표시된 이미 만들어진 동사구를 두 번째 { }로 표시된 전치사구가 수식하여 원래의 동사구가 확장되었다.

06 In stressful workplaces employees should [{**take a short walk**} {**for their mental health**}].

▶ 해석 압박감을 주는 직장에서, 직원들은 자신들의 정신 건강을 위해 잠깐 산책을 해야 한다.

▶ 해설 첫 번째 { }로 표시된 이미 만들어진 동사구를 두 번째 { }로 표시된 전치사구가 수식하여 원래의 동사구가 확장되었다.

07 People [{**practice sports**} {**with the intention of winning, not with the intention of having fun**}].

▶ 해석 사람들은 재미를 느끼려는 의도가 아니라 이기려는 의도를 가지고 스포츠를 한다.

▶ 해설 첫 번째 { }로 표시된 이미 만들어진 동사구를 두

번째 { }로 표시된 전치사구가 수식하여 원래의 동사구가 확장되었다.

08 Higher-ability students can [{**reinforce their own knowledge**} {**by teaching those with lower ability**}].

▶해석 더 뛰어난 능력을 지닌 학생들은 더 낮은 능력을 지닌 학생들을 가르침으로써 자기 자신의 지식을 강화할 수 있다.

▶해설 첫 번째 { }로 표시된 이미 만들어진 동사구를 두 번째 { }로 표시된 전치사구가 수식하여 원래의 동사구가 확장되었다.

LevelUp

09 What disturbs me is the idea that good behavior must be [{**reinforced**} {**with incentives**}]. Children must be taught to perform good deeds for their own sake, not in order to receive stickers, stars, and candy bars.

▶해석 나를 혼란시키는 것은 선행은 보상물로 강화되어야 한다는 생각이다. 아이들은 스티커, 별표, 그리고 캔디 바를 얻기 위해서가 아니라 스스로를 위해 좋은 행동을 하도록 가르쳐져야 한다.

▶해설 첫 번째 { }로 표시된 이미 만들어진 동사구를 두 번째 { }로 표시된 전치사구가 수식하여 원래의 동사구가 확장되었다.

LevelUp

10 Jane and Tom were very disappointed by the weather forecast. Still, Tom insisted that the concert go on for the audience. But Jane thought that the event should be cancelled. So, she decided to persuade Tom that it's most important to [{**protect the audience**} {**from any possible accident**}].

▶해석 Jane과 Tom은 날씨 예보에 매우 실망했다. 그럼에도, Tom은 관객을 위해 콘서트가 진행되어야 한다고 주장했다. 하지만 Jane은 그 행사가 취소되어야 한다고 생각했다. 그래서 그녀는 Tom에게 일어날지도 모르는 사고로부터 관객을 보호하는 것이 가장 중요하다는 것을 설득하기로 결심했다.

▶해설 첫 번째 { }로 표시된 이미 만들어진 동사구를 두 번째 { }로 표시된 전치사구가 수식하여 원래의 동사구가 확장되었다.

Structure 24 — to부정사구의 동사구 수식: 목적과 결과

본문 ▶ p62

Challenge

088 You don't [{**need a high IQ**} {**to be a good thinker**}].

▶해석 여러분은 사고를 잘하기 위해 높은 IQ를 필요로 하지는 않는다.

▶해설 첫 번째 { }로 표시된 이미 만들어진 동사구를 두 번째 { }로 표시된 to부정사구가 수식(목적)하여 원래의 동사구가 확장되었다.

089 You must [{**have flour, eggs, milk, and oil**} {**to make pancakes**}].

▶해석 여러분은 팬케이크를 만들기 위해 밀가루, 계란, 우유, 그리고 기름이 있어야 한다.

▶해설 첫 번째 { }로 표시된 이미 만들어진 동사구를 두 번째 { }로 표시된 to부정사구가 수식(목적)하여 원래의 동사구가 확장되었다.

090 Four atoms of iron [{**combine with three molecules of oxygen**} {**to form iron oxide**}].

▶해석 철의 네 개의 원자들은 산소의 세 개의 분자와 결합하여 산화철을 만든다.

▶해설 첫 번째 { }로 표시된 이미 만들어진 동사구를 두 번째 { }로 표시된 to부정사구가 수식(결과)하여 원래의 동사구가 확장되었다.

본문 ▶ p63

Application

01 His son will not [{**grow up**} {**to be particularly respectful to his own family**}].

▶해석 그의 아들은 자라서 특별히 자기 자신의 가족에게 예의 바르지는 않을 것이다.

▶해설 첫 번째 { }로 표시된 이미 만들어진 동사구를 두 번째 { }로 표시된 to부정사구가 수식(결과)하여 원래의 동사구가 확장되었다.

02 The children were [{**waiting in line**} {**to get their cheeks painted by a local artist**}].

UNIT 3

▶해석 그 아이들은 자신들의 볼에 현지 화가가 그림을 그리게 하려고 줄을 서서 기다리고 있었다.

▶해설 첫 번째 { }로 표시된 이미 만들어진 동사구를 두 번째 { }로 표시된 to부정사구가 수식(목적)하여 원래의 동사구가 확장되었다.

03 [**To be successful**], we need to [**learn how to fail and how to respond to failure**].

▶해석 우리는 성공하기 위해 실패하는 방법과 실패에 대응하는 방법을 배울 필요가 있다.

▶해설 두 번째 [ ]로 표시된 이미 만들어진 동사구를 첫 번째 [ ]로 표시된 to부정사구가 수식(목적)하여 원래의 동사구가 확장되었다.

04 Dave did not have to [{**keep his sea lions hungry**} {**in order to make them perform**}].

▶해석 Dave는 공연을 하게 하려고 자신의 바다사자들을 굶주리게 할 필요가 없었다.

▶해설 첫 번째 { }로 표시된 이미 만들어진 동사구를 두 번째 { }로 표시된 to부정사구가 수식(목적)하여 원래의 동사구가 확장되었다.

05 Tony [{**kicked the stone**}, {**only to remember too late that he was still in his bare feet**}].

▶해석 Tony는 그 돌을 걷어찼지만, 자신이 여전히 맨발의 상태라는 것이 너무 늦게 생각났다.

▶해설 첫 번째 { }로 표시된 이미 만들어진 동사구를 두 번째 { }로 표시된 to부정사구가 수식(결과)하여 원래의 동사구가 확장되었다.

06 When this gas reaches the eye, it [{**mixes with water in the eye**} {**to form a weak acid**}].

▶해석 이 기체가 눈에 닿을 때, 그것은 눈 안의 물과 섞여 약산을 만들어낸다.

▶해설 첫 번째 { }로 표시된 이미 만들어진 동사구를 두 번째 { }로 표시된 to부정사구가 수식(결과)하여 원래의 동사구가 확장되었다.

07 Small animals have [{**developed useful weapons such as poison**} {**to protect themselves in the wild**}].

▶해석 작은 동물들은 야생에서 자신을 보호하기 위해 독과 같은 유

용한 무기를 개발했다.

▶해설 첫 번째 { }로 표시된 이미 만들어진 동사구를 두 번째 { }로 표시된 to부정사구가 수식(목적)하여 원래의 동사구가 확장되었다.

08 I [{**rushed out of the house**} {**only to realize that my keys and wallet were sitting on the kitchen table**}].

▶해석 나는 집 밖으로 급히 나갔지만, 내 열쇠와 지갑이 식탁 위에 있다는 것을 깨달았다.

▶해설 첫 번째 { }로 표시된 이미 만들어진 동사구를 두 번째 { }로 표시된 to부정사구가 수식(결과)하여 원래의 동사구가 확장되었다.

_{Level Up}
09 Canadians often [{**use the impersonal formality of a lawyer's services**} {**to finalize agreements**}]. Egyptians, by contrast, more frequently depend on the personal relationship between bargaining partners to accomplish the same purpose.

▶해석 캐나다인은 흔히 합의를 끝내기 위해 변호사의 도움이라는 사사로움에 치우치지 않는 형식상의 절차를 이용한다. 이와 대조적으로, 이집트인은 같은 목적을 완수하기 위해 협상 상대자 간의 개인적인 관계에 더 자주 의존한다.

▶해설 첫 번째 { }로 표시된 이미 만들어진 동사구를 두 번째 { }로 표시된 to부정사구가 수식(목적)하여 원래의 동사구가 확장되었다.

_{Level Up}
10 A school of fish will [{**split in two**} {**to avoid a predator**}] and then quickly regroup behind it. A herd of zebras can become a dazzling display of black and white stripes, making it more difficult for a lion to see where one zebra ends and another begins.

▶해석 물고기 떼는 포식자를 피하기 위해 둘로 나뉠 것이고, 그런 후 재빨리 포식자 뒤에서 다시 무리를 지을 것이다. 얼룩말 무리는 검은색과 흰색의 줄무늬들이 이루는 현란한 광경으로 보일 수 있는데, (그것은) 사자가 어디에서 한 마리의 얼룩말이 끝이 나고 다른 얼룩말이 시작되는지를 알아보는 것을 더 어렵게 만든다.

▶해설 첫 번째 { }로 표시된 이미 만들어진 동사구를 두 번째 { }로 표시된 to부정사구가 수식(목적)하여 원래의 동사구가 확장되었다.

본문 ▶ p64

Challenge

091 I [{**was amazed**} {**to see such a huge crowd of participants**}].

▶해석 나는 그렇게 많은 참가자들을 보게 되어 놀랐다.

▶해설 첫 번째 { }로 표시된 이미 만들어진 동사구를 두 번째 { }로 표시된 to부정사구가 수식(원인)하여 원래의 동사구가 확장되었다.

092 Tyler must [{**be out of his mind**} {**to accept their offer**}].

▶해석 Tyler는 그들의 제안을 받아들이다니 제정신이 아닌 것이 분명하다.

▶해설 첫 번째 { }로 표시된 이미 만들어진 동사구를 두 번째 { }로 표시된 to부정사구가 수식(판단의 근거)하여 원래의 동사구가 확장되었다.

093 [**To hear her talk**], you'd [**think she is an American**].

▶해석 당신은 그녀가 말하는 것을 들으면 그녀를 미국인이라고 생각할 것이다.

▶해설 두 번째 [ ]로 표시된 이미 만들어진 동사구를 첫 번째 [ ]로 표시된 to부정사구가 수식(조건)하여 원래의 동사구가 확장되었다.

Application

본문 ▶ p65

01 You will [{**get healthy**} {**to exercise regularly**}].

▶해석 여러분은 규칙적으로 운동한다면 건강해질 것이다.

▶해설 첫 번째 { }로 표시된 이미 만들어진 동사구를 두 번째 { }로 표시된 to부정사구가 수식(조건)하여 원래의 동사구가 확장되었다.

02 I[{**'m sorry**} {**to say the machine is no longer working**}].

▶해석 나는 그 기계가 더 이상 작동하지 않는다고 말하게 되어 유감이다.

▶해설 첫 번째 { }로 표시된 이미 만들어진 동사구를 두 번째 { }로 표시된 to부정사구가 수식(원인)하여 원래의 동사구가 확장되었다.

03 Some say that they would [{**be lucky**} {**to win a single game**}].

▶해석 어떤 사람들은 그들이 한 경기라도 이긴다면 운이 좋을 것이라고 말한다.

▶해설 첫 번째 { }로 표시된 이미 만들어진 동사구를 두 번째 { }로 표시된 to부정사구가 수식(조건)하여 원래의 동사구가 확장되었다.

04 [**To see him walk down the street**], you'd never [**know he was blind**].

▶해석 당신은 그가 길을 따라 걸어가는 것을 보면 그가 눈이 보이지 않는다는 것을 알지 못할 것이다.

▶해설 두 번째 [ ]로 표시된 이미 만들어진 동사구를 첫 번째 [ ]로 표시된 to부정사구가 수식(조건)하여 원래의 동사구가 확장되었다.

05 The prince must [{**be stupid**} {**to overlook the opportunity to gain power**}].

▶해석 그 왕자는 권력을 얻을 기회를 간과하다니 어리석음에 틀림없다.

▶해설 첫 번째 { }로 표시된 이미 만들어진 동사구를 두 번째 { }로 표시된 to부정사구가 수식(판단의 근거)하여 원래의 동사구가 확장되었다.

06 Kids [{**were shocked**} {**to see Mr. Grey fall down**}], and they began screaming.

▶해석 아이들은 Grey 선생님이 쓰러지는 것을 보고 깜짝 놀라 비명을 지르기 시작했다.

▶해설 첫 번째 { }로 표시된 이미 만들어진 동사구를 두 번째 { }로 표시된 to부정사구가 수식(원인)하여 원래의 동사구가 확장되었다.

07 Paul [{**was delighted**} {**to purchase the carving at a reasonable price**}] and thanked Bob.

▶해석 Paul은 합리적인 가격으로 그 조각품을 사게 되어 기뻐서 Bob에게 감사했다.

▶해설 첫 번째 { }로 표시된 이미 만들어진 동사구를 두 번째 { }로 표시된 to부정사구가 수식(원인)하여 원

래의 동사구가 확장되었다.

08 I [{**was pleased**} {**to receive your letter requesting a letter of reference for a Future Leaders scholarship**}].

▶해석 나는 미래 지도자 장학금을 위한 추천서를 요청하는 너의 편지를 받게 되어 기뻤다.

▶해설 첫 번째 { }로 표시된 이미 만들어진 동사구를 두 번째 { }로 표시된 to부정사구가 수식(원인)하여 원래의 동사구가 확장되었다.

09 Waking up at 7 a.m., my little sisters and I raced for the fireplace downstairs. While my sisters [{**were delighted**} {**to find their stockings filled with presents**}], mine was empty. I went out into the yard and wept all by myself.

▶해석 아침 7시에 잠에서 깨어 내 누이동생들과 나는 아래층의 난로 쪽으로 줄달음을 쳤다. 누이동생들은 양말 안에 선물이 가득한 것을 보고 기뻐했지만, 내 양말은 비어 있었다. 나는 뜰로 나가서 혼자 흐느껴 울었다.

▶해설 첫 번째 { }로 표시된 이미 만들어진 동사구를 두 번째 { }로 표시된 to부정사구가 수식(원인)하여 원래의 동사구가 확장되었다.

10 My trainer tried to help me swim, pushing me from under and bringing me to the surface. Despite my injury, I began making an effort to swim. Soon, the bottles were removed and I recovered completely. I [{**felt great**} {**to swim on my own again**}].

▶해석 나의 조련사는 나를 아래에서 밀어 수면으로 올라가게 하면서 내가 헤엄치는 것을 돕기 위해 애썼다. 부상에도 불구하고, 나는 헤엄치기 위해 노력하기 시작했다. 곧, (몸에 매달았던) 병들이 제거되었으며, 나는 완전히 회복되었다. 다시 혼자 힘으로 헤엄치니 기분이 너무도 좋았다.

▶해설 첫 번째 { }로 표시된 이미 만들어진 동사구를 두 번째 { }로 표시된 to부정사구가 수식(원인)하여 원래의 동사구가 확장되었다.

Structure **26** 수식과 확장

Challenge 본문 ▶ **p70**

094 Actually, I have [**an important meeting**] tomorrow.

▶해석 사실, 나는 내일 중요한 회의가 있다.

▶해설 [ ]로 표시된 명사구는 [한정사(an)+수식어(important)+명사(meeting)]로 이루어져 있다.

095 [{**The flowers**} {**next to the chair**}] are really pretty.

▶해석 의자 옆의 꽃은 정말 예쁘다.

▶해설 두 번째 { }로 표시된 전치사구가 첫 번째 { }로 표시된 명사구를 뒤에서 수식하여 더 큰 명사구를 만들었다.

096 There was [{**something**} {**wrong with Jessica**}].

▶해석 Jessica에게 잘못된 어떤 일이 있었다.

▶해설 두 번째 { }로 표시된 형용사구가 첫 번째 { }로 표시된 명사구를 뒤에서 수식하여 더 큰 명사구를 만들었다.

097 I have [{**something**} {**to ask of you**}].

▶해석 네게 물어볼 것이 있다.

▶해설 두 번째 { }로 표시된 to부정사구가 첫 번째 { }로 표시된 명사구를 뒤에서 수식하여 더 큰 명사구를 만들었다.

098 Sally loves [{**the pictures**} {**hanging on the string**}].

▶해석 Sally는 줄에 걸려 있는 사진들을 좋아한다.

▶해설 두 번째 { }로 표시된 분사구가 첫 번째 { }로 표시된 명사구를 뒤에서 수식하여 더 큰 명사구를 만들었다.

099 Jason was [{**a child**} {**who hated the**

thought of doing anything wrong}].

▶ 해석 Jason은 잘못된 일을 한다는 생각만 해도 싫은 아이였다.

▶ 해설 두 번째 { }로 표시된 관계절이 첫 번째 { }로 표시된 명사구를 뒤에서 수식하여 더 큰 명사구를 만들었다.

Application　　　　　　　본문 ▶ p71

01 My uncle needs [{some workers} {to pick oranges}].

▶ 해석 내 삼촌은 오렌지를 수확할 일꾼이 좀 필요하다.

▶ 해설 두 번째 { }로 표시된 to부정사구가 첫 번째 { }로 표시된 명사구를 뒤에서 수식하여 더 큰 명사구를 만들었다.

02 I'll be able to give you [{something} {even more precious}].

▶ 해석 나는 네게 훨씬 더 귀중한 것을 줄 수 있을 것이다.

▶ 해설 두 번째 { }로 표시된 형용사구가 첫 번째 { }로 표시된 명사구를 뒤에서 수식하여 더 큰 명사구를 만들었다.

03 The children had [{some more creative toys} {to play with}].

▶ 해석 아이들은 가지고 놀 몇 가지 더 창의적인 장난감을 가지고 있었다.

▶ 해설 두 번째 { }로 표시된 to부정사구가 첫 번째 { }로 표시된 명사구를 뒤에서 수식하여 더 큰 명사구를 만들었다.

04 [{A piece of wood} {tossed into water}] floats instead of sinking.

▶ 해석 물속에 던져진 나뭇조각은 가라앉지 않고 뜬다.

▶ 해설 두 번째 { }로 표시된 분사구가 첫 번째 { }로 표시된 명사구를 뒤에서 수식하여 더 큰 명사구를 만들었다.

05 Pets are important in [{the treatment} {of chronically ill patients}].

▶ 해석 애완동물은 만성적으로 아픈 환자들의 치료에 중요하다.

▶ 해설 두 번째 { }로 표시된 전치사구가 첫 번째 { }로 표시된 명사구를 뒤에서 수식하여 더 큰 명사구를 만들었다.

06 [{The key} {to this prisoner's freedom}] was the admission of his guilt.

▶ 해석 이 죄수가 풀려나는 것의 핵심은 자신의 죄를 인정하는 것이었다.

▶ 해설 두 번째 { }로 표시된 전치사구가 첫 번째 { }로 표시된 명사구를 뒤에서 수식하여 더 큰 명사구를 만들었다.

07 The politician used [{every means} {available to convince the world of his views}].

▶ 해석 그 정치인은 세상에 자신의 관점을 설득하기 위해 이용 가능한 모든 수단을 사용했다.

▶ 해설 두 번째 { }로 표시된 형용사구가 첫 번째 { }로 표시된 명사구를 뒤에서 수식하여 더 큰 명사구를 만들었다.

08 [{A stone} {falling through the air}] is due to the stone having the property of "gravity."

▶ 해석 공기를 뚫고 떨어지는 돌은 그것이 '중력'이라는 성질을 가지고 있기 때문이다.

▶ 해설 두 번째 { }로 표시된 분사구가 첫 번째 { }로 표시된 명사구를 뒤에서 수식하여 더 큰 명사구를 만들었다.

Level up

09 In [an increasingly globalized world], [{literature} {in translation}] has [an especially important role]. Increasingly, writers, readers, and publishers are turning to literature as a bridge between cultures. This growing interest is, in turn, driving a boom in translation.

▶ 해석 점점 더 세계화되는 세상에서, 번역 문학은 특히 중요한 역할을 한다. 점점 더 작가, 독자, 출판업자들은 문화 간의 가교로서 문학에 관심을 기울이고 있다. 그 결과 이처럼 커지는 관심은 번역의 호황을 일으키고 있다.

▶ 해설 첫 번째 [ ]로 표시된 명사구는 [한정사(an)+수식어(increasingly globalized)+명사(world)]로 이루어져 있다. 두 번째 [ ]로 표시된 명사구에서, 두 번째 { }로 표시된 전치사구가 첫 번째 { }로 표시된 명

사구를 뒤에서 수식하여 더 큰 명사구를 만들었다. 마지막으로, 세 번째 [ ]로 표시된 명사구는 [한정사(an)+수식어(especially important)+명사(role)]로 이루어져 있다.

Level up

10 Appearance creates [{**the first impression**} {**customers have of food**}], and first impressions are important. No matter how appealing the taste, an unattractive appearance is hard to overlook. As humans, we do "eat with our eyes" because our sense of sight is more highly developed than the other senses.

▶**해석** 겉모습은 고객이 음식에 대해 가지는 첫인상을 만들어 내고, 첫인상은 중요하다. 아무리 끌리는 맛일지라도, 매력 없는 겉모습은 못 본 척 눈감아 주기 어렵다. 인간으로서, 우리는 시각이 다른 감각들보다 더욱 고도로 발달되었기 때문에 정말이지 '눈으로 먹는다.'

▶**해설** 두 번째 { }로 표시된 관계절이 첫 번째 { }로 표시된 명사구를 뒤에서 수식하여 더 큰 명사구를 만들었다.

Structure **27** 한정사의 수식

Challenge
본문 ▶ **p72**

100 [**A true victory**] comes from fair competition.

▶**해석** 진정한 승리는 공정한 경쟁에서 온다.

▶**해설** [ ]로 표시된 명사구에서, 한정사 A는 부정관사로서 true victory가 불특정 대상임을 규정한다.

101 Lone animals rely on [**their senses**] to defend themselves.

▶**해석** 혼자 있는 동물들은 스스로를 방어하기 위해 자신의 감각에 의존한다.

▶**해설** [ ]로 표시된 명사구에서, 한정사 their는 소유격 대명사로서 senses의 소유 관계를 규정한다.

102 Participants recorded [**which behaviors**] made them feel good.

▶**해석** 참가자들은 어떤 행동들이 자신들의 기분을 좋게 만드는지를 기록했다.

▶**해설** [ ]로 표시된 명사구에서, 한정사 which는 의문사로서 behaviors의 종류(유형)를 규정한다.

Application
본문 ▶ **p73**

01 [**Our school**] is starting a new mentoring program.

▶**해석** 우리 학교는 새로운 멘토링 프로그램을 시작하고 있다.

▶**해설** [ ]로 표시된 명사구에서, 한정사 Our는 소유격 대명사로서 school의 소유 관계를 규정한다.

02 Music can convey [**the quality and size of a space**].

▶**해석** 음악은 어떤 공간의 특성과 크기를 전달할 수 있다.

▶**해설** [ ]로 표시된 명사구에서, 한정사 the는 정관사로서 quality and size of a space가 특정한 대상임을 규정한다.

03 [**Which bus**] should I take to get to the World Cup Stadium?

▶**해석** 월드컵 경기장에 가려면 어떤 버스를 타야 하나요?

▶**해설** [ ]로 표시된 명사구에서, 한정사 Which는 의문사로서 bus의 종류(유형)를 규정한다.

04 [**This camp**] is not recommended for children with food allergies.

▶**해석** 이 캠프는 음식 알레르기가 있는 아이들에게는 추천되지 않는다.

▶**해설** 명사구 This camp에서 한정사 This는 지시사로서 camp의 지시 대상을 규정한다.

05 We sometimes think about [**what moral principles**] we should have.

▶**해석** 우리는 때때로 어떤 도덕적 원칙들을 가져야 하는가에 관해 생각한다.

▶**해설** [ ]로 표시된 명사구에서, 한정사 what은 의문사로서 moral principles의 유형을 규정한다.

---

06 [**This microchip**] stores valuable contact information about [**your dog**].

▶**해석** 이 마이크로칩은 여러분의 개에 관한 소중한 연락 정보를 저장한다.

▶**해설** 첫 번째 [ ]로 표시된 명사구에서, 한정사 This는 지시사로서 microchip의 지시 대상을 규정한다. 또한, 두 번째 [ ]로 표시된 명사구에서, 한정사 your는 소유격 대명사로서 dog의 소유 관계를 규정한다.

---

07 [**The success of human beings**] depends crucially on numbers and connections.

▶**해석** 인간의 성공은 결정적으로 수와 관계에 달려 있다.

▶**해설** [ ]로 표시된 명사구에서, 한정사 The는 정관사로서 success of human beings가 특정한 대상임을 규정한다.

---

08 When you design [**an amusement park for children**], you should carefully consider [**the location of the roller coaster**].

▶**해석** 아이들을 위한 놀이 공원을 설계할 때, 여러분은 롤러코스터의 위치를 신중하게 고려해야 한다.

▶**해설** 첫 번째 [ ]로 표시된 명사구에서, 한정사 an은 부정관사로서 amusement park for children이 불특정 대상임을 규정한다. 또한 두 번째 [ ]로 표시된 명사구에서 한정사 the는 정관사로서 location of the roller coaster가 특정 대상임을 규정한다.

Level up
09 Pride causes individuals to be out of touch with the reality of who they truly are and of what really brings happiness. Pride prevents individuals from experiencing [**their true value**] or [**the true value of others**].

▶**해석** 자만심은 사람들로 하여금 자신이 진정 누구인지 그리고 무엇이 정말로 행복을 가져다주는지에 대한 현실을 모르게 한다. 자만심은 사람들이 자신의 진정한 가치나 다른 사람들의 진정한 가치를 경험하는 것을 방해한다.

▶**해설** 첫 번째 [ ]로 표시된 명사구에서, 한정사 their는 소유격 대명사로서 true value의 소유 관계를 규정

한다. 또한 두 번째 [ ]로 표시된 명사구에서, 한정사 the는 정관사로서 true value of others가 특정한 대상임을 규정한다.

Level up
10 Rejecting [**a new idea**] is [**a normal reaction**]. Unfortunately, by doing so, you not only close off that avenue for exploration, but also step on the other person's ego. Nobody enjoys having [**their ideas**] squashed, so [**this person**] is likely to react defensively.

▶**해석** 새로운 생각을 거부하는 것은 정상적인 반응이다. 불행하게도 여러분은 그렇게 함으로써 탐구하기 위한 그 방법을 차단할 뿐만 아니라 상대방의 자아도 짓밟는다. 자신의 생각이 거부당하는 것을 즐기는 사람은 아무도 없기 때문에, 이 사람은 방어적으로 반응하기가 쉽다.

▶**해설** 첫 번째와 두 번째 [ ]로 표시된 명사구에서, 한정사 a는 부정관사로서 new idea와 normal reaction이 각각 불특정 대상임을 규정한다. 또한 세 번째 [ ]로 표시된 명사구에서, 한정사 their는 소유격 대명사로서 ideas의 소유 관계를 규정한다. 마지막 [ ]로 표시된 명사구에서, 한정사 this는 지시사로서 person의 지시 대상을 규정한다.

Structure 28 수량 한정사의 수식

Challenge   본문 ▶ p74

103 Lemonade contains [**a lot of vitamin C**].

▶**해석** 레모네이드는 많은 비타민 C를 함유하고 있다.

▶**해설** [ ]로 표시된 명사구에서, 수량 한정사 a lot of는 vitamin C의 양을 한정한다.

---

104 Unfortunately [**few scientists**] are truly objective.

▶**해석** 안타깝게도 진정으로 객관적인 과학자들은 거의 없다.

▶**해설** [ ]로 표시된 명사구에서, 수량 한정사 few는 scientists의 수를 한정한다.

---

105 Children will learn how to use [**a number of kitchen tools**].

▶해석 아이들은 많은 주방 도구를 사용하는 법을 배울 것이다.

▶해설 [ ]로 표시된 명사구에서, 수량 한정사 a number of는 kitchen tools의 수를 한정한다.

Application   본문 ▶ p75

01 Jack told me he made [**a lot of money**] thanks to you.

▶해석 Jack은 나에게 자신이 당신 덕택에 많은 돈을 벌고 있다고 말했다.

▶해설 [ ]로 표시된 명사구에서, 수량 한정사 a lot of는 money의 양을 한정한다.

02 I have [**some good news for improving your study skills**].

▶해석 나는 여러분의 학업 능력을 개선하기 위한 몇 가지 좋은 소식을 가지고 있다.

▶해설 [ ]로 표시된 명사구에서, 수량 한정사 some은 good news의 양을 한정한다.

03 People have told [**a number of stories**] over the centuries.

▶해석 사람들은 수세기 동안 많은 이야기를 해왔다.

▶해설 [ ]로 표시된 명사구에서, 수량 한정사 a number of는 stories의 수를 한정한다.

04 [**A few hundred people**] cannot sustain a sophisticated technology.

▶해석 몇 백 명의 사람들로는 정교한 기술을 유지할 수 없다.

▶해설 [ ]로 표시된 명사구에서, 수량 한정사 A few는 hundred people의 수를 한정한다.

05 Intellectual property has played [**little role**] in promoting basic science.

▶해석 지적 재산권은 기초 과학을 장려하는 데 별로 역할을 하지 못했다.

▶해설 [ ]로 표시된 명사구에서, 수량 한정사 little은 role의 양을 한정한다.

06 They have wasted [**a good deal of their time**

and their potential] in the past.

▶해석 그들은 과거에 많은 시간과 잠재력을 낭비했다.

▶해설 [ ]로 표시된 명사구에서, 수량 한정사 a good deal of는 their time and their potential의 양을 한정한다.

07 [**Many virtual reality games**] allow players to feel sensations of motion and touch.

▶해석 많은 가상현실 게임들은 이용자들이 움직이고 만지는 느낌이 들게 한다.

▶해설 [ ]로 표시된 명사구에서, 수량 한정사 Many는 virtual reality games의 수를 한정한다.

08 [**Some human behaviors**] are automatic reactions that are driven by external stimulation.

▶해석 몇 가지 인간의 행동은 외적 자극에 의해 이뤄지는 자동적인 반응이다.

▶해설 [ ]로 표시된 명사구에서, 수량 한정사 Some은 human behaviors의 수를 한정한다.

Level Up
09 [**A number of 'youth friendly' mental health websites**] have been developed. The information presented often takes the form of Frequently Asked Questions, fact sheets and suggested links.

▶해석 많은 수의 '젊은이 친화적인' 정신 건강 웹 사이트들이 개발되어 왔다. 제공되는 정보는 '자주 묻는 질문', 자료표, 추천 링크의 형태를 자주 띤다.

▶해설 [ ]로 표시된 명사구에서, 수량 한정사 A number of는 'youth friendly' mental health websites의 수를 한정한다.

Level Up
10 Although the number of books Richard owned in total is simply unknown, an episode about his passion for books is well-known: he carried [**so many books**] that he was able to pull book after book out of his pocket when a student tried to show off his knowledge of Greek writers.

▶해석 Richard가 통틀어 소유한 책의 수는 전혀 알려져 있지 않지만, 한 학생이 그리스 작가들에 대해 자신이 아는 바를 자랑

하려고 할 때 그가 아주 많은 책을 가지고 다녀서 자기 주머니에서 계속해서 책을 꺼낼 수 있었다는, 그의 책에 대한 열정과 관련된 일화는 잘 알려져 있다.

▶**해설** [ ]로 표시된 명사구에서, 수량 한정사 many는 books의 수를 한정한다.

Structure **29** 명사 앞의 수식어구

Challenge 본문 ▶ **p76**

106 [{**Highly creative**} {**people**}] enjoy adventure.

▶**해석** 매우 창의적인 사람들은 모험을 즐긴다.

▶**해설** 첫 번째 { }로 표시된 형용사구가 두 번째 { }로 표시된 명사를 앞에서 수식하여 더 큰 명사구를 만들었다.

107 We do [{**volunteer**} {**services**}] for the community.

▶**해석** 우리는 지역사회를 위하여 자원봉사를 한다.

▶**해설** 첫 번째 { }로 표시된 명사가 두 번째 { }로 표시된 명사를 앞에서 수식하여 더 큰 명사구를 만들었다.

108 The new form consumes less energy than [the {**existing**} {**form**}].

▶**해석** 새로운 형태는 기존의 형태보다 에너지를 덜 소비한다.

▶**해설** 첫 번째 { }로 표시된 분사구가 두 번째 { }로 표시된 명사를 앞에서 수식하여 더 큰 명사구를 만들었다.

Application 본문 ▶ **p77**

01 [**His** {**comforting**} {**words**}] brought a smile to Tom's face.

▶**해석** 그가 위로하는 말은 Tom의 얼굴에 웃음을 가져다주었다.

▶**해설** 첫 번째 { }로 표시된 분사구가 두 번째 { }로 표시된 명사를 앞에서 수식하여 더 큰 명사구를 만들었다.

02 [{**Safety**} {**features**}] are going to be added to vehicles and roads.

▶**해석** 안전장치들이 차량과 도로에 추가될 예정이다.

▶**해설** 첫 번째 { }로 표시된 명사가 두 번째 { }로 표시된 명사를 앞에서 수식하여 더 큰 명사구를 만들었다.

03 [**Their** {**brain**} {**activity**}] was monitored as they read classical works.

▶**해석** 그들의 뇌 활동은 그들이 고전 작품을 읽을 때 추적 관찰되었다.

▶**해설** 첫 번째 { }로 표시된 명사가 두 번째 { }로 표시된 명사를 앞에서 수식하여 더 큰 명사구를 만들었다.

04 I lost [a {**really important**} {**business client**}] because of your company!

▶**해석** 나는 귀사로 인해 정말로 중요한 사업상 고객을 잃었다!

▶**해설** 첫 번째 { }로 표시된 형용사구가 두 번째 { }로 표시된 명사구를 앞에서 수식하여 더 큰 명사구를 만들었다.

05 They're holding [a {**video**} {**contest**}] to encourage citizens to ride bicycles.

▶**해석** 그들은 시민들로 하여금 자전거 타기를 장려하기 위해 비디오 경연대회를 개최할 예정이다.

▶**해설** 첫 번째 { }로 표시된 명사가 두 번째 { }로 표시된 명사를 앞에서 수식하여 더 큰 명사구를 만들었다.

06 George Crooks had to choose between [**two** {**equally competent**} {**men**}] for a key job.

▶**해석** George Crooks는 중요한 일자리를 위해 똑같이 능력 있는 두 사람 사이에서 선택해야만 했다.

▶**해설** 첫 번째 { }로 표시된 형용사구가 두 번째 { }로 표시된 명사를 앞에서 수식하여 더 큰 명사구를 만들었다.

07 The adoption of agriculture was [the {**most fundamental**} {**change**}] in human history.

▶해석 농업의 채택은 인류 역사에서 가장 근본적인 변화였다.

▶해설 첫 번째 { }로 표시된 형용사구가 두 번째 { }로 표시된 명사를 앞에서 수식하여 더 큰 명사구를 만들었다.

08 [{**Scientifically designed**} {**policies**}] can serve interests that run counter to the public interest.

▶해석 과학적으로 설계된 정책은 대중의 관심을 거스르는 관심사에 쓰일 수 있다.

▶해설 첫 번째 { }로 표시된 분사구가 두 번째 { }로 표시된 명사를 앞에서 수식하여 더 큰 명사구를 만들었다.

^{Level Up}
09 To prepare for the race, both Zach and Tony bought [a {**specially made**} {**swimming suit**}] that could minimize resistance against water and help them swim faster. But they found out that this type of special suit had not been allowed in previous races.

▶해석 그 시합에 대비하기 위해서, Zach와 Tony는 둘 다 물의 저항을 최소화하여 그들이 더 빠른 속도로 수영하는 데 도움을 줄 수 있는 특별 제작된 수영복을 샀다. 하지만 이러한 유형의 특별한 수영복이 이전 대회에서는 허용되지 않았다는 것을 알게 되었다.

▶해설 첫 번째 { }로 표시된 분사구가 두 번째 { }로 표시된 명사구를 앞에서 수식하여 더 큰 명사구를 만들었다.

^{Level Up}
10 The creativity that children possess needs to be cultivated throughout their development. Research suggests that overstructuring the child's environment may actually limit [{**creative and academic**} {**development**}]. This is a central problem with much of science instruction.

▶해석 아이들이 지닌 창의력은 그들의 성장 기간 내내 육성되어야 할 필요가 있다. 연구는 아이의 환경을 지나치게 구조화하는 것이 실제로 창의적 발달과 학업의 발전을 제한할지도 모른

다는 것을 보여 준다. 이것은 과학 교육의 많은 부분에서 가장 중요한 문제이다.

▶해설 첫 번째 { }로 표시된 형용사구가 두 번째 { }로 표시된 명사를 앞에서 수식하여 더 큰 명사구를 만들었다.

Structure **30** 전치사구의 명사구 수식

^{Challenge} 본문 ▶ **p78**

109 Clear writing is [{**a sign**} {**of clear thinking**}].

▶해석 명료한 글쓰기는 명료한 사고의 표시이다.

▶해설 두 번째 { }로 표시된 전치사구가 첫 번째 { }로 표시된 명사구를 뒤에서 수식하여 더 큰 명사구를 만들었다.

110 I read [{**an article**} {**about bird migrations**}] the other day.

▶해석 나는 요전 날 새의 이동에 관한 기사를 읽었다.

▶해설 두 번째 { }로 표시된 전치사구가 첫 번째 { }로 표시된 명사구를 뒤에서 수식하여 더 큰 명사구를 만들었다.

111 Back pain is [{**one**} {**of the most frequent health complaints**}].

▶해석 허리 통증은 가장 흔한 건강상의 질환 중 하나이다.

▶해설 두 번째 { }로 표시된 전치사구가 첫 번째 { }로 표시된 명사구를 뒤에서 수식하여 더 큰 명사구를 만들었다.

^{Application} 본문 ▶ **p79**

01 [{**The growth potential**} {**of the company**}] is really great.

▶해석 그 회사의 성장 잠재력은 정말로 훌륭하다.

▶해설 두 번째 { }로 표시된 전치사구가 첫 번째 { }로 표시된 명사구를 뒤에서 수식하여 더 큰 명사구를 만들었다.

02 Winning is not [{**the whole picture**} {**of what sports are about**}].

▶**해석** 승리는 스포츠가 관련된 것에 관한 전부가 아니다.

▶**해설** 두 번째 { }로 표시된 전치사구가 첫 번째 { }로 표시된 명사구를 뒤에서 수식하여 더 큰 명사구를 만들었다.

03 [{**The construction**} {**for expanding the parking lot**}] will begin next Monday.

▶**해석** 그 주차장 확장을 위한 건축 공사가 다음 주 월요일에 시작될 것이다.

▶**해설** 두 번째 { }로 표시된 전치사구가 첫 번째 { }로 표시된 명사구를 뒤에서 수식하여 더 큰 명사구를 만들었다.

04 Your rooftop garden will lower [{**the need**} {**for cooling and heating systems**}].

▶**해석** 여러분의 옥상 정원은 냉방과 난방 시스템을 위한 필요를 줄여줄 것이다.

▶**해설** 두 번째 { }로 표시된 전치사구가 첫 번째 { }로 표시된 명사구를 뒤에서 수식하여 더 큰 명사구를 만들었다.

05 It is essential to welcome [{**people**} {**with good writing skills**}] into your company.

▶**해석** 여러분의 회사로 훌륭한 글쓰기 능력을 지닌 사람들이 들어오는 것을 환영하는 것이 필수적이다.

▶**해설** 두 번째 { }로 표시된 전치사구가 첫 번째 { }로 표시된 명사구를 뒤에서 수식하여 더 큰 명사구를 만들었다.

06 Our personalities are actually [{**a combination**} {**of our attitudes, habits, and appearances**}].

▶**해석** 우리의 개성은 실제로 태도, 습관, 그리고 외모의 조합이다.

▶**해설** 두 번째 { }로 표시된 전치사구가 첫 번째 { }로 표시된 명사구를 뒤에서 수식하여 더 큰 명사구를 만들었다.

07 [{**Nutrients**} {**such as protein, fats, minerals, and vitamins**}] are what keep the body working.

▶**해석** 단백질, 지방, 미네랄, 그리고 비타민과 같은 영양소는 신체가

작동하게 하는 것들이다.

▶**해설** 두 번째 { }로 표시된 전치사구가 첫 번째 { }로 표시된 명사구를 뒤에서 수식하여 더 큰 명사구를 만들었다.

08 Confirmation bias is [{**a term**} {**for the way the mind systematically avoids confronting contradiction**}].

▶**해석** 확증 편향은 정신이 체계적으로 모순을 대면하는 것을 피하는 방식을 뜻하는 용어이다.

▶**해설** 두 번째 { }로 표시된 전치사구가 첫 번째 { }로 표시된 명사구를 뒤에서 수식하여 더 큰 명사구를 만들었다.

Level up
09 Those who donate to one or two charities seek [{**evidence**} {**about what the charity is doing and whether it is really having a positive impact**}]. If the evidence indicates that the charity is really helping others, they make a substantial donation.

▶**해석** 한두 자선단체에 기부를 하는 사람들은 그 자선단체가 무슨 일을 하고 있는가와 그것이 실제로 긍정적인 영향을 끼치고 있는가에 관한 증거를 찾는다. 자선단체가 정말로 다른 사람들을 도와주고 있다는 것을 증거가 보여 줄 경우, 그들은 상당한 기부금을 낸다.

▶**해설** 두 번째 { }로 표시된 전치사구가 첫 번째 { }로 표시된 명사구를 뒤에서 수식하여 더 큰 명사구를 만들었다.

Level up
10 For books, there are various filters that help readers distinguish between reliable and unreliable information. On the Internet, [{**the relation**} {**between the producer and the consumer of information**}] tends to be direct, so nothing protects the consumer from polluted information.

▶**해석** 책의 경우에는, 독자들이 신뢰할 만한 정보와 신뢰할 수 없는 정보를 구별하도록 도와주는 다양한 여과 장치들이 있다. 인터넷상에서는 정보의 생산자와 소비자의 관계가 직접적인 경향이 있어서, 어떤 것도 소비자를 오염된 정보로부터 보호해 주지 않는다.

▶**해설** 두 번째 { }로 표시된 전치사구가 첫 번째 { }로 표

시된 명사구를 뒤에서 수식하여 더 큰 명사구를 만들었다.

Challenge

본문 ▶ p80

112 Mustard gives [{**tiny yellow flowers**} {**full of nectar and pollen**}].

▶해석 겨자는 화밀과 화분으로 가득 찬 아주 작은 노란색 꽃을 피운다.

▶해설 두 번째 { }로 표시된 형용사구가 첫 번째 { }로 표시된 명사구를 뒤에서 수식하여 더 큰 명사구를 만들었다.

113 They now have [{**a religious identity**} {**different from their childhood faith**}].

▶해석 그들은 이제 자신들의 어린 시절의 신념과는 다른 종교적 정체성을 갖고 있다.

▶해설 두 번째 { }로 표시된 형용사구가 첫 번째 { }로 표시된 명사구를 뒤에서 수식하여 더 큰 명사구를 만들었다.

114 This approach can work well for [{**problems**} {**similar to those previously solved**}].

▶해석 이 접근법은 이전에 해결된 문제들과 유사한 문제들의 경우에 효과가 좋을 수 있다.

▶해설 두 번째 { }로 표시된 형용사구가 첫 번째 { }로 표시된 명사구를 뒤에서 수식하여 더 큰 명사구를 만들었다.

Application

본문 ▶ p81

01 I'm sorry, ma'am, but there are [{**no more seats**} {**available**}].

▶해석 죄송하지만, 부인, 이용할 수 있는 좌석이 더 이상 없습니다.

▶해설 두 번째 { }로 표시된 형용사구가 첫 번째 { }로 표시된 명사구를 뒤에서 수식하여 더 큰 명사구를 만들었다.

02 [{**Foods**} {**high in fiber**} **like apples**] fill you up without too many calories.

▶해석 사과처럼 섬유질이 높은 식품은 너무 많은 칼로리를 섭취하지 않고도 여러분을 배부르게 한다.

▶해설 두 번째 { }로 표시된 형용사구가 첫 번째 { }로 표시된 명사구를 뒤에서 수식하여 더 큰 명사구를 만들었다.

03 Sometimes, animals behave in [{**a way**} {**quite contrary to our expectation**}].

▶해석 때때로, 동물들은 우리의 기대와는 상당히 반대되는 방식으로 행동한다.

▶해설 두 번째 { }로 표시된 형용사구가 첫 번째 { }로 표시된 명사구를 뒤에서 수식하여 더 큰 명사구를 만들었다.

04 This phenomenon, called adaptation, reflects the fatigue of [{**receptors**} {**sensitive to sour tastes**}].

▶해석 적응이라고 불리는 이 현상은 신맛에 민감한 감각 기관의 피로를 반영한다.

▶해설 두 번째 { }로 표시된 형용사구가 첫 번째 { }로 표시된 명사구를 뒤에서 수식하여 더 큰 명사구를 만들었다.

05 The aquaculture industry has a negative impact on local wildlife inhabiting [{**areas**} {**close to the fish farms**}].

▶해석 양식 산업은 양식장에 인접한 지역에서 살고 있는 현지 야생 생물에게 부정적인 영향을 끼치고 있다.

▶해설 두 번째 { }로 표시된 형용사구가 첫 번째 { }로 표시된 명사구를 뒤에서 수식하여 더 큰 명사구를 만들었다.

06 In fact, the winner-take-all society may actually decrease the range of [{**opportunities**} {**open to most people**}].

▶해석 사실, 승자 독식의 사회는 실제로 대부분의 사람들에게 열린 기회의 범위를 감소시킬지도 모른다.

▶해설 두 번째 { }로 표시된 형용사구가 첫 번째 { }로 표시된 명사구를 뒤에서 수식하여 더 큰 명사구를 만들었다.

07 Unfortunately, the physician lost [{**the objectivity**} {**essential to the most precise assessment of what is wrong**}].

▶해석 안타깝게도, 그 의사는 잘못된 것에 대한 가장 정확한 평가에 필수적인 객관성을 상실했다.

▶해설 두 번째 { }로 표시된 형용사구가 첫 번째 { }로 표시된 명사구를 뒤에서 수식하여 더 큰 명사구를 만들었다.

08 Developing [{**the interpersonal skills**} {**necessary to fuel collaboration**}] is a hurdle for investigators as a personality type.

▶해석 협력을 자극하는 데 필요한 대인 관계에 관련된 기술을 개발하는 것은 하나의 성격 유형으로서의 연구자에게는 난관이다.

▶해설 두 번째 { }로 표시된 형용사구가 첫 번째 { }로 표시된 명사구를 뒤에서 수식하여 더 큰 명사구를 만들었다.

^{Level up}
09 Any story has [{**many possible beliefs**} {**inherent in it**}]. But how does someone listening to a story find those beliefs? We find them by looking through the beliefs we already have.

▶해석 어느 이야기든지 그 안에 고유하게 존재하는 여러 가지 가능한 신념을 가지고 있다. 그러나 이야기를 듣는 사람은 어떻게 그런 신념들을 찾는가? 우리는 우리가 이미 가지고 있는 신념들을 훑어봄으로써 그것들을 찾는다.

▶해설 두 번째 { }로 표시된 형용사구가 첫 번째 { }로 표시된 명사구를 뒤에서 수식하여 더 큰 명사구를 만들었다.

^{Level up}
10 One must select [{**a particular strategy**} {**appropriate to the occasion**}] and follow the chosen course of action. Doing so will ensure more lasting success in reaching one's goals.

▶해석 사람들은 그 경우에 알맞은 특별한 전략을 선택해야 하고 선택된 행동 방침을 따라야 한다. 그렇게 하는 것은 목표를 달성하는 것에서 더 지속적인 성공을 보장할 것이다

▶해설 두 번째 { }로 표시된 형용사구가 첫 번째 { }로 표시된 명사구를 뒤에서 수식하여 더 큰 명사구를 만들었다.

---

^{Structure} 32 to부정사구의 명사구 수식

본문 ▶ p82

Challenge

115 Suppose a farmer gives you [{**ten seeds**} {**to plant**}].

▶해석 한 농부가 여러분에게 열 개의 심을 씨앗을 준다고 가정해보라.

▶해설 두 번째 { }로 표시된 to부정사구가 첫 번째 { }로 표시된 명사구를 뒤에서 수식하여 더 큰 명사구를 만들었다.

116 Tom looked around and saw there was [{**no one else**} {**to help**}].

▶해석 Tom은 주위를 둘러보고는 도와줄 다른 어떤 사람도 없다는 것을 알았다.

▶해설 두 번째 { }로 표시된 to부정사구가 첫 번째 { }로 표시된 명사구를 뒤에서 수식하여 더 큰 명사구를 만들었다.

117 People often think that 'objectivity' is [{**the best way**} {**to see the world**}].

▶해석 사람들은 흔히 '객관성'이 세상을 보는 최선의 방법이라고 생각한다.

▶해설 두 번째 { }로 표시된 to부정사구가 첫 번째 { }로 표시된 명사구를 뒤에서 수식하여 더 큰 명사구를 만들었다.

Application

본문 ▶ p83

01 We have [{**several scenic spots**} {**to visit today**}].

▶해석 우리에게는 오늘 방문할 경치가 좋은 몇 곳이 있다.

▶해설 두 번째 { }로 표시된 to부정사구가 첫 번째 { }로 표시된 명사구를 뒤에서 수식하여 더 큰 명사구를 만들었다.

02 They were excited about [{**the presidential elections**} {**to be held on November 2**}].

▶해석 그들은 11월 2일에 개최될 대통령 선거에 대해 흥분했다.

▶ **해설** 두 번째 { }로 표시된 to부정사구가 첫 번째 { }로 표시된 명사구를 뒤에서 수식하여 더 큰 명사구를 만들었다.

03 I still have [{**one more thing**} {**to do for the presentation**}].

▶ **해석** 내게는 여전히 발표를 위해 해야 할 한 가지 일이 더 있다.

▶ **해설** 두 번째 { }로 표시된 to부정사구가 첫 번째 { }로 표시된 명사구를 뒤에서 수식하여 더 큰 명사구를 만들었다.

04 Maria became [**the first woman**] in Italy [**to graduate from medical school**].

▶ **해석** Maria는 이탈리아에서 의과대학을 졸업한 최초의 여성이 되었다.

▶ **해설** 두 번째 [ ]로 표시된 to부정사구가 첫 번째 [ ]로 표시된 명사구를 뒤에서 수식하여 더 큰 명사구를 만들었다.

05 True listening is creating [{**a space**} {**for people to tell you what they mean**}].

▶ **해석** 진정한 경청은 사람들이 여러분에게 자신들이 의미하는 것을 말할 수 있는 공간을 만드는 것이다.

▶ **해설** 두 번째 { }로 표시된 to부정사구가 첫 번째 { }로 표시된 명사구를 뒤에서 수식하여 더 큰 명사구를 만들었다.

06 A 13-year-old American boy has become [{**the youngest person**} {**to reach the top of Mount Everest**}].

▶ **해석** 13세의 한 미국인 소년이 에베레스트 산 정상에 도달한 가장 어린 사람이 되었다.

▶ **해설** 두 번째 { }로 표시된 to부정사구가 첫 번째 { }로 표시된 명사구를 뒤에서 수식하여 더 큰 명사구를 만들었다.

07 It's also hard to motivate myself to study because there are [{**no other students**} {**to study with**}].

▶ **해석** 함께 공부할 다른 학생들이 없기 때문에 자신에게 공부를 하도록 동기를 부여하는 것은 어렵기도 하다.

▶ **해설** 두 번째 { }로 표시된 to부정사구가 첫 번째 { }

로 표시된 명사구를 뒤에서 수식하여 더 큰 명사구를 만들었다.

08 This is a metal strip used as [{**a safety device**} {**to protect tall or isolated structures from lightning**}].

▶ **해석** 이것은 높거나 고립된 구조물을 번개로부터 보호할 수 있는 안전장치로 사용되는 금속 조각이다.

▶ **해설** 두 번째 { }로 표시된 to부정사구가 첫 번째 { }로 표시된 명사구를 뒤에서 수식하여 더 큰 명사구를 만들었다.

Level up

09 Persuasion is [{**the strategic use of language**} {**to move an audience**}]. It works by appealing to our emotion as well as by appealing to our reason. Therefore, sometimes you may try to appeal to an emotion in your audience by imitating it.

▶ **해석** 설득은 청중을 감동시킬 수 있는 언어의 전략적인 사용이다. 그것은 이성에 호소함으로써뿐만 아니라, 감정에도 호소함으로써 작용한다. 그러므로 때때로 여러분은 청중의 감정을 모방함으로써 그것에 호소하려고 애를 쓸지도 모른다.

▶ **해설** 두 번째 { }로 표시된 to부정사구가 첫 번째 { }로 표시된 명사구를 뒤에서 수식하여 더 큰 명사구를 만들었다.

Level up

10 In April 2008, Vermont became [{**the first U.S. state**} {**to allow a new type of business called an L3C**}]. This entity is a corporation — but not as we typically think of it. As one report explained, an L3C "operates like a for-profit business generating at least modest profits, but its primary aim is to offer significant social benefits."

▶ **해석** 2008년 4월에, Vermont는 L3C라고 불리는 새로운 형태의 기업을 승인한 최초의 미국의 주가 되었다. 이 기업은 하나의 회사이지만 우리가 일반적으로 생각하는 것은 아니다. 한 보고서가 설명했던 것처럼, L3C는 "적어도 얼마간의 이익을 낳는 이익 지향적인 기업처럼 운영되지만, 그것의 주된 목적은 상당한 사회적 이익을 제공하는 것이다."

▶ **해설** 두 번째 { }로 표시된 to부정사구가 첫 번째 { }로 표시된 명사구를 뒤에서 수식하여 더 큰 명사구를 만들었다.

Challenge   본문 ▶ p84

118 [{**Actual time**} {**spent with the dolphins**}] is about forty minutes.

▶해석 돌고래와 함께 보내는 실제 시간은 약 40분이다.

▶**해설** 두 번째 { }로 표시된 분사구가 첫 번째 { }로 표시된 명사구를 뒤에서 수식하여 더 큰 명사구를 만들었다.

119 A group of [{**animals**} {**fleeing from a predator**}] can create confusion.

▶해석 포식자로부터 달아나는 동물들의 집단은 혼란을 일으킬 수 있다.

▶**해설** 두 번째 { }로 표시된 분사구가 첫 번째 { }로 표시된 명사구를 뒤에서 수식하여 더 큰 명사구를 만들었다.

120 A long time ago, [{**a young man**} {**named Sunho**}] lived with his mother.

▶해석 오래 전에, Sunho라는 이름의 젊은이가 자신의 엄마와 함께 살았다.

▶**해설** 두 번째 { }로 표시된 분사구가 첫 번째 { }로 표시된 명사구를 뒤에서 수식하여 더 큰 명사구를 만들었다.

Application   본문 ▶ p85

01 Laughing reduces [{**hormones**} {**associated with stress response**}].

▶해석 웃는 것은 스트레스 반응과 관련된 호르몬을 줄인다.

▶**해설** 두 번째 { }로 표시된 분사구가 첫 번째 { }로 표시된 명사구를 뒤에서 수식하여 더 큰 명사구를 만들었다.

02 [{**An old man**} {**holding a puppy**}] can relive a childhood moment accurately.

▶해석 강아지를 안고 있는 노인은 어린 시절의 순간을 정확하게 다시 체험할 수 있다.

▶**해설** 두 번째 { }로 표시된 분사구가 첫 번째 { }로 표

시된 명사구를 뒤에서 수식하여 더 큰 명사구를 만들었다.

03 We tend to believe our culture mirrors [{**a reality**} {**shared by everyone**}].

▶해석 우리는 우리의 문화가 모든 사람에 의해 공유되는 현실을 반영한다고 믿는 경향이 있다.

▶**해설** 두 번째 { }로 표시된 분사구가 첫 번째 { }로 표시된 명사구를 뒤에서 수식하여 더 큰 명사구를 만들었다.

04 [{**The sunlight**} {**streaming through the hallway windows**}] was making Julio hot.

▶해석 복도 창을 통해 흘러 들어오는 햇빛이 Julio를 덥게 하고 있었다.

▶**해설** 두 번째 { }로 표시된 분사구가 첫 번째 { }로 표시된 명사구를 뒤에서 수식하여 더 큰 명사구를 만들었다.

05 [{**The qualities of the mind**} {**required to think well**}] can be mastered by anyone.

▶해석 제대로 사고하는 데 필요한 정신의 자질은 누구에 의해서라도 숙달될 수 있다.

▶**해설** 두 번째 { }로 표시된 분사구가 첫 번째 { }로 표시된 명사구를 뒤에서 수식하여 더 큰 명사구를 만들었다.

06 The term *euphemism* derives from [{**a Greek word**} {**meaning 'to speak with good words'**}].

▶해석 '완곡어법'이라는 용어는 '좋은 말로 말하다'를 의미하는 그리스 단어에서 유래한다.

▶**해설** 두 번째 { }로 표시된 분사구가 첫 번째 { }로 표시된 명사구를 뒤에서 수식하여 더 큰 명사구를 만들었다.

07 Jim was [{**the only photographer**} {**granted backstage access for the Beatles' final full concert**}].

▶해석 Jim은 Beatles의 마지막 콘서트 전체를 무대 뒤에서 접근할 수 있도록 허락을 받은 유일한 사진작가였다.

▶**해설** 두 번째 { }로 표시된 분사구가 첫 번째 { }로 표

시된 명사구를 뒤에서 수식하여 더 큰 명사구를 만들었다.

08 Sports serve [{**diplomatic functions**} {**contributing to cultural understanding and world peace**}].

▶해석 스포츠는 문화 이해와 세계 평화에 이바지하는 외교적 기능을 수행한다.

▶해설 두 번째 { }로 표시된 분사구가 첫 번째 { }로 표시된 명사구를 뒤에서 수식하여 더 큰 명사구를 만들었다.

Level up
09 Self-fulfilling prophecies can have a positive side. We know that [{**students**} {**introduced to their teachers as "intellectual bloomers"**}] often do better on achievement tests than do their counterparts who lack such a positive introduction.

▶해석 자기 충족적인 예언에는 긍정적인 측면이 있을 수 있다. 우리는 자신의 선생님에게 '지적으로 재능을 발휘할 학생'으로 소개된 학생이 그러한 긍정적인 소개가 없는 학생보다 학력 검사에서 흔히 더 잘한다는 것을 알고 있다.

▶해설 두 번째 { }로 표시된 분사구가 첫 번째 { }로 표시된 명사구를 뒤에서 수식하여 더 큰 명사구를 만들었다.

Level up
10 When you hear the word science, what's the first thing that comes to mind? It's probably an image of [{**a laboratory**} {**filled with glassware and sophisticated equipment**}]. The person doing the science is wearing a white lab coat and probably looks rather serious while engaged in some type of experiment.

▶해석 과학이라는 단어를 들으면 마음속에 첫 번째로 떠오르는 것이 무엇인가? 그것은 아마도 유리 기구들과 복잡한 장비로 가득한 실험실의 모습일 것이다. 과학을 하는 사람은 실험실 흰색 가운을 입고 어떤 종류의 실험에 몰두하는 동안 아마 상당히 진지해 보일 것이다.

▶해설 두 번째 { }로 표시된 분사구가 첫 번째 { }로 표시된 명사구를 뒤에서 수식하여 더 큰 명사구를 만들었다.

Structure **34** 관계절의 명사구 수식: 관계사(1)

본문 ▶ p86
Challenge

121 Birds have [{**a biological clock**} {**which signals when they should move**}].

▶해석 새는 자신이 언제 이동해야 하는지를 신호로 알리는 생체시계를 가지고 있다.

▶해설 두 번째 { }로 표시된, 관계사가 관계절 안에서 필수 요소(주어) 역할을 하는 관계절이 첫 번째 { }로 표시된 명사구를 뒤에서 수식하여 더 큰 명사구를 만들었다.

122 Ignorance should not become [{**something**} {**that we should be ashamed of**}].

▶해석 무지는 우리가 부끄러워해야 하는 어떤 것이 되어서는 안 된다.

▶해설 두 번째 { }로 표시된, 관계사가 관계절 안에서 필수 요소(of의 목적어) 역할을 하는 관계절이 첫 번째 { }로 표시된 명사구를 뒤에서 수식하여 더 큰 명사구를 만들었다.

123 You will often find [{**people**} {**who introduce themselves in terms of their work**}].

▶해석 여러분은 흔히 자신들의 직업으로 자신을 소개하는 사람들을 발견하게 될 것이다.

▶해설 두 번째 { }로 표시된, 관계사가 관계절 안에서 필수 요소(주어) 역할을 하는 관계절이 첫 번째 { }로 표시된 명사구를 뒤에서 수식하여 더 큰 명사구를 만들었다.

본문 ▶ p87
Application

01 Fish have [{**bodies**} {**which are streamlined and smooth**}].

▶해석 물고기는 유선형이면서 매끈한 몸체를 가지고 있다.

▶해설 두 번째 { }로 표시된, 관계사가 관계절 안에서 필수 요소(주어) 역할을 하는 관계절이 첫 번째 { }로 표시된 명사구를 뒤에서 수식하여 더 큰 명사구를 만들었다.

02 It's most important to make a list of [{**dreams**} {**you want to accomplish**}].

▶**해석** 여러분이 달성하기를 원하는 꿈들의 목록을 작성하는 것이 가장 중요하다.

▶**해설** 두 번째 { }로 표시된, 생략된 관계사가 관계절 안에서 필수 요소(accomplish의 목적어) 역할을 하는 관계절이 첫 번째 { }로 표시된 명사구를 뒤에서 수식하여 더 큰 명사구를 만들었다.

03 Wood is [{**a material**} {**that is acknowledged to be environmentally friendly**}].

▶**해석** 나무는 환경 친화적이라고 인정받는 재료이다.

▶**해설** 두 번째 { }로 표시된, 관계사가 관계절 안에서 필수 요소(주어) 역할을 하는 관계절이 첫 번째 { }로 표시된 명사구를 뒤에서 수식하여 더 큰 명사구를 만들었다.

04 Financial security can liberate us from [{**work**} {**we do not find meaningful**}].

▶**해석** 재정적 안정은 우리가 의미 있다고 여기지 않는 일로부터 우리를 해방시켜 줄 수 있다.

▶**해설** 두 번째 { }로 표시된, 생략된 관계사가 관계절 안에서 필수 요소(find의 목적어) 역할을 하는 관계절이 첫 번째 { }로 표시된 명사구를 뒤에서 수식하여 더 큰 명사구를 만들었다.

05 Vitamin D is [{**an essential nutrient**} {**that supports a variety of bodily functions**}].

▶**해석** 비타민 D는 다양한 신체 기능을 지탱하는 필수 영양소이다.

▶**해설** 두 번째 { }로 표시된, 관계사가 관계절 안에서 필수 요소(주어) 역할을 하는 관계절이 첫 번째 { }로 표시된 명사구를 뒤에서 수식하여 더 큰 명사구를 만들었다.

06 Scientists have [{**patience with failures**} {**that often puzzles outsiders**}].

▶**해석** 과학자들은 외부인들을 흔히 당혹스럽게 하는, 실패에 대한 인내심을 지니고 있다.

▶**해설** 두 번째 { }로 표시된, 관계사가 관계절 안에서 필수 요소(주어) 역할을 하는 관계절이 첫 번째 { }로 표시된 명사구를 뒤에서 수식하여 더 큰 명사구를 만들었다.

07 English is acting as the common language for [{**speakers**} {**whose mother tongues are different**}].

▶**해석** 영어는 모국어가 서로 다른 화자들을 위한 공통 언어로서 작동하고 있다.

▶**해설** 두 번째 { }로 표시된, 관계사가 관계절 안에서 필수 요소(소유격 인칭대명사) 역할을 하는 관계절이 첫 번째 { }로 표시된 명사구를 뒤에서 수식하여 더 큰 명사구를 만들었다.

08 People are sometimes motivated to find negative qualities in [{**individuals**} {**whom they do not expect to see again**}].

▶**해석** 사람들은 때때로 다시 만나기를 기대하지 않는 사람들에게서 부정적인 특성을 찾아내고 싶은 마음이 든다.

▶**해설** 두 번째 { }로 표시된, 관계사가 관계절 안에서 필수 요소(see의 목적어) 역할을 하는 관계절이 첫 번째 { }로 표시된 명사구를 뒤에서 수식하여 더 큰 명사구를 만들었다.

Level up

09 It appears that the nature of written language itself helps increase academic achievement, regardless of a book's quality. Even [{**books**} {**that provide only pleasure**}] will increase the confidence of students and encourage them to try to read more technical materials in school.

▶**해석** 책의 질과는 관계없이 문자 언어의 본질 그 자체가 학업 성취도를 향상시키는 데 도움을 주는 것처럼 보인다. 오로지 즐거움만을 제공하는 책조차도 학생들의 자신감을 증가시킬 것이고, 그들이 학교에서 보다 전문적인 읽기 자료를 읽도록 장려할 것이다.

▶**해설** 두 번째 { }로 표시된, 관계사가 관계절 안에서 필수 요소(주어) 역할을 하는 관계절이 첫 번째 { }로 표시된 명사구를 뒤에서 수식하여 더 큰 명사구를 만들었다.

Level up

10 People who change do not question whether change is possible or look for reasons they cannot change. They simply decide on [{**a change**} {**they want**}] and do what is necessary to accomplish it. Changing, which always stems from a firm decision, becomes job number one.

▶해석 변화하는 사람들은 변화가 가능한지를 묻지 않으며 변할 수 없는 이유를 찾지 않는다. 그들은 그저 자신이 원하는 변화를 결정하고 그것을 성취하는 데 필요한 것을 한다. 항상 확고한 결심에서 생겨나는 변화는 최우선이 된다.

▶해설 두 번째 { }로 표시된, 생략된 관계사가 관계절 안에서 필수 요소(want의 목적어) 역할을 하는 관계절이 첫 번째 { }로 표시된 명사구를 뒤에서 수식하여 더 큰 명사구를 만들었다.

35 관계절의 명사구 수식: 관계사(2)

본문 ▶ p88

124 The Internet is [{**free space**} {**where any-body can post anything**}].

▶해석 인터넷은 누구든지 어떤 것이라도 게시할 수 있는 자유로운 공간이다.

▶해설 두 번째 { }로 표시된, 관계사가 관계절 안에서 선택 요소(장소의 부사어구) 역할을 하는 관계절이 첫 번째 { }로 표시된 명사구를 뒤에서 수식하여 더 큰 명사구를 만들었다.

125 There were [{**moments**} {**when the tree's great strength was also its weakness**}].

▶해석 그 나무의 커다란 강점이 그것의 약점이기도 한 때가 있었다.

▶해설 두 번째 { }로 표시된, 관계사가 관계절 안에서 선택 요소(시간의 부사어구) 역할을 하는 관계절이 첫 번째 { }로 표시된 명사구를 뒤에서 수식하여 더 큰 명사구를 만들었다.

126 Eugene finally told me [{**the reason**} {**why he was so angry with my behavior**}].

▶해석 Eugene은 마침내 내게 자신이 나의 행동에 매우 화가 난 이유를 말했다.

▶해설 두 번째 { }로 표시된, 관계사가 관계절 안에서 선택 요소(이유의 부사어구) 역할을 하는 관계절이 첫 번째 { }로 표시된 명사구를 뒤에서 수식하여 더 큰 명사구를 만들었다.

본문 ▶ p89

01 Labs aren't [{**the only place**} {**where science is at work**}].

▶해석 실험실은 과학이 작동하는 유일한 장소가 아니다.

▶해설 두 번째 { }로 표시된, 관계사가 관계절 안에서 선택 요소(장소의 부사어구) 역할을 하는 관계절이 첫 번째 { }로 표시된 명사구를 뒤에서 수식하여 더 큰 명사구를 만들었다.

02 Create [{**an environment**} {**where your children know that you are with them in their efforts**}].

▶해석 아이들이 노력할 때 여러분이 그들과 함께 있다는 것을 아는 환경을 만들어라.

▶해설 두 번째 { }로 표시된, 관계사가 관계절 안에서 선택 요소(장소의 부사어구) 역할을 하는 관계절이 첫 번째 { }로 표시된 명사구를 뒤에서 수식하여 더 큰 명사구를 만들었다.

03 There comes [a time] in every rich artist's life [**when they may consider changing careers**].

▶해석 모든 부유한 예술가의 삶 속에서 직업을 바꿀 것을 고려할지도 모르는 때가 온다.

▶해설 두 번째 [ ]로 표시된, 관계사가 관계절 안에서 선택 요소(시간의 부사어구) 역할을 하는 관계절이 첫 번째 [ ]로 표시된 명사구를 뒤에서 수식하여 더 큰 명사구를 만들었다.

04 Hannah recalled [{**the first day of school**} {**when she had stood in the middle of many anxious freshmen**}].

▶해석 Hannah는 걱정하는 많은 신입생들의 한가운데에 자신이 서 있었던 입학 첫날을 떠올렸다.

▶해설 두 번째 { }로 표시된, 관계사가 관계절 안에서 선택 요소(시간의 부사어구) 역할을 하는 관계절이 첫 번째 { }로 표시된 명사구를 뒤에서 수식하여 더 큰 명사구를 만들었다.

05 [{**One reason**} {**why apologies fail**}] is that the "offender" and the "victim" usually see the event differently.

▶해석 사과가 실패하는 한 가지 이유는 '감정을 상하게 한 사람'과 '당한 사람'이 보통 그 사건을 다르게 보기 때문이다.

▶해설 두 번째 { }로 표시된, 관계사가 관계절 안에서 선택 요소(이유의 부사어구) 역할을 하는 관계절이 첫 번째 { }로 표시된 명사구를 뒤에서 수식하여 더 큰 명사구를 만들었다.

06 It was better to have [{**a region**} {**where it rained so much that people stayed in and watched TV**}].

▶해석 비가 아주 많이 와서 사람들이 집 안에 머물며 TV를 보는 지역을 가지는 것이 더 나았다.

▶해설 두 번째 { }로 표시된, 관계사가 관계절 안에서 선택 요소(장소의 부사어구) 역할을 하는 관계절이 첫 번째 { }로 표시된 명사구를 뒤에서 수식하여 더 큰 명사구를 만들었다.

07 [{**One way**} {**plants attract particular microorganisms into their soil**}] is by concentrating more sugars in their roots.

▶해석 식물이 특정 미생물을 토양 안으로 끌어들이는 한 가지 방법은 뿌리 속에 더 많은 당분을 농축하는 것이다.

▶해설 두 번째 { }로 표시된, 생략된 관계사가 관계절 안에서 선택 요소(방법의 부사어구) 역할을 하는 관계절이 첫 번째 { }로 표시된 명사구를 뒤에서 수식하여 더 큰 명사구를 만들었다.

08 [{**The way**} {**that we behave in a given situation**}] is often influenced by how important one value is to us relative to others.

▶해석 특정 상황에서 우리가 행동하는 방식은 흔히 하나의 가치가 다른 것들에 비해 우리에게 얼마나 중요한가에 의해 영향을 받는다.

▶해설 두 번째 { }로 표시된, 관계사가 관계절 안에서 선택 요소(방식의 부사어구) 역할을 하는 관계절이 첫 번째 { }로 표시된 명사구를 뒤에서 수식하여 더 큰 명사구를 만들었다.

LevelUp
09 Aerobic enzymes help you burn more fat, which is [{**another reason**} {**why aerobic exercise has such a pronounced effect on your body fat**}]. This effect is a primary reason why people doing aerobic exercises establish a new

metabolism and a leaner body.

▶해석 유산소 효소는 여러분이 더 많은 지방을 연소시키도록 도와주는데, 이것이 유산소 운동이 여러분의 체지방에 매우 현저한 영향을 미치는 또 다른 이유이다. 이런 효과는 유산소 운동을 하는 사람들이 새로운 신진대사와 더 날씬한 몸을 확립하는 주요한 이유이다.

▶해설 두 번째 { }로 표시된, 관계사가 관계절 안에서 선택 요소(이유의 부사어구) 역할을 하는 관계절이 첫 번째 { }로 표시된 명사구를 뒤에서 수식하여 더 큰 명사구를 만들었다.

LevelUp
10 I believe [{**the biggest reason**} {**why so many salespeople fail**}] is because they can't separate themselves from their product. Whether you sell anything, a potential customer usually has no reason to dislike you personally. Even if he does, it's no big deal.

▶해석 나는 참으로 많은 판매자들이 실패하는 가장 큰 이유는 그들이 자신과 자신의 제품을 구별하지 못하기 때문이라고 믿는다. 여러분이 어떤 것을 판매하든 간에 잠재적인 고객이 일반적으로 여러분을 개인적으로 싫어할 어떠한 이유도 없다. 비록 그가 싫어한다 할지라도 그것은 별문제가 아니다.

▶해설 두 번째 { }로 표시된, 관계사가 관계절 안에서 선택 요소(이유의 부사어구) 역할을 하는 관계절이 첫 번째 { }로 표시된 명사구를 뒤에서 수식하여 더 큰 명사구를 만들었다.

Structure **36** 관계절의 명사구 수식: 전치사 수반 관계사

Challenge
본문 ▶ **p90**

127 Seoul is [{**the city**} {**in which my father chose to live**}].

▶해석 서울은 나의 아버지가 살기로 선택한 도시이다.

▶해설 두 번째 { }로 표시된, 관계사가 관계절 안에서 전치사(in)의 목적어 역할을 하는 관계절이 첫 번째 { }로 표시된 명사구를 뒤에서 수식하여 더 큰 명사구를 만들었다.

UNIT
4

128 Zaynab went to Alexandria, with [{**the Egyptian family**} {**she worked for**}].

▶ 해석 Zaynab은 자신이 일해주는 이집트 가족과 함께 Alexandria에 갔다.

▶ 해설 두 번째 { }로 표시된, 생략된 관계사가 관계절 안에서 전치사(for)의 목적어 역할을 하는 관계절이 첫 번째 { }로 표시된 명사구를 뒤에서 수식하여 더 큰 명사구를 만들었다.

129 [{**The context**} {**in which a food is eaten**}] can be as important as the food itself.

▶ 해석 음식이 섭취되는 맥락은 음식 자체만큼 중요할 수 있다.

▶ 해설 두 번째 { }로 표시된, 관계사가 관계절 안에서 전치사(in)의 목적어 역할을 하는 관계절이 첫 번째 { }로 표시된 명사구를 뒤에서 수식하여 더 큰 명사구를 만들었다.

Application 본문 ▶ **p91**

01 Science is [{**the medium**} {**through which the unknown world can be explored**}].

▶ 해석 과학은 그것을 통해 미지의 세계가 탐험될 수 있는 수단이다.

▶ 해설 두 번째 { }로 표시된, 관계사가 관계절 안에서 전치사(through)의 목적어 역할을 하는 관계절이 첫 번째 { }로 표시된 명사구를 뒤에서 수식하여 더 큰 명사구를 만들었다.

02 I remember [{**a few stories**} {**in which the gods made promises with each other like humans**}].

▶ 해석 나는 신들이 인간처럼 서로 약속을 했던 몇 가지 이야기들을 기억한다.

▶ 해설 두 번째 { }로 표시된, 관계사가 관계절 안에서 전치사(in)의 목적어 역할을 하는 관계절이 첫 번째 { }로 표시된 명사구를 뒤에서 수식하여 더 큰 명사구를 만들었다.

03 We will eventually reach [{**a point**} {**at which conflict with the finite nature of resources is inevitable**}].

▶ 해석 우리는 결국 자원의 유한성과의 갈등을 피할 수 없는 지점에 다다를 것이다.

▶ 해설 두 번째 { }로 표시된, 관계사가 관계절 안에서 전치사(at)의 목적어 역할을 하는 관계절이 첫 번째 { }로 표시된 명사구를 뒤에서 수식하여 더 큰 명사구를 만들었다.

04 We may decide to listen to [{**a piece of music**} {**we have listened to many times**}].

▶ 해석 우리는 여러 번 들어본 적이 있는 악곡을 듣기로 결정할지 모른다.

▶ 해설 두 번째 { }로 표시된, 생략된 관계사가 관계절 안에서 전치사(to)의 목적어 역할을 하는 관계절이 첫 번째 { }로 표시된 명사구를 뒤에서 수식하여 더 큰 명사구를 만들었다.

05 [{**The garden**} {**in which Protogenes painted the *Satyr***}] was in the middle of the enemy's camp.

▶ 해석 Protogenes가 'Satyr'를 그린 정원은 적의 주둔지 한복판에 있었다.

▶ 해설 두 번째 { }로 표시된, 관계사가 관계절 안에서 전치사(in)의 목적어 역할을 하는 관계절이 첫 번째 { }로 표시된 명사구를 뒤에서 수식하여 더 큰 명사구를 만들었다.

06 All human societies have [{**economic systems**} {**within which goods and services are produced, distributed, and consumed**}].

▶ 해석 모든 인간 사회는 재화와 서비스가 생산되고 분배되며, 소비되는 경제 체계를 가지고 있다.

▶ 해설 두 번째 { }로 표시된, 관계사가 관계절 안에서 전치사(within)의 목적어 역할을 하는 관계절이 첫 번째 { }로 표시된 명사구를 뒤에서 수식하여 더 큰 명사구를 만들었다.

07 Patience easily picked up information from [{**women**} {**with whom she socialized often**}].

▶ 해석 Patience는 자신이 자주 어울렸던 여자들로부터 쉽게 정보를 얻었다.

08 Scientists used to think that animals would risk their lives only for [{**kin**} {**with whom they shared common genes**}].

▶해석 과학자들은 동물들이 공통의 유전자를 공유하는 친족을 위해서만 생명의 위험을 무릅쓸 것이라고 생각했었다.

▶해설 두 번째 { }로 표시된, 관계사가 관계절 안에서 전치사(with)의 목적어 역할을 하는 관계절이 첫 번째 { }로 표시된 명사구를 뒤에서 수식하여 더 큰 명사구를 만들었다.

Level Up
09 When computers "multitask," they switch back and forth, alternating their attention until both tasks are done. [{**The speed**} {**with which computers tackle multiple tasks**}] feeds the illusion that everything happens at the same time.

▶해석 '멀티태스킹'을 할 때, 컴퓨터는 두 개의 일이 모두 끝날 때까지 주의 집중을 번갈아 하면서 앞뒤로 왔다 갔다 한다. 컴퓨터가 다수의 일을 처리하는 속도는 모든 것이 동시에 일어난다는 착각을 하게 만든다.

▶해설 두 번째 { }로 표시된, 관계사가 관계절 안에서 전치사(with)의 목적어 역할을 하는 관계절이 첫 번째 { }로 표시된 명사구를 뒤에서 수식하여 더 큰 명사구를 만들었다.

Level Up
10 Like life in traditional society, but unlike other team sports, baseball is not governed by the clock. A football game is comprised of exactly sixty minutes of play, a basketball game forty or forty-eight minutes, but baseball has [{**no set length of time**} {**within which the game must be completed**}].

▶해석 전통 사회의 삶과 마찬가지로, 그러나 다른 팀 스포츠와는 달리, 야구는 시계에 의해 좌우되지 않는다. 미식축구 경기는 정확히 60분 경기로 구성되고 농구 경기는 40분이나 48분으로 이루어지지만, 야구는 경기가 끝나야 하는 정해진 시간의 길이가 없다.

▶해설 두 번째 { }로 표시된, 관계사가 관계절 안에서 전치사(within)의 목적어 역할을 하는 관계절이 첫 번째 { }로 표시된 명사구를 뒤에서 수식하여 더 큰 명사구를 만들었다.

Structure 37 관계절의 명사구 수식: 부가적 수식

Challenge   본문 ▶ p92

130 This picture was drawn by [{**van Gogh**}, {**who lived an unhappy life**}].

▶해석 이 그림은 van Gogh에 의해 그려졌는데, 그는 불행한 삶을 살았다.

▶해설 두 번째 { }로 표시된 관계절이 첫 번째 { }로 표시된 명사구를 뒤에서 부가적으로 수식하여 더 큰 명사구를 만들었다.

---

131 They are exploring [{**the unique site**}, {**which lies in 1,500 feet of water**}].

▶해석 그들은 그 독특한 장소를 조사하고 있는데, 그곳은 해저 1,500 피트에 있다.

▶해설 두 번째 { }로 표시된 관계절이 첫 번째 { }로 표시된 명사구를 뒤에서 부가적으로 수식하여 더 큰 명사구를 만들었다.

---

132 In 1913, Warren moved to [{**Arizona**}, {**where he opened car dealerships**}].

▶해석 1913년에 Warren은 Arizona로 이주했는데, 그곳에서 자동차 영업소를 열었다.

▶해설 두 번째 { }로 표시된 관계절이 첫 번째 { }로 표시된 명사구를 뒤에서 부가적으로 수식하여 더 큰 명사구를 만들었다.

Application   본문 ▶ p93

01 We arrived in Los Angeles on [{**Tuesday**}, {**when it was very sunny**}].

▶해석 우리는 화요일에 Los Angeles에 도착했는데, 그때 아주 화창했다.

UNIT
4

▶**해설** 두 번째 { }로 표시된 관계절이 첫 번째 { }로 표시된 명사구를 뒤에서 부가적으로 수식하여 더 큰 명사구를 만들었다.

02 I got a phone call from [{**Bill**}, {**who was helping me publish my first novel**}].

▶**해석** 나는 Bill에게서 전화 한 통을 받았는데, 그는 내가 첫 번째 소설을 간행하는 일을 돕고 있었다.

▶**해설** 두 번째 { }로 표시된 관계절이 첫 번째 { }로 표시된 명사구를 뒤에서 부가적으로 수식하여 더 큰 명사구를 만들었다.

03 I have invented [{**a reusable lunch bag**}, {**which I am now selling on my website**}].

▶**해석** 나는 재활용할 수 있는 점심 도시락 가방을 발명했는데, 나는 지금 그것을 내 웹사이트에서 판매하고 있다.

▶**해설** 두 번째 { }로 표시된 관계절이 첫 번째 { }로 표시된 명사구를 뒤에서 부가적으로 수식하여 더 큰 명사구를 만들었다.

04 [{**A strong economy**}, {**where opportunities are plentiful**}], helps break down social barriers.

▶**해석** 강한 경제는, 그 안에서는 기회가 풍부한데, 사회적 장애물을 부수는 데 도움이 된다.

▶**해설** 두 번째 { }로 표시된 관계절이 첫 번째 { }로 표시된 명사구를 뒤에서 부가적으로 수식하여 더 큰 명사구를 만들었다.

05 I had accepted a job offer from [{**Dr. Gilbert**}, {**who had opened a medical clinic at an inland village last year**}].

▶**해석** 나는 Gilbert 박사로부터의 일자리 제안을 받아들였는데, 그는 지난해에 내륙의 한 마을에 병원을 개원했다.

▶**해설** 두 번째 { }로 표시된 관계절이 첫 번째 { }로 표시된 명사구를 뒤에서 부가적으로 수식하여 더 큰 명사구를 만들었다.

06 Grandpa got most of the materials for his little house from [{**the Oakland docks**}, {**where he was working**}].

▶**해석** 할아버지는 Oakland 부두에서 그의 자그마한 집을 위한 대부분의 자재를 구했는데, 거기서 그는 일하고 있었다.

▶**해설** 두 번째 { }로 표시된 관계절이 첫 번째 { }로 표시된 명사구를 뒤에서 부가적으로 수식하여 더 큰 명사구를 만들었다.

07 Every year, we throw away [{**more than 125 million cell phones**}, {**which accounts for nearly 65,000 tons of toxic waste**}].

▶**해석** 매년, 우리는 1억 2천 5백만 개가 넘는 휴대전화를 내다 버리는데, 그것들은 거의 65,000톤의 유독성 폐기물을 차지한다.

▶**해설** 두 번째 { }로 표시된 관계절이 첫 번째 { }로 표시된 명사구를 뒤에서 부가적으로 수식하여 더 큰 명사구를 만들었다.

08 What interested me the most about the new house was [{**the stable in the backyard**}, {**in which my father let me make a small space for a pony**}].

▶**해석** 새로운 집에 관해 나의 흥미를 가장 끄는 것은 뒤뜰에 있는 마구간이었는데, 그곳에서 아버지는 내게 망아지를 위한 작은 공간을 만들게 했다.

▶**해설** 두 번째 { }로 표시된 관계절이 첫 번째 { }로 표시된 명사구를 뒤에서 부가적으로 수식하여 더 큰 명사구를 만들었다.

Level Up
09 Cats can sleep for many hours of the day. In fact, the average cat naps for 13-18 hours every day to save energy and pass the time. Cats in the wild are most active in [{**the early morning and evenings**}, {**when they do most of their hunting**}]. Domestic cats adjust to our routines. After all, it's more fun to be awake when we are, and to sleep at night.

▶**해석** 고양이는 하루에 많은 시간 동안 잠을 잘 수 있다. 사실상, 보통의 고양이는 힘을 절약하고 시간을 보내기 위해 매일 13시간에서 18시간 동안 낮잠을 잔다. 야생에 사는 고양이는 이른 아침과 밤에 가장 활동적인데, 그때 대부분의 사냥을 한다. 길들여진 고양이들은 우리의 일상에 순응한다. 어쨌든, 우리가 깨어 있을 때 깨어 있고 밤에는 잠자는 것이 더 즐거운 일이다.

▶**해설** 두 번째 { }로 표시된 관계절이 첫 번째 { }로 표시된 명사구를 뒤에서 부가적으로 수식하여 더 큰 명사구를 만들었다.

LevelUp

10 O'Keeffe began a series of simple, abstract charcoal drawings that expressed her own ideas and feelings. <u>She sent these drawings to [{**a friend in New York**}, {**who showed them to Alfred Stieglitz, the owner of the influential gallery 291**}].</u>

▶ 해석 O'Keeffe는 자신만의 아이디어와 느낌을 표현한 단순하면서도 추상적인 일련의 목탄화를 그리기 시작했다. 그녀는 이 드로잉 작품들을 뉴욕에 있는 한 친구에게 보냈는데, 그 친구는 영향력 있는 갤러리 291의 소유자 Alfred Stieglitz에게 그것들을 보여 주었다.

▶ 해설 두 번째 { }로 표시된 관계절이 첫 번째 { }로 표시된 명사구를 뒤에서 부가적으로 수식하여 더 큰 명사구를 만들었다.

Structure 38 동격어구와 명사구

Challenge
본문 ▶ p94

133 Fat contributes to [{**satiety**}, {**the satisfaction of feeling full after a meal**}].

▶ 해석 지방은 식사 이후에 배가 부르다는 만족감인 포만(감)에 기여한다.

▶ 해설 두 번째 { }로 표시된 동격어구(명사구)가 첫 번째 { }로 표시된 명사구를 뒤에서 수식하여 더 큰 명사구를 만들고 있다.

134 Exercising regularly can reduce [{**the chances**} {**of developing cancer**}].

▶ 해석 규칙적으로 운동하는 것은 암에 걸릴 가능성을 줄여 줄 수 있다.

▶ 해설 두 번째 { }로 표시된 동격어구(전치사구)가 첫 번째 { }로 표시된 명사구를 뒤에서 수식하여 더 큰 명사구를 만들고 있다.

135 Good learners have [{**a faith**} {**that they are capable of solving problems**}].

▶ 해석 훌륭한 학습자들은 문제를 풀 수 있다는 믿음을 가지

고 있다.

▶ 해설 두 번째 { }로 표시된 동격어구(명사절)가 첫 번째 { }로 표시된 명사구를 뒤에서 수식하여 더 큰 명사구를 만들고 있다.

Application
본문 ▶ p95

01 Pride is [{**a sense**} {**that I am better than others**}].

▶ 해석 자만심은 내가 다른 사람들보다 낫다는 느낌이다.

▶ 해설 두 번째 { }로 표시된 동격어구(명사절)가 첫 번째 { }로 표시된 명사구를 뒤에서 수식하여 더 큰 명사구를 만들고 있다.

02 Giving people [{**the flexibility**} {**to use their judgment**}] accelerates progress.

▶ 해석 사람들에게 자신들의 판단을 사용할 수 있는 융통성을 부여하는 것은 발전을 촉진한다.

▶ 해설 두 번째 { }로 표시된 동격어구(to부정사구)가 첫 번째 { }로 표시된 명사구를 뒤에서 수식하여 더 큰 명사구를 만들고 있다.

03 [{**Your resolve**} {**to be future-oriented**}] will give you energy and enthusiasm.

▶ 해석 미래지향적이 되겠다는 여러분의 결심은 여러분에게 힘과 열정을 줄 것이다.

▶ 해설 두 번째 { }로 표시된 동격어구(to부정사구)가 첫 번째 { }로 표시된 명사구를 뒤에서 수식하여 더 큰 명사구를 만들고 있다.

04 Traveling is [{**a chance**} {**to relax, meet new people, and discover new things**}].

▶ 해석 여행은 쉬면서, 새로운 사람들을 만나고, 새로운 것들을 발견할 수 있는 기회이다.

▶ 해설 두 번째 { }로 표시된 동격어구(to부정사구)가 첫 번째 { }로 표시된 명사구를 뒤에서 수식하여 더 큰 명사구를 만들고 있다.

05 I've always wanted to explore [{**the Amazon**}, {**the unknown and mysterious world**}].

▶**해석** 나는 늘 아마존, 즉 미지의 신비한 세계를 탐험하기를 원해 왔다.

▶**해설** 두 번째 { }로 표시된 동격어구(명사구)가 첫 번째 { }로 표시된 명사구를 뒤에서 수식하여 더 큰 명사구를 만들고 있다.

---

06 An animal in a group has [{**a smaller chance**} {**of being the unlucky individual picked out by a predator**}].

▶**해석** 무리 속에 있는 동물은 포식자에 의해 선택되는 불운한 개체가 될 가능성이 더 작다.

▶**해설** 두 번째 { }로 표시된 동격어구(전치사구)가 첫 번째 { }로 표시된 명사구를 뒤에서 수식하여 더 큰 명사구를 만들고 있다.

---

07 There is [{**growing evidence**} {**that combining activities such as walking or cycling with nature increases well-being**}].

▶**해석** 걷기나 자전거 타기와 같은 활동을 자연과 결합하는 것이 건강을 증진한다는, 점점 더 많은 증거가 있다.

▶**해설** 두 번째 { }로 표시된 동격어구(명사절)가 첫 번째 { }로 표시된 명사구를 뒤에서 수식하여 더 큰 명사구를 만들고 있다.

---

08 Her father wanted Maria to become [{**a teacher**}, {**the only professional avenue considered appropriate to women at the time**}].

▶**해석** Maria의 아버지는 그녀가 그 당시의 여성들에게 적절하다고 여겨진, 단 하나의 직업상의 길인 교사가 되길 원했다.

▶**해설** 두 번째 { }로 표시된 동격어구(명사구)가 첫 번째 { }로 표시된 명사구를 뒤에서 수식하여 더 큰 명사구를 만들고 있다.

Level Up

09 In many school physical education programs, team sports dominate the curriculum at the expense of various individual and dual sports. In such cases, the students lose [{**the opportunity**} {**to develop skills in activities that they can participate in throughout their adult lives**}].

▶**해석** 많은 학교 체육 프로그램에서는 팀 스포츠가 다양한 개인 스포츠와 둘이 하는 스포츠를 희생하며 교육과정을 지배하고

있다. 그러한 경우에 학생들은 성인 시절 내내 자신들이 참여할 수 있는 활동의 기술을 개발할 기회를 잃게 된다.

▶**해설** 두 번째 { }로 표시된 동격어구(to부정사구)가 첫 번째 { }로 표시된 명사구를 뒤에서 수식하여 더 큰 명사구를 만들고 있다.

Level Up

10 Your mind will become more creative during the break, and you will become mentally fitter. Free time without feelings of guilt will give you [{**the strength**} {**to do high-quality work in the remaining time**}]. Furthermore, a certain amount of recreation reduces the chances of developing stress-related disorders.

▶**해석** 휴식 시간 동안 여러분의 정신은 보다 창의적이게 될 것이고 여러분은 정신적으로 더 건강해질 것이다. 죄책감을 느끼지 않는 자유로운 시간은 남아 있는 시간에 매우 우수한 작업을 해내는 힘을 여러분에게 제공할 것이다. 더 나아가, 어느 정도의 휴양을 갖는 것은 스트레스와 관련된 질병에 걸릴 가능성을 줄여 준다.

▶**해설** 두 번째 { }로 표시된 동격어구(to부정사구)가 첫 번째 { }로 표시된 명사구를 뒤에서 수식하여 더 큰 명사구를 만들고 있다.

Structure 39 해석 전략: 문장의 주어 찾기

Challenge 본문 ▶ p96

136 [{**Many early successes**} {**of cinema**}] were adaptations of popular novels.

▶**해석** 초창기 많은 영화 성공작들은 인기 있는 소설을 각색한 것들이었다.

▶**해설** 두 번째 { }로 표시된 전치사구가 첫 번째 { }로 표시된 명사구를 뒤에서 수식하여 더 큰 명사구를 만들고 있다. 이 확장된 명사구가 문장의 주어이다.

---

137 [{**The scholar**} {**close to the ideal human**}] was selfless and disciplined.

▶해석 이상적인 인간에 가까운 그 학자는 사심이 없고 절제력이 있었다.

▶해설 두 번째 { }로 표시된 형용사구가 첫 번째 { }로 표시된 명사구를 뒤에서 수식하여 더 큰 명사구를 만들고 있다. 이 확장된 명사구가 문장의 주어이다.

138 [{Someone} {to talk to about your day}] is needed.

▶해석 여러분의 하루에 대해 이야기를 나눌 수 있는 사람이 필요하다.

▶해설 두 번째 { }로 표시된 to부정사구가 첫 번째 { }로 표시된 명사구를 뒤에서 수식하여 더 큰 명사구를 만들고 있다. 이 확장된 명사구가 문장의 주어이다.

139 [{Seeds} {having thinner coats}] were preferred as they are easier to eat.

▶해석 더 얇은 껍질을 가진 씨앗은 먹기가 더 쉽기 때문에 선호되었다.

▶해설 두 번째 { }로 표시된 분사구가 첫 번째 { }로 표시된 명사구를 뒤에서 수식하여 더 큰 명사구를 만들고 있다. 이 확장된 명사구가 문장의 주어이다.

140 [{Technology} {that produces pollution}] is generally cheaper.

▶해석 오염을 만들어 내는 기술은 일반적으로 비용이 덜 든다.

▶해설 두 번째 { }로 표시된 관계절이 첫 번째 { }로 표시된 명사구를 뒤에서 수식하여 더 큰 명사구를 만들고 있다. 이 확장된 명사구가 문장의 주어이다.

141 [{The fact} {that the ground is wet}] means nothing to the dogs.

▶해석 땅이 젖어 있다는 사실은 개들에게는 아무런 의미도 없다.

▶해설 두 번째 { }로 표시된 동격어구(명사절)가 첫 번째 { }로 표시된 명사구를 뒤에서 수식하여 더 큰 명사구를 만들고 있다. 이 확장된 명사구가 문장의 주어이다.

Application

본문 ▶ p97

01 [{Films} {full of violent scenes}] can be very harmful to your children.

▶해석 폭력적인 장면이 가득 찬 영화들은 여러분의 아이들에게 매우 해로울 수 있다.

▶해설 두 번째 { }로 표시된 형용사구가 첫 번째 { }로 표시된 명사구를 뒤에서 수식하여 더 큰 명사구를 만들고 있다. 이 확장된 명사구가 문장의 주어이다.

02 [{The best way} {to get good at juggling}] is to focus on your throws.

▶해석 저글링에 능숙해지기 위한 최선의 방법은 던지는 행위에 집중하는 것이다.

▶해설 두 번째 { }로 표시된 to부정사구가 첫 번째 { }로 표시된 명사구를 뒤에서 수식하여 더 큰 명사구를 만들고 있다. 이 확장된 명사구가 문장의 주어이다.

03 [{The idea} {of protecting intellectual activity and creation}] has deep roots.

▶해석 지적 활동과 창작을 보호한다는 생각은 오래된 기원을 지니고 있다.

▶해설 두 번째 { }로 표시된 동격어구(전치사구)가 첫 번째 { }로 표시된 명사구를 뒤에서 수식하여 더 큰 명사구를 만들고 있다. 이 확장된 명사구가 문장의 주어이다.

04 [{Some distinctions} {between good and bad}] are hardwired into our biology.

▶해석 좋음과 나쁨 사이의 몇몇 구별은 우리의 생명 활동 안에 타고난다.

▶해설 두 번째 { }로 표시된 전치사구가 첫 번째 { }로 표시된 명사구를 뒤에서 수식하여 더 큰 명사구를 만들고 있다. 이 확장된 명사구가 문장의 주어이다.

05 [{Any experiment} {which does not fit with your expectations}] should not be ignored.

▶해석 여러분의 예상에 맞지 않는 어떤 실험이라도 무시되어서는 안 된다.

▶해설 두 번째 { }로 표시된 관계절이 첫 번째 { }로 표시된 명사구를 뒤에서 수식하여 더 큰 명사구를 만들고 있다. 이 확장된 명사구가 문장의 주어이다.

UNIT 4

정답과 해설 • Unit 4 67

06 [{**Marks and symbols**} {**functioning as trademarks**}] have been found on Chinese pottery.

▶ 해석 상표로서 기능을 하는 표시와 상징물들이 중국 도자기에서 발견되었다.

▶ 해설 두 번째 { }로 표시된 분사구가 첫 번째 { }로 표시된 명사구를 뒤에서 수식하여 더 큰 명사구를 만들고 있다. 이 확장된 명사구가 문장의 주어이다.

---

07 [{**Children**} {**raised in households that foster communication**}] find it easier to talk to others about their emotions.

▶ 해석 의사소통을 촉진하는 가정에서 양육된 아이들은 자신의 감정에 대해 다른 사람들에게 말하는 것이 더 쉽다고 생각한다.

▶ 해설 두 번째 { }로 표시된 분사구가 첫 번째 { }로 표시된 명사구를 뒤에서 수식하여 더 큰 명사구를 만들고 있다. 이 확장된 명사구가 문장의 주어이다.

---

08 There is [{**strong research evidence**} {**that children perform better in mathematics if music is incorporated in it**}].

▶ 해석 음악이 수학에 통합되면 어린이들이 수학을 더 잘한다는 강력한 연구 증거가 있다.

▶ 해설 두 번째 { }로 표시된 동격어구(명사절)가 첫 번째 { }로 표시된 명사구를 뒤에서 수식하여 더 큰 명사구를 만들고 있다. 이 확장된 명사구가 문장의 주어이다.

Level up
09 [{**Those**} {**who have a fear of public speaking**}] often tell themselves that people in the crowd will silently think bad things about them. The truth is, however, some people in the audience aren't even listening to the presentation because they are thinking about their anxiety over their own presentations or something else altogether.

▶ 해석 사람들 앞에서 말하는 것에 대한 두려움이 있는 사람들은 청중 속에 있는 사람들이 조용히 자신들의 나쁜 점을 생각할 것이라고 스스로에게 자주 말한다. 하지만, 사실은 청중 속의 일부 사람들은 자신의 발표나 그 밖의 다른 것에 관한 걱정거리에 관해 온통 생각하고 있어서 심지어 당신의 발표를 듣고 있지 않다.

▶ 해설 두 번째 { }로 표시된 관계절이 첫 번째 { }로 표시된 명사구를 뒤에서 수식하여 더 큰 명사구를 만들고 있다. 이 확장된 명사구가 문장의 주어이다.

Level up
10 When a new story appears, we attempt to find a belief of ours that relates to it. When we do, we find a story attached to that belief and compare the story in our memory to the one we are processing. [{**Our understanding**} {**of the new story**}] becomes, at that point, a function of the old story.

▶ 해석 새로운 이야기가 등장할 때, 우리는 우리가 가진 신념 중에서 그것과 관련이 있는 것을 찾으려고 시도한다. 그럴 때 우리는 그 신념에 첨부된 이야기를 발견하여, 우리의 기억 속에 있는 그 이야기를 우리가 다루고 있는 이야기와 비교한다. 그 시점에서 우리가 그 새로운 이야기를 이해하는 것은 오래된 이야기가 하는 기능이 된다.

▶ 해설 두 번째 { }로 표시된 전치사구가 첫 번째 { }로 표시된 명사구를 뒤에서 수식하여 더 큰 명사구를 만들고 있다. 이 확장된 명사구가 문장의 주어이다.

Structure **40** 주어와 술어의 수일치

본문 ▶ p98

Challenge

142 [{**The days**} {**of the solitary inventor working on his own**}] are gone.

▶ 해석 혼자서 일하는 고독한 발명가의 시절은 지나갔다.

▶ 해설 두 번째 { }로 표시된 전치사구가 첫 번째 { }로 표시된 명사구를 뒤에서 수식하여 더 큰 명사구를 만들고 있다. 이 확장된 명사구의 핵이 days이므로 are와 복수로 수일치를 이룬다.

---

143 [Not all {**interesting**} {**discoveries**}] have an obvious application.

▶ 해석 모든 흥미로운 발견들이 분명히 응용되는 것은 아니다.

▶ 해설 첫 번째 { }로 표시된 형용사구가 두 번째 { }로 표시된 명사구를 앞에서 수식하여 더 큰 명사구를 만들고 있다. 이 확장된 명사구의 핵이 discoveries이므로 have와 복수로 수일치를 이룬다.

144 There **is** [{**a period for growth**} {**during which failures are beneficial**}].

▶해석 실패가 도움이 되는 성장기가 있다.

▶해설 두 번째 { }로 표시된 전치사를 수반한 관계절이 첫 번째 { }로 표시된 명사구를 뒤에서 수식하여 더 큰 명사구를 만들고 있다. 이 확장된 명사구의 핵이 period이므로 is와 단수로 수일치를 이룬다.

본문 ▶ p99

Application

01 [{**The costs**} {**of providing first-rate education**}] just **keep** going up.

▶해석 최고의 교육을 제공하는 비용은 정말 계속 오르고 있다.

▶해설 두 번째 { }로 표시된 전치사구가 첫 번째 { }로 표시된 명사구를 뒤에서 수식하여 더 큰 명사구를 만들고 있다. 이 확장된 명사구의 핵이 costs이므로 keep과 복수로 수일치를 이룬다.

02 [{**A painter**} {**making a fresco**}] **has** limited time before the paint dries.

▶해석 프레스코화를 그리는 화가는 그림이 마르기 전에 제한된 시간을 갖는다.

▶해설 두 번째 { }로 표시된 분사구가 첫 번째 { }로 표시된 명사구를 뒤에서 수식하여 더 큰 명사구를 만들고 있다. 이 확장된 명사구의 핵이 painter이므로 has와 단수로 수일치를 이룬다.

03 We tend to assume that [{**the way**} {**to get more time**}] **is** to speed up.

▶해석 우리는 더 많은 시간을 얻는 방법은 속도를 높이는 것이라고 가정하는 경향이 있다.

▶해설 두 번째 { }로 표시된 to부정사구가 첫 번째 { }로 표시된 명사구를 뒤에서 수식하여 더 큰 명사구를 만들고 있다. 이 확장된 명사구의 핵이 way이므로 is와 단수로 수일치를 이룬다.

04 [{**The greatest errors**} {**in judging a person**}] **are** made by his parents.

▶해석 한 사람을 판단하는 데 있어서 가장 큰 실수는 그의 부모에 의해서 만들어진다.

▶해설 두 번째 { }로 표시된 전치사구가 첫 번째 { }로 표시된 명사구를 뒤에서 수식하여 더 큰 명사구를 만들고 있다. 이 확장된 명사구의 핵이 errors이므로 are와 복수로 수일치를 이룬다.

05 [{**One difference**} {**between winners and losers**}] **is** how they handle losing.

▶해석 승자와 패자 사이의 한 가지 차이점은 그들이 패배를 다루는 방식이다.

▶해설 두 번째 { }로 표시된 전치사구가 첫 번째 { }로 표시된 명사구를 뒤에서 수식하여 더 큰 명사구를 만들고 있다. 이 확장된 명사구의 핵이 difference이므로 is와 단수로 수일치를 이룬다.

06 [{**The fact**} {**that information is conveyed in this high-tech manner**}] somehow **adds** authority to what is conveyed.

▶해석 정보가 이런 첨단 기술 방식으로 전달된다는 사실은 전달되는 내용에 아무튼 권위를 더해 준다.

▶해설 두 번째 { }로 표시된 동격어구(명사절)가 첫 번째 { }로 표시된 명사구를 뒤에서 수식하여 더 큰 명사구를 만들고 있다. 이 확장된 명사구의 핵이 fact이므로 adds와 단수로 수일치를 이룬다.

07 [{**Children's exposure**} {**to ready-made visual images**}] **restricts** their ability to generate novel images of their own.

▶해석 미리 만들어진 시각 이미지에 아이들이 노출되는 것은 스스로 새로운 이미지를 만들어낼 수 있는 그들의 능력을 제한한다.

▶해설 두 번째 { }로 표시된 전치사구가 첫 번째 { }로 표시된 명사구를 뒤에서 수식하여 더 큰 명사구를 만들고 있다. 이 확장된 명사구의 핵이 exposure이므로 restricts와 단수로 수일치를 이룬다.

08 [{**One reason**} {**many people keep delaying things they should do**}] **is** that they fear they will do them wrong or poorly.

▶해석 많은 사람이 자신들이 해야 할 일을 계속 미루는 한 가지 이유는 그 일들을 잘 못하거나 제대로 하지 못할 것이라고 두려워하기 때문이다.

▶해설 두 번째 { }로 표시된 관계절이 첫 번째 { }로 표시된 명사구를 뒤에서 수식하여 더 큰 명사구를 만들

UNIT **4**

고 있다. 이 확장된 명사구의 핵이 reason이므로 is
와 단수로 수일치를 이룬다.

LevelUp

09 [{**The number**} {**of unsuccessful people who come from successful parents**}] **is** proof that genes have nothing to do with success. You can't change your genes, but you can change the people you imitate. The choice is up to you, so why not imitate the best? There are hundreds of great people to imitate and copy.

▶해석 성공한 부모로부터 태어나는 성공하지 못한 사람들의 수는 유전자가 성공과 관련이 없다는 증거이다. 여러분은 유전자를 바꿀 수는 없지만 여러분이 모방하는 사람들은 바꿀 수 있다. 선택은 여러분에게 달려 있으니, 가장 훌륭한 사람들을 모방하는 것이 어떤가? 모방하고 따라할 위대한 사람들이 수백 명 있다.

▶해설 두 번째 { }로 표시된 전치사구가 첫 번째 { }로 표시된 명사구를 뒤에서 수식하여 더 큰 명사구를 만들고 있다. 이 확장된 명사구의 핵이 number이므로 is와 단수로 수일치를 이룬다.

LevelUp

10 One remarkable aspect of aboriginal culture is the concept of "totemism," where the tribal member at birth assumes the soul and identity of a part of nature. [{**This view**} {**of the earth and its riches as an intrinsic part of oneself**}] clearly **rules** out mistreatment of the environment because this would only constitute a destruction of self.

▶해석 원주민 문화의 한 가지 두드러진 측면은 부족의 구성원이 태어날 때 자연의 일부의 영혼과 정체성을 취한다는 '토테미즘'의 개념이다. 지구와 지구의 풍요를 자신의 고유한 일부로 보는 이 견해는 환경을 학대하는 것을 분명히 배제하는데, 이것은 자신을 파괴하는 것이 될 뿐이기 때문이다.

▶해설 두 번째 { }로 표시된 동격어구(전치사구)가 첫 번째 { }로 표시된 명사구를 뒤에서 수식하여 더 큰 명사구를 만들고 있다. 이 확장된 명사구의 핵이 view이므로 rules와 단수로 수일치를 이룬다.

Challenge

본문 ▶ p104

145 [**That young woman over there**] is desperate to become a mother.

▶해석 저기에 있는 저 젊은 여자는 엄마가 되기를 간절히 바란다.

▶해설 [ ]는 명사 woman을 핵으로 하는 명사구로서 문장의 주어 역할을 한다.

---

146 We met [**a lot of local people**] during the trip.

▶해석 우리는 여행 중에 많은 현지인들을 만났다.

▶해설 [ ]는 명사 people을 핵으로 하는 명사구로서 동사 met의 목적어 역할을 한다.

---

147 The police [**searched the entire area for the suspect**].

▶해석 경찰은 용의자를 찾으려고 전 지역을 수색했다.

▶해설 [ ]는 동사 searched를 핵으로 하는 동사구로서 문장의 술어 역할을 한다.

---

148 David was feeling [**quite nervous**] on the flight to Boston.

▶해석 David은 Boston으로 가는 비행기 안에서 꽤 불안해하고 있었다.

▶해설 [ ]는 형용사 nervous를 핵으로 하는 형용사구로서 동사 feeling의 주격 보어 역할을 한다.

---

149 I used to play the flute [**very well**].

▶해석 나는 한때는 플루트를 매우 잘 불었다.

▶해설 [ ]는 부사 well을 핵으로 하는 부사구로서 동사 play를 수식한다.

---

150 Inclement weather kept the students [**from attending classes**].

▶해석 악천후가 학생들이 수업에 출석하는 것을 못하게 했다.

Application   본문 ▶ p105

01 [Volcanic eruptions] are [one of the most violent natural threats].

▶해석 화산 폭발은 가장 끔찍한 자연의 위협 중 하나이다.

▶해설 [ ]는 각각 명사 eruptions와 대명사 one을 핵으로 하는 명사구이다.

02 A key factor [in high achievement] is bouncing back [from the low points].

▶해석 높은 성취에 있어서 핵심적인 요인은 최저의 상태에서 다시 회복하는 것이다.

▶해설 [ ]는 각각 전치사 in과 전치사 from을 핵으로 하는 전치사구이다.

03 Lynn had [just started first grade] and [was excited about learning to read].

▶해석 Lynn은 이제 막 1학년을 시작했었고 읽는 것을 배우는 것에 대해서 신났다.

▶해설 [ ]는 각각 동사 started와 동사 was를 핵으로 하는 동사구이다.

04 Some cultural changes may be adopted [quite quickly] by a whole population.

▶해석 몇몇 문화적인 변화들은 전체 인구에 의해서 꽤 빠르게 채택될지도 모른다.

▶해설 [ ]는 부사 quickly를 핵으로 하는 부사구이다.

05 One must select a particular strategy [appropriate to the occasion] and follow the chosen course of action.

▶해석 사람들은 그 경우에 알맞은 특별한 전략을 선택해야 하고 선택된 행동 방침을 따라야 한다.

▶해설 [ ]는 형용사 appropriate을 핵으로 하는 형용사구이다.

06 One of the mistakes we often make when con-fronting a risk situation [is our tendency to focus on the end result].

▶해석 우리가 위험 상황에 맞닥뜨릴 때 자주 하는 실수 중의 하나는 최종 결과에 초점을 맞추려는 경향이다.

▶해설 [ ]는 동사 is를 핵으로 하는 동사구이다.

07 [Benjamin] had developed unusual and repetitive behaviors sometimes observed in children who cannot see.

▶해석 Benjamin은 볼 수가 없는 아이들에게서 때때로 관찰되는 특이하고도 반복적인 행동들을 보였었다.

▶해설 [ ]는 명사 Benjamin을 핵으로 하는 명사구이다.

08 [Team sports such as basketball and soccer] provide an opportunity for students to develop skills and to enjoy working and competing together as a team.

▶해석 농구와 축구 같은 팀 스포츠는 학생들이 기술을 개발하고 팀으로서 함께 활동하고 경쟁하는 것을 즐길 수 있는 기회를 제공한다.

▶해설 [ ]는 명사 sports를 핵으로 하는 명사구이다.

Level up
09 Out of the darkness, a motorbike with two men approached slowly. Without warning, one of the men grabbed my daypack. [Within sec-onds], the two were out of sight. The bag had my passport, money, an airline ticket and other things precious to me. I was in deep trouble.

▶해석 어둠 속에서, 두 사람이 탄 모터바이크가 천천히 다가왔다. 경고 없이, 그들 중의 하나가 내 작은 배낭을 잡아챘다. 몇 초 만에, 그 둘은 시야에서 사라졌다. 그 가방에는 내 여권, 돈, 비행기 표, 그리고 내게 소중한 다른 것들이 들어 있었다. 나는 심각한 곤경에 처했다.

▶해설 [ ]는 전치사 Within을 핵으로 하는 전치사구이다.

Level up
10 Delaying puddings used to be thought of as a good idea, but that doesn't work. "No pudding until you have finished your main course" [was the standard line when most parents of today were young] and is [still commonly

used], but it [**only makes sweet things seem more desirable**].

▶해석 푸딩을 주는 것을 뒤로 미루는 것은 전에는 좋은 생각으로 여겨졌지만, 지금은 효과가 없다. "주요리를 다 먹을 때까지 푸딩은 없어"는 오늘날의 대부분의 부모들이 어렸을 때에는 표준이 되는 말이었고 여전히 흔히 사용되지만, 그것은 단것을 더 탐나게 보이게 만들 뿐이다.

▶해설 [ ]는 각각 동사 was, 동사 used, 동사 makes를 핵으로 하는 동사구이다.

Structure 42 절과 단문

본문 ▶ p106

151 [**Luke will pass the test**].

▶해석 Luke가 시험에 합격할 것이다.

▶해설 [ ]는 주어와 술어로 이루어진 하나의 독립절이 스스로 문장을 이루는 단문이다.

152 Lisa thinks [**that Luke will pass the test**].

▶해석 Lisa는 Luke가 시험에 합격할 것이라고 생각한다.

▶해설 [ ]는 접속사 that으로 유도된 명사절로서 동사 thinks의 목적어 역할을 한다.

153 Sandra is receiving the diploma, [**which she has always wanted**].

▶해석 Sandra는 졸업장을 받고 있는데, 그것을 그녀는 항상 원해 왔다.

▶해설 [ ]는 관계사 which로 유도된 관계절로서 선행사 the diploma에 대한 부가 정보를 제공한다.

Application

본문 ▶ p107

01 [True understanding inevitably requires a knowledge of context].

▶해석 진정한 이해는 불가피하게 맥락에 대한 이해를 요구한다.

▶해설 [ ]는 주어와 술어로 이루어진 하나의 독립절이 스스로 문장을 이루는 단문이다.

02 [How can we preserve our forests]?

▶해석 어떻게 우리는 우리의 숲을 보존할 수 있을까?

▶해설 [ ]는 하나의 독립절이 스스로 문장을 이루는 단문으로서 의문사 How로 시작한 의문문이다.

03 [Imagine cooking a very large pot of chicken soup on the stove].

▶해석 닭고기 수프를 매우 큰 냄비에 담아 레인지 위에 올려놓고 요리하는 것을 상상해 보라.

▶해설 [ ]는 하나의 독립절이 스스로 문장을 이루는 단문으로서 주어 You를 생략하고 동사를 원형 형태로 표현한 명령문이다.

04 [What a beautiful world you are living in]!

▶해석 여러분은 참으로 아름다운 세상에 살고 있다!

▶해설 [ ]는 하나의 독립절이 스스로 문장을 이루는 단문으로서 What으로 시작한 감탄문이다.

05 [Early, small communities had to concentrate all their physical and mental effort on survival].

▶해석 초기에 작은 공동체들은 모든 신체적이고 정신적인 노력을 생존에 집중해야만 했다.

▶해설 [ ]는 주어와 술어로 이루어진 하나의 독립절이 스스로 문장을 이루는 단문이다.

06 [The negative effects of extrinsic motivators such as grades have been documented with students from different cultures].

▶해석 성적과 같은 외적인 동기 부여 요인의 부정적인 영향은 다양한 문화권 출신의 학생들에게서 문서로 입증되어 왔다.

▶해설 [ ]는 주어와 술어로 이루어진 하나의 독립절이 스스로 문장을 이루는 단문이다.

07 [The Internet and communication technologies play an ever-increasing role in the social lives of young people in developed societies].

▶해석 인터넷과 통신 기술은 선진 사회의 젊은이들의 사회생활에서 역할이 계속 증가하고 있다.

▶해설 [ ]는 주어와 술어로 이루어진 하나의 독립절이 스

스로 문장을 이루는 단문이다.

08 [The sense of tone and music in another's voice gives us an enormous amount of information about that person, about her stance toward life, about her intentions].

▶해석 다른 이의 음성의 어조와 음조를 감지하는 것은 우리에게 그 사람에 대해, 삶에 대한 그 사람의 태도에 대해, 그 사람의 의향에 대해 엄청난 양의 정보를 준다.

▶해설 [ ]는 주어와 술어로 이루어진 하나의 독립절이 스스로 문장을 이루는 단문이다.

Level Up
09 Do you have the emotional state of mind to become a leader? [People pay close attention to a leader's subtle expressions of emotion through body language and facial expression]. Some emotions such as enthusiasm can quickly become contagious. Others, such as depression or discouragement, can drag down the entire organization.

▶해석 여러분은 지도자가 되기 위한 감정적 마음의 상태를 가지고 있는가? 사람들은 몸짓 언어와 얼굴 표정을 통한 지도자의 미묘한 감정 표현에 세심한 주의를 기울인다. 열정과 같은 일부 감정은 빠르게 전파될 수 있다. 우울함이나 낙심과 같은 다른 감정들은 조직 전체를 맥이 빠지게 만들 수 있다.

▶해설 [ ]는 주어와 술어로 이루어진 하나의 독립절이 스스로 문장을 이루는 단문이다.

Level Up
10 [For many of us, hurrying is a way of life]. Some of us enjoy the thrill that it gives us while others are driven crazy by the constant pressure and feel that their lives are speeding up to an unacceptable degree. Either way, there are almost certainly areas of our life that could be enhanced by a little go-slow behavior.

▶해석 우리 중 많은 이에게 있어, 서두름은 삶의 한 방식이다. 우리 중 일부는 그것(서두름)이 우리에게 주는 스릴을 즐기는 반면 다른 사람들은 끊임없는 압박으로 미칠 지경이 되어 그들의 삶이 받아들일 수 없는 정도까지 속도를 내고 있다고 느낀다. 어느 쪽이든, 약간 천천히 가는 행동에 의해 향상될 수도 있는 삶의 영역은 거의 틀림없이 존재한다.

▶해설 [ ]는 주어와 술어로 이루어진 하나의 독립절이 스스로 문장을 이루는 단문이다.

Structure 43 중문

Challenge   본문 ▶ p108

154 [My voice was trembling] and [my heart was racing].

▶해석 내 목소리는 떨리고 있었고 내 심장은 고동치고 있었다.

▶해설 두 개의 독립절이 등위접속사 and로 대등하게 연결되었다.

155 [You may win the battle] but [you definitely won't win the war].

▶해석 여러분은 전투에서는 이길지 모르지만 절대로 전쟁에서는 이기지 못할 것이다.

▶해설 두 개의 독립절이 등위접속사 but으로 대등하게 연결되었다.

156 [You can be miserable] or [you can be happy].

▶해석 너는 비참해지거나 행복해질 수 있다.

▶해설 두 개의 독립절이 등위접속사 or로 대등하게 연결되었다.

Application   본문 ▶ p109

01 [The new student didn't speak to anyone] and [nobody spoke to him].

▶해석 그 새로 전입한 학생은 어느 누구에게도 말을 걸지 않았고 아무도 그에게 말을 걸지 않았다.

▶해설 두 개의 독립절이 등위접속사 and로 대등하게 연결되었다.

02 [You may not understand now], but [one day you will].

▶해석 지금은 이해하지 못할지도 모르지만, 언젠가는 이해하게 될 것이다.

▶해설 두 개의 독립절이 등위접속사 but으로 대등하게 연결되었다.

03 [Visit our cheese shop], and [you can learn

how to make cheese].

▶해석 우리 치즈 판매장을 방문해라, 그러면 치즈 만드는 법을 배울 수 있다.

▶해설 두 개의 독립절이 등위접속사 and로 대등하게 연결되었다.

04 [Genes are alterable], **and** [they adjust to our environment and state of mind].

▶해석 유전자는 바뀔 수 있고, 그것들은 우리의 환경과 마음 상태에 적응한다.

▶해설 두 개의 독립절이 등위접속사 and로 대등하게 연결되었다.

05 [Humans can try to adapt to higher altitude], **but** [their success is less than certain].

▶해석 인간은 더 높은 고도에 적응하려고 애쓸 수는 있지만, 그들의 성공 여부는 결코 확실하지 않다.

▶해설 두 개의 독립절이 등위접속사 but으로 대등하게 연결되었다.

06 [Psychological, social, as well as the physical diets provided by parents must all be healthy], **or** [the children learn to repeat the unhealthy patterns of their parents].

▶해석 부모가 제공하는 물리적 음식뿐만 아니라 심리적, 사회적 음식도 모두 건강해야만 하는데, 그렇지 않으면 아이들은 부모의 건강하지 못한 (삶의) 양식을 반복하는 것을 익히게 된다.

▶해설 두 개의 독립절이 등위접속사 or로 대등하게 연결되었다.

07 [The concept of humans doing multiple things at a time has been studied by psychologists since the 1920s], **but** [the term "multitasking" didn't exist until the 1960s].

▶해석 인간이 한 번에 여러 가지 일을 한다는 개념은 1920년대 이래로 심리학자들에 의해서 연구되어 왔지만, '멀티태스킹'이라는 용어는 1960년대까지는 존재하지 않았다(1960년대가 되어서야 비로소 생겨났다).

▶해설 두 개의 독립절이 등위접속사 but으로 대등하게 연결되었다.

08 [Investigators as a personality type are not interested in leadership], **and** [developing the interpersonal skills necessary to fuel collaboration is a hurdle for many of them].

▶해석 성격 유형으로서의 조사자는 리더십에는 관심이 없으며, 공동 작업을 촉진시키는 데 필요한 대인 관계 기술을 개발하는 것은 그들 중 많은 이들에게 있어서 장애물이다.

▶해설 두 개의 독립절이 등위접속사 and로 대등하게 연결되었다.

Level up
09 Celebrities suffer from an extreme invasion of privacy. They are constantly exposed to the public, even when they're not working. The public finds out whatever they did or whoever they met. However, [celebrities are people with the right to privacy], **and** [we should respect that].

▶해석 유명 연예인들은 극도의 사생활 침해에 시달린다. 그들은 일하고 있지 않을 때조차, 끊임없이 대중에게 노출된다. 대중은 그들이 행한 모든 것을, 또는 그들이 만난 모든 사람을 알아낸다. 하지만 유명 연예인들은 사생활에 대한 권리가 있는 사람들이며, 우리는 그것을 존중해야 한다.

▶해설 두 개의 독립절이 등위접속사 and로 대등하게 연결되었다.

Level up
10 Tourism is important for more than just vacationing. [Tourism allows people from different places and cultures to come together], **and** then [tourists and host communities learn about each other's differences and similarities]. They also learn new tastes and ways of thinking, which may lead to a better understanding between hosts and tourists.

▶해석 관광은 그저 휴가를 보내는 것 이상으로 중요하다. 관광은 다른 장소와 문화에서 온 사람들이 함께 모일 수 있도록 해 주고, 그러면 관광객들과 관광지의 지역사회는 서로의 차이점과 유사점에 대해 알게 된다. 그들은 또한 새로운 취향과 사고방식을 배우는데, 그것이 관광지에 사는 사람들과 관광객들 사이의 더 나은 이해로 이어질 수도 있다.

▶해설 두 개의 독립절이 등위접속사 and로 대등하게 연결되었다.

44 복문: 명사절

본문 ▶ p110

Challenge

157 Being a good listener doesn't mean [**that you should just listen**].

▶해석 (남의 말을) 잘 들어주는 사람이 되는 것은 그저 듣기만 해야 한다는 것을 의미하는 것은 아니다.

▶해설 [ ]는 접속사 that으로 유도된 명사절로서 동사 mean의 목적어 역할을 한다.

158 The manager tried to explain [**how the accident had happened**].

▶해석 관리자는 사고가 어떻게 일어났는지를 설명하려고 했다.

▶해설 [ ]는 의문사 how로 유도된 명사절로서 explain의 목적어 역할을 한다.

159 The problem is [**whether we are determined to go in the right direction**].

▶해석 문제는 우리가 올바른 방향으로 나아가려고 단단히 결심을 했느냐는 것이다.

▶해설 [ ]는 접속사 whether로 유도된 명사절로서 동사 is의 주격 보어 역할을 한다.

Application

본문 ▶ p111

01 The light indicates [**that fuel supplies are low**].

▶해석 그 불빛은 연료 공급이 낮다는 것을 나타낸다.

▶해설 [ ]는 접속사 that으로 유도된 명사절로서 동사 indicates의 목적어 역할을 한다.

02 A core business belief is [**that people are manageable**].

▶해석 핵심적인 사업상의 믿음은 사람들은 다룰 수 있다는 것이다.

▶해설 [ ]는 접속사 that으로 유도된 명사절로서 동사 is의 주격 보어 역할을 한다.

03 Recent research into groups has focused on [**how group size affects group decision making**].

▶해석 집단에 대한 최근의 연구는 집단의 크기가 어떻게 집단의 의사 결정에 영향을 미치는지에 초점을 맞춰 왔다.

▶해설 [ ]는 의문사 how로 유도된 명사절로서 전치사 on의 목적어 역할을 한다.

04 Today was especially busy and wearying, and Peter wondered [**whether he was really suitable for teaching**].

▶해석 오늘은 특히 바쁘고 지치게 하는 날이었고, Peter는 자신이 교직에 정말로 적합한지가 궁금했다.

▶해설 [ ]는 접속사 whether로 유도된 명사절로서 동사 wondered의 목적어 역할을 한다.

05 Aristotle explained [**that a stone falling through the air is due to the stone having the property of "gravity."**]

▶해석 아리스토텔레스는 돌이 공중에서 떨어지는 것은 그 돌이 '중력'이라는 속성을 가지고 있기 때문이라고 설명했다.

▶해설 [ ]는 접속사 that으로 유도된 명사절로서 동사 explained의 목적어 역할을 한다.

06 Successful problem-solving requires [**that a person acquire an insight into the nature of the given problem**].

▶해석 성공적인 문제 해결은 주어진 문제의 본질에 대한 통찰을 습득해야 할 것을 요구한다.

▶해설 [ ]는 접속사 that으로 유도된 명사절로서 동사 requires의 목적어 역할을 한다.

07 The key to successful risk-taking is to understand [**that the actions you're taking should be the natural next step**].

▶해석 성공적인 위험 감수의 비결은 여러분이 취하고 있는 행동이 자연스러운 다음 단계가 되어야 한다는 것을 아는 것이다.

▶해설 [ ]는 접속사 that으로 유도된 명사절로서 understand의 목적어 역할을 한다.

08 Regularly staying up all night, ignoring relationships, and never taking any breaks from work means [**that you are losing yourself in your work**].

UNIT
5

▶해석 자주 밤을 새우고, (사람과의) 관계를 무시하고, 그리고 일하다 휴식을 전혀 취하지 않는 것은 여러분이 일 속에서 자기 자신을 잃어버리고 있다는 것을 의미한다.

▶해설 [ ]는 접속사 that으로 유도된 명사절로서 동사 means의 목적어 역할을 한다.

Level Up

09 I argued, "Without using dictionaries, how could we learn words?" My sister said, "Don't be silly! When you were little, did you look up words in a dictionary?" She was right. Then I realized [**that we learned words by meeting them again and again, in different contexts**].

▶해석 나는 주장했다. "사전을 사용하지 않고 어떻게 우리가 단어를 배울 수 있겠니?" 내 여동생은 말했다. "바보 같은 소리 하지 마! 오빠는 어렸을 때 사전에서 단어를 찾아봤어?" 그녀가 옳았다. 그때 나는 우리가 다양한 맥락에서 단어를 반복해서 접함으로써 그것들을 배운다는 것을 깨달았다.

▶해설 [ ]는 접속사 that으로 유도된 명사절로서 동사 realized의 목적어 역할을 한다.

Level Up

10 In talking with people, don't begin by discussing the things on which you differ. Begin by emphasizing the things on which you agree. Keep emphasizing, if possible, [**that you are both working for the same end and that your only difference is one of method and not of purpose**].

▶해석 사람들과 이야기할 때, 의견이 서로 다른 것에 대해서 논의함으로써 (이야기를) 시작하지 마라. 여러분이 서로 의견이 일치하는 것을 강조함으로써 시작하라. 가능하다면 계속해서 서로가 같은 목적을 위해 일하고 있고 유일한 차이는 목적의 차이가 아니라 체계의 차이일 뿐이라는 것을 강조하라.

▶해설 [ ]는 접속사 that으로 유도된 명사절로서 emphasizing의 목적어 역할을 한다.

45 복문: 관계절

Challenge

본문 ▶ p112

160 Leaders [**who emit negative emotional states of mind**] have few followers.

▶해석 마음의 부정적 감정 상태를 토로하는 지도자들은 추종자들을 거의 갖지 못한다.

▶해설 [ ]는 관계사 who로 유도된 관계절로서 선행사 Leaders를 수식한다.

161 Parking lot D is the place [**where I parked my car**].

▶해석 D 주차장이 내가 내 차를 주차한 곳이다.

▶해설 [ ]는 관계사 where로 유도된 관계절로서 앞에 나온 명사구 the place를 수식한다.

162 For camp, the children need sturdy shoes, [**which are expensive**].

▶해석 캠프에 아이들은 튼튼한 신발이 필요한데, 그것은 비싸다.

▶해설 [ ]는 관계사 which로 유도된 관계절로서 선행사 sturdy shoes에 대한 부가 정보를 제공한다.

Application

본문 ▶ p113

01 Planning involves only the half of your brain [**that controls your logical thinking**].

▶해석 계획을 세우는 것은 논리적 사고를 지배하는 뇌의 절반만을 관련시킨다.

▶해설 [ ]는 관계사 that으로 유도된 관계절로서 선행사 only the half of your brain을 수식한다.

02 Tolstoy is confident that the artist [**who sincerely expresses feelings of pride**] will pass those feelings on to us.

▶해석 톨스토이는 진심으로 자부심의 감정을 표현하는 예술가가 그러한 감정을 우리에게 전달할 것이라고 확신한다.

▶해설 [ ]는 관계사 who로 유도된 관계절로서 앞에 나온 명사구 the artist를 수식한다.

03 The interview was held in a seminar room [**where Anderson met the principal for the first time three years ago**].

▶**해석** 면접은 3년 전에 Anderson이 처음으로 교장 선생님을 만났던 세미나실에서 열렸다.

▶**해설** [ ]는 관계사 where로 유도된 관계절로서 선행사 a seminar room을 수식한다.

---

04 Basic scientific research provides the raw materials [**that technology and engineering use to solve problems**].

▶**해석** 기초 과학 연구는 기술과 공학이 문제점들을 해결하기 위해서 사용하는 원료를 제공한다.

▶**해설** [ ]는 관계사 that으로 유도된 관계절로서 선행사 the raw materials를 수식한다.

---

05 Jennifer teaches first graders, [**which means she lives in a world of riddles, birthday cakes, and pointless stories**].

▶**해석** Jennifer는 1학년을 가르치는데, 그것(1학년을 가르치는 것)은 그녀가 수수께끼, 생일 케이크, 그리고 무의미한 이야기들이 있는 세상에서 산다는 것을 의미한다.

▶**해설** [ ]는 관계사 which로 유도된 관계절로서 주절인 Jennifer teaches first graders를 선행사로 삼아 이것에 대한 부가 정보를 제공한다.

---

06 No one has yet found a case [**in which true world-class expertise was accomplished in less than 10,000 hours**].

▶**해석** 아무도 아직까지 진정한 세계적 수준의 전문 기술이 10,000시간보다 적은 시간에 성취된 경우를 찾지 못했다.

▶**해설** [ ]는 in which로 유도된 관계절로서 선행사 a case를 수식한다.

---

07 A child [**who has been repeatedly criticized for poor performance on math**] may learn to dodge difficult math problems in order to avoid further punishment.

▶**해석** 수학에서의 형편없는 학업 성취 때문에 반복해서 비난을 받아 온 아이는 더 이상의 처벌을 피하기 위해서 어려운 수학 문제들을 교묘히 회피하는 것을 배우게 될지도 모른다.

▶**해설** [ ]는 관계사 who로 유도된 관계절로서 앞에 나온 명사구 A child를 수식한다.

---

08 It is easy to find examples of correlations [**which are far more systematic than could occur by chance**] and yet [**which it would be absurd to treat as evidence of a direct causal link**].

▶**해석** 우연히 발생할 수 있는 것보다는 훨씬 더 체계적이기는 하지만 직접적인 인과 관계의 증거로서 다루기에는 불합리한 상관관계의 예를 찾기는 쉽다.

▶**해설** [ ]는 각각 관계사 which로 유도된 관계절로서 선행사 examples of correlations를 수식한다.

Level Up
09 Researchers have found that those [**who forgive someone {who has hurt them}**] seem to get significant mental health benefits. And, according to studies of long-married couples, the act of forgiving appears to be one of the basic processes that keeps personal relationships functioning.

▶**해석** 연구자들은 자신을 아프게 한 누군가를 용서하는 사람들이 상당한 정신 건강상의 혜택을 받는 것처럼 보인다는 것을 발견하였다. 그리고 오랫동안 결혼 생활을 해온 커플들에 대한 연구에 의하면, 용서하는 행위는 개인적 인간관계가 계속해서 제대로 기능하게 하는 기본적인 과정들 중의 하나인 것으로 보인다.

▶**해설** [ ]와 { }는 각각 관계사 who로 유도된 관계절로서 각각 선행사 those와 선행사 someone을 수식한다.

Level Up
10 Problems can be distinguished according to whether they are reasonable or unreasonable. Reasonable problems are of the kind [**that can be solved in a step-by-step manner**]. Unreasonable problems, in contrast, cannot be treated this way because the task contains some 'trick' or 'catch' that must be understood before someone can arrive at a solution.

▶**해석** 문제들은 그것들이 합리적인지 또는 비합리적인지에 따라 구분될 수 있다. 합리적인 문제들은 단계적인 방식으로 해결될 수 있는 종류이다. 그에 반해서, 비합리적인 문제들은 누군가가 해결책에 도달할 수 있기 전에 반드시 알아야 하는 어떤 '속임수'나 '함정'을 과업이 포함하고 있기 때문에 이러한 방식으로는 다루어질 수 없다.

▶**해설** [ ]는 관계사 that으로 유도된 관계절로서 앞에 나온 명사구 the kind를 수식한다.

본문 ▶ p114

163 Every child encounters [**what seem like insurmountable problems**].

▶ 해석 모든 아이는 극복할 수 없는 문제처럼 보이는 것들과 맞닥뜨린다.

▶ 해설 [ ]는 선행사를 포함한 관계사 what으로 유도된 관계절로서 동사 encounters의 목적어 역할을 한다.

164 School is [**where we lay the foundation for healthy habits**].

▶ 해석 학교는 우리가 건강한 습관을 (기르기) 위한 토대를 놓는 곳이다.

▶ 해설 [ ]는 선행사를 포함한 관계사 where로 유도된 관계절로서 동사 is의 주격 보어 역할을 한다.

165 One of the worst moments was [**when Jeremy distributed a math test**].

▶ 해석 최악의 순간들 중 하나는 Jeremy가 수학 시험지를 나누어 줄 때였다.

▶ 해설 [ ]는 선행사를 포함한 관계사 when으로 유도된 관계절로서 동사 was의 주격 보어 역할을 한다.

본문 ▶ p115

01 [**What the businessman did**] was morally wrong.

▶ 해석 그 사업가가 한 것은 도덕적으로 잘못되었다.

▶ 해설 [ ]는 선행사를 포함한 관계사 what으로 유도된 관계절로서 문장의 주어 역할을 한다.

02 Separating [**what's important**] from [**what's not important**] is prioritizing.

▶ 해석 중요한 것을 중요하지 않은 것으로부터 분리하는 것이 우선순위 매기기이다.

▶ 해설 [ ]는 각각 선행사를 포함한 관계사 what으로 유도

된 관계절로서 각각 Separating의 목적어와 전치사 from의 목적어 역할을 한다.

03 Several studies have identified [**what has been called the loss-gain effect**].

▶ 해석 몇몇 연구들이 득실 효과라 불리어 오는 것을 밝혀냈다.

▶ 해설 [ ]는 선행사를 포함한 관계사 what으로 유도된 관계절로서 동사 identified의 목적어 역할을 한다.

04 Do you remember [**when you were little and you imagined that adults had infinite power**]?

▶ 해석 여러분이 어렸고 어른들은 무한한 힘을 가졌다고 상상하던 때를 기억하는가?

▶ 해설 [ ]는 선행사를 포함한 관계사 when으로 유도된 관계절로서 동사 remember의 목적어 역할을 한다.

05 Society, through ethical and economic constraints, exerts a powerful influence on [**what science accomplishes**].

▶ 해석 사회는 윤리적이고 경제적인 제약들을 통해서, 과학이 달성하는 것에 강력한 영향력을 행사한다.

▶ 해설 [ ]는 선행사를 포함한 관계사 what으로 유도된 관계절로서 전치사 on의 목적어 역할을 한다.

06 "Sit there until you finish" may be [**how we learned**], and may also be the only way you feel able to achieve your goal.

▶ 해석 "끝낼 때까지 거기에 앉아 있어"가 우리가 배웠던 방식일지도 모르고, 또한 여러분이 목표를 달성할 수 있다고 느끼는 유일한 방식일지도 모른다.

▶ 해설 [ ]는 선행사를 포함한 관계사 how로 유도된 관계절로서 동사 be의 주격 보어 역할을 한다.

07 That's [**why David took the job in the first place even though some of his friends attempted to persuade him to be a lawyer or businessman**].

▶ 해석 그것이 비록 그의 친구들 중 몇몇이 그에게 변호사나 사업가가 되라고 설득하려고 시도했음에도 David가 그 일을 우선적으로 택한 이유이다.

▶ 해설 [ ]는 선행사를 포함한 관계사 why로 유도된 관계

절로서 동사 is의 주격 보어 역할을 한다.

08 Performance must be judged in terms of [**what is under the control of the individuals being evaluated**] rather than those influences on performance that are beyond their control.

▶**해석** 업무 수행은 개인의 통제를 넘어서는 업무 수행에 미치는 영향보다는 평가받고 있는 개인의 통제 하에 있는 것의 측면에서 판단되어야만 한다.

▶**해설** [ ]는 선행사를 포함한 관계사 what으로 유도된 관계절로서 전치사 of의 목적어 역할을 한다.

09 People who change do not question whether change is possible or look for reasons they cannot change. They simply decide on a change they want and do [**what is necessary to accomplish it**]. Changing, which always stems from a firm decision, becomes job number one.

▶**해석** 변화하는 사람들은 변화가 가능한지를 묻지도 않고 변화할 수 없는 이유를 찾지도 않는다. 그들은 그저 자신이 원하는 변화를 결정하고 그것을 성취하기 위해 필요한 것을 한다. 변화하는 것은 항상 확고한 결심에서 생겨나는데, 해야 할 가장 중요한 것이 된다.

▶**해설** [ ]는 선행사를 포함한 관계사 what으로 유도된 관계절로서 동사 do의 목적어 역할을 한다.

10 Assertiveness may seem to some people to be uncharacteristic of counselors. If your picture of a counselor is someone who never disagrees, always "goes along," wants everything to be nice all the time, and only does [**what other people want him or her to do**], this is not a picture of an assertive counselor.

▶**해석** 확신에 찬 태도는 어떤 사람들에게는 상담사답지 않은 것처럼 보일지도 모른다. 만약 상담사에 대한 여러분의 마음속 그림이 결코 반대하지 않고, 항상 '동의하고,' 늘 모든 것이 마음에 들기를 바라며, 그리고 다른 사람들이 그들이 하기를 바라는 것만 하는 누군가라면, 이것은 확신에 찬 상담사의 모습이 아니다.

▶**해설** [ ]는 선행사를 포함한 관계사 what으로 유도된 관계절로서 동사 does의 목적어 역할을 한다.

Structure 47 복문: 부사절

Challenge 본문 ▶ p116

166 [**When the meal was finished**], Claire washed up and made coffee.

▶**해석** 식사를 마치자, Claire는 설거지를 하고 커피를 끓였다.

▶**해설** [ ]는 접속사 When으로 유도된 부사절로서 주절에 시간의 부가 정보를 제공한다.

167 [**Although the sun was shining**], it wasn't that warm.

▶**해석** 태양이 빛나고 있기는 했지만, 그다지 따뜻하지 않았다.

▶**해설** [ ]는 접속사 Although로 유도된 양보의 부사절로서 주절을 수식한다.

168 Mark is studying [**because he has a test tomorrow**].

▶**해석** 내일 시험이 있기 때문에 Mark는 공부를 하고 있다.

▶**해설** [ ]는 접속사 because로 유도된 부사절로서 주절에 이유의 부가 정보를 제공한다.

Application 본문 ▶ p117

01 [**When people face real adversity**], affection from a pet takes on new meaning.

▶**해석** 사람들이 진짜 역경을 직면할 때, 애완동물로부터의 애정은 새로운 의미를 띤다.

▶**해설** [ ]는 접속사 When으로 유도된 시간의 부사절로서 주절을 수식한다.

02 [**If you live a healthy lifestyle**], you can change which genes are expressed.

▶**해석** 건강한 생활 방식으로 산다면, 여러분은 어떤 유전자가 발현되는지를 바꿀 수 있다.

▶**해설** [ ]는 접속사 If로 유도된 부사절로서 주절에 조건의 부가 정보를 제공한다.

03 That day was unusually foggy [**as if something**

UNIT
5

mysterious were ahead].

▶ 해석 그날은 마치 불가사의한 뭔가가 앞에 있는 것처럼 평소와 달리 안개가 자욱했다.

▶ 해설 [ ]는 as if로 유도된 가정의 부사절로서 주절을 수식한다.

---

04 **[Long before Walt Whitman wrote *Leaves of Grass*]**, poets had addressed themselves to fame.

▶ 해석 Walt Whitman이 'Leaves of Grass'를 쓰기 오래전에, 시인들은 명성에 주의를 기울였었다.

▶ 해설 [ ]는 Long before로 유도된 부사절로서 주절에 시간의 부가 정보를 제공한다.

---

05 **[Although technology is responsive to the will of the people]**, it can seldom respond instantaneously and is never free.

▶ 해석 비록 기술이 사람들의 의지에 반응하기는 하지만, 즉각적으로 반응할 수는 거의 없고 결코 무료가 아니다.

▶ 해설 [ ]는 접속사 Although로 유도된 부사절로서 주절에 양보의 부가 정보를 제공한다.

---

06 **[If I like literature]**, then at least indirectly my friend is going to learn about literature and perhaps be motivated to read some literature.

▶ 해석 만약 내가 문학을 좋아한다면, 그러면 적어도 간접적으로라도 내 친구는 문학에 대해서 배우려고 할 것이고 아마도 약간의 문학 작품을 읽도록 동기를 부여받을 것이다.

▶ 해설 [ ]는 접속사 If로 유도된 부사절로서 주절에 조건의 부가 정보를 제공한다.

---

07 The dancers stood on a two-step elevated stage, **[so that there was a natural gap between those who came to dance and those who came to watch]**.

▶ 해석 춤을 추는 사람들은 두 계단 높은 무대에 서 있어서, 춤을 추러 온 사람들과 구경하러 온 사람들 사이에 자연스러운 간격이 있었다.

▶ 해설 [ ]는 so that으로 유도된 결과의 부사절로서 주절을 수식한다.

---

08 Remaining angry and constantly reliving a painful incident are physically and emotionally stressful, **[whereas forgiveness is healing to the body, mind, and spirit]**.

▶ 해석 화난 상태로 있는 것과 끊임없이 고통스런 일을 상기하는 것은 육체적으로도 정서적으로도 스트레스를 많이 주지만, 용서는 몸과 마음, 그리고 정신에 대한 치유이다.

▶ 해설 [ ]는 접속사 whereas로 유도된 부사절로서 주절에 대조의 부가 정보를 제공한다.

Level Up

09 **[When two cultures come into contact]**, they do not exchange every cultural item. If that were the case, there would be no cultural differences in the world today. Instead, only a small number of cultural elements ever spread from one culture to another.

▶ 해석 두 문화가 접촉할 때, 그 두 문화가 모든 문화 항목을 교환하는 것은 아니다. 만약 그렇다면, 오늘날 세계에는 어떤 문화적 차이도 없을 것이다. 대신에 오로지 소수의 문화적 요소들만이 늘 한 문화에서 다른 문화로 퍼진다.

▶ 해설 [ ]는 접속사 When으로 유도된 부사절로서 주절에 시간의 부가 정보를 제공한다.

Level Up

10 **[Although the Internet seems truly global these days]**, less than half of the world's population has access to it. Some four billion people are still unconnected. This spring, IT engineers will begin to shift to the next phase in a grand plan to bring the Internet to everyone.

▶ 해석 비록 인터넷은 요즈음 정말로 전 세계적인 것처럼 보이지만, 그것에 접속하는 사람은 세계 인구의 절반도 안 된다. 약 40억 명의 사람들은 여전히 (인터넷에) 연결되지 않는다. 올봄에 정보통신 기술 엔지니어들이 모든 사람에게 인터넷을 제공해 주고자 하는 원대한 계획의 다음 단계로 이동하기 시작할 것이다.

▶ 해설 [ ]는 접속사 Although로 유도된 양보의 부사절로서 주절을 수식한다.

본문 ▸ p118

Challenge

169 [**Once we arrive at the refuge**], we will begin our six-hour hike.

▸ **해석** 그 쉼터에 도착하자마자, 우리는 6시간 동안의 하이킹을 시작할 것이다.

▸ **해설** [ ]로 표시된 부분은 시간을 나타내는 부사절로 주절을 수식한다.

170 Kate ran to the mailbox [**as soon as the mail truck drove away**].

▸ **해석** 그 우편배달 차량이 떠나가버리자마자 Kate는 우편함으로 달려갔다.

▸ **해설** [ ]로 표시된 부분은 시간을 나타내는 부사절로 주절을 수식한다.

171 People take longer to leave a parking spot [**when another driver is waiting**].

▸ **해석** 사람들은 다른 운전자가 기다리고 있을 때 주차장을 떠나는 데 더 오랜 시간이 걸린다.

▸ **해설** [ ]로 표시된 부분은 시간을 나타내는 부사절로 주절을 수식한다.

Application

본문 ▸ p119

01 [**Every time I was asked a question**], my mind went blank.

▸ **해석** 질문을 받을 때마다, 나의 정신은 하얘졌다.

▸ **해설** [ ]로 표시된 부분은 시간을 나타내는 부사절로 주절을 수식한다.

02 They finally wither [**after the new leaves have taken over**].

▸ **해석** 새로운 잎들이 (자라서) 자리를 잡은 후에는 그것들은 마침내 시든다.

▸ **해설** [ ]로 표시된 부분은 시간을 나타내는 부사절로 주절을 수식한다.

03 You'd better use your computer [**until it doesn't work anymore**].

▸ **해석** 여러분은 컴퓨터가 더 이상 작동하지 않을 때까지 그것을 사용하는 것이 낫다.

▸ **해설** [ ]로 표시된 부분은 시간을 나타내는 부사절로 주절을 수식한다.

04 [**As Tom was waiting for a bus**], he noticed a blind man trying to cross the street.

▸ **해석** 버스를 기다리고 있을 때, Tom은 눈이 보이지 않는 한 남자가 길을 건너려고 애쓰는 것을 목격했다.

▸ **해설** [ ]로 표시된 부분은 시간을 나타내는 부사절로 주절을 수식한다.

05 [**Until we have that evidence**], we should believe that the assumption is false.

▸ **해석** 우리가 그 증거를 가질 때까지, 그 가정은 거짓이라고 믿어야 한다.

▸ **해설** [ ]로 표시된 부분은 시간을 나타내는 부사절로 주절을 수식한다.

06 [**As we put in our many hours of typing**], we may discover that we miss the human voice.

▸ **해석** 많은 시간 동안 타자를 칠 때, 우리는 인간의 목소리를 놓친다는 것을 알게 될지도 모른다.

▸ **해설** [ ]로 표시된 부분은 시간을 나타내는 부사절로 주절을 수식한다.

07 [**As one of the judges handed the MC an envelope**], my heart began to beat faster.

▸ **해석** 심사위원들 중 한 명이 사회자에게 봉투를 건넸을 때, 나의 심장은 더 빨리 뛰기 시작했다.

▸ **해설** [ ]로 표시된 부분은 시간을 나타내는 부사절로 주절을 수식한다.

08 A friend of mine was sitting in the Miami airport reading a magazine [**while she waited to catch a plane to New York**].

▸ **해석** 내 친구 중의 하나가 New York행 비행기를 타려고 기다리고 있을 동안 잡지를 읽으면서 Miami 공항에 앉아 있었다.

▸ **해설** [ ]로 표시된 부분은 시간을 나타내는 부사절로 주

UNIT

5

절을 수식한다.

Level Up

09 A sense of self-worth provides calmness and enjoyment when dealing with all kinds of individuals. [**When individuals have a true sense of self-worth**], they do not need to compare themselves with others.

▶ 해석 자존감은 모든 종류의 사람들을 대할 때 평온함과 즐거움을 제공한다. 진정한 자존감을 가질 때, 사람들은 자기 자신을 다른 사람들과 비교할 필요가 없다.

▶ 해설 [ ]로 표시된 부분은 시간을 나타내는 부사절로 주절을 수식한다.

Level Up

10 [**When we try to recall something from a category that includes as many instances as "lunch" or "wine,"**] many memories compete for our attention. The memory of last Wednesday's lunch isn't necessarily gone; it's that you lack the right hook to pull it out of a sea of lunchtime memories.

▶ 해석 우리가 '점심'이나 '와인'과 같은 많은 사례를 포함하는 범주로부터 어떤 것을 기억해 내려고 할 때, 많은 기억이 우리의 주목을 받으려고 경쟁한다. 지난 수요일 점심에 대한 기억이 꼭 사라진 것은 아닌데, 여러분에게는 점심시간 기억이라는 바다 밖으로 그것(지난 수요일 점심)을 끄집어 낼 수 있는 적절한 낚싯바늘이 없는 것이다.

▶ 해설 [ ]로 표시된 부분은 시간을 나타내는 부사절로 주절을 수식한다.

Structure 49 부사절: 이유

Challenge
본문 ▶ p120

172 [**As words have energy**], we need to be careful about using them.

▶ 해석 말에는 에너지가 있기 때문에, 우리는 그것을 사용하는 것에 대해 주의해야 한다.

▶ 해설 [ ]로 표시된 부분은 이유를 나타내는 부사절로 주절을 수식한다.

173 Mark can't come to this meeting [**because he has to work**].

▶ 해석 Mark는 일을 해야 하기 때문에 이 모임에 올 수 없다.

▶ 해설 [ ]로 표시된 부분은 이유를 나타내는 부사절로 주절을 수식한다.

174 [**Now that Justin lives only a few blocks from work**], he walks to work.

▶ 해석 Justin은 직장에서 단지 몇 블록 떨어져 살고 있기 때문에, 직장에 걸어서 간다.

▶ 해설 [ ]로 표시된 부분은 이유를 나타내는 부사절로 주절을 수식한다.

Application
본문 ▶ p121

01 [**Since this company is world-famous**], there should be something available.

▶ 해석 이 회사가 세계적으로 유명하기 때문에, 유용한 것이 있을 것이다.

▶ 해설 [ ]로 표시된 부분은 이유를 나타내는 부사절로 주절을 수식한다.

02 Some jerboas do not need to drink, [**because they get water from their food**].

▶ 해석 어떤 날쥐는 물을 마실 필요가 없는데, 왜냐하면 먹이에서 물을 얻기 때문이다.

▶ 해설 [ ]로 표시된 부분은 이유를 나타내는 부사절로 주절을 수식한다.

03 Daniel decided not to go out [**as he was still really tired after a long trip to China**].

▶ 해석 Daniel은 중국으로의 긴 여행 이후에 여전히 정말로 피곤했기 때문에 나가지 않기로 결심했다.

▶ 해설 [ ]로 표시된 부분은 이유를 나타내는 부사절로 주절을 수식한다.

04 You have to honor failure, [**because failure is just the negative space around success**].

▶ 해석 여러분은 실패를 존중해야 하는데, 왜냐하면 실패는 성공의 주위에 있는 부정적인 공간에 불과하기 때문이다.

05 [**Since I was going to be a journalist**], I'd need a very special notebook in which to write.

▶**해석** 기자가 되려고 했기 때문에, 나는 그 안에 글을 쓸 아주 특별한 노트북이 필요할 것이었다.

▶**해설** [ ]로 표시된 부분은 이유를 나타내는 부사절로 주절을 수식한다.

06 My younger brother must have lots of expenses [**since he just got married a few months ago**].

▶**해석** 나의 남동생은 몇 달 전에 막 결혼했기 때문에 틀림없이 많은 지출이 있을 것이다.

▶**해설** [ ]로 표시된 부분은 이유를 나타내는 부사절로 주절을 수식한다.

07 [**Now that it has been decided that cleaner cars are wanted**], less polluting cars will be produced.

▶**해석** 오염을 덜 유발하는 자동차를 원한다는 결정이 내려졌으므로 오염을 덜 유발하는 차들이 생산될 것이다.

▶**해설** [ ]로 표시된 부분은 이유를 나타내는 부사절로 주절을 수식한다.

08 [**As physical conditioning has already proved its worth**], more and more athletes will find value in visual conditioning.

▶**해석** 신체 훈련이 이미 그것의 가치를 입증했기 때문에, 점점 더 많은 운동선수들이 시각 훈련의 가치를 찾게 될 것이다.

▶**해설** [ ]로 표시된 부분은 이유를 나타내는 부사절로 주절을 수식한다.

Level up
09 Your company has an excellent reputation as a research institution and has many aspects that are very attractive to me. Unfortunately, I cannot accept your offer [**because I have decided to pursue another opportunity**].

▶**해석** 귀사는 연구 기관으로서의 탁월한 명성을 지니고 있고 저에게 매력적인 많은 측면을 지니고 있습니다. 안타깝게도, 저는 다른 기회를 찾아가기로 결심했기 때문에 당신의 제안을 받아들일 수 없습니다.

▶**해설** [ ]로 표시된 부분은 이유를 나타내는 부사절로 주절을 수식한다.

Level up
10 Over the past 60 years, [**as mechanical processes have replicated behaviors and talents we thought were unique to humans**], we've had to change our minds about what sets us apart. As we invent more species of AI, we will be forced to surrender more of what is supposedly unique about humans.

▶**해석** 지난 60년에 걸쳐, 기계식 공정이 우리가 생각하기에 인간에게만 있는 행동과 재능을 복제해왔기 때문에, 우리는 우리를 다르게 만드는 것에 관한 우리의 생각을 바꿔야만 했다. 더 많은 종의 AI(인공 지능)를 발명하면서, 우리는 아마도 인간에게만 고유하다고 여겨지는 것 중 더 많은 것을 내어 주어야만 할 것이다.

▶**해설** [ ]로 표시된 부분은 이유를 나타내는 부사절로 주절을 수식한다.

Structure 50 **부사절: 목적과 결과**

Challenge
본문 ▶ p122

175 I made Jim equipment manager [**so that he could come and practice**].

▶**해석** 나는 Jim이 와서 연습할 수 있도록 그를 장비 관리자로 삼았다.

▶**해설** [ ]로 표시된 부분은 목적을 나타내는 부사절로 주절을 수식한다.

176 The ropes got twisted, [**so that I couldn't climb down again**].

▶**해석** 밧줄이 꼬였고, 그래서 나는 다시 내려갈 수 없었다.

▶**해설** [ ]로 표시된 부분은 결과를 나타내는 부사절로 주절을 수식한다.

177 The tree was [**so**] large [**that David could not put his arms around it**].

▶**해석** 그 나무는 매우 커서 David가 두 팔로 그것의 둘레를 감쌀 수가 없었다.

UNIT
5

Application   본문 ▸ p123

01 This exhibition is [**so**] important [**that I'm getting nervous**].

▶해석 이 전시회는 매우 중요해서 나는 긴장이 되어가고 있다.

▶해설 [ ]로 표시된 부분은 결과를 나타내는 부사절로 주절을 수식한다.

02 It was [**so**] hot and humid [**that I could not enjoy the tour fully**].

▶해석 날씨가 매우 덥고 습해서 나는 그 여행을 완전히 즐길 수 없었다.

▶해설 [ ]로 표시된 부분은 결과를 나타내는 부사절로 주절을 수식한다.

03 Indians consider the left hand dirty, [**so they never shake with that hand**].

▶해석 인도인들은 왼손이 더럽다고 여기고, 그래서 그들은 그 손으로 악수하는 법이 없다.

▶해설 [ ]로 표시된 부분은 결과를 나타내는 부사절로 주절을 수식한다.

04 I made a full moon [**so that it perfectly matches with the scene of the show**].

▶해석 나는 연극의 장면과 완벽하게 어울리도록 보름달을 만들었다.

▶해설 [ ]로 표시된 부분은 목적을 나타내는 부사절로 주절을 수식한다.

05 In reality, the crew members had been assigned randomly [**so that the two test groups were equal in ability**].

▶해석 실제로는, 승무원들이 두 실험 집단이 능력상 동등하도록 무작위로 배치되었다.

▶해설 [ ]로 표시된 부분은 목적을 나타내는 부사절로 주절을 수식한다.

06 Every summer Kate's father went to Africa [**so that he would treat people who were too poor to go to a hospital**].

▶해석 여름마다 Kate의 아버지는 너무 가난해서 병원에 갈 수 없는 사람들을 치료하기 위해 Africa에 갔다.

▶해설 [ ]로 표시된 부분은 목적을 나타내는 부사절로 주절을 수식한다.

07 The sense of sight is [**so**] highly developed in humans [**that messages received from other senses are often ignored if they conflict with what is seen**].

▶해석 시각은 인간에게서 매우 고도로 발달해서 다른 감각으로부터 수용된 메시지는 보이는 것과 상충할 경우에 흔히 무시된다.

▶해설 [ ]로 표시된 부분은 결과를 나타내는 부사절로 주절을 수식한다.

08 Certain animals and plants have a built-in sense of carrying capacity, [**so that they remain within the limits of their habitat's ability to support them**].

▶해석 어떤 동물들과 식물들은 수용력에 대한 타고난 (판단)감각을 지니고 있어서, 서식지가 그들을 지탱할 수 있는 한계 내에서 (자신들의 개체수를) 유지한다.

▶해설 [ ]로 표시된 부분은 결과를 나타내는 부사절로 주절을 수식한다.

LevelUp
09 Almost all of us follow the guidelines for what is "appropriate" for our roles. Few of us are bothered by such restrictions, for our socialization is [**so**] thorough [**that we usually *want* to do what our roles indicate is appropriate**].

▶해석 우리 중 거의 모두는 우리의 역할에 '적절한' 것에 대한 지침을 따른다. 우리 중 그러한 제한을 귀찮아하는 사람들은 거의 없는데, 그 이유는 우리의 사회화가 매우 철저해서 우리는 대개 우리의 역할이 적절하다고 말해 주는 것을 하기 '원하기' 때문이다.

▶해설 [ ]로 표시된 부분은 결과를 나타내는 부사절로 주절을 수식한다.

LevelUp
10 The runner spent hours collecting data that he thought would help him improve. In fact, a good

25 percent of his athletic time was devoted to externals other than working out. Sports became [**so**] complex for him [**that he forgot how to enjoy himself**].

▶ 해석 그 달리기 선수는 자신이 향상되는 데 도움이 되리라 생각되는 자료를 수집하며 여러 시간을 보냈다. 사실 그의 운동 시간 중 상당 부분인 25퍼센트가 운동이 아닌 외적인 것에 바쳐졌다. <u>스포츠는 그에게 너무 복잡해져서 그는 즐기는 법을 잊었다.</u>

▶ 해설 [ ]로 표시된 부분은 결과를 나타내는 부사절로 주절을 수식한다.

본문 ▶ p124

Structure 51 부사절: 양보와 대조

Challenge

178 Praise your children for attempting a task, [**even if it was unsuccessful**].

▶ 해석 어떤 과업을 시도한 것에 대해, 비록 그것이 성공하지 못했을지라도, 여러분의 아이들을 칭찬하라.

▶ 해설 [ ]로 표시된 부분은 양보를 나타내는 부사절로 주절을 수식한다.

179 [**Although Fleming was criticized by them**], his stories grew in popularity.

▶ 해석 비록 Fleming이 그들에 의해 비판을 받았지만, 그의 소설들은 인기를 얻었다.

▶ 해설 [ ]로 표시된 부분은 양보를 나타내는 부사절로 주절을 수식한다.

180 [**While some people think Tom's movie is funny**], others find it offensive.

▶ 해석 어떤 사람들은 Tom의 영화가 재미있다고 생각하는 반면에, 또 어떤 사람들은 그것이 불쾌하다고 여긴다.

▶ 해설 [ ]로 표시된 부분은 대조를 나타내는 부사절로 주절을 수식한다.

Application

본문 ▶ p125

01 Numbers and mathematics exist [**whether humans know about them or not**].

▶ 해석 수와 수학은 인간이 그것들에 관해 알든 알지 못하든 존재한다.

▶ 해설 [ ]로 표시된 부분은 양보를 나타내는 부사절로 주절을 수식한다.

02 Butterflies come out during the day, [**while most moths are active after dark**].

▶ 해석 대부분의 나방이 어두워진 이후에 활동하는 반면에, 나비는 낮에 나온다.

▶ 해설 [ ]로 표시된 부분은 대조를 나타내는 부사절로 주절을 수식한다.

03 Materials which carry heat quickly are heat conductors [**while those which do not are thermal insulators**].

▶ 해석 열을 빠르게 전하는 물질은 열도체이고, 반면에 그렇지 않은 것들은 단열재이다.

▶ 해설 [ ]로 표시된 부분은 대조를 나타내는 부사절로 주절을 수식한다.

04 [**When pets are prohibited in many stores**], stores almost always post a notice saying that guide dogs are permitted.

▶ 해석 애완동물이 많은 상점들에서 금지되지만, 상점들에서는 거의 항상 안내견은 허용된다고 쓰인 공고문을 게시한다.

▶ 해설 [ ]로 표시된 부분은 양보를 나타내는 부사절로 주절을 수식한다.

05 [**Though she never learned to read in school**], my grandmother knew many traditional stories from her home country.

▶ 해석 학교에서 글을 읽는 법을 배운 적이 결코 없지만, 나의 할머니께서는 자신의 고국에서 전래되는 이야기를 많이 알고 계셨다.

▶ 해설 [ ]로 표시된 부분은 양보를 나타내는 부사절로 주절을 수식한다.

06 [**Although individuals vary greatly in the way they perceive a taste**], it is possible to make some quantitative comparisons of sweetness.

▶ 해석 사람들이 맛을 인식하는 방법에 있어서 매우 다르지만, 단맛

을 어느 정도 양적으로 비교하는 것은 가능하다.

▶해설 [ ]로 표시된 부분은 양보를 나타내는 부사절로 주절을 수식한다.

07 In our traditional culture, the values of cooperation and sharing were emphasized, [**while competitive behavior was discouraged**].

▶해석 우리 전통 문화에서, 협동과 공유의 가치는 강조되었지만, 반면에 경쟁적인 행동은 억제되었다.

▶해설 [ ]로 표시된 부분은 대조를 나타내는 부사절로 주절을 수식한다.

08 For many of us, hurrying is a way of life. Some of us enjoy the thrill that it gives us [**while others feel that their lives are speeding up to an unacceptable degree**].

▶해석 우리 중 많은 사람에게 서두름은 삶의 한 방식이다. 우리 중 몇몇은 그것(서두름)이 우리에게 제공하는 긴장감(스릴)을 즐기는 반면, 다른 사람들은 받아들일 수 없는 정도까지 자신의 삶의 속도가 올라가고 있다고 느낀다.

▶해설 [ ]로 표시된 부분은 대조를 나타내는 부사절로 주절을 수식한다.

Level up
09 The children who listened to the radio produced more imaginative responses, [**whereas the children who watched the television produced more words that repeated the original story**]. Children's exposure to ready-made visual images restricts their ability to generate novel images of their own.

▶해석 라디오를 들었던 어린이들은 더 상상력이 풍부한 응답을 했지만, 텔레비전을 시청했던 어린이들은 원래 이야기를 반복하는 말을 더 많이 했다. 어린이들이 이미 만들어진 시각적 이미지를 접하는 것은 그들 자신의 새로운 이미지를 만드는 그들의 능력을 제한한다.

▶해설 [ ]로 표시된 부분은 대조를 나타내는 부사절로 주절을 수식한다.

Level up
10 [**When we behave irrationally**], our behavior usually seems reasonable to us. When challenged, the mind says (to itself), "Why are these people giving me a hard time? I'm just doing what makes sense." In short, we naturally think that our thinking is fully justified.

▶해석 우리가 비이성적으로 행동하더라도, 우리의 행동이 대체로 우리에게는 합리적인 것처럼 보인다. 이의가 제기되면, 마음은 (스스로에게) "왜 이 사람들이 나를 힘들게 하는 것인가? 나는 이치에 맞는 일을 하고 있을 뿐인데."라고 말한다. 간단히 말해서, 우리는 선천적으로 우리의 생각이 완전히 정당화된다고 생각한다.

▶해설 [ ]로 표시된 부분은 양보를 나타내는 부사절로 주절을 수식한다.

Structure 52 부사절: 조건

Challenge
본문 ▶ p126

181 [**If you compare yourself with millionaires**], you will surely not be happy.

▶해석 여러분이 자기 자신과 백만장자를 비교한다면, 여러분은 틀림없이 행복하지 않을 것이다.

▶해설 [ ]로 표시된 부분은 조건을 나타내는 부사절로 주절을 수식한다.

182 [**Unless the weather improves**], we will have to cancel the game.

▶해석 날씨가 좋아지지 않는다면, 우리는 그 경기를 취소해야 할 것이다.

▶해설 [ ]로 표시된 부분은 조건을 나타내는 부사절로 주절을 수식한다.

183 I have spare batteries in my backpack, [**in case we need them**].

▶해석 우리가 배터리를 필요로 할 경우를 대비해서, 나는 배낭 안에 여분의 배터리를 가지고 있다.

▶해설 [ ]로 표시된 부분은 조건을 나타내는 부사절로 주절을 수식한다.

Application
본문 ▶ p127

01 You can't perform properly [**if you are so tense**].

▶**해석** 너무 긴장하면 여러분은 제대로 연주할 수 없다.

▶**해설** [ ]로 표시된 부분은 조건을 나타내는 부사절로 주절을 수식한다.

---

02 [**If you keep trying**], you'll be a good cook someday.

▶**해석** 계속 노력하면, 여러분은 언젠가 훌륭한 요리사가 될 것이다.

▶**해설** [ ]로 표시된 부분은 조건을 나타내는 부사절로 주절을 수식한다.

---

03 Anyone can join the course, [**provided that there is space available**].

▶**해석** 이용할 수 있는 공간이 있다면, 누구라도 그 과정에 참여할 수 있다.

▶**해설** [ ]로 표시된 부분은 조건을 나타내는 부사절로 주절을 수식한다.

---

04 [**If it is rainy on the day of the event**], the program will be canceled.

▶**해석** 행사가 있는 날에 비가 온다면, 그 프로그램은 취소될 것이다.

▶**해설** [ ]로 표시된 부분은 조건을 나타내는 부사절로 주절을 수식한다.

---

05 The space suddenly becomes more valuable [**once another person wants it**].

▶**해석** 일단 다른 사람이 그 장소를 원하면 그곳은 갑자기 더 가치 있게 된다.

▶**해설** [ ]로 표시된 부분은 조건을 나타내는 부사절로 주절을 수식한다.

---

06 [**If you want to change your lifestyle**], you must accept the consequences of that decision.

▶**해석** 여러분의 삶의 형태를 바꾸고 싶다면, 여러분은 그 결정의 결과를 받아들여야 한다.

▶**해설** [ ]로 표시된 부분은 조건을 나타내는 부사절로 주절을 수식한다.

---

07 It is impossible for a child to successfully release himself [**unless he knows exactly where his parents stand, both literally and figuratively**].

▶**해석** 아이가 자신의 부모가 글자 그대로나 비유적으로나 어디에서 있는지를 정확히 알지 못한다면 그 아이가 성공적으로 자신을 풀어 놓는 것은 불가능하다.

▶**해설** [ ]로 표시된 부분은 조건을 나타내는 부사절로 주절을 수식한다.

---

08 [**Provided those benefiting from your gift could possibly repay your generosity in the future**], that was the best thing you could do with excess meat.

▶**해석** 여러분의 선물로 혜택을 입은 사람들이 어쩌면 장차 여러분의 관대함에 대해 보상할 수 있었다면, 그것은 여러분이 여분의 고기를 가지고 할 수 있는 최고의 일이었다.

▶**해설** [ ]로 표시된 부분은 조건을 나타내는 부사절로 주절을 수식한다.

Level up

09 A painter making a fresco has limited time before the paint dries, and once it has dried, no further changes to the image are possible. Similarly, a traditional filmmaker has limited means of modifying images [**once they are recorded on film**].

▶**해석** 프레스코화를 그리는 화가는 물감이 마르기 전에 한정된 시간을 갖고 있어서, 일단 물감이 마르고 나면, 그림에 더 이상의 변화를 주기가 불가능하다. 마찬가지로, 종래의 영화 제작자는 일단 영상이 필름에 기록되고 나면 그것을 수정할 수 있는 한정된 수단을 갖고 있다.

▶**해설** [ ]로 표시된 부분은 조건을 나타내는 부사절로 주절을 수식한다.

Level up

10 [**Given that music appears to enhance physical and mental skills**], are there circumstances where music is damaging to performance? One domain where this is of considerable significance is music's potentially damaging effects on the ability to drive safely.

▶**해석** 음악이 신체와 정신 능력을 강화하는 것처럼 보인다면, 음악이 수행에 해를 끼치는 상황이 있을까? 이것이 상당히 중요한 의미를 갖는 한 영역은 잠재적으로 음악이 안전하게 운전하는 능력에 미치는 해로운 영향이다.

▶**해설** [ ]로 표시된 부분은 조건을 나타내는 부사절로 주절을 수식한다.

53 부사절: 가정

본문 ▶ p128

Challenge

184 **[If I won the lottery]**, I would leave my job.

▶해석 복권에 당첨된다면, 나는 직장을 그만둘 것이다.

▶해설 [ ]로 표시된 부분은 가정을 나타내는 부사절로 주절을 수식한다.

185 **[If it were not for routines]**, our lives would be in chaos.

▶해석 (판에 박힌) 일상이 없다면, 우리의 삶은 혼돈 속에 있을 것이다.

▶해설 [ ]로 표시된 부분은 가정을 나타내는 부사절로 주절을 수식한다.

186 **[If the king had tried to stop the protest]**, there would have been a riot.

▶해석 만약 왕이 그 저항을 저지하려고 했다면, 폭동이 일어났을 것이다.

▶해설 [ ]로 표시된 부분은 가정을 나타내는 부사절로 주절을 수식한다.

Application

본문 ▶ p129

01 Serafina could reach the barn in half the time **[if she took a direct route]**.

▶해석 Serafina는 직선 경로를 택한다면 절반의 시간에 헛간에 도착할 수 있을 것이다.

▶해설 [ ]로 표시된 부분은 가정을 나타내는 부사절로 주절을 수식한다.

02 **[If it were not for the Moon's steadying influence]**, the Earth would wobble like a dying top.

▶해석 달의 안정적인 영향력이 없다면, 지구는 죽어가는 팽이처럼 불안정하게 흔들릴 것이다.

▶해설 [ ]로 표시된 부분은 가정을 나타내는 부사절로 주절을 수식한다.

03 **[If I had taken packaged tours]** I never would have had the eye-opening experiences.

▶해석 패키지 여행을 갔더라면 나는 놀랄만한 그 경험들을 결코 하지 못했을 것이다.

▶해설 [ ]로 표시된 부분은 가정을 나타내는 부사절로 주절을 수식한다.

04 History would be easy to understand **[if all events could be accounted for on the basis of a set of simple laws]**.

▶해석 모든 사건이 일련의 간단한 법칙을 토대로 설명될 수 있다면 역사는 이해하기 쉬울 것이다.

▶해설 [ ]로 표시된 부분은 가정을 나타내는 부사절로 주절을 수식한다.

05 The fire would not have spread so quickly, **[if our firefighters had been able to arrive at the scene in time]**.

▶해석 우리의 소방관들이 제때에 그 현장에 도착할 수 있었다면, 그 불은 그렇게 빠르게 번지지 않았을 것이다.

▶해설 [ ]로 표시된 부분은 가정을 나타내는 부사절로 주절을 수식한다.

06 **[If it had not been for the ice age]**, North America might have remained unpopulated for thousands of years more.

▶해석 빙하 시대가 없었다면, 북아메리카는 수천 년 더 사람이 살지 않는 곳으로 남아 있었을 것이다.

▶해설 [ ]로 표시된 부분은 가정을 나타내는 부사절로 주절을 수식한다.

07 **[If they worked in a well-organized environment for any length of time]**, they would be surprised at how much more productive they were.

▶해석 그들이 얼마 동안 정리가 잘 된 환경에서 일한다면, 그들은 자신들이 참으로 훨씬 더 생산적인 것에 놀라게 될 것이다.

▶해설 [ ]로 표시된 부분은 가정을 나타내는 부사절로 주절을 수식한다.

08 **[If Louise had not learned the effective**

parenting skills taught in the seminars], she would probably be using similarly ineffective threatening techniques with her own children today!

▶ **해석** 세미나에서 가르쳐진 효과적인 양육 기술을 배우지 않았다면, Louise는 오늘 아마도 자신의 아이들에게 마찬가지로 효과가 없는 위협적인 기술을 사용하고 있을 것이다!

▶ **해설** [ ]로 표시된 부분은 가정을 나타내는 부사절로 주절을 수식한다.

Level Up
09 It is difficult to appreciate what a temperature of 20,000,000℃ means. **[If the solar surface, not the center, were as hot as this]**, the radiation emitted into space would be so great that the whole Earth would be vaporized within a few minutes.

▶ **해석** 섭씨 2천만 도의 온도가 무엇을 의미하는지를 이해하는 것은 어렵다. 태양의 중심부가 아니라 표면이 이만큼 뜨겁다면, 우주로 방출되는 복사에너지는 지구 전체가 몇 분 내로 증발될 정도로 그렇게 엄청날 것이다.

▶ **해설** [ ]로 표시된 부분은 가정을 나타내는 부사절로 주절을 수식한다.

Level Up
10 When two cultures come into contact, they do not exchange every cultural item. **[If that were the case]**, there would be no cultural differences in the world today. Instead, only a small number of cultural elements ever spread from one culture to another.

▶ **해석** 두 문화가 접촉할 때, 그 두 문화가 모든 문화 항목을 교환하는 것은 아니다. 만약 그렇다면, 오늘날 세계에는 전혀 문화적 차이가 없을 것이다. 대신에 단지 적은 수의 문화적 요소들만 늘 한 문화에서 다른 문화로 퍼진다.

▶ **해설** [ ]로 표시된 부분은 가정을 나타내는 부사절로 주절을 수식한다.

Challenge 본문 ▶ p130

187 **[As soon as the bell rang]**, I started running, **[though my feet still hurt]**.

▶ **해석** 종이 울리자마자, 나는 다리가 여전히 아팠는데도 뛰기 시작했다.

▶ **해설** [ ]는 각각 As soon as와 접속사 though로 유도된 종속절로서 각각 주절에 시간과 양보의 부가 정보를 제공한다.

---

188 **[When Pope Julius Ⅱ died in 1513]**, he left money for the completion of his tomb, **[so Michelangelo started work again]**.

▶ **해석** 교황 Julius 2세가 1513년에 죽었을 때, 그는 자신의 무덤을 완성하기 위한 돈을 남겼고, 그래서 미켈란젤로는 다시 작업을 시작했다.

▶ **해설** [ ]는 각각 접속사 When과 so (that)으로 유도된 종속절로서 각각 주절에 시간과 결과의 부가 정보를 제공한다.

---

189 The researchers lengthened the period of daylight **[to which the peach trees {on whose roots the insects fed} were exposed]**.

▶ **해석** 연구자들은 그 뿌리를 곤충들이 먹이로 하는 복숭아나무가 노출되는 일광의 기간을 늘렸다.

▶ **해설** [ ]와 { }는 각각 to which와 on whose roots로 유도된 종속절로서 각각 선행사 daylight와 선행사 the peach trees를 수식한다.

Application 본문 ▶ p131

01 **[When you discover a fire]**, decide **[if you can put the fire out]**.

▶ **해석** 화재를 발견했을 때에는, 여러분이 불을 끌 수 있는지 여부를 결정하라.

▶ **해설** [ ]는 각각 접속사 When과 접속사 if로 유도된 종속절로서 각각 주절에 시간의 부가 정보를 제공하고 동사 decide의 목적어 역할을 한다.

UNIT 5

02 Basic scientific research has one important use [**that is so valuable {it seems an insult to refer to it as merely functional}**].

▶ 해석 기초 과학 연구는 매우 가치가 커서 그것을 단지 기능적이라고 언급하는 것은 모욕인 것 같은 한 가지 중요한 쓰임을 가지고 있다.

▶ 해설 [ ]와 { }는 각각 관계사 that과 생략된 접속사 that으로 유도된 종속절로서 각각 선행사 one important use를 수식하고 관계사 that으로 유도된 종속절에 결과의 부가 정보를 제공한다.

03 Unfortunately, few, [**if any**], scientists are truly objective [**as they have often decided {long before the experiment is begun} {what they would like the result to be}**].

▶ 해석 유감스럽게도, 실험이 시작되기 오래전에 결과가 어떻게 나오면 좋을지를 자주 결정해 놓기 때문에, 설령 있다손 치더라도 진정으로 객관적인 과학자는 거의 없다.

▶ 해설 [ ]는 각각 접속사 if과 접속사 as로 유도된 종속절로서 각각 주절에 양보와 이유의 부가 정보를 제공한다. 두 번째 [ ] 안의 { }는 각각 long before와 의문사 what으로 유도된 종속절로서 각각 as로 유도된 종속절에 시간의 부가 정보를 제공하고 동사 decided의 목적어 역할을 한다.

04 [**After punishment has been administered a few times**], it needn't be continued, [**because the mere threat of punishment is enough to induce the desired behavior**].

▶ 해석 처벌이 몇 번 가해진 후에는 그것(처벌)이 계속될 필요는 없는데, 그 이유는 단지 처벌하겠다는 위협만으로도 바라는 행동을 유발하기에 충분하기 때문이다.

▶ 해설 [ ]는 각각 접속사 After와 접속사 because로 유도된 종속절로서 각각 주절에 시간과 이유의 부가 정보를 제공한다.

05 Hannah recalled the first day of school [**when she had stood in that same place, in the middle of many anxious freshmen, {some of whom had become her closest friends}**].

▶ 해석 Hannah는 불안해하는 많은 신입생들의 한가운데에서 자신이 그 동일한 장소에 서 있었던 학교에서의 첫날을 기억해

낸는데, 그들 중 몇몇은 그녀와 가장 가까운 친구가 되었다.

▶ 해설 [ ]와 { }는 각각 관계사 when과 some of whom으로 유도된 종속절로서 각각 선행사 the first day of school을 수식하고 선행사 many anxious freshmen에 대한 부가 정보를 제공한다.

06 Psychologists [**who study giving behavior**] have noticed [**that some people give substantial amounts to one or two charities, {while others give small amounts to many charities}**].

▶ 해석 기부하는 행동을 연구하는 심리학자들은 어떤 사람들은 상당한 액수를 한두 자선단체에 기부하는 반면에, 또 어떤 사람들은 적은 액수를 많은 자선단체에 기부한다는 것을 알았다.

▶ 해설 [ ]는 각각 관계사 who와 접속사 that으로 유도된 종속절로서 각각 선행사 Psychologists를 수식하고 동사 noticed의 목적어 역할을 한다. 두 번째 [ ] 안의 { }는 접속사 while로 유도된 종속절로서 that으로 유도된 종속절에 대조의 부가 정보를 제공한다.

07 [**As the size of the group grows**], consensus requires lengthy and time-consuming interaction [**so that everybody's objections can be clearly understood and incorporated**].

▶ 해석 집단의 크기가 커지면서, 합의에 이르는 것은 모든 사람의 이의가 분명하게 이해되고 통합될 수 있게 하기 위해서 장황하고 시간이 걸리는 상호 작용을 요구한다.

▶ 해설 [ ]는 각각 접속사 As와 so that으로 유도된 종속절로서 각각 주절에 시간과 목적의 부가 정보를 제공한다.

08 Creativity is strange in [**that it finds its way in any kind of situation, {no matter how restricted}, {just as the same amount of water flows faster and stronger through a narrow strait than across the open sea}**].

▶ 해석 창의성은 아무리 제약을 받을지라도, 같은 양의 물이 탁 트인 바다를 가로지를 때보다 좁은 해협을 통과할 때 더 빠르고 세게 흐르는 것처럼, 그 어떤 상황에서도 길을 찾아간다는 점에서 묘하다.

▶ 해설 [ ]는 접속사 that으로 유도된 종속절로서 전치사 in의 목적어 역할을 한다. [ ] 안의 { }는 각각 no matter how와 just as로 유도된 종속절로서 각각 that으로 유도된 종속절에 양

보와 비유의 부가 정보를 제공한다.

Level up
09 When there is no immediate danger, it is usually best to approve of the child's play without interfering. Efforts to assist him in his struggles, [**while well intentioned**], may divert him from seeking and eventually finding the solution [**that will serve him best**].

▶ 해석 당면한 위험이 없을 때에는, 간섭하지 않고 아이의 놀이를 인정해 주는 것이 대개 가장 좋다. 비록 선의라 할지라도, 그 아이의 분투를 도와주려는 노력은 그가 자신에게 가장 도움이 될 해결책을 구하고 마침내 찾아내는 것으로부터 주의를 다른 데로 돌릴 수도 있다.

▶ 해설 [ ]는 각각 접속사 while과 관계사 that으로 유도된 종속절로서 각각 주절에 양보의 부가 정보를 제공하고 앞에 나온 명사구 the solution을 수식한다.

Level up
10 School physical education programs should offer a balanced variety of activities [**that allow young people to develop interest in physical activities {that are personally meaningful and enjoyable}**]. A balance should exist in any physical education program among team, dual, and individual sports.

▶ 해석 학교 체육 프로그램은 어린 학생들이 개인적으로 의미 있고 즐길 만한 신체 활동에 흥미를 붙이도록 해 주는 균형 잡힌 다양한 활동을 제공해야 한다. 균형은 단체 스포츠, 둘이 하는 스포츠, 개인 스포츠 중의 어떠한 체육 프로그램에도 존재해야 한다.

▶ 해설 [ ]와 { }는 각각 관계사 that으로 유도된 종속절로서 각각 선행사 a balanced variety of activities와 선행사 physical activities를 수식한다.

Structure 55 해석 전략: 종속절의 범위 파악

Challenge

본문 ▶ p132

190 The question [**that Cindy asked her professor yesterday**] was impressive.

▶ 해석 Cindy가 어제 교수님께 했던 질문은 인상적이었다.

▶ 해설 [ ]는 관계사 that으로 유도된 관계절로서 선행사 The question을 수식한다.

191 I couldn't believe [**what I had just heard**].

▶ 해석 나는 내가 방금 들었던 것을 믿을 수가 없었다.

▶ 해설 [ ]는 선행사를 포함한 관계사 what으로 유도된 관계절로서 동사 believe의 목적어 역할을 한다.

192 [**How regularly you work out**] does count.

▶ 해석 얼마나 규칙적으로 운동하는지는 정말로 중요하다.

▶ 해설 [ ]는 의문사 How로 유도된 명사절로서 문장의 주어 역할을 한다.

193 Eugene would not admit [**that he was an accomplice in the crime**].

▶ 해석 Eugene은 자신이 그 범죄의 공범이라는 것을 인정하려고 하지 않았다.

▶ 해설 [ ]는 접속사 that으로 유도된 명사절로서 동사 admit의 목적어 역할을 한다.

194 The fact [**that Judy became a respectable CEO**] impressed many people.

▶ 해석 Judy가 존경할 만한 CEO가 되었다는 사실은 많은 사람들에게 깊은 인상을 주었다.

▶ 해설 [ ]는 접속사 that으로 유도된 동격절로서 명사구 The fact와의 동격 관계를 표시한다.

195 [**Once a goal is set**], you should not hesitate to go for it.

▶ 해석 일단 어떤 목표가 정해지면, 너는 그 목표를 향해 나아가는 데 망설이지 말아야 한다.

▶ 해설 [ ]는 접속사 Once로 유도된 부사절로서 주절에 조건이나 시간의 부가 정보를 제공한다.

Application

본문 ▶ p133

01 I thought [**that I had better go out and buy some books about famous people**].

UNIT 5

▶**해석** 나는 나가서 유명한 사람에 대한 책을 몇 권 사야겠다고 생각했다.

▶**해설** [ ]는 접속사 that으로 유도된 명사절로서 동사 thought의 목적어 역할을 한다.

---

02 Effective coaches focus on those things [**that need to get done**] and separate out everything else.

▶**해석** 유능한 코치는 해야 될 것들에 초점을 맞추고 다른 모든 것은 분리한다.

▶**해설** [ ]는 관계사 that으로 유도된 관계절로서 앞에 나온 명사구 those things를 수식한다.

---

03 There is evidence [**that groups with an even number of members differ from groups with an odd number of members**].

▶**해석** 짝수의 구성원으로 이루어진 집단이 홀수의 구성원으로 이루어진 집단과 다르다는 증거가 있다.

▶**해설** [ ]는 접속사 that으로 유도된 동격절로서 명사구 evidence와의 동격 관계를 표시한다.

---

04 Nancy was struggling to see the positive [**when her teen daughter was experiencing a negative perspective on her life and abilities**].

▶**해석** Nancy는 그녀의 십 대 딸아이가 자신의 삶과 능력에 대한 부정적인 관점을 겪고 있을 때, 긍정적인 면을 보려고 애쓰고 있었다.

▶**해설** [ ]는 접속사 when으로 유도된 부사절로서 주절에 시간의 부가 정보를 제공한다.

---

05 In many situations the boundary between good and bad is a reference point [**that changes over time**] and depends on the immediate circumstances.

▶**해석** 많은 경우에 있어서 좋음과 나쁨 사이의 경계는 시간이 지나면서 변하는 기준점이고 당면한 상황에 좌우된다.

▶**해설** [ ]는 관계사 that으로 유도된 관계절로서 선행사 a reference point를 수식한다.

---

06 One value [**that has become increasingly common in Western cultures**] is materialism, [**which places importance on money and material goods**].

▶**해석** 서양 문화에서 점점 더 흔해진 하나의 가치는 물질주의인데, 그것은 돈과 물적 재화에 중점을 두고 있다.

▶**해설** [ ]는 각각 관계사 that과 관계사 which로 유도된 관계절로서 각각 선행사 One value를 수식하고 선행사 materialism에 대한 부가 정보를 제공한다.

---

07 Richard carried so many books [**that he was able to pull book after book out of his pocket {when a student tried to show off his knowledge of Greek writers}**].

▶**해석** Richard는 아주 많은 책을 들고 다녀서 어떤 학생이 그리스 작가들에 대한 자신의 지식을 자랑하려고 했을 때 자기 주머니에서 계속해서 책을 꺼낼 수 있을 정도였다.

▶**해설** [ ]와 { }는 각각 접속사 that과 접속사 when으로 유도된 부사절로서 각각 주절에 결과의 부가 정보를 제공하고 접속사 that으로 유도된 절에 시간의 부가 정보를 제공한다.

---

08 People [**who start out being nice**] get our hopes up, so the letdown [**we experience {when we discover that they are not nice}**] makes it worse than [**if they had acted badly from the start**].

▶**해석** 처음에 친절한 사람들은 우리의 기대를 부풀리고, 그래서 그들이 친절하지 않다는 것을 발견할 때 우리가 경험하는 실망은 그들이 처음부터 나쁘게 행동했을 경우보다 상황을 더 악화시킨다.

▶**해설** [ ]는 각각 관계사 who로 유도된 관계절, 생략된 목적어 역할의 관계사로 유도된 관계절, 그리고 접속사 if로 유도된 가정의 부사절로서 각각 선행사 People, 선행사 the letdown, 그리고 주절을 수식한다. 두 번째 [ ] 안의 { }는 접속사 when으로 유도된 부사절로서 생략된 목적어 역할의 관계사로 유도된 관계절에 시간의 부가 정보를 제공한다.

Level up
09 [**The next time you feel attracted to someone, and want to introduce yourself**], go ahead. You'll be likely to make a new friend. By giving yourself freedom to follow your intuition, you develop your sensitivity to your inner voice. You learn to hear the quiet messages that can make your life an adventure.

▶해석 다음에 누군가에게 마음이 끌려서 자신을 소개하고 싶을 때에는, 그렇게 하라. 여러분은 새로운 친구를 사귀게 될 것이다. 자신의 직감을 따르는 자유를 자기 자신에게 줌으로써, 내면의 목소리를 헤아리는 세심함이 생겨난다. 삶을 모험으로 만들 수 있는 조용한 메시지를 듣는 것을 배우게 된다.

▶해설 [ ]는 The next time으로 유도된 부사절로서 주절에 시간의 부가 정보를 제공한다.

Level up

10 [**If you walk into a store looking for a new computer and the first salesperson {you meet} immediately points to a group of computers and says, "Any of those are good,"** **and then walks away**], you will probably walk away, too, and with good reason. Why? You were never asked about your needs and preferences.

▶해석 새 컴퓨터를 찾아 가게로 들어가는데 만나는 첫 번째 판매원이 즉시 한 무더기의 컴퓨터를 가리키면서 "저것들 다 좋아요"라고 말하고 나서 가 버린다면, 여러분도 또한 아마도 가 버릴 것이고, 그럴 만한 충분한 이유가 있다. 왜 그런가? 여러분은 여러분의 필요와 선호도에 대해 전혀 질문 받지 않았다.

▶해설 [ ]는 접속사 If로 유도된 조건의 부사절로서 주절을 수식한다. 그 안의 { }는 the first salesperson을 수식하는 관계절이다.

56 해석 전략: that의 정체 파악

Challenge   본문 ▶ p134

196 [**That my ex-girlfriend should forget me so quickly**] was rather a shock.

▶해석 전 여자 친구가 나를 그렇게 빨리 잊었다는 것은 상당한 충격이었다.

▶해설 [ ]는 접속사 That으로 유도된 명사절로서 문장의 주어 역할을 한다.

197 The report [**that tuition was going up in the fall**] was untrue.

▶해석 등록금이 가을에 오를 것이라는 보도는 사실이 아니었다.

▶해설 [ ]는 접속사 that으로 유도된 동격절로서 명사구 The report와의 동격 관계를 표시한다.

198 We are all afraid [**that the storm will be severe**].

▶해석 우리는 모두 폭풍우가 심해질까 봐 걱정한다.

▶해설 [ ]는 접속사 that으로 유도된 보문절로서 형용사 afraid의 부족한 의미를 보충해주는 보문 역할을 한다.

199 The book [**that is on the floor**] should be returned to the library.

▶해석 바닥 위에 있는 그 책은 도서관에 반납되어야 한다.

▶해설 [ ]는 관계사 that으로 유도된 관계절로서 앞에 나온 명사구 The book을 수식한다.

200 Michael remembers the exact time [**that he witnessed the accident**].

▶해석 Michael은 그 사고를 목격했던 정확한 시간을 기억한다.

▶해설 [ ]는 관계사 that으로 유도된 관계절로서 선행사 the exact time을 수식한다.

201 Dr. Green's speech was so boring [**that I couldn't but fall asleep**].

▶해석 Dr. Green의 연설은 너무나 지루해서 나는 잠이 들지 않을 수 없었다.

▶해설 [ ]는 접속사 that으로 유도된 부사절로서 주절에 결과의 부가 정보를 제공한다.

Application   본문 ▶ p135

01 The scene was so spectacular [**that the audience couldn't take their eyes off it**].

▶ **해석** 그 장면은 아주 장관이어서 관객들은 그것에서 눈을 뗄 수가 없었다.

▶ **해설** [ ]는 접속사 that으로 유도된 부사절로서 주절에 결과의 부가 정보를 제공한다.

02 I would like to thank you for approving my request [**that the company pay for my college tuition**].

▶ **해석** 회사에서 대학 등록금을 지불해 달라는 제 요청을 승인해 주셔서 감사드리고 싶습니다.

▶ **해설** [ ]는 접속사 that으로 유도된 동격절로서 명사구 my request와의 동격 관계를 표시한다.

03 Fear, rapid heartbeat, quick breathing, and sweating are simply the body's declaration [**that we are ready to fight**].

▶ **해석** 두려움, 빠른 심장 박동, 가쁜 호흡, 그리고 땀이 나는 것이야말로 우리가 싸울 준비가 되어 있다는 신체의 선언이다.

▶ **해설** [ ]는 접속사 that으로 유도된 동격절로서 명사구 the body's declaration과의 동격 관계를 표시한다.

04 The very trust [**that this apparent objectivity inspires**] is what makes maps such powerful carriers of ideology.

▶ **해석** 이렇게 객관적으로 보이는 것이 고취시키는 바로 그 신뢰가 지도를 무척 강력한 이데올로기의 매개체로 만드는 것이다.

▶ **해설** [ ]는 관계사 that으로 유도된 관계절로서 선행사 The very trust를 수식한다.

05 Marian discovered [**that whenever she showed considerable effort in solving a math problem, her teacher would reward her for working hard**].

▶ **해석** Marian은 자신이 수학 문제를 푸는 데 상당한 노력을 보일 때마다 선생님이 자신에게 열심히 한 것에 대한 보상을 해 줄 것임을 알아챘다.

▶ **해설** [ ]는 접속사 that으로 유도된 명사절로서 동사 discovered의 목적어 역할을 한다.

06 Today I remembered [**that our family is going to get back from a trip on July 13**], and I'm afraid [**Bradley won't be able to make it on**

the very first day of the program**].

▶ **해석** 오늘 나는 우리 가족이 7월 13일에 여행에서 돌아올 예정이라는 것을 기억해 냈고, 그래서 Bradley가 프로그램의 맨 첫날에 참가할 수 없을까 봐 걱정이다.

▶ **해설** [ ]는 각각 접속사 that으로 유도된 명사절과 생략된 접속사 that으로 유도된 보문절로서 각각 동사 remembered의 목적어 역할과 형용사 afraid의 보문 역할을 한다.

07 My friend was disappointed [**that scientific progress has not cured the world's ills by abolishing wars and starvation; that gross human inequality is still widespread; that happiness is not universal**].

▶ **해석** 나의 친구는 과학의 진보가 전쟁과 기아를 완전히 없앰으로써 세상의 병폐들을 치유하지 못했다는 것과, 중대한 인간 불평등이 여전히 널리 퍼져 있으며, 행복이 보편적이지 않다는 것에 실망했다.

▶ **해설** [ ]는 접속사 that으로 유도된 보문절로서 형용사 disappointed의 부족한 의미를 보충해주는 보문 역할을 한다.

08 The fact [**that language is not always reliable for causing precise meanings to be generated in someone else's mind**] is a reflection of its powerful strength as a medium for creating new understanding.

▶ **해석** 언어가 다른 사람의 마음속에 정확한 의미가 만들어지게 하는 데 늘 신뢰할 만한 것은 아니라는 사실은 새로운 이해를 창조하는 수단으로서 그것이 가진 강력한 힘의 반영이다.

▶ **해설** [ ]는 접속사 that으로 유도된 동격절로서 명사구 The fact와의 동격 관계를 표시한다.

Level up
09 We tend to assume that the way to get more time is to speed up. But speeding up can actually slow us down. Anyone who has ever rushed out of the house only to realize [**that their keys and wallet are sitting on the kitchen table**] knows this only too well.

▶ **해석** 우리는 더 많은 시간을 얻는 방법은 속도를 내는 것이라고 추정하는 경향이 있다. 그러나 속도를 내는 것은 실제로는 우리의 속도를 늦출 수 있다. 급하게 집을 나섰다가 결국 열쇠와 지갑을 식탁 위에 두고 왔다는 것을 깨달은 적이 있는 사람이

라면 누구나 이를 너무나도 잘 알고 있다.

▶ **해설** [ ]는 접속사 that으로 유도된 명사절로서 realize의 목적어 역할을 한다.

_{Level Up}

10 When a person accepts a moral principle, naturally the person believes that the principle is important and well justified. But there is more to moral principles than that. <u>When a principle is part of a person's moral code, that person is strongly motivated toward the conduct required by the principle, and against behavior [**that conflicts with that principle**]</u>.

▶ **해석** 어떤 사람이 어떤 도덕적 원칙을 받아들일 때, 자연스럽게 그 사람은 그 원칙이 중요하고 아주 정당하다고 믿는다. 그러나 도덕적 원칙에는 그보다 더 많은 것이 있다. 어떤 원칙이 어떤 사람의 도덕적 규범의 일부일 때는, 그 사람은 그 원칙에 의해 요구되는 행동을 하도록, 그리고 그 원칙과 상충하는 행동은 하지 않도록 강하게 동기를 부여받는다.

▶ **해설** [ ]는 관계사 that으로 유도된 관계절로서 앞에 나온 명사구 behavior를 수식한다.

_{Challenge}   본문 ▶ **p140**

202 Linda likes coffee and [**Lisa ~~likes tea~~**].

▶ **해석** Linda는 커피를 (좋아하고), Lisa는 차를 좋아한다.

▶ **해설** 두 개의 절이 and로 대등하게 연결된 문장에서, 앞 절에 언급된 동사 likes가 다른 절에 다시 나타날 때 이 동사는 생략할 수 있다. 생략된 동사를 제자리에 복원하면 정확한 해석을 할 수 있다.

203 Paul voted for Daniel, [**Mark ~~voted for~~ Brian**], and [**Kevin ~~voted~~ for Jason**].

▶ **해석** Paul은 Daniel에게 (투표했고), Mark는 Brian에게 (투표했고), Kevin은 Jason에게 투표했다.

▶ **해설** 세 개의 절이 and로 대등하게 연결된 문장에서, 최초의 절에 언급된 동사 voted가 다른 두 개의 절에 다시 나타날 때 이 동사는 생략할 수 있다. 생략된 동사를 제자리에 복원하면 정확한 해석을 할 수 있다.

204 Helen met Ken at Berkely and [**Karen ~~met Ken~~ at Harvard**].

▶ **해석** Helen은 Berkely에서 (Ken을 만났고), Karen은 Harvard에서 Ken을 만났다.

▶ **해설** 두 개의 절이 and로 대등하게 연결된 문장에서, 앞 절에 언급된 동사와 목적어 met Ken이 다른 절에 다시 나타날 때 이 동사와 목적어는 생략할 수 있다. 생략된 요소를 제자리에 복원하면 정확한 해석을 할 수 있다.

_{UNIT} **6**

_{Application}   본문 ▶ **p141**

01 Sam ate the pie and [**Sally ~~ate the cake~~**].

▶ **해석** Sam은 파이를 (먹었고), Sally는 케이크를 먹었다.

▶ **해설** 두 개의 절이 and로 대등하게 연결된 문장에서, 앞 절에 언급된 동사 ate가 다른 절에 다시 나타날 때 이 동사는 생략할 수 있다. 생략된 동사를 제자리에

복원하면 정확한 해석을 할 수 있다.

02 The girl works in a skyscraper and [**the boy** ~~works~~ **in a quonset hut**].

▶**해석** 그 소녀는 고층 건물에서 (일하고), 그 소년은 퀀셋식 간이 건물에서 일한다.

▶**해설** 두 개의 절이 and로 대등하게 연결된 문장에서, 앞 절에 언급된 동사 works가 다른 절에 다시 나타날 때 이 동사는 생략할 수 있다. 생략된 동사를 제자리에 복원하면 정확한 해석을 할 수 있다.

03 Alan prefers for Tom to do the task, and [**Sandy** ~~prefers~~ **for Alan to do it**].

▶**해석** Alan은 Tom이 그 일을 하는 것을 (선호하고), Sandy는 Alan이 그것을 하는 것을 선호한다.

▶**해설** 두 개의 절이 and로 대등하게 연결된 문장에서, 앞 절에 언급된 동사 prefers가 다른 절에 다시 나타날 때 이 동사는 생략할 수 있다. 생략된 동사를 제자리에 복원하면 정확한 해석을 할 수 있다.

04 For a carving that he liked, Paul offered 300 pesos and [**his opponent** ~~offered~~ **450 pesos**].

▶**해석** 자기가 마음에 드는 조각품에 대해 Paul은 300페소를 (제의했고), 그의 상대는 450페소를 제의했다.

▶**해설** 두 개의 절이 and로 대등하게 연결된 문장에서, 앞 절에 언급된 동사 offered가 다른 절에 다시 나타날 때 이 동사는 생략할 수 있다. 생략된 동사를 제자리에 복원하면 정확한 해석을 할 수 있다.

05 Some call Joe Mike and [**others** ~~call Joe~~ **Harry**].

▶**해석** 어떤 이는 Joe를 Mike라고 (부르고), 또 어떤 사람들은 (Joe를) Harry라고 부른다.

▶**해설** 두 개의 절이 and로 대등하게 연결된 문장에서, 앞 절에 언급된 동사와 목적어 call Joe가 다른 절에 다시 나타날 때 이 동사와 목적어는 생략할 수 있다. 생략된 요소를 제자리에 복원하면 정확한 해석을 할 수 있다.

06 I want to write a novel and [**Mary** ~~want to write~~ **a play**].

▶**해석** 나는 소설을 (쓰기를 원하고), Mary는 희곡을 쓰기를 원한다.

▶**해설** 두 개의 절이 and로 대등하게 연결된 문장에서, 앞 절에 언급된 동사와 목적어의 일부인 want to write 가 다른 절에 다시 나타날 때 이 부분은 생략할 수 있다. 생략된 요소를 제자리에 복원하면 정확한 해석을 할 수 있다.

07 Some believe the young man handsome and [**others** ~~believe the young man~~ **brave**].

▶**해석** 어떤 사람들은 그 젊은이가 잘생겼다고 (생각하고), 또 어떤 사람들은 (그 젊은이가) 용감하다고 생각한다.

▶**해설** 두 개의 절이 and로 대등하게 연결된 문장에서, 앞 절에 언급된 동사와 목적어 believe the young man 이 다른 절에 다시 나타날 때 이 동사와 목적어는 생략할 수 있다. 생략된 요소를 제자리에 복원하면 정확한 해석을 할 수 있다.

08 Farmers in remote area access weather data, and [**their children** ~~access~~ **online educational materials**].

▶**해석** 외딴 지역의 농부들은 날씨 정보를 (접하고), 그들의 아이들은 온라인 교육 자료를 접한다.

▶**해설** 두 개의 절이 and로 대등하게 연결된 문장에서, 앞 절에 언급된 동사 access가 다른 절에 다시 나타날 때 이 동사는 생략할 있다. 생략된 요소를 제자리에 복원하면 정확한 해석을 할 수 있다.

Level up
09 The domestic animal is dependent for survival on its human owner. The human becomes the master; [**the animals** ~~become~~ **his servants and slaves**]. By definition, domestic animals have to obey the will of humans and, for the majority of species involved, this loss of independence had some fairly damaging long-term consequences.

▶**해석** 가축은 생존을 인간 주인에게 의존한다. 인간은 주인이 (되고), 동물은 인간의 종과 노예가 된다. 당연한 일이지만 가축은 인간의 뜻에 복종해야 하고, 대다수 관련 종에 있어서 이러한 독립성의 상실은 몇 가지 상당히 해로운 장기적인 결과를 가져왔다.

▶**해설** 두 개의 절이 세미콜론(;)으로 연결된 문장에서, 앞 절에 언급된 동사 becomes가 다른 절에 다시 나타날 때 이 동사는 생략할 수 있다. 생략된 동사를 제자리에 복원하면(여기에서는 문맥에 맞게 become

으로 복원) 정확한 해석을 할 수 있다.

본문 ▶ p142

Level up

10 If you have an internal clock that runs all the time and is accurate so you're never late and never overscheduled, don't assume your partner has the same hardware or software. Maybe your clock measures time to the minute and [his clock ~~measures time~~ in 30-minute blocks]. Or maybe his clock varies, so that 30 minutes feels like 15 minutes one day and 45 minutes the next.

▶해석 항상 작동하고 정확해서 여러분이 절대 늦지 않고 스케줄이 과도하게 잡히는 법이 없게 하는 체내 시계가 있다고 해도 여러분의 파트너도 같은 하드웨어나 소프트웨어를 가지고 있다고 추정하지 마라. 아마 여러분의 시계는 (시간을) 분 단위로 (측정하고), 그 파트너의 시계는 시간을 30분 간격으로 측정할 것이다. 아니면 그의 시계는 변화무쌍하여 30분이 어떤 날은 15분처럼 그리고 그 다음 날은 45분처럼 느껴질 수도 있다.

▶해설 두 개의 절이 and로 대등하게 연결된 문장에서, 앞 절에 언급된 동사와 명사 measures time이 다른 절에 다시 나타날 때 이 동사와 목적어는 생략할 수 있다. 생략된 동사와 목적어를 제자리에 복원하면 정확한 해석을 할 수 있다.

Structure **58** 동사구 생략

Challenge 본문 ▶ p142

205 Helen met Ken at Berkely and [**Karen did ~~meet Ken at Berkely~~**], too.

▶해석 Helen은 Berkely에서 Ken을 만났고, Karen도 그랬다.

▶해설 두 개의 절이 and로 대등하게 연결된 문장에서, 앞 절에 언급된 동사구 met Ken at Berkely가 다른 절에 다시 나타날 때 이 동사구는 조동사 did 뒤에서 생략할 수 있다. 생략된 동사구를 제자리에 복원하면(여기에서는 문맥에 맞게 meet Ken at Berkely로 복원) 정확한 해석을 할 수 있다.

206 Eric can play the guitar and [**Jason can ~~play the guitar~~**], too.

▶해석 Eric은 기타를 칠 줄 알고 Jason도 그렇다.

▶해설 두 개의 절이 and로 대등하게 연결된 문장에서, 앞 절에 언급된 동사구 play the guitar가 다른 절에 다시 나타날 때 이 동사구는 조동사 can 뒤에서 생략할 수 있다. 생략된 동사구를 제자리에 복원하면 정확한 해석을 할 수 있다.

---

207 Ben likes to stay up late, and [**Martha likes to ~~stay up late~~**] as well.

▶해석 Ben은 늦게까지 깨어 있는 것을 좋아하고 Martha도 (늦게까지 깨어 있는 것을) 좋아한다.

▶해설 두 개의 절이 and로 대등하게 연결된 문장에서, 앞 절에 언급된 동사구 stay up late가 다른 절에 다시 나타날 때 이 동사구는 to부정사구를 이끄는 to 뒤에서 생략할 수 있다. 생략된 동사구를 제자리에 복원하면 정확한 해석을 할 수 있다.

Application 본문 ▶ p143

01 W: Mr. Brown's open class today looked interesting.

　M: Yes, [**it did ~~look interesting~~**]. I was impressed by how active it was.

▶해석 여자: 오늘 Brown 선생님의 공개강좌는 재미있어 보이더라.
남자: 맞아, 그랬어. 수업이 무척 활기찬 게 인상적이었어.

▶해설 두 사람의 대화 중 앞 문장에 언급된 동사구 looked interesting이 이어지는 문장에 다시 나타날 때 이 동사구는 (원형의 형태로) 조동사 did 뒤에서 생략할 수 있다. 따라서 남자의 대답 중 조동사 did 바로 다음에 생략된 동사구를 복원하면 정확한 해석을 할 수 있다.

---

02 M: Does Joshua like the mobile hanging from the ceiling, too?

　W: [**He does ~~like the mobile hanging from the ceiling~~**]. The children made it together.

▶해석 남자: Joshua도 천장에 매달려 있는 그 모빌을 마음에 들어 합니까?
여자: 그래요, 아이들이 그것을 함께 만들었어요.

▶해설 두 사람의 대화 중 앞 문장에 언급된 동사구 like the mobile hanging from the ceiling이 이어지는 문장

UNIT **6**

에 다시 나타날 때 이 동사구는 조동사 does 바로 뒤에서 생략할 수 있다. 따라서 여자의 대답 중 조동사 does 바로 다음에 생략된 동사구를 복원하면 정확한 해석을 할 수 있다.

03 M: I thought that you saw your grandmother last weekend.

W: [**I was going to see her last weekend**], but my car broke down. So, I'm going to go see her this Sunday.

▶해석 남자: 나는 네가 지난주에 네 할머니를 뵈었다고 생각했는데.
여자: 그러려고 했는데 내 차가 고장이 났었거든. 그래서 이번 주 일요일에 뵈려고 해.

▶해설 두 사람의 대화 중 앞 문장에 언급된 동사구 saw her last weekend가 이어지는 문장에 다시 나타날 때 이 동사구는 to부정사구를 이끄는 to 뒤에서 생략할 수 있다. 따라서 여자의 대답 중 생략된 동사구를 to 바로 다음에 복원하면 정확한 해석을 할 수 있다.

04 W: Look at the pond with the fish. It looks peaceful.

M: [**It does look peaceful**]. I like the bear statue in the middle of the picture.

▶해석 여자: 물고기가 살고 있는 저 연못 좀 보렴. 평화로워 보여.
남자: 그렇군. 그 사진 한가운데 있는 곰 조각상이 마음에 들어.

▶해설 두 사람의 대화 중 앞 문장에 언급된 동사구 looks peaceful이 이어지는 문장에 다시 나타날 때 이 동사구는 (원형의 형태로) 조동사 does 뒤에서 생략할 수 있다. 따라서 생략된 동사구를 조동사 does 바로 뒤에 복원하면 정확한 해석을 할 수 있다.

05 M: Something looks different here. Did you put a clock on the wall?

W: Yes, [**I did put a clock on the wall**]. I also moved the microwave oven next to the refrigerator.

▶해석 남자: 여기 뭔가가 달라 보여. 벽에 시계를 걸었니?
여자: 응, 그랬어. 전자레인지도 냉장고 옆으로 옮겼어.

▶해설 두 사람의 대화 중 앞 문장에 언급된 동사구 put a clock on the wall이 이어지는 문장에 다시 나타날 때 이 동사구는 조동사 did 뒤에서 생략할 수 있

다. 따라서 여자의 대답 중 생략된 동사구를 조동사 did 바로 뒤에 복원하면 정확한 해석을 할 수 있다.

06 Some of the simple ideological messages that maps can convey include: This land is ours; here is the center of the universe; if we do not claim this land, [**the enemies will claim this land**].

▶해석 지도가 전할 수 있는 간단한 이념적인 메시지 몇 개를 들자면 다음과 같은 것이 있다. 이 땅은 우리 것이다. 여기가 우주의 중심이다. 만일 우리가 이 땅의 소유를 주장하지 않으면 적들이 그렇게 할 것이다.

▶해설 if절과 독립절로 연결된 절에서, if절에 언급된 동사구 claim this land가 이어지는 독립절에 다시 나타날 때 이 동사구는 조동사 will 뒤에서 생략할 수 있다. 따라서 생략된 동사구를 조동사 will 바로 뒤에 복원하면 정확한 해석을 할 수 있다.

07 Humans could access the new island with comparative ease, and [**they did access the new island with comparative ease**]!

▶해석 인간은 새로운 섬에 비교적 쉽게 접근할 수 있었고 실제로 그렇게 했다!

▶해설 두 개의 절이 and로 대등하게 연결된 문장에서, 앞 절에 언급된 동사구 access the new island with comparative ease가 다른 절에 다시 나타날 때 이 동사구는 조동사 did 뒤에서 생략할 수 있다. 따라서 생략된 동사구를 조동사 did 바로 뒤에 복원하면 정확한 해석을 할 수 있다.

08 As the nature of sarcasm implies a contradiction between intent and message, nonverbal cues may "leak" and reveal the speaker's true mood [**as they do "leak" and reveal the speaker's true mood**] in deception.

▶해석 비꼼의 본질은 의도와 메시지 사이의 모순을 함축하기 때문에 비언어적 신호는 기만할 때 그렇게 하듯이 말하는 이의 진짜 기분을 '누설'하여 드러낼 수도 있다.

▶해설 독립절과 as절로 연결된 절에서, 주절에 언급된 동사구 "leak" and reveal the speaker's true mood가 종속절에 다시 나타날 때 이 동사구는 조동사 do 뒤에서 생략할 수 있다. 따라서 생략된 동사구를 조동사 do 바로 뒤에 복원하면 정확한 해석을 할 수 있다.

09 Jane is a student running for student council president. David is one of Jane's friends, and he is serving as her campaign manager. They mostly agree with each other, but [**when they don't** ~~agree with each other~~], they try to ease the tension by discussing their ideas.

▶ 해석 Jane은 학생자치위원회 회장에 출마한 학생이다. David는 Jane의 친구 중 한 명인데 그는 그녀의 선거 사무장으로 일하고 있다. 그들은 대부분 서로 의견이 일치하지만, 그렇지 않을 때 자신들의 생각을 의논함으로써 긴장을 해소하려고 한다.

▶ 해설 두 개의 절이 but으로 대등하게 연결된 문장에서, 앞 절에 언급된 동사구 agree with each other가 다른 절에 다시 나타날 때 이 동사구는 don't 뒤에서 생략할 수 있다. 따라서 생략된 동사구를 don't 바로 뒤에 복원하면 정확한 해석을 할 수 있다.

10 My mother did not care much about a messy house. She had sauce stains on her apron and sometimes allowed the laundry to pile up. In the midst of her chores, my mother spent time reading. This was her time away from endless hours of child care and housework. Unironed school blouses and a dirty kitchen might make her feel guilty, but [**her reading never did** ~~make her feel guilty~~].

▶ 해석 우리 어머니는 집이 지저분한 것에 대해 별로 신경을 쓰지 않으셨다. 그분은 자신의 앞치마에 소스 얼룩이 있었고 때로는 빨래가 쌓이게도 하셨다. 허드렛일을 (한창) 하는 중에도 우리 어머니는 독서에 시간을 들이셨다. 이것은 끝없는 육아와 집안일에서 벗어난 그분의 시간이었다. 다림질하지 않은 교복 블라우스와 더러운 부엌은 그분이 죄책감이 들게 했을지 모르지만 그분의 독서는 전혀 그렇게 하지 않았다.

▶ 해설 두 개의 절이 but으로 대등하게 연결된 문장에서, 앞 절에 언급된 동사구 make her feel guilty가 다른 절에 다시 나타날 때 이 동사구는 조동사 did 뒤에서 생략할 수 있다. 따라서 생략된 동사구를 조동사 did 바로 뒤에 복원하면 정확한 해석을 할 수 있다.

Structure **59** 절의 생략

본문 ▶ p144

208 I saw the actress somewhere, but [**I can't remember where** ~~I saw the actress~~].

▶ 해석 나는 그 여배우를 어딘가에서 봤지만 어디에서 (내가 그녀를 본 것)인지는 기억나지 않는다.

▶ 해설 두 개의 독립절이 but으로 연결된 문장에서 앞의 절이 다른 절 안에 종속절로 다시 나타날 때, 그 반복되는 절은 의문사 where만 남기고 나머지 절 I saw the actress 전체를 생략할 수 있다. 따라서 생략된 절을 where 바로 뒤에 복원하면 정확한 해석을 할 수 있다.

209 [**Although I don't know why** ~~the statue has been moved~~], the statue has been moved.

▶ 해석 왜 (그 조각상이 옮겨진 것)인지는 모르겠지만, 그것은 옮겨졌다.

▶ 해설 종속절과 주절로 이루어진 복문에서, 주절이 종속절의 종속절로 다시 나타날 때, 그 반복되는 절은 의문사 why만 남기고 나머지 절 the statue has been moved 전체를 생략할 수 있다. 따라서 생략된 절을 why 바로 뒤에 복원하면 정확한 해석을 할 수 있다.

210 Beth tells me she will be back, but [**when** ~~she will be back~~ **is still unclear**].

▶ 해석 Beth는 돌아올 거라고 말하지만 언제 (그녀가 돌아올 것)인지는 아직 분명하지 않다.

▶ 해설 두 개의 독립절이 but으로 연결된 문장에서, 앞 절의 종속절 she will be back이 다른 절 안에 종속절로 다시 나타날 때, 그 반복되는 절은 의문사 when만 남기고 나머지 절 she will be back 전체를 생략할 수 있다. 따라서 생략된 절을 when 바로 뒤에 복원하면 정확한 해석을 할 수 있다.

본문 ▶ p145

01 Jason fixed the car, but [**I don't know how** ~~he~~

UNIT
6

fixed the car].

▶ **해석** Jason은 차를 수리했지만 나는 어떻게 (그가 차를 수리한 것) 인지는 모른다.

▶ **해설** 두 개의 독립절이 but으로 연결된 문장에서 앞의 절이 다른 절 안에 종속절로 다시 나타날 때, 그 반복되는 절은 의문사 how만 남기고 나머지 절 he fixed the car 전체를 생략할 수 있다. 따라서 생략된 절을 how 바로 뒤에 복원하면 정확한 해석을 할 수 있다.

---

02 Someone read that book, but [**I don't know who ~~read that book~~**].

▶ **해석** 누군가가 그 책을 읽었지만, 나는 누가 (그 책을 읽은 것)인 지는 모른다.

▶ **해설** 두 개의 독립절이 but으로 연결된 문장에서 앞의 절이 다른 절 안에 종속절로 다시 나타날 때, 그 반복되는 절은 의문사 who만 남기고 나머지 절 전체를 생략할 수 있다. 따라서 생략된 절을 who 바로 뒤에 복원하면 정확한 해석을 할 수 있다.

---

03 Barbara plays something, but I don't think [**she ever told me what ~~she plays~~**].

▶ **해석** Barbara는 뭔가를 연주하는데, 무엇을 (그녀가 연주하는)지 그녀가 내게 말해준 것 같지는 않다.

▶ **해설** 두 개의 독립절이 but으로 연결된 문장에서 앞의 절이 다른 절 안에 종속절로 다시 나타날 때, 그 반복되는 절 she plays는 의문사 what만 남기고 나머지 절 전체를 생략할 수 있다. 따라서 생략된 절을 what 바로 뒤에 복원하면 정확한 해석을 할 수 있다.

---

04 Someone at work is going to be invited to the party by Ronald, but [**they don't know who ~~is going to be invited to the party by Ronald~~**].

▶ **해석** 직장의 누군가가 Ronald의 파티에 초대될 것이지만 그들은 누가 (Ronald의 파티에 초대될 것)인지는 모른다.

▶ **해설** 두 개의 독립절이 but으로 연결된 문장에서 앞의 절이 다른 절 안에 종속절로 다시 나타날 때, 그 반복되는 절은 의문사 who만 남기고 나머지 절 전체를 생략할 수 있다. 따라서 생략된 절을 who 바로 뒤에 복원하면 정확한 해석을 할 수 있다.

---

05 [**When ~~somebody should say something~~ and how ~~somebody should say something~~ is**

unclear], but somebody should say something.

▶ **해석** 언제 (누군가가 뭔가를 말해야 하는 것)인지 그리고 어떻게 (누군가가 뭔가를 말해야 하는 것)인지는 불분명하지만 누군 가가 뭔가를 말해야 한다.

▶ **해설** 두 개의 독립절이 but으로 연결된 문장에서 뒤의 절이 앞 절 안에 종속절로 다시 나타날 때, 그 반복되는 절 somebody should say something은 각각 의문사 When과 how만 남기고 나머지 절 전체를 생략할 수 있다. 따라서 생략된 절을 When과 how 바로 뒤에 복원하면 정확한 해석을 할 수 있다.

---

06 Cynthia has worked with someone, but [**with whom ~~she has worked~~ isn't clear to me**].

▶ **해석** Cynthia는 누군가와 함께 일을 했지만 누구와 함께 (그녀가 일을 한 것)인지는 내게 분명하지 않다.

▶ **해설** 두 개의 독립절이 but으로 연결된 문장에서 앞의 절이 다른 절 안에 종속절로 다시 나타날 때, 그 반복되는 절 she has worked는 전치사 with를 수반한 의문사 who만 남기고 나머지 절 전체를 생략할 수 있다. 따라서 생략된 절을 with who 바로 뒤에 복원하면 정확한 해석을 할 수 있다.

---

07 Cliff met someone at the party. [**Guess who ~~he met at the party~~**]?

▶ **해석** Cliff는 파티에서 누군가를 만났어. 누구였겠어?

▶ **해설** 앞 문장이 뒤따르는 문장 안에 종속절로 다시 나타날 때, 그 반복되는 문장 he met at the party는 who만 남기고 나머지 절 전체를 생략할 수 있다. 따라서 생략된 절을 who 바로 뒤에 복원하면 정확한 해석을 할 수 있다.

---

08 My little sister was afraid of something that day, but [**I didn't know what ~~she was afraid of that day~~**].

▶ **해석** 내 여동생은 그날 뭔가를 두려워했는데 나는 무엇을 (그날 그녀가 두려워한 것)인지 몰랐다.

▶ **해설** 두 개의 독립절이 but으로 연결된 문장에서 앞의 절이 다른 절 안에 종속절로 다시 나타날 때, 그 반복되는 절 she was afraid of that day는 의문사 what만 남기고 나머지 절 전체를 생략할 수 있다. 따라서 생략된 절을 what 바로 뒤에 복원하면 정확한 해석을 할 수 있다.

09 M: Excuse me. I see the 2 o'clock flight to Dallas is delayed. [**Do you know why** ~~(the 2 o'clock flight to Dallas is delayed)~~]?

W: Yes. It's due to bad weather. We'll update the flight information soon, but the plane should take off within two hours.

▶해석 남자: 실례합니다. 두 시 정각 Dallas 행 항공편이 연착되는데요. 왜 (두 시 정각 Dallas 행 항공편이 연착되는 것)인지를 아시는지요?
여자: 네. 악천후 때문입니다. 항공 운항 정보를 곧 업데이트 하겠지만, 그 비행기는 두 시간 안에 이륙할 것입니다.

▶해설 앞 문장의 종속절 the 2 o'clock flight to Dallas is delayed가 뒤따르는 문장의 종속절에 다시 나타날 때, 그 반복되는 절은 의문사 why만 남기고 나머지 절 전체를 생략할 수 있다. 따라서 의문사 why 다음에 생략된 절 the 2 o'clock flight to Dallas is delayed를 why 바로 뒤에 복원하면 정확한 해석을 할 수 있다.

10 Today, we'll learn about a variety of animals that use flowers as a food source. First are hummingbirds. These birds use their long narrow beaks to get the flower's sweet liquid called nectar. Mysteriously, they only feed from upside down flowers. [**We still don't know why** ~~they only feed from upside down flowers~~].

▶해석 오늘 우리는 꽃을 식량원으로 이용하는 여러 가지 동물에 대해 학습할 것입니다. 첫 번째는 벌새입니다. 이 새들은 꿀이라고 불리는 꽃의 달콤한 액체를 얻는 데 길고 좁은 부리를 사용합니다. 이상하게도 그들은 (꽃의 입구가) 아래를 향한 꽃에서만 먹습니다. 우리는 왜 (그들이 (꽃의 입구가) 아래를 향한 꽃에서만 먹는 것)인지를 아직 모릅니다.

▶해설 앞 문장의 독립절 they only feed from upside down flowers가 이어지는 문장의 종속절에 다시 나타날 때, 그 반복되는 절은 의문사 why만 남기고 나머지 절 전체를 생략할 수 있다. 따라서 생략된 절 they only feed from upside down flowers를 의문사 why 바로 뒤에 복원하면 정확한 해석을 할 수 있다.

Structure 60 명사 핵의 생략

본문 ▶ p146

Challenge

211 Although Sam's friends were late, [**Jill's friends**] arrived on time.

▶해석 Sam의 친구들은 늦었지만 Jill의 친구들은 제시간에 도착했다.

▶해설 두 개의 절로 이루어진 문장에서 앞에 나온 명사구 Sam's friends와 뒤에 나타나는 명사구 Jill's friends의 핵(friends)이 같을 때, 그 반복되는 명사구는 한정사 Jill's만 남기고 명사 핵 friends를 생략할 수 있다. 따라서 Jill's 바로 다음에 friends를 복원하면 정확한 해석을 할 수 있다.

212 That shirt is too tight, so I'll wear [**this shirt**] instead.

▶해석 저 셔츠는 너무 꼭 끼니까 대신 이 셔츠를 입을 거야.

▶해설 두 개의 절로 이루어진 문장에서 앞에 나온 명사구 That shirt와 뒤에 나타나는 명사구 this shirt의 핵(shirt)이 같을 때, 그 반복되는 명사구는 한정사 this만 남기고 명사 핵 shirt를 생략할 수 있다. 따라서 this 바로 다음에 shirt를 복원하면 정확한 해석을 할 수 있다.

213 Keith caught the first train before Jeffrey caught [**the second** ~~train~~].

▶해석 Keith는 Jeffrey가 두 번째 기차를 타기 전에 첫차를 탔다.

▶해설 두 개의 절로 이루어진 문장에서 앞에 나온 명사구 the first train과 뒤에 나타나는 명사구 the second train의 핵(train)이 같을 때, 그 반복되는 명사구는 the second만 남기고 명사 핵 train을 생략할 수 있다. 따라서 the second 바로 다음에 train을 복원하면 정확한 해석을 할 수 있다.

Application

본문 ▶ p147

01 This apple is much juicier and sweeter than [**that** ~~apple~~].

UNIT **6**

▶**해석** 이 사과는 저 사과보다 훨씬 더 과즙이 많고 달아요.

▶**해설** 두 대상의 속성을 비교하는 문장에서 앞에 언급된 명사구 This apple과 뒤에 나타나는 명사구 that apple의 핵(apple)이 같을 때, 그 반복되는 명사구는 한정사 that만 남기고 명사 핵 apple을 생략할 수 있다. 따라서 that 바로 다음에 apple을 복원하면 정확한 해석을 할 수 있다.

---

02 I am looking for a mug. Do you have [**any mugs**] here?

▶**해석** 머그잔을 찾고 있어요. 여기 어떤 게 있을까요?

▶**해설** 이어지는 두 문장에서 앞 문장의 명사구 a mug와 뒤 문장에 언급된 명사구 any mugs의 핵(mug)이 같을 때, 그 반복되는 명사구는 한정사 any만 남기고 명사 핵 mugs를 생략할 수 있다. 따라서 any 바로 다음에 mugs를 복원하면 정확한 해석을 할 수 있다.

---

03 All applicants for this scholarship need to provide two references instead of [**one reference**].

▶**해석** 이 장학금의 모든 지원자는 한 통의 추천서가 아닌 두 통의 추천서를 준비해야 합니다.

▶**해설** 한 문장 안에 대구를 이루는 두 개의 명사구가 나타날 때, 첫 번째 명사구 two references와 두 번째 명사구 one reference의 핵(reference)이 같을 때, 그 반복되는 명사구는 한정사 one만 남기고 명사 핵 reference를 생략할 수 있다. 따라서 one 바로 다음에 reference를 복원하면 정확한 해석을 할 수 있다.

---

04 These cues are more credible than [**those cues**], especially when they conflict.

▶**해석** 특히 신호들이 상충할 때, 이 신호들은 저 신호들보다 더 신뢰할 수 있다.

▶**해설** 두 대상의 속성을 비교하는 문장에서 첫 번째 명사구 These cues와 두 번째 명사구 those cues의 핵(cues)이 같을 때, 그 반복되는 명사구는 한정사 those만 남기고 명사 핵 cues를 생략할 수 있다. 따라서 those 바로 다음에 cues를 복원하면 정확한 해석을 할 수 있다.

---

05 In science, one experiment, whether it succeeds or fails, is logically followed by [**another experiment**] in a theoretically infinite progression.

▶**해석** 과학에서 하나의 실험은 그것이 성공하든 실패하든 이론상으로는 무한히 연속되는 다른 실험이 필연적으로 그 뒤를 따른다.

▶**해설** 한 문장 안에 대구를 이루는 두 개의 명사구가 나타날 때, 첫 번째 명사구 one experiment와 두 번째 명사구 another experiment의 핵(experiment)이 같을 때, 그 반복되는 명사구는 한정사 another만 남기고 명사 핵 experiment를 생략할 수 있다. 따라서 another 바로 다음에 experiment를 복원하면 정확한 해석을 할 수 있다.

---

06 When teachers work in isolation, they tend to see the world through one set of eyes — [**their own set of eyes**].

▶**해석** 교사들이 고립되어 일을 하면 세계를 한 쌍의 눈, 즉 자기 자신의 눈으로만 보는 경향이 있다.

▶**해설** 한 문장 안에 핵을 공유하는 두 개의 명사구가 나타날 때, 즉 첫 번째 명사구 one set of eyes와 두 번째 명사구 their own set of eyes의 핵(set of eyes)이 같을 때, 그 반복되는 명사구는 한정사 their own만 남기고 set of eyes를 생략할 수 있다. 따라서 their own 바로 다음에 set of eyes를 복원하면 정확한 해석을 할 수 있다.

---

07 Because the math teacher did [**the first two problems**], her students are going to do the last three problems.

▶**해석** 수학 선생님이 처음 두 문제를 풀었기 때문에 그녀의 학생들은 마지막 세 문제를 풀 것이다.

▶**해설** 종속절과 독립절로 이루어진 복문에서 주절의 명사구 the last three problems와 종속절의 명사구 the first two problems의 핵(problems)이 같을 때, 그 반복되는 종속절의 명사구는 the first two만 남기고 명사 핵 problems를 생략할 수 있다. 따라서 the first two 바로 다음에 problems를 복원하면 정확한 해석을 할 수 있다.

---

08 *Clepto* means "thief" in Greek, and the term *cleptoparasite* refers specifically to an organism that lives off [**another organism**] by stealing its food.

▶**해석** 'Clepto'는 그리스어로 '도둑'이라는 뜻이고, 'cleptoparasite' 라는 말은 특히 먹이를 훔침으로써 그 생물에 의지해서 살아가는 생물을 가리킨다.

▶**해설** 주절과 관계절로 이루어진 복문에서, 주절의 명사구 an organism과 관계절의 명사구 another organism의 핵(organism)이 같을 때, 그 반복되는 명사구는 한정사 another만 남기고 명사 핵 organism을 생략할 수 있다. 따라서 another 바로 다음에 organism을 복원하면 정확한 해석을 할 수 있다.

▶**해설** 한 문장 안에 대구를 이루는 두 개의 명사구가 있을 때, 첫 번째 명사구 which ideas와 두 번째 명사구 which ideas의 핵(ideas)이 같으면 그 반복되는 명사구는 한정사 which만 남기고 명사 핵 ideas를 생략할 수 있다. 따라서 which 바로 다음에 ideas를 복원하면 정확한 해석을 할 수 있다.

Level up

09 M: You transferred here two weeks ago. How's it going?

W: The teachers are very kind, so I'm doing well in my classes.

M: It's good to hear you're adapting well. Have you made new friends?

W: I have [~~made a few friends~~], but ~~have not~~ [~~made many friends~~]. It hasn't been easy for me to make many new friends here.

▶**해석** 남자: 너 2주 전에 이곳으로 전학했지. 어떠니?
여자: 선생님들이 매우 친절하셔서 나는 수업에서 잘하고 있어.
남자: 네가 적응을 잘하고 있다는 말을 들으니 좋구나. 새 친구도 사귀었니?
여자: 몇 명은 사귀었지만 많이 사귀지는 못했어. 내가 여기서 많은 친구를 사귀는 것은 쉽지 않았어.

▶**해설** 이어지는 두 문장에서 질문하는 문장의 명사구 new friends와 대답하는 문장의 명사구 a few friends와 many friends의 핵(friends)이 같을 때, 그 반복되는 명사구는 각각 한정사 a few와 many만 남기고 명사 핵 friends를 생략할 수 있다. 따라서 a few와 many 바로 다음에 각각 friends를 복원하면 정확한 해석을 할 수 있다.

Level up

10 It's impossible to generate a lot of good ideas without also generating a lot of bad ideas. The thing about creativity is that at the outset, you can't tell which ideas will succeed and [**which ideas**] will fail. So, the only thing you can do is try to fail faster so that you can move onto the next idea.

▶**해석** 많은 좋지 않은 아이디어 역시 만들어 내지 않고 많은 좋은 아이디어만 만들어 내는 것은 불가능하다. 창의성에 있어서 중요한 것은 처음에 어떤 아이디어가 성공할 것이고 어떤 아이디어가 실패할 것인지를 알 수 없다는 것이다. 그래서 우리가 할 수 있는 유일한 일은 다른 아이디어로 옮겨갈 수 있도록 더 빨리 실패하려고 하는 것이다.

Structure 61 **해석 전략: 공통 관계 파악**

Challenge 본문 ▶ p148

214 Lily is trying to examine [~~the problem~~] and wanting to explain [**the problem**].

▶**해석** Lily는 그 문제를 조사하려고 하고 (그 문제를) 설명하고 싶어 한다.

▶**해설** 반복되는 두 개의 명사구 the problem 중 앞의 것을 생략하여 남은 것으로 공통 관계를 나타낼 수 있다. 따라서 the problem은 explain의 목적어로 해석하고 동시에 examine의 목적어로도 해석한다.

215 Before [~~a meager meal~~] and after [**a meager meal**], I am always dissatisfied.

▶**해석** 불충분한 식사를 하기 전에 그리고 불충분한 식사를 하고 나서 나는 항상 불만스러워한다.

▶**해설** 반복되는 두 개의 명사 핵 meal 중 앞의 것을 생략하여 남은 것으로 공통 관계를 나타낼 수 있다. 따라서 meal은 뒤에 놓인 a meager의 수식을 받는 것으로 해석하고 동시에 앞에 놓인 a meager의 수식을 받는 것으로도 해석한다.

216 When did Isaac [~~suffer a setback~~] and why did he [**suffer a setback**]?

▶**해석** Isaac은 언제 (좌절을 겪었고) 왜 좌절을 겪었는가?

▶**해설** 반복되는 두 개의 동사구 suffer a setback 중 앞의 것을 생략하여 남은 것으로 공통 관계를 나타낼 수 있다. 따라서 suffer a setback은 뒤의 절 he의 술어로 해석하고 동시에 앞의 절 Isaac의 술어로도 해석한다.

UNIT 6

01 M: Hi, I'd like to rent a kayak.

W: Okay. Do you want [a single ~~one~~] or [double one]?

▶ 해석 남자: 안녕하세요. 카약을 빌리려고 하는데요.

여자: 좋습니다. 싱글 카약을 원하세요, 아니면 더블 (카약)을 원하세요?

▶ 해설 반복되는 두 개의 명사구 a single one과 double one 중 앞의 것을 생략하여 남은 것으로 공통 관계를 나타낼 수 있다. 따라서 one은 double의 수식을 받는 것으로 해석하고 동시에 a single의 수식을 받는 것으로도 해석한다.

02 There were [bank loans for ~~the land~~] and [taxes on the land].

▶ 해석 그 토지에 은행 융자가 있었고 (그 토지에) 세금이 부과되어 있었다.

▶ 해설 반복되는 두 개의 명사구 the land 중 앞의 것을 생략하여 뒤의 것으로 공통 관계를 나타낼 수 있다. 따라서 the land는 뒤에 놓인 전치사 on의 목적어로 해석하고 동시에 앞에 놓인 전치사 for의 목적어로도 해석한다.

03 They played [~~unusual music~~], and we listened to [unusual music].

▶ 해석 그들은 이색적인 음악을 연주했고 우리는 (이색적인 음악을) 들었다.

▶ 해설 반복되는 두 개의 명사구 unusual music 중 앞의 것을 생략하여 뒤의 것으로 공통 관계를 나타낼 수 있다. 따라서 unusual music은 동사 listened to의 목적어로 해석하고 동시에 played의 목적어로도 해석한다.

04 Everyone claims [~~that Jill lied~~] but Mary does not believe [that Jill lied].

▶ 해석 모든 사람이 Jill이 거짓말을 했다고 주장하지만 Mary는 (Jill이 거짓말을 했다는 것을) 믿지 않는다.

▶ 해설 반복되는 두 개의 that절 that Jill lied 중 앞의 것을 생략하여 뒤의 것으로 공통 관계를 나타낼 수 있다. 따라서 that Jill lied는 동사 believe의 목적어로 해석하고 동시에 claims의 목적어로도 해석한다.

05 As a new and preferred story begins to emerge, it is important to assist the child to hold on to [~~the new story~~], or stay connected to, [the new story].

▶ 해석 새롭고 좋아하는 이야기가 나오기 시작하면 아이가 그 새 이야기를 고수하거나 아니면 그 새 이야기와 계속 연결되도록 돕는 것이 중요하다.

▶ 해설 반복되는 두 개의 명사구 the new story 중 앞의 것을 생략하여 뒤의 것으로 공통 관계를 나타낼 수 있다. 따라서 the new story는 뒤에 놓인 stay connected to의 목적어로 해석하고 동시에 앞에 놓인 hold on to의 목적어로도 해석한다.

06 I usually don't [~~wake up early every day~~], but Alice [wakes up early every day].

▶ 해석 나는 보통 날마다 일찍 일어나지는 않지만 Alice는 그렇게 한다.

▶ 해설 반복되는 두 개의 동사구 wake(s) up early every day 중 앞의 것을 생략하여 뒤의 것으로 공통 관계를 나타낼 수 있다. 따라서 wake(s) up early every day는 뒤에 놓인 절의 동사구로 해석하고 동시에 앞에 놓인 절의 동사구로도 해석한다.

07 Some people love [~~the role that government plays in this country~~], but other people hate, [the role that government plays in this country].

▶ 해석 어떤 사람들은 정치가 이 나라에서 하는 역할을 좋아하지만 또 어떤 사람들은 (정치가 이 나라에서 하는 역할을) 싫어한다.

▶ 해설 반복되는 두 개의 명사구 the role that government plays in this country 중 앞의 것을 생략하여 뒤의 것으로 공통 관계를 나타낼 수 있다. 따라서 the role that government plays in this country는 동사 hate의 목적어로 해석하고 동시에 love의 목적어로도 해석한다.

08 The children donated some old toys [~~to the local orphanage~~], and encouraged their parents to donate some old clothes, [to the local orphanage].

▶ 해석 아이들은 지역 고아원에 쓰고 난 장난감을 좀 기증했고 자신들의 부모에게 (지역 고아원에) 헌 옷을 좀 기부하라고 독려했다.

▶**해설** 반복되는 두 개의 전치사구 to the local orphanage 중 앞의 것을 생략하여 뒤의 것으로 공통 관계를 나타낼 수 있다. 따라서 to the local orphanage는 동사구 donate some old clothes의 수식어구로 해석하고 동시에 donate some old toys의 수식어구로도 해석한다.

Level**up**

09 At any moment, a person has a particular take on what is happening. The person notices this rather than that, and she has feelings [~~about one rather~~ ~~than another aspect of events~~] and makes judgements [**about one rather than another aspect of events**]. If she is hungry, for example, she may notice that a shop is selling groceries; her friend may notice only that it sells newspapers.

▶**해석** 어느 순간에도 사람은 일어나고 있는 일에 대해 취하는 특정한 입장이 있다. 그 사람은 저것보다는 이것을 주목하고, 사건의 다른 측면보다는 특정 측면에 대한 느낌이 있고 (사건의 다른 측면보다는 특정 측면에 대한) 판단을 내린다. 예를 들어, 그 사람이 배가 고프다면 어떤 가게가 식료품을 팔고 있는 것을 주목할지 모르지만 그 사람의 친구는 그 가게가 신문을 판다는 것만 눈여겨볼지 모른다.

▶**해설** 반복되는 두 개의 전치사구 about one rather than another aspect of events 중 앞의 것을 생략하여 문장 끝에 있는 것으로 공통 관계를 나타낼 수 있다. 따라서 전치사구 about one rather than another aspect of events는 judgements의 수식어구로 해석하고 동시에 feelings의 수식어구로도 해석한다.

Level**up**

10 The narratives that people create to understand their landscapes come to be viewed as marketable entities and a source of income for residents. Landscapes with a strong place identity have an advantage in marketing to tourists, as it is relatively easy to compartmentalize [**their narratives**] and market [**their narratives**].

▶**해석** 사람들이 자신들의 경관을 이해하기 위해 만드는 서사는 시장성이 있는 존재로 그리고 주민들의 수입원으로 여겨지게 되었다. 장소에 대한 강한 정체성이 있는 경관은 관광객들에게 영업을 하는 데 이점이 있는데, 왜냐하면 자신들의 서사를 분류하고 (자신들의 서사를) 광고하기가 비교적 쉽기 때문이다.

▶**해설** 반복되는 두 개의 명사구 their narratives 중 앞의 것을 생략하여 문장 끝에 있는 것으로 공통 관계

를 나타낼 수 있다. 따라서 their narratives는 동사 market의 목적어로 해석하고 동시에 compartmentalize의 목적어로도 해석한다.

Structure **62** **해석 전략: 생략된 요소의 복원**

Challenge 본문 ▶ p150

217 Kameron played the clarinet, and [**Rosaline** ~~played~~ **the flute**].

▶**해석** Kameron은 클라리넷을 (연주했고) Rosaline은 플루트를 연주했다.

▶**해설** 두 개의 절로 이루어진 문장에서 앞 절에 언급된 동사가 뒤 절에 되풀이될 때 그 반복되는 요소는 생략할 수 있다. 따라서 뒤 절의 생략된 동사는 앞 절의 동사 played를 복사하는 방식으로 복원하여 해석한다.

---

218 I'd like to go on a vacation, but [**I don't have time to** ~~go on a vacation~~].

▶**해석** 나는 휴가를 가고 싶지만 (휴가를 갈) 시간이 없다.

▶**해설** 두 개의 절로 이루어진 문장에서 앞 절에 언급된 동사구가 뒤의 절에 되풀이될 때 그 반복되는 동사구는 생략할 수 있다. 따라서 뒤 절의 생략된 동사구는 앞 절의 동사구 go on a vacation을 복사하는 방식으로 복원하여 해석한다.

---

219 Which is better, the white shirt or [**the blue** ~~shirt~~]?

▶**해석** 흰색 셔츠와 파란색 셔츠 중에서 어떤 것이 더 낫니?

▶**해설** 두 개의 명사구 the white shirt와 the blue shirt가 대구를 이루고 있으므로 후자의 핵 shirt가 생략된 것이다. 따라서 한정사와 수식어로만 이루어진 the blue 다음에 핵인 shirt를 복사하는 방식으로 복원하여 해석한다.

Application 본문 ▶ p151

01 There are two different sizes, [**large** ~~size~~] and

UNIT **6**

[**regular size**].

▶해석 큰 것과 보통의 두 가지 다른 사이즈가 있다.

▶해설 [ ]로 표시된 두 개의 명사구는 이미 앞에 언급된 two different sizes의 명사 핵 size가 수식어인 large와 regular 바로 다음에서 생략된 것이다. 따라서 수식어인 large와 regular 뒤에 각각 size를 복원하여 해석한다.

---

02 W: How about Peter? He's a good speaker.

M: **Is he [a good speaker]?**

▶해석 여자: Peter는 어때? 그는 말을 잘하는데.
남자: 그래?

▶해설 남자의 대답 Is he 다음에 앞 문장에서 언급된 명사구 a good speaker가 생략되었다. 따라서 he 바로 뒤에 a good speaker를 복원하여 해석한다.

---

03 W: I see you have the beef lunch box. What other kinds are there? I like chicken.

M: There are [**beef ~~lunch box~~**], [**chicken ~~lunch box~~**], and [**fish ~~lunch box~~**].

▶해석 여자: 쇠고기 도시락이 있군요. 다른 종류로는 뭐가 있나요? 저는 치킨 도시락이 좋아요.
남자: 쇠고기 (도시락), 치킨 (도시락), 생선 (도시락)이 있어요.

▶해설 대화 앞 문장에 명사구 the beef lunch box가 나타나고, 이와 핵(lunch box)이 같은 세 개의 명사구가 되풀이되고 있으므로 수식어 beef, chicken, fish 바로 다음에 lunch box가 생략되었다. 따라서 그 자리에 lunch box를 복원하여 해석한다.

---

04 W: Train travel seems quite beneficial in many ways. I guess I'll take the train for my next business trip.

M: **You really should [~~take the train for your next business trip~~].**

▶해석 여자: 기차 여행은 여러모로 상당히 이로운 것 같아. 다음 출장 때는 기차를 탈까 봐.
남자: 꼭 그렇게 하렴.

▶해설 남자의 말에서 조동사 should 다음에 앞 문장에 언급된 동사구 take the train for my/your next business trip이 생략되었다. 따라서 should 다음에 이 동사구를 복원하여 해석한다.

---

05 I tried to buy the rose stamps that were just released at my town's post office, but they were sold out. Do you still have [**any ~~rose stamps~~**]?

▶해석 막 출시된 장미 우표를 우리 도시의 우체국에서 구입하려고 했지만 매진되었습니다. 여기에는 아직 있을까요?

▶해설 앞 문장의 명사구 the rose stamps가 이어지는 문장에서 반복되면서 핵에 해당하는 rose stamps가 생략되었다. 따라서 any 바로 뒤에 rose stamps를 복원하여 해석한다.

---

06 M: I could check if any other post offices nearby have the newly-released rose stamps.

W: Oh, **could you [~~check if any other post offices nearby have the newly-released rose stamps~~]?** That'd be a huge help.

▶해석 남자: 근처 다른 우체국에 새로 출시된 장미 우표가 있는지 확인해 드릴 수 있습니다.
여자: 아, 그래 주실 수 있나요? 그래 주시면 큰 도움이 될 겁니다.

▶해설 여자의 말 중, 첫 문장의 could you 다음에 남자의 말에서 반복된 동사구 check if any other post offices nearby have the newly-released rose stamps가 생략되었다. 따라서 이 동사구를 주어 you 바로 뒤에 복원하여 해석한다.

---

07 Every corner of our nation has been commercialized, **even our national parks [~~has been commercialized~~].**

▶해석 우리나라 구석구석이 상업화되고 있는데, 우리의 국립공원조차 그렇다.

▶해설 접속사가 없이 연결된 두 번째 절에서 문장 앞에 언급된 has been commercialized가 생략되었다. 따라서 「조동사 + 동사구」로 이루어진 이 어구를 our national parks 바로 뒤에 복원하여 해석한다.

---

08 M: I thought the concert was next Saturday. I'm really sorry, but I won't be able to make it.

W: **Why ~~will you not be able to make it~~?** Are you still finishing up the presentation that you talked about last week?

▶해석 남자: 나는 음악회가 다음 주 토요일이라고 생각했어. 정말 미안하지만 나는 갈 수 없어.
여자: 왜 못 가? 지난주에 말했던 발표를 아직 마무리하는 중이니?

▶**해설** 여자의 말 첫 문장은 의문사와 not만 남기고 절의 나머지 부분이 모두 생략된 것이다. 생략된 절은 앞에 있는 남자의 말 중 두 번째 문장에서 반복된 것이다. 따라서 여자의 말 첫 문장 not 전후에 will you와 be able to make it을 각각 복원하여 해석한다.

09 Daniel is a university freshman. Jenny is a junior in the same major. They're taking a course together this semester. Daniel is often late for classes and seems exhausted. When Jenny asks **why** [~~he is often late for classes and seems exhausted~~], he tells her that it's because the university is far from his home. It takes two hours for him to get to school.

▶**해석** Daniel은 대학교 신입생이다. Jenny는 같은 전공의 3학년생이다. 그들은 이번 학기에 한 강의를 함께 듣고 있다. Daniel은 자주 수업에 늦는데 기진맥진해 보인다. Jenny가 왜 그러느냐고 묻자 그는 그녀에게 대학교가 자기 집에서 멀리 떨어져 있기 때문이라고 말한다. 그가 학교에 가는 데는 두 시간이 걸린다.

▶**해설** 밑줄 친 문장은 의문사 why만 남고 절이 전부 생략된 것이다. 바로 앞 문장에 이 생략된 부분에 해당하는 절이 있는데 이것이 반복되기 때문이다. 따라서 why 바로 다음에 내용상 생략된 절 he is often late for classes and seems exhausted를 복원하여 해석한다.

10 Generally, higher-graded teas are teas with leaves that are tightly and uniformly rolled. Lower-graded teas, on the other hand, are teas with leaves that are loosely and inconsistently rolled. With that said, the tightness of the roll has more to do with the steepability of a leaf **than it does** [~~have much to do~~] **with the taste** of a tea.

▶**해석** 일반적으로, 품질이 높은 차는 잎이 단단하고 균일하게 말려 있는 차이다. 반면 품질이 낮은 차는 잎이 느슨하고 균일하지 않게 말려 있는 차이다. 그렇다 하더라도, 차가 얼마나 단단하게 말려 있는가 하는 것은 차의 맛보다는 찻잎을 우려낼 수 있는 것과 더 관련이 있다.

▶**해설** 밑줄 친 문장의 조동사 does 다음에는 문장 앞에서 언급된 동사구 have much to do가 생략되었다. 이 동사구를 does 바로 뒤에 복원하여 해석한다.

Structure 63 명사절의 축약

Challenge 본문 ▶ p152

220 a. Michael has admitted [**that he made a mistake**].
   b. Michael has admitted [**making a mistake**].

▶**해석** a. Michael은 자신이 실수를 했다고 인정했다.
   b. Michael은 실수한 것을 인정했다.

▶**해설** (a)에서 동사 admitted의 목적어 역할을 하는 that절은 (b)와 같이 동명사 making이 이끄는 동명사구로 축약할 수 있다.

221 a. Bill's lawyer advised him [**that he should plead guilty**].
   b. Bill's lawyer advised him [**to plead guilty**].

▶**해석** a. Bill의 변호사는 유죄를 인정해야 한다고 그에게 조언했다.
   b. Bill의 변호사는 그에게 유죄를 인정할 것을 조언했다.

▶**해설** (a)에서 동사 advised의 직접목적어 역할을 하는 that절은 (b)와 같이 to부정사구로 축약할 수 있다.

222 a. Do you remember [**who wrote this picture book**]?
   b. Do you remember [**the writer of this picture book**]?

▶**해석** a. 누가 이 그림책을 썼는지 기억하니?
   b. 이 그림책의 저자를 기억하니?

▶**해설** (a)에서 동사 remember의 목적어 역할을 하는 의문절은 (b)와 같이 명사 writer를 핵으로 하는 명사구로 축약할 수 있다.

Application 본문 ▶ p153

01 The man advised the woman [**that she should use a letter to apologize**].

▶**정답** The man advised the woman [**to use a letter to apologize**].

6

정답과 해설 • Unit 6 107

▶해석 그 남자는 그 여자에게 편지를 이용하여 사과하라고 조언했다.

▶해설 동사 advised의 직접목적어 역할을 하는 that절은 to부정사구로 축약할 수 있다.

---

02 Average consumers of health care do not know [**how they should diagnose their medical conditions**].

▶정답 Average consumers of health care do not know [**how to diagnose their medical conditions**].

▶해석 보통의 의료 서비스 고객들은 자신들의 질병을 진단하는 법을 모른다.

▶해설 동사 know의 목적어 역할을 하는 의문절은 의문사가 유도하는 to부정사구로 축약할 수 있다.

---

03 Understanding [**how climate has changed over millions of years**] is vital to properly assess current global warming trends.

▶정답 Understanding [**the change of climate over millions of years**] is vital to properly assess current global warming trends.

▶해석 기후가 수백만 년 동안 어떻게 변화해 왔는지를 이해하는 것은 지금의 지구 온난화 추세를 제대로 가늠하는 데 필수적이다.

▶해설 동명사 Understanding의 목적어 역할을 하는 의문절은 change를 핵으로 하는 명사구로 축약할 수 있다.

---

04 One night, Scott Adams was watching a PBS-TV program about cartooning, when he decided [**that he would write to the host of the show, Jack Cassady, to ask for his advice about becoming a cartoonist**].

▶정답 One night, Scott Adams was watching a PBS-TV program about cartooning, when he decided [**to write to the host of the show, Jack Cassady, to ask for his advice about becoming a cartoonist**].

▶해석 어느 날 밤, Scott Adams는 만화 제작에 관한 PBS 텔레비전의 한 프로를 보고 있다가 프로의 진행자 Jack Cassady에게 편지를 써서 만화가가 되는 것에 대해 그의 조언을 구해야겠다고 마음먹었다.

▶해설 동사 decided의 목적어 역할을 하는 that절은 to부정사구로 축약할 수 있다.

---

05 By understanding students' learning patterns, educators can focus on [**how better they can teach**].

▶정답 By understanding students' learning patterns, educators can focus on [**how better to teach**].

▶해석 교육자들은 학생들의 학습 패턴을 이해함으로써 얼마나 더 잘 가르칠 수 있는지에 대해 집중할 수 있다.

▶해설 focus on의 목적어 역할을 하는 의문절은 의문사가 유도하는 to부정사구로 축약할 수 있다.

---

06 When people try to control situations that are essentially uncontrollable, they are inclined to experience high levels of stress. Thus, suggesting [**that they need to take active control**] is bad advice in those situations.

▶정답 When people try to control situations that are essentially uncontrollable, they are inclined to experience high levels of stress. Thus, suggesting [**taking active control**] is bad advice in those situations.

▶해석 사람들은 본질적으로 통제가 불가능한 상황을 통제하려고 할 때 높은 수준의 스트레스를 경험하는 경향이 있다. 그러므로 그러한 상황에서 적극적으로 통제할 것을 제안하는 것은 나쁜 조언이다.

▶해설 동명사 suggesting의 목적어 역할을 하는 that절은 동명사 taking이 이끄는 동명사구로 축약할 수 있다.

---

07 It seems [**that most new viruses do not spread among the human population**].

▶정답 Most new viruses seem [**not to spread among the human population**].

▶해석 대부분의 신생 바이러스는 인간 사이에서는 퍼지지 않는 것 같다.

▶해설 동사 seem의 보어 역할을 하는 that절은 to부정사구로 축약할 수 있다. 이때 that절의 주어인 most new viruses는 형식상의 주어가 자리 잡고 있는 문장의 주어 위치로 이동한다. 부정어 not은 to부정사구 바로 앞에 놓인다.

---

08 Traditional hunters may hope to persuade the animal they hunt [**that it should be more easily captured**] by means of certain magical or religious practices.

▶**정답** Traditional hunters may hope to persuade the animal they hunt [**to be more easily captured**] by means of certain magical or religious practices.

▶**해석** 전통적인 사냥꾼들은 특정 마술이나 종교적 관례를 통해 자신들이 사냥하는 동물들에게 더 쉽게 포획되도록 설득하고 싶을지 모른다.

▶**해설** persuade는 목적어를 두 개 필요로 하는 동사이다. 간접목적어 the animal they hunt를 뒤따르는 직접목적어 역할의 that절은 to부정사구로 축약할 수 있다.

Level up
09 David and Julia are teachers working at the same high school. This year, they have to develop an after-school program for first-year students. David wants to first find out what their students would like to do. Therefore, he wants to suggest to Julia [**that they should hear from the students about their preferences**].

▶**정답** Therefore, he wants to suggest to Julia [**hearing from the students about their preferences**].

▶**해석** David와 Julia는 같은 고등학교에서 일하는 교사이다. 올해 그들은 1학년 학생들을 위한 방과 후 학교 프로그램을 개발해야 한다. David는 먼저 자신들의 학생들이 무엇을 하고 싶은지 알아보고 싶어 한다. 그러므로 그는 Julia에게 학생들이 선호하는 것에 대해 그들에게 들어볼 것을 제안하고 싶어 한다.

▶**해설** 동사 suggest의 목적어 역할을 하는 that절은 동명사 hearing이 이끄는 동명사구로 축약할 수 있다.

Level up
10 Albert C. Barnes earned a medical degree from the University of Pennsylvania and qualified as a doctor in 1892. Barnes decided [**that he would not work as a doctor**], and after further study he entered the business world. In 1901, he invented the antiseptic Argyrol with a German chemist and made a fortune.

▶**정답** Barnes decided [**not to work as a doctor**], and after further study he entered the business world.

▶**해석** Albert C. Barnes는 1892년에 Pennsylvania 대학교에서 의학박사 학위를 받고 의사 자격을 얻었다. Barnes는 의사로 일하지 않기로 작정을 했고, 공부를 더 하고 나서 사업계로 들어섰다. 1901년에 한 독일인 화학자와 함께 Argyrol이라는 방부제를 발명해서 큰돈을 벌었다.

▶**해설** 동사 decided의 목적어 역할을 하는 that절은 to부

정사구로 축약할 수 있다. 부정의 의미를 나타내므로 to부정사구 앞에 not을 더한다.

Challenge 본문 ▶ p154

223 a. The visitors stood on the bridge [**that connects the two halves of the city**].
b. The visitors stood on the bridge [**connecting the two halves of the city**].

▶**해석** 방문객들은 도시의 양분된 두 지역을 연결하는 다리 위에 서 있었다.

▶**해설** 명사구 the bridge를 수식하는 관계절은 connecting이 이끄는 분사구로 축약할 수 있다.

---

224 a. Have you got something [**that we can listen to in the car**]?
b. Have you got something [**to listen to in the car**]?

▶**해석** 차 안에서 들을 수 있는 뭔가가 있니?

▶**해설** 명사구 something을 수식하는 관계절은 to부정사구로 축약할 수 있다.

---

225 a. The paperback books [**that are on my desk**] are about Isaac Asimov.
b. The paperback books [**on my desk**] are about Isaac Asimov.

▶**해석** 내 책상 위에 있는 종이 표지 책들은 Isaac Asimov에 관한 것이다.

▶**해설** 명사구 The paperback books를 수식하는 관계절은 관계사 that과 be동사 are가 생략된 전치사구로 축약할 수 있다.

Application 본문 ▶ p155

01 There is a mental aspect of attention [**that involves processing that can occur independently of eye movements**].

▶**정답** There is a mental aspect of attention [**involving processing that can occur independently of eye movements**].

▶**해석** 눈의 움직임과 관계없이 발생할 수 있는 과정을 수반하는 집중의 정신적 측면이 있다.

▶**해설** 명사구 a mental aspect of attention을 수식하는 관계절은 involving이 이끄는 분사구로 축약할 수 있다.

02 Ideally, you want to find a convergence of your strengths and your values with a career path [**that is in demand**].

▶**정답** Ideally, you want to find a convergence of your strengths and your values with a career path [**in demand**].

▶**해석** 이상적으로 말하자면, 사람들은 요구되는, 자신들의 힘과 가치와 출세 가도 사이의 합일점을 찾고 싶어 한다.

▶**해설** 선행사 a convergence of your strengths and your values with a career path를 수식하는 관계절은 관계사 that과 be동사 is가 생략된 전치사구로 축약할 수 있다.

03 The experiment [**which was conducted by Smith's team**] provided useful data.

▶**정답** The experiment [**conducted by Smith's team**] provided useful data.

▶**해석** Smith의 팀에 의해 수행된 그 실험은 유용한 자료를 제공했다.

▶**해설** 선행사 The experiment를 수식하는 관계절은 관계사 which와 be동사 was를 생략하여 분사 conducted가 핵인 분사구로 축약할 수 있다.

04 Writing is an essential tool [**that will help you adjust to Korean university life**].

▶**정답** Writing is an essential tool [**to help you adjust to Korean university life**].

▶**해석** 쓰기는 여러분이 한국의 대학 생활에 적응하는 데 도움이 될 지극히 중요한 도구입니다.

▶**해설** 선행사 an essential tool을 수식하는 관계절은 관계사와 조동사가 생략된 to부정사구로 축약할 수 있다.

05 The ancient distaff and spindle are examples [**that were replaced by the spinning wheel in the Middle Ages**].

▶**정답** The ancient distaff and spindle are examples [**replaced by the spinning wheel in the Middle Ages**].

▶**해석** 고대의 실을 감는 막대와 추는 중세의 물레로 대체된 사례이다.

▶**해설** 선행사 examples를 수식하는 관계절은 분사 replaced를 핵으로 하는 분사구로 축약할 수 있다.

06 The administrative staff hadn't been able to find the requested Bösendorfer piano, and they had instead installed a tiny little Bösendorfer [**that was in poor condition**].

▶**정답** The administrative staff hadn't been able to find the requested Bösendorfer piano, and they had instead installed a tiny little Bösendorfer [**in poor condition**].

▶**해석** 행정 직원은 요청받은 Bösendorfer 피아노를 찾을 수가 없어서 대신 상태가 좋지 않은 아주 작은 Bösendorfer 피아노를 설치했다.

▶**해설** 선행사 a tiny little Bösendorfer를 수식하는 관계절은 관계사 that과 be동사 was가 생략된 전치사구로 축약할 수 있다.

07 Based on the huge amount of legal information [**which is stored in them**], robot judges would be more objective and accurate.

▶**정답** Based on the huge amount of legal information [**stored in them**], robot judges would be more objective and accurate.

▶**해석** 그들 내부에 저장된 막대한 분량의 법률 정보를 토대로 하기 때문에 로봇 판관은 더 객관적이고 정확할 것이다.

▶**해설** 선행사 legal information을 수식하는 관계절은 분사 stored를 핵으로 하는 분사구로 축약할 수 있다.

08 That morning Andrew received a call from the nursing home [**that informed him that Grandad's condition became serious**].

▶**정답** That morning Andrew received a call from the nursing home [**informing him that Grandad's condition became serious**].

▶**해석** 그날 아침 Andrew는 양로원으로부터 할아버지의 상태가 심

각해졌다고 그에게 알리는 전화를 받았다.

▶**해설** 선행사 a call을 수식하는 관계절은 분사 informing을 핵으로 하는 분사구로 축약할 수 있다.

번째 관계절 [ ]는 분사 refuting을 핵으로 하는 분사구로 축약할 수 있다.

Level Up

09 Rather than just maximising food production, farming is becoming more environmentally friendly, with the support of financial subsidies. This new approach increases biological diversity by conserving hedges and the wildflowers, insects, birds and other animals [**that live on the land**].

▶**정답** This new approach increases biological diversity by conserving hedges and the wildflowers, insects, birds and other animals [**living on the land**]

▶**해설** 농업은 단지 식량 생산을 극대화하기보다는 재정 보조금을 지원받아 더 환경 친화적으로 되어 가고 있다. 이러한 새로운 접근법은 생울타리와 야생화, 곤충, 조류와 뭍에 사는 다른 동물들을 보존함으로써 생물학적 다양성을 증대시킨다.

▶**해설** 선행사 other animals를 수식하는 관계절은 분사 living을 핵으로 하는 분사구로 축약할 수 있다.

Level Up

10 Confirmation bias is a term for the way the mind systematically avoids confronting contradiction. It does this by overvaluing evidence [**that confirms what we already think or feel**] and undervaluing or simply disregarding evidence [**that refutes it**]. Testimony from members of the Crow tribe about the destruction of their culture provides an extreme and tragic example of this.

▶**정답** It does this by overvaluing evidence [**confirming what we already think or feel**] and undervaluing or simply disregarding evidence [**refuting it**].

▶**해설** 확증 편향은 마음이 모순에 직면하는 것을 조직적으로 피하는 방법을 나타내는 용어이다. 그것은 우리가 이미 생각하거나 느끼는 것을 확인해 주는 증거를 과대평가하고 그것을 논박하는 증거를 저평가하거나 그저 묵살함으로써 이렇게 한다. 자기 문화의 파괴에 관한 Crow 족 구성원들의 증언은 이것의 극단적이고 비극적인 사례를 제공한다.

▶**해설** 선행사 evidence를 수식하는 첫 번째 관계절 [ ]는 분사 confirming을 핵으로 하는 분사구로 축약할 수 있다. 또 다른 선행사 evidence를 수식하는 두

Structure 65 부사절의 축약

Challenge 본문 ▶ p156

226 a. [**Though she was a hardworking student**], Peggy failed in the exam.

   b. [**Though a hardworking student**], Peggy failed in the exam.

▶**해석** 열심히 공부를 하는 학생이었지만 Peggy는 시험에 떨어졌다.

▶**해설** 접속사 Though가 이끄는 부사절은 being이 생략된 분사구로 축약할 수 있다.

---

227 a. [**Because she was late**], Irene couldn't get tickets for the concert.

   b. [**Being late**], Irene couldn't get tickets for the concert.

▶**해석** 늦었기 때문에 Irene은 음악회 입장권을 구할 수 없었다.

▶**해설** 접속사 Because가 이끄는 부사절은 접속사와 주어가 생략된 다음 Being으로 유도되는 분사구로 축약할 수 있다.

---

228 a. [**As soon as he saw it**], Brandon began to think of his ex-girlfriend.

   b. [**Upon seeing it**], Brandon began to think of his ex-girlfriend.

▶**해석** 그것을 보자마자 Brandon은 자기 옛 여자 친구를 생각하기 시작했다.

▶**해설** As soon as가 이끄는 부사절은 전치사 Upon이 이끄는 전치사구로 축약할 수 있다.

Application 본문 ▶ p157

01 It was too hot and I was exhausted [**while I was**

UNIT 6

climbing up the hill].

▶ **정답** It was too hot and I was exhausted [**while climbing up the hill**].

▶ **해석** 언덕을 오르는 동안 너무 더워서 나는 기진맥진했다.

▶ **해설** while이 유도하는 부사절은 주어 I와 be동사 was가 생략된 분사구로 축약할 수 있다.

---

02 Teachers shouldn't focus only on results [**when they praise students**].

▶ **정답** Teachers shouldn't focus only on results [**when praising students**].

▶ **해석** 교사들은 학생들을 칭찬할 때 오직 결과에만 초점을 맞추어서는 안 된다.

▶ **해설** 접속사 when이 유도하는 부사절은 주어가 생략되고 분사 praising을 핵으로 하는 분사구로 축약할 수 있다.

---

03 [**As soon as she heard this**], his daughter quickly took a bite from one apple.

▶ **정답** [**Upon hearing this**], his daughter quickly took a bite from one apple.

▶ **해석** 이것을 듣자마자 그의 딸은 재빨리 사과를 한 입 베어 물었다.

▶ **해설** 접속사 As soon as가 유도하는 부사절은 접속사와 주어가 생략되고 전치사 Upon을 핵으로 하는 전치사구로 축약할 수 있다.

---

04 Stravinsky not only composed superb music for ballet, but also insisted that instrumentalists be visually perceived [**while they are playing**].

▶ **정답** Stravinsky not only composed superb music for ballet, but also insisted that instrumentalists be visually perceived [**while playing**].

▶ **해석** Stravinsky는 최상의 발레곡을 작곡했을 뿐 아니라 연주를 하는 동안 기악 연주자들이 시각적으로 인지될 수 있어야 한다고 주장했다.

▶ **해설** 접속사 while이 유도하는 부사절은 주어 they와 be동사 are를 생략한 분사구로 축약할 수 있다.

---

05 [**When you are angry**], you can talk to a friend or hit a punching bag for a while.

▶ **정답** [**When angry**], you can talk to a friend or hit a punching bag for a while.

▶ **해석** 화가 나면 여러분은 친구에게 얘기하거나 잠시 샌드백을 칠 수 있다.

▶ **해설** 접속사 When으로 유도된 부사절은 being이 생략된 분사구로 축약할 수 있다.

---

06 [**As he stood up and sat down**], Keith played the unplayable piano to produce something unique.

▶ **정답** [**Standing up and sitting down**], Keith played the unplayable piano to produce something unique.

▶ **해석** Keith는 일어섰다 앉았다 하면서 연주가 불가능한 피아노를 쳐서 독특한 무언가를 만들어 냈다.

▶ **해설** 접속사 As가 유도하는 부사절은 접속사와 주어 he가 생략된 분사구로 축약할 수 있다.

---

07 [**While you take a walk in the fresh air**], you'll be able to think outside the box.

▶ **정답** [**While taking a walk in the fresh air**], you'll be able to think outside the box.

▶ **해석** 맑은 공기 속에서 산책을 할 때 새로운 사고를 할 수 있을 것이다.

▶ **해설** 접속사 While이 유도하는 부사절은 주어 you가 생략되고 분사 taking을 핵으로 하는 분사구로 축약할 수 있다.

---

08 [**When they make a judgment**], human judges not only use their legal knowledge but also consider things like a person's background and psychological condition.

▶ **정답** [**When making a judgment**], human judges not only use their legal knowledge but also consider things like a person's background and psychological condition.

▶ **해석** 판단을 내릴 때 인간 판사들은 자신들의 법률 지식을 사용할 뿐 아니라 한 사람의 배경과 심리 상태 같은 것도 고려한다.

▶ **해설** 접속사 When이 유도하는 부사절은 주어 they(= human judges)가 생략되고 분사 making을 핵으로 하는 분사구로 축약할 수 있다.

Level up

09 Due to the increase of traffic on Parker Street, we're concerned that the safety of our students may be at risk [**while they cross the road**]. This is especially true since there's no traffic light at the crosswalk. To solve this problem, we're asking you to volunteer to be crossing guards.

▶**정답** Due to the increase of traffic on Parker Street, we're concerned that the safety of our students may be at risk [**while crossing the road**].

▶**해석** Parker Street의 교통량 증가 때문에 우리는 우리 학생들이 <u>길을 건널 때 그들의 안전이 위험에 처하게 될 수도 있음을 염려합니다.</u> 이는 건널목에 신호등이 없기 때문에 특히 더 그렇습니다. 이 문제를 해결하기 위해 우리는 여러분께 건널목 지킴이 자원봉사를 해주실 것을 요청합니다.

▶**해설** 접속사 while이 유도하는 부사절은 주어 they(= our students)가 생략되고 분사 crossing을 핵으로 하는 분사구로 축약할 수 있다.

___

^{Level up}

10 Jane has been writing a campaign speech for some time, and it's nearly completed. She likes what she has written and is quite proud of it. [**Before she finishes it**], Jane shows it to David <u>so that she can get his opinion.</u> David thinks it's well written but feels that it's a bit too strong and direct. He's afraid the speech might hurt someone's feelings.

▶**정답** [**Before finishing it**], Jane shows it to David so that she can get his opinion.

▶**해석** Jane은 얼마 동안 선거 연설문을 쓰고 있었고 그것은 거의 완성되었다. 그녀는 자기가 쓴 내용이 마음에 들고 자부심을 느낀다. <u>Jane은 그것을 마치기 전에 그의 의견을 구할 수 있도록 David에게 보여 준다.</u> David는 그것이 잘 쓰였다고 생각하지만 너무 강하고 단도직입적이라고 생각한다. 그는 이 연설이 누군가의 감정을 다치게 할까 봐 걱정이 된다.

▶**해설** 접속사 Before가 유도하는 부사절은 주어 she (= Jane)가 생략되고 분사 finishing을 핵으로 하는 분사구로 축약할 수 있다.

Challenge　　　　　　본문 ▶ **p158**

229 [**Walking to the train station**], I felt the warm sun on my back.

▶**해석** 기차역으로 걸어가는 동안, 나는 등에 따스한 햇볕을 느꼈다.

▶**해설** [ ]로 표시된 부분은 시간을 나타내는 분사구로 주절을 수식한다.

___

230 [**Taking a closer look**], Evelyn found Julie's thumb to be more swollen.

▶**해석** 더 자세히 살펴보았을 때, Evelyn은 Julie의 엄지손가락이 더 부어오른 것을 알았다.

▶**해설** [ ]로 표시된 부분은 시간을 나타내는 분사구로 주절을 수식한다.

___

231 People experience jet lag [**when traveling across time zones**].

▶**해석** (표준) 시간대를 넘어 여행할 때, 사람들은 시차증을 겪는다.

▶**해설** [ ]로 표시된 부분은 시간을 나타내는 분사구로 주절을 수식한다.

Application　　　　　　본문 ▶ **p159**

01 [**Opening his briefcase**], Kevin was surprised to find a note from his mother.

▶**해석** 서류 가방을 열었을 때, Kevin은 어머니가 보낸 쪽지를 발견하게 되어 놀랐다.

▶**해설** [ ]로 표시된 부분은 시간을 나타내는 분사구로 주절을 수식한다.

___

02 [**Having returned to France**], Fourier began his research on heat conduction.

▶**해석** 프랑스로 돌아온 후에, Fourier는 열전도에 관한 자신의 연구를 시작했다.

▶**해설** [ ]로 표시된 부분은 시간을 나타내는 분사구로 주절을 수식한다.

UNIT **6**

03 [**Observing the seller carefully**], Paul sensed something wrong in Bob's interpretation.

▶해석 그 상인을 주의 깊게 관찰했을 때, Paul은 Bob의 통역에 잘못된 것이 있음을 알아챘다.

▶해설 [ ]로 표시된 부분은 시간을 나타내는 분사구로 주절을 수식한다.

04 [**When coming around a sloping curve on his bicycle**], Jim hit a car parked on the side of the road.

▶해석 자전거를 타고 비탈진 굽은 길을 돌아가다가, Jim은 도로의 한쪽에 주차된 차와 부딪쳤다.

▶해설 [ ]로 표시된 부분은 시간을 나타내는 분사구로 주절을 수식한다.

05 [**Listening to the lecture**], Susan realized that there is something more important than money.

▶해석 그 강연을 들었을 때, Susan은 돈보다 더 중요한 것이 있다는 것을 깨달았다.

▶해설 [ ]로 표시된 부분은 시간을 나타내는 분사구로 주절을 수식한다.

06 [**Having taken the first step into this new world**], the man is now about to begin a new adventure.

▶해석 이 새로운 세계로 첫발을 내딛은 후에, 그 남자는 이제 막 새로운 모험을 시작하려 한다.

▶해설 [ ]로 표시된 부분은 시간을 나타내는 분사구로 주절을 수식한다.

07 [**Stepping up to the microphone**], Gabby could feel the sweat starting to run down her face and neck.

▶해석 마이크에 다가갔을 때, Gabby는 땀이 자신의 얼굴과 목을 따라 흐르는 것을 느낄 수 있었다.

▶해설 [ ]로 표시된 부분은 시간을 나타내는 분사구로 주절을 수식한다.

08 [**Driving back from the village**], I stopped the car because a small woodchuck was traveling along the road.

▶해석 차를 몰아 마을에서 돌아갈 때, 나는 작은 마멋이 길을 따라 이동하고 있었기 때문에 차를 세웠다.

▶해설 [ ]로 표시된 부분은 시간을 나타내는 분사구로 주절을 수식한다.

Level up

09 The key to successful risk taking is to understand that the actions you're taking should be the natural next step. One of the mistakes we often make [**when confronting a risk situation**] is our tendency to focus on the end result.

▶해석 성공적인 위험 감수의 열쇠는 여러분이 취할 행동이 자연스러운 다음 단계이어야 한다는 것을 이해하는 것이다. 우리가 위험한 상황에 직면할 때 자주 저지르는 실수 중의 하나는 마지막 결과에 초점을 맞추는 우리의 경향이다.

▶해설 [ ]로 표시된 부분은 시간을 나타내는 분사구로 주절을 수식한다.

Level up

10 Empathetic distress occurs when people realize that their actions have caused harm or pain to another person. [**Motivated by feelings of guilt**], they are inclined to make amends for their actions. Making amends serves to repair damaged social relations and restore group harmony.

▶해석 고통의 공감은 자신들의 행동이 다른 사람에게 손해나 고통을 일으켰음을 깨달을 때 생긴다. 죄책감 때문에 자극을 받을 때, 사람들은 자신의 행동에 대해 보상을 하려는 경향이 있다. 보상하는 것은 손상된 사회적 관계를 회복하고 집단의 화합을 복원하는 역할을 한다.

▶해설 [ ]로 표시된 부분은 시간을 나타내는 분사구로 주절을 수식한다.

Structure 67 분사구: 이유

Challenge 본문 ▶ p160

232 [**Injured during the soccer match**], Ken had to leave the field.

▶해석 축구 경기 중에 부상을 당했기 때문에, Ken은 경기장

을 떠나야 했다.

▶ 해설 [ ]로 표시된 부분은 이유를 나타내는 분사구로 주절을 수식한다.

---

233 [**Frightened by the loud fireworks**], my little daughter hid behind me.

▶ 해석 커다란 소리의 불꽃놀이에 놀랐기 때문에, 내 어린 딸은 내 뒤에 숨었다.

▶ 해설 [ ]로 표시된 부분은 이유를 나타내는 분사구로 주절을 수식한다.

---

234 [**Wanting to honor the noble guest**], the villagers prepared a banquet.

▶ 해석 그 고귀한 손님에게 경의를 표하고 싶었기 때문에, 마을 사람들은 연회를 준비했다.

▶ 해설 [ ]로 표시된 부분은 이유를 나타내는 분사구로 주절을 수식한다.

Application

본문 ▶ p161

01 [**Lacking clean clothes**], Philip didn't apply for the job.

▶ 해석 깨끗한 옷이 없었기 때문에, Philip은 그 일자리에 지원하지 못했다.

▶ 해설 [ ]로 표시된 부분은 이유를 나타내는 분사구로 주절을 수식한다.

---

02 [**Assured**], Gabby smiled and started to deliver her speech.

▶ 해석 자신감이 있었기 때문에, Gabby는 웃으면서 연설하기 시작했다.

▶ 해설 [ ]로 표시된 부분은 이유를 나타내는 분사구로 주절을 수식한다.

---

03 [**Not following Cassady's advice**], Adams became discouraged.

▶ 해석 Cassady의 조언을 따르지 않았기 때문에, Adams는 낙담하게 되었다.

▶ 해설 [ ]로 표시된 부분은 이유를 나타내는 분사구로 주절을 수식한다.

---

04 [**Feeling hungry**], Bill went into the kitchen and opened the fridge.

▶ 해석 배가 고팠기 때문에, Bill은 부엌으로 들어가 냉장고를 열었다.

▶ 해설 [ ]로 표시된 부분은 이유를 나타내는 분사구로 주절을 수식한다.

---

05 [**Wanting to speak to Amber about the contract**], I decided to arrange a meeting.

▶ 해석 그 계약에 관해서 Amber에게 말하고 싶었기 때문에, 나는 모임을 마련하기로 결정하였다.

▶ 해설 [ ]로 표시된 부분은 이유를 나타내는 분사구로 주절을 수식한다.

---

06 [**Orphaned when his parents died during World War II**], Forman was raised by his relatives.

▶ 해석 제2차 세계대전 중에 부모가 사망했을 때 고아가 되었기 때문에, Forman은 친척들에 의해 길러졌다.

▶ 해설 [ ]로 표시된 부분은 이유를 나타내는 분사구로 주절을 수식한다.

---

07 [**Believing that your work should be perfect**], you gradually become convinced that you cannot do it.

▶ 해석 여러분의 작업이 완벽해야 한다고 믿기 때문에, 여러분은 점차 그것을 할 수 없다고 확신하게 된다.

▶ 해설 [ ]로 표시된 부분은 이유를 나타내는 분사구로 주절을 수식한다.

---

08 [**Assumed to have a substantial amount of water**], Mars is probably the most habitable out of all the planets in our solar system.

▶ 해석 상당한 양의 물을 가지고 있다고 추정되기 때문에, 화성은 아마도 우리 태양계의 모든 행성 중에서 가장 거주에 적당할 것이다.

▶ 해설 [ ]로 표시된 부분은 이유를 나타내는 분사구로 주절을 수식한다.

Level Up

09 Adapting novels is one of the most respectable of movie projects, while a book that calls itself the novelization of a film is considered barbarous. [**Being a hybrid art as well as a late one**], film has always been in a dialogue with other narrative genres.

▶해석 소설을 각색하는 것은 가장 훌륭한 영화 프로젝트 중 하나이지만, 영화를 소설화했다고 자칭하는 책은 상스럽게 여겨진다. 후발 예술이면서 동시에 혼합 예술이기도 하기 때문에, 영화는 항상 다른 서사 장르와 대화를 해 왔다.

▶해설 [ ]로 표시된 부분은 이유를 나타내는 분사구로 주절을 수식한다.

Level up

10 We come to see objects in terms of their membership in a particular group, and we miss seeing that each is more than its group membership. [**Trapped by the category of doors**], we become blind to the three-by-seven-foot pieces of wood that are right in front of us.

▶해석 우리는 특정 집단 내 구성원이라는 관점에서 대상들을 보게 되고, 그 각각은 집단의 구성원 이상이라는 것을 깨닫지 못한다. 문이라는 범주에 갇혀 있기 때문에, 우리는 바로 앞에 있는 가로 3피트, 세로 7피트의 나뭇조각들을 보지 못하게 된다.

▶해설 [ ]로 표시된 부분은 이유를 나타내는 분사구로 주절을 수식한다.

Structure **68** 분사구: 조건과 양보

Challenge

본문 ▶ p162

235 [**Properly decoded**], dreams would enable us to foretell the future.

▶해석 제대로 해독이 된다면, 꿈은 우리가 미래를 예언할 수 있게 해 줄 것이다.

▶해설 [ ]로 표시된 부분은 조건을 나타내는 분사구로 주절을 수식한다.

---

236 [**Looked after carefully**], this fan will keep you cool for many years.

▶해석 주의 깊게 간수된다면, 이 선풍기는 여러 해 동안 여러

분을 시원하게 해 줄 것이다.

▶해설 [ ]로 표시된 부분은 조건을 나타내는 분사구로 주절을 수식한다.

---

237 [**Although waiting in a long queue**], Sophia stayed calm.

▶해석 비록 긴 줄에 서서 기다렸지만, Sophia는 냉정을 유지했다.

▶해설 [ ]로 표시된 부분은 양보를 나타내는 분사구로 주절을 수식한다.

Application

본문 ▶ p163

01 [**Though moving irregularly**], the animal was coming straight for me.

▶해석 불규칙적으로 움직이기는 했지만, 그 동물은 나를 향해 곧장 오고 있었다.

▶해설 [ ]로 표시된 부분은 양보를 나타내는 분사구로 주절을 수식한다.

---

02 [**Although admitting he'd been very stupid**], Max refused to apologize to us.

▶해석 자신이 매우 어리석었다는 것을 인정했지만, Max는 우리에게 사과하기를 거부했다.

▶해설 [ ]로 표시된 부분은 양보를 나타내는 분사구로 주절을 수식한다.

---

03 The anxious are more likely to fail [**even given superior scores on intelligence tests**].

▶해석 걱정이 많은 사람들은 심지어 지능 시험에서 우수한 점수를 받는다 해도 실패할 가능성이 더 크다.

▶해설 [ ]로 표시된 부분은 양보를 나타내는 분사구로 주절을 수식한다.

---

04 [**An underwater object seen from outside the water**], its appearance becomes distorted.

▶해석 물속의 물체가 물 밖에서 보인다면, 그것의 겉모습은 왜곡된다.

▶해설 [ ]로 표시된 부분은 조건을 나타내는 분사구로 주절을 수식한다.

05 [**If properly regulated**], modern genetic technology could result in significant improvements.

▶해석 적절히 통제된다면, 현대의 유전 기술은 상당한 발전을 가져올 수 있다.

▶해설 [ ]로 표시된 부분은 조건을 나타내는 분사구로 주절을 수식한다.

06 The influence of colors, [**although scientifically proven**], is totally underestimated.

▶해석 과학적으로 입증되었지만, 색상의 영향력은 완전히 과소평가되고 있다.

▶해설 [ ]로 표시된 부분은 양보를 나타내는 분사구로 주절을 수식한다.

07 [**Although impressed by the bravery of his fellow soldiers**], Bloch had harsh words for the army leadership.

▶해석 비록 자신의 동료 병사들의 용맹함에 감동을 받았지만, Bloch는 군대 지도부에 대해 거친 말을 쏟아 냈다.

▶해설 [ ]로 표시된 부분은 양보를 나타내는 분사구로 주절을 수식한다.

08 The English hoped that the American colonies, [**once established**], would be able to reduce England's dependence on imports from continental Europe.

▶해석 영국인들은 미국 식민지가, 일단 세워지면, 유럽 대륙으로부터의 수입에 대한 영국의 의존을 줄일 수 있을 것이라고 기대했다.

▶해설 [ ]로 표시된 부분은 조건을 나타내는 분사구로 주절을 수식한다.

_{Level Up}
09 We hope you would consider contributing generously to our fund. [**Knowing you're helping support the formation of future leaders**], you'll get a great feeling.

▶해석 우리는 여러분이 우리의 기금에 후하게 기부하는 것을 고려해 주시기 바랍니다. 여러분이 이 직업에서 미래의 지도자 양성 후원을 돕고 있다는 것을 아시면 정말 기분이 좋아질 것입니다.

▶해설 [ ]로 표시된 부분은 조건을 나타내는 분사구로 주절을 수식한다.

_{Level Up}
10 Ever since the coming of television, there has been a rumor that the novel is dying, [**if not already dead**]. Indeed, print-oriented novelists seem doomed to disappear, as electronic media and computer games are becoming more influential.

▶해석 텔레비전의 도래 이후로, 소설이 비록 이미 죽지는 않았지만 죽어 가고 있다는 소문이 있어 왔다. 사실, 인쇄 지향적인 소설가들은 사라질 수밖에 없는 운명인 것처럼 보이는데, 왜냐하면 전자 미디어와 컴퓨터 게임이 더 영향력 있게 되어 가고 있기 때문이다.

▶해설 [ ]로 표시된 부분은 양보를 나타내는 분사구로 주절을 수식한다.

Structure **69** 분사구: 동시 동작, 상황

_{Challenge}   본문 ▶ p164

238 The robber went on his way, [**leaving all the things Ben had laid out**].

▶해석 그 도둑은 Ben이 진열해 놓은 모든 물건을 남겨 두고는 가 버렸다.

▶해설 [ ]로 표시된 부분은 동시 동작을 나타내는 분사구로 주절을 수식한다.

239 An old man struggled into the bus, [**looking fruitlessly for a seat**].

▶해석 한 노인이 힘겹게 버스 안에 들어와서는 좌석을 찾았지만 보람이 없었다.

▶해설 [ ]로 표시된 부분은 동시 동작을 나타내는 분사구로 주절을 수식한다.

240 The bird rests on the ground [**with its big eyes closed**].

Application

본문 ▶ p165

01 [**Talking and laughing over coffee**], they enjoyed the fabulous spring day.

▶해석 커피를 마시며 대화하고 웃으면서, 그들은 아주 멋진 봄날을 즐겼다.

▶해설 [ ]로 표시된 부분은 동시 동작을 나타내는 분사구로 주절을 수식한다.

02 Dad just laughed and walked out of the room [**still holding Slade in his arms**].

▶해석 아빠는 여전히 Slade를 품에 안은 채로 웃기만 하면서 방에서 걸어 나왔다.

▶해설 [ ]로 표시된 부분은 동시 동작을 나타내는 분사구로 주절을 수식한다.

03 Beethoven wrote groups of musical notes in notebooks, [**often reworking and polishing them for years**].

▶해석 베토벤은 공책에 많은 악보를 쓰며, 수년 동안 자주 그것을 손질하고 다듬었다.

▶해설 [ ]로 표시된 부분은 동시 동작을 나타내는 분사구로 주절을 수식한다.

04 I held my tongue and accepted his decision unwillingly, [**climbing into the front seat and slamming the door**].

▶해석 나는 하고 싶은 말을 참으며 그의 결정을 마지못해 받아들이고는 앞좌석으로 올라 들어가서는 문을 쾅 닫았다.

▶해설 [ ]로 표시된 부분은 동시 동작을 나타내는 분사구로 주절을 수식한다.

05 One of the best ways to write a book is to write it as quickly as possible, [**getting your thoughts onto paper without regard to style**].

▶해석 책을 쓰는 최고의 방법 중의 하나는 여러분의 생각을 문체에 상관없이 종이 위에 적으면서 가능한 한 빠르게 그것을 쓰는 것이다.

▶해설 [ ]로 표시된 부분은 동시 동작을 나타내는 분사구로 주절을 수식한다.

06 The bird's tale rises and falls like a Greek tragedy, [**with island populations savagely destroyed by humans until almost all were gone**].

▶해석 그 새의 이야기는 섬의 개체군이 거의 모두가 사라질 때까지 인간에 의해 잔혹하게 죽임을 당한 상태로 한 편의 그리스 비극처럼 융성하고 쇠퇴한다.

▶해설 [ ]로 표시된 부분은 상황을 나타내는 분사구로 주절을 수식한다.

07 Economical writing should only include necessary words or sentences, [**requiring a minimum of energy from readers while giving them a maximum of meaning**].

▶해석 경제적인 글쓰기는 필요한 어휘나 문장만 포함하여, 독자들에게 최대의 의미를 제공하면서 동시에 그들에게 최소의 에너지를 요구해야 한다.

▶해설 [ ]로 표시된 부분은 동시 동작을 나타내는 분사구로 주절을 수식한다.

08 Canada had the second largest daily oil production followed by Mexico and Brazil, [**with Venezuela recording the lowest among the five countries in 2010**].

▶해석 캐나다는 2010년에 두 번째로 많은 일일 석유 생산량을 가졌고, 멕시코와 브라질이 그 뒤를 따랐으며, 베네수엘라는 5개국 중 가장 적은 기록을 세웠다.

▶해설 [ ]로 표시된 부분은 상황을 나타내는 분사구로 주절을 수식한다.

Level up

09 Parents often believe that they are providing help to their children when they constantly correct and criticize them, [**assuming that they will grow from these remarks**]. But ask yourself: Do you like being corrected? Do you grow when you are constantly criticized? In truth, we tend to stay the same when we are criticized.

▶해석 부모들은 끊임없이 자녀들을 바로잡고 비판할 때, 자녀들이 이런 (바로잡고 비판하는) 언급으로부터 성장하리라 생각하면서, 그들에게 도움을 주고 있다고 믿는 경우가 흔히 있다. 하지만 스스로에게 물어보라. 여러분은 잘못을 지적받는 것을 좋아하는가? 여러분은 끊임없이 비판을 받을 때 성장하는가? 사실, 우리는 비판을 받을 때 같은 자리에 머물러 있는 경향이 있다.

▶해설 [ ]로 표시된 부분은 동시 동작을 나타내는 분사구로 주절을 수식한다.

Level up

10 In areas where the snakes are known to be active, sightings of medium-size mammals have dropped by as much as 99 percent. It's not hard to envision what happens next. [**With their prey exhausted**], the snakes will begin moving out of the Everglades in search of food].

▶해석 그 뱀들이 활동한다고 알려진 지역에서, 중간 크기의 포유류의 목격 사례는 99퍼센트나 감소했다. 다음에 무슨 일이 일어나는지를 상상하는 것은 어렵지 않다. 먹잇감이 소진된 상태에서, 그 뱀들은 먹이를 찾아 Everglades 밖으로 이동하기 시작할 것이다.

▶해설 [ ]로 표시된 부분은 상황을 나타내는 분사구로 주절을 수식한다.

Structure **70** 비교 표현

Challenge

본문 ▸ p170

241 This box is **bigger than** the one I lost.

▶해석 이 상자는 내가 잃어버린 것보다 더 크다.
▶해설 형용사 big의 비교 형태를 사용한 비교 표현이다.

242 Your dog runs **faster than** my dog.

▶해석 너의 개가 나의 개보다 빠르게 달린다.
▶해설 부사 fast의 비교 형태를 사용한 비교 표현이다.

243 Noah was **more embarrassed than** Carol about the test scores.

▶해석 Noah는 시험 점수에 대해 Carol보다 더 창피해했다.
▶해설 형용사 embarrassed의 비교 형태를 사용한 비교 표현이다.

Application

본문 ▸ p171

01 This book is **longer than** that book.

▶해석 이 책이 저 책보다 (내용이) 더 길다.
▶해설 형용사 long의 비교 형태를 사용한 비교 표현이다.

02 The presentation went **better than** expected.

▶해석 발표는 기대했던 것보다 더 잘되었다.
▶해설 부사 well의 비교 형태를 사용한 비교 표현이다.

03 Children tend to have much **smaller** feet **than** adults.

▶해석 아이들은 어른들보다 발이 훨씬 더 작은 경향이 있다.
▶해설 형용사 small의 비교 형태를 사용한 비교 표현이다.

04 You may have noticed that, after a snowfall, it

UNIT **7**

seems **quieter than** usual.

▶해석 여러분은 눈이 내리고 나서, 평소보다 더 조용한 듯하다고 의식했을 수도 있다.

▶해설 형용사 quiet의 비교 형태를 사용한 비교 표현이다.

---

05 Certain species are **more crucial** to the maintenance of their ecosystem **than** others.

▶해석 특정 종들은 다른 종들보다 자신들의 생태계 유지에 더 결정적이다.

▶해설 형용사 crucial의 비교 형태를 사용한 비교 표현이다.

---

06 Members of larger groups tend to offer **more** suggestions **than** members of smaller groups.

▶해석 (규모가) 더 큰 집단의 구성원들이 더 작은 집단의 구성원들보다 더 많은 제안을 내는 경향이 있다.

▶해설 형용사 many의 비교 형태를 사용한 비교 표현이다.

---

07 Your support will enable me to perform **better** at my work and contribute **more** to the company.

▶해석 당신의 지원이 나로 하여금 내 일을 더 잘 수행하고 회사에 더 많이 기여할 수 있게 할 것이다.

▶해설 부사 well과 부사 much의 비교 형태를 사용한 비교 표현이다.
비교 대상을 문맥상 확실히 알 수 있어 than now는 생략되었다.

---

08 People are **more attracted** to individuals who are consistently negative **than** to people who initially behave positively and then switch to negative behavior.

▶해석 사람들은 처음에는 긍정적으로 행동하고 나서 부정적인 행동으로 바뀌는 사람들에게보다 일관되게 부정적인 사람들에게 더 끌린다.

▶해설 형용사 attracted의 비교 형태를 사용한 비교 표현이다.

Level Up
09 Do business executives suffer more from stress than their employees, who merely carry out their decisions? Most executives have jobs in which the demands are high but so is their level

of control. Research indicates that lack of control is **more stressful than** the burden of decision-making.

▶해석 기업의 임원들이 단지 자신들이 내린 결정을 수행하는 직원들보다 스트레스에 더 시달릴까? 대부분의 임원들은 부담이 크지만 그만큼 통제할 수 있는 수준도 높은 일을 한다. 연구는 통제력이 없는 것이 의사 결정에 대한 부담보다 더 스트레스를 준다는 것을 보여 준다.

▶해설 형용사 stressful의 비교 형태를 사용한 비교 표현이다.

Level Up
10 Many disciplines are **better** learned by entering into the doing **than** by mere abstract study. This is often the case with the most abstract as well as the seemingly more practical disciplines. For example, within the philosophical disciplines, logic must be learned through the use of examples and actual problem-solving.

▶해석 많은 학문 분야가 단순한 추상적인 공부에 의해서보다 실제로 행함으로써 더 잘 학습된다. 이것은 겉보기에 더 실용적인 학문의 분야뿐만 아니라 가장 추상적인 학문의 분야에서도 흔히 사실이다. 예를 들어, 철학적인 학문 분야 내에서 논리는 실례의 사용과 실질적 문제 해결을 통해서 학습되어야만 한다.

▶해설 부사 well의 비교 형태를 사용한 비교 표현이다.

Structure **71** 동등 비교

Challenge
본문 ▶ p172

244 Bill is **as hardworking as** his father is.

▶해석 Bill은 자기 아버지만큼이나 근면하다.

▶해설 as hardworking as를 사용한 동등 비교이다.

---

245 My roommate plays video games **as much as** Timothy.

▶해석 내 룸메이트는 Timothy만큼이나 비디오 게임을 많이 한다.

▶해설 as much as를 사용한 동등 비교이다.

246 Group work can be **as beneficial** to the teacher **as** it is to the student.

▶해석 집단 작업은 학생에게 (이로운) 만큼 교사에게도 이로울 수 있다.

▶해설 as beneficial as를 사용한 동등 비교이다.

본문 ▶ p173

Application

01 Liz cooks **as well as** her mom.

▶해석 Liz는 그녀의 엄마만큼 요리를 잘한다.

▶해설 as well as를 사용한 동등 비교이다.

02 Malden is not **as crowded as** Cambridge.

▶해석 Malden은 Cambridge만큼 붐비지 않다.

▶해설 as crowded as를 사용한 동등 비교이다.

03 Helen comes to visit me **as often as** she can.

▶해석 Helen은 그녀가 할 수 있는 한 자주 나를 방문하러 온다.

▶해설 as often as를 사용한 동등 비교이다.

04 High school life soon proved **as challenging as** the principal had predicted.

▶해석 고등학교 생활은 교장 선생님이 예측했던 만큼 힘들다는 것이 곧 드러났다.

▶해설 as challenging as를 사용한 동등 비교이다.

05 Though not **as old as** the bridges of Rome, the Ponte Vecchio was absolutely a work of art.

▶해석 비록 로마의 다리들만큼 오래되지는 않았지만, Ponte Vecchio는 틀림없이 하나의 예술품이었다.

▶해설 as old as를 사용한 동등 비교이다.

06 We are not **as concerned** with what we are hearing **as** we are with finding what we already know is relevant.

▶해석 우리는 관련이 있다고 우리가 이미 알고 있는 것을 찾는 것에 (관심이 있는) 만큼 우리가 듣고 있는 것에는 관심이 있지 않다.

▶해설 as concerned as를 사용한 동등 비교이다.

07 Soon several dozen regular commenters emerged, and they got to know each other, talking **as much** to each other **as** to Coates.

▶해석 곧 수십 명의 정기적으로 댓글을 다는 사람들이 나타났고, 그들은 서로를 알게 되었으며, Coates에게 (이야기하는) 만큼이나 많이 자기들끼리 이야기했다.

▶해설 as much as를 사용한 동등 비교이다.

08 The spoonful of 95℃ soup hitting your foot hurts, but not **as badly as** it would if you accidentally spilled the entire pot of 95℃ soup on your foot.

▶해석 여러분의 발에 떨어진 섭씨 95도의 수프 한 숟가락은 아프긴 하지만, 만약 여러분이 뜻하지 않게 섭씨 95도의 수프가 담긴 솥 전체를 발에 엎지를 경우에 아플 만큼 심하지는 않다.

▶해설 as badly as를 사용한 동등 비교이다.

Level Up

09 I'm leaving early tomorrow morning, finally! I've always wanted to explore the Amazon, the unknown and mysterious world. At this hour, the great Emerald Amazon Explorer should be at the port waiting for me to get on board. My heart swells **as much as** my chubby bags; yet, I'd better get some sleep since a long, tough journey is ahead of me.

▶해석 나는 마침내 내일 아침 일찍 떠날 것이다! 나는 항상 미지의 신비스러운 세계인 아마존을 탐험하고 싶었다. 이 시각이면, 멋진 Emerald Amazon Explorer가 내가 승선하기를 기다리면서 항구에 있을 것이다. 내 가슴은 나의 불룩한 가방들만큼이나 많이 부풀어 오르지만, 길고 힘든 여정을 앞두고 있으니 잠을 조금 자 두는 편이 낫겠다.

▶해설 as much as를 사용한 동등 비교이다.

Level Up

10 It is easy to assume that when a child learns about the physical world he or she is learning objective facts. But this is not so: You and I, for example, 'know' that the world is sort of round, whereas our remote ancestors believed it to be flat. But our 'knowledge' is based on word of mouth **as much as** that of our ancestors: Someone told us.

▶해석 아이가 물리적인 세상에 대해서 배울 때 그 아이는 객관적인 사실들을 배우고 있을 것이라고 추정하기 쉽다. 그러나 그렇지 않다. 여러분과 나는, 예를 들면, 세상이 다소 둥글다는 것을 '알지만' 우리의 먼 조상들은 그것이 편평하다고 믿었다. 그러나 우리의 '지식'은 우리 조상들의 그것(지식)만큼이나 많이 구전에 근거를 둔다. 누군가 (지식을) 우리에게 말해 준 것이다.

▶해설 as much as를 사용한 동등 비교이다.

72 배수 표현

본문 ▶ p174

247 The percentage of supporters is **two times higher than** that of opposers.

▶해석 지지자들의 비율이 반대자들의 비율의 두 배이다.

▶해설 비교 표현 앞에 two times를 더한 배수 표현이다.

248 Women suffer from migraines **three times as often as** men.

▶해석 여성이 남성보다 세 배나 자주 편두통에 시달린다.

▶해설 동등 비교 앞에 three times를 더한 배수 표현이다.

249 The new screen is **twice the width of its previous model**.

▶해석 새로운 스크린은 이전 모델 너비의 두 배이다.

▶해설 명사구 앞에 twice를 더한 배수 표현이다.

본문 ▶ p175

01 Our new house is **twice the size of our old one**.

▶해석 우리의 새집은 예전 집의 크기의 두 배이다.

▶해설 명사구 앞에 twice를 더한 배수 표현이다.

02 The competitor received about **two times more** points **than** expected.

▶해석 그 시합 참가자는 예상했던 것보다 약 두 배의 점수를 받았다.

▶해설 비교 표현 앞에 two times를 더한 배수 표현이다.

03 Ella was producing and earning **twice the amount of her co-workers**.

▶해석 Ella는 자신의 동료들의 두 배의 양을 생산하고 벌고 있었다.

▶해설 명사구 앞에 twice를 더한 배수 표현이다.

04 The newly developed material is exactly **three times lighter than** the existing one.

▶해석 새롭게 개발된 재료는 기존의 것보다 정확히 세 배 더 가볍다.

▶해설 비교 표현 앞에 three times를 더한 배수 표현이다.

05 In 2001, there were about **three times as many** Korean men who married foreigners **as** there were in 2005.

▶해석 2001년에는 외국인과 결혼한 한국 남성의 수가 2005년의 약 세 배였다.

▶해설 동등 비교 앞에 three times를 더한 배수 표현이다.

06 Before long, our images will have about **10 times as many** pixels on Pluto **as** the best Hubble images.

▶해석 오래지 않아, 우리의 이미지는 최고의 허블 우주 망원경 이미지보다 명왕성 (이미지)에 약 10배 더 많은 화소를 가지게 될 것이다.

▶해설 동등 비교 앞에 10 times를 더한 배수 표현이다.

07 Participants who evaluated the scissors when recycling facilities were available used nearly **three times more** paper **than** the group who didn't have recycling facilities.

▶해석 재활용 시설이 이용 가능했을 때 가위의 품질을 평가한 참여자들은 재활용 시설이 없었던 집단보다 거의 세 배 더 많은 종이를 사용했다.

▶해설 비교 표현 앞에 three times를 더한 배수 표현이다.

08 A busily typing programmer could well produce **ten times as many** lines of code **as** a thinking programmer, which contain **twice as many** new problems **as** the thinker's.

▶**해석** 바쁘게 타이핑하고 있는 프로그래머가 생각하고 있는 프로그래머보다 열 배 더 많은 줄의 코드를 만들어 낼 수 있을지 모르겠지만, 그것은 생각하는 사람(프로그래머)의 것(코드)보다 두 배 더 많은 새로운 문제를 포함하고 있다.

▶**해설** 동등 비교 앞에 각각 ten times와 twice를 더한 배수 표현이다.

Level up

09 A study of the 1974 Canadian federal elections found that attractive candidates received more than **two and a half times as many** votes **as** unattractive candidates. Despite such evidence of favoritism toward handsome politicians, follow-up research demonstrated that voters did not realize their bias.

▶**해석** 1974년 캐나다 연방 선거에 대한 한 연구는 매력적인 후보자들이 매력적이지 않은 후보자들보다 두 배 반이 넘는 표를 받았다는 것을 발견했다. 잘생긴 정치인들을 향한 편애에 대한 그와 같은 증거에도 불구하고, 뒤따른 연구는 유권자들이 자신의 편견을 깨닫지 못했다는 것을 보여 주었다.

▶**해설** 동등 비교 앞에 two and a half times를 더한 배수 표현이다.

Level up

10 Imagine a situation with four engineers assigned to different tasks in a step-by-step process when all are present at the same time. That situation is fraught with inefficiency and high labor costs, with at least three people watching while the fourth is at work. The cost will be at least **four times what it could be**.

▶**해석** 단계적인 과정에서 각기 다른 일을 맡은 네 명의 엔지니어가 동시에 모두 있는 상황을 상상해 보라. 그 상황은 비효율성과 높은 인건비로 가득 차 있는데, 네 번째 사람이 일하는 동안 적어도 세 명의 사람들은 지켜보게 된다. 그 비용은 (절약이) 가능한 비용보다 적어도 네 배가 될 것이다.

▶**해설** 명사절 앞에 four times를 더한 배수 표현이다.

Structure **73** 이중 비교 표현

Challenge 본문 ▶ p176

250 [**The harder**] you study, [**the better grades**] you will get.

▶**해석** 공부를 더 열심히 하면 할수록, 더 좋은 성적을 받을 것이다.

▶**해설** The harder ~, the better grades ...의 이중 비교 표현이다.

251 [**The higher**] you climb up the mountain, [**the less air**] there is.

▶**해석** 산을 더 높이 오르면 오를수록, 공기가 더 희박해진다.

▶**해설** The higher ~, the less air ...의 이중 비교 표현이다.

252 [**The more green vegetables**] you eat, [**the healthier**] you will be.

▶**해석** 사람들이 녹색 채소를 더 많이 먹으면 먹을수록, 더 건강해질 것이다.

▶**해설** The more green vegetables ~, the healthier ...의 이중 비교 표현이다.

Application 본문 ▶ p177

01 [**The crazier**] the idea is, [**the more fun**] it is to try.

▶**해석** 아이디어가 더 기발하면 할수록, 해 보는 것이 더 재미있다.

▶**해설** The crazier ~, the more fun ...의 이중 비교 표현이다.

02 [**The deeper**] the snow gets, [**the more sound**] it absorbs.

▶**해석** 눈이 더 깊어지면 질수록, 더 많은 소리를 흡수한다.

▶**해설** The deeper ~, the more sound ...의 이중 비교 표현이다.

03 [**The more aware**] you are of your weaknesses,

[**the better prepared**] you will be.

▶ 해석 자신의 약점을 더 많이 알고 있으면 있을수록, 더 잘 준비되어 있을 것이다.

▶ 해설 The more aware ~, the better prepared ...의 이중 비교 표현이다.

04 [**The less mistakes**] you have made, [**the less likely**] it is that you will be a great success.

▶ 해석 여러분이 실수를 더 적게 하면 할수록, 크게 성공한 사람이 될 공산은 더 적다.

▶ 해설 The less mistakes ~, the less likely ...의 이중 비교 표현이다.

05 [**The more optimistic**] the students' attitudes became, [**the more**] their confidence with math grew.

▶ 해석 학생들의 태도가 더 낙관적이 되면 될수록, 그들의 수학에 대한 자신감은 더 커졌다.

▶ 해설 The more optimistic ~, the more ...의 이중 비교 표현이다.

06 [**The bigger**] the size of the groups being compared is, [**the better statistical results**] the researchers get.

▶ 해석 비교되는 집단의 크기가 더 크면 클수록, 조사자들은 더 나은 통계적인 결과를 얻는다.

▶ 해설 The bigger ~, the better statistical results ...의 이중 비교 표현이다.

07 [**The more**] you know about your reader, [**the greater the chances**] you will meet his or her needs and expectations.

▶ 해석 여러분의 독자에 대해 더 많이 알면 알수록, 그 독자의 필요와 기대를 충족시킬 가능성은 더 커진다.

▶ 해설 The more ~, the greater the chances ...의 이중 비교 표현이다.

08 Anyone who has tried to complete a jigsaw puzzle as the clock ticked on toward a deadline knows that [**the more**] they struggle to find the missing pieces, [**the harder**] it is to find them.

▶ 해석 시계가 마감 시간을 향해 계속 째깍거리는 동안 조각 그림 맞추기를 완성하려고 노력해 본 사람이라면 누구나 빠진 조각을 찾으려고 더 많이 애쓰면 애쓸수록, 그 조각들을 찾기가 더 어렵다는 것을 안다.

▶ 해설 the more ~, the harder ...의 이중 비교 표현이다.

Level up
09 Science is the study of nature, and [**the more**] we learn about how nature works, [**the more**] we learn about what our existence in this universe means for us. The seemingly impractical knowledge we gain from space probes to other worlds tells us about our planet and our own role in the scheme of nature.

▶ 해석 과학은 자연을 연구하는 학문이며, 우리가 자연이 어떻게 작용하는지에 대해 더 많이 알면 알수록, 우리는 이 우주 속에서의 우리의 존재가 우리에게 무엇을 의미하는지에 대해 더 많이 알게 된다. 외부 세계에 대한 우주 탐사기로부터 얻는 겉보기에는 비실용적인 지식이 우리의 행성과 자연의 체계 안에서의 우리 자신의 역할에 대해 알려 준다.

▶ 해설 the more ~, the more ...의 이중 비교 표현이다.

Level up
10 Shared reading is a group reading experience. It was originally called 'shared book experience' by Don Holdaway, a New Zealand educator. He studied children's experiences during bedtime storytelling and discovered that [**the more**] children interact with their parents at bedtime, [**the more successful at reading**] they become.

▶ 해석 함께 읽기는 집단 읽기 체험이다. 그것은 원래 '공유되는 책 체험'이라고 뉴질랜드 교육학자인 Don Holdaway에 의해 불렸다. 그는 잠자리에 드는 시간에 이야기하는 동안의 아이들의 경험을 연구했고 아이들이 잠자리에 드는 시간에 부모들과 더 많이 소통하면 할수록, 읽기 능력에 있어서 더 성공적이 된다는 것을 발견했다.

▶ 해설 the more ~, the more successful at reading ...의 이중 비교 표현이다.

Challenge　　　　　본문 ▶ p178

253 This puzzle is **the easiest** in the whole book.

▶해석 이 퍼즐이 그 책 전체에서 가장 쉽다.

▶해설 형용사 easy의 최상 표현이다.

254 Everyone in the race ran fast, but Mike ran **the fastest** of all.

▶해석 경주에서 누구나 빨리 달렸지만, Mike가 전체에서 가장 빨리 달렸다.

▶해설 부사 fast의 최상 표현이다.

255 Katie was **the most talented** singer in the competition.

▶해석 Katie는 경연 대회에서 가장 재능이 있는 가수였다.

▶해설 형용사 talented의 최상 표현이다.

Application　　　　　본문 ▶ p179

01 This is **the best** lecture that I've ever attended.

▶해석 이것은 내가 이제껏 들어 봤던 최고의 강의이다.

▶해설 형용사 good의 최상 표현이다.

02 In Korea, August is usually **the hottest** month of the year.

▶해석 한국에서는 8월이 보통 연중 가장 더운 달이다.

▶해설 형용사 hot의 최상 표현이다.

03 Baseball is one of **the most popular** sports frequently broadcast on TV.

▶해석 야구는 텔레비전에서 자주 방송되는 가장 인기 있는 스포츠들 중의 하나이다.

▶해설 형용사 popular의 최상 표현이다.

04 Feedback is usually **most effective** when you offer it at **the earliest** opportunity.

▶해석 피드백은 보통 가장 이른 기회에 제공할 때 가장 효과적이다.

▶해설 형용사 effective와 형용사 early의 최상 표현이다.

05 We should keep in mind that money is not **the most important** thing in life.

▶해석 우리는 돈이 삶에서 가장 중요한 것은 아니라는 것을 명심해야 한다.

▶해설 형용사 important의 최상 표현이다.

06 The people I admire **most** are those who touch me personally like my grandfather.

▶해석 내가 가장 존경하는 사람들은 나의 할아버지처럼 개인적으로 나를 감동시키는 사람들이다.

▶해설 부사 much의 최상 표현이다.

07 Mathematics was an essential tool to elite civil and military engineers, and would also become a gateway subject for efficiently sorting **the best and brightest** ones.

▶해석 수학은 엘리트 토목 기사와 공병들에게 필수적인 도구였고, 가장 우수하고 똑똑한 이들을 효율적으로 가려내기 위한 관문 과목이 되기도 했다.

▶해설 형용사 good과 형용사 bright의 최상 표현이다.

08 People still living in hunter-gatherer societies regularly make choices designed to produce not **the best** opportunity for obtaining a hyper-abundant supply of food but, instead, **the least** danger of ending up with an insufficient supply.

▶해석 여전히 수렵 · 채집 사회에서 살고 있는 사람들은 엄청나게 풍부한 식량 공급을 얻을 최고의 기회가 아니라, 그 대신 결국 불충분한 (식량) 공급이 되고 말 위험을 최소화하기 위한 선택을 규칙적으로 한다.

▶해설 형용사 good과 형용사 little의 최상 표현이다.

Level Up

09 The laughter stopped as the Great Chief ordered Kione to come and sit beside him. Then he announced, "This boy is a hero. He was willing to give us his only possession, but his long, hard journey here made his present **the most magnificent** gift of all."

UNIT **7**

▶해석 대추장이 Kione에게 자신의 옆에 와서 앉으라고 명령하자 웃음이 그쳤다. 그러고 나서 그는 공표했다. "이 소년은 영웅이다. 그는 기꺼이 자신의 유일한 소유물을 우리에게 주려고 했는데, 여기까지 오는 그의 길고 힘든 여정이 그의 선물을 모든 것들 중에서 가장 훌륭하게 만들었다."

▶해설 형용사 magnificent의 최상 표현이다.

Level up

10 When you have said "No," all your pride of personality demands that you remain consistent with yourself. Once having said "No," you feel you must stick to it. <u>Hence it is of **the very greatest** importance that a person be started in the affirmative direction.</u>

▶해석 여러분이 "아니요"라고 말했을 때, 여러분의 인격의 모든 자존심은 여러분이 자기 자신에게 계속 일관될 것을 요구한다. 한 번 "아니요"라고 말했다면, 여러분은 그것을 고수해야만 한다고 느낀다. 이런 이유로 사람이 긍정적인 방향에서 시작되어야 하는 것이 단연코 가장 큰 중요성을 가진다.

▶해설 형용사 great의 최상 표현이다.
very는 최상 표현을 강조하고 있다.

Structure **75** 비교 표현에 나타난 최상의 의미

Challenge

본문 ▶ p180

256 Peter is **taller than any other student in his class**.

▶해석 Peter는 자기 학급의 다른 어떤 학생보다도 키가 더 크다.

▶해설 any other가 한정하는 명사구가 포함된 비교 표현으로 최상의 의미를 나타낼 수 있다.

257 **No other student in his class** is **taller than** Peter.

▶해석 그의 학급에서 다른 어떤 학생도 Peter보다 더 키가 크지 않다.

▶해설 No other가 한정하는 명사구가 포함된 비교 표현으로 최상의 의미를 나타낼 수 있다.

258 **No other student in his class** is **as tall as** Peter.

▶해석 그의 학급에서 다른 어떤 학생도 Peter만큼 키가 크지 않다.

▶해설 No other가 한정하는 명사구가 포함된 동등 비교로 최상의 의미를 나타낼 수 있다.

Application

본문 ▶ p181

01 **No other city** is **more beautiful than** Seoul.

▶해석 다른 어떤 도시도 서울보다 더 아름답지 않다.

▶해설 No other가 한정하는 명사구가 포함된 비교 표현으로 최상의 의미를 나타낼 수 있다.

02 **No other building** is **as energy efficient as** a Monolithic Dome.

▶해석 다른 어떤 건물도 모놀리식 돔만큼 에너지 효율적이지 않다.

▶해설 No other가 한정하는 명사구가 포함된 동등 비교로 최상의 의미를 나타낼 수 있다.

03 Julia crossed the finish line **faster than any other player in the competition**.

▶해석 Julia는 시합에서 다른 어떤 선수보다도 더 빨리 결승선을 통과했다.

▶해설 any other가 한정하는 명사구가 포함된 비교 표현으로 최상의 의미를 나타낼 수 있다.

04 There is debate over whether the Nile is **longer than any other river in the world**.

▶해석 나일강이 세상의 다른 어떤 강보다도 더 긴지에 대한 논쟁이 있다.

▶해설 any other가 한정하는 명사구가 포함된 비교 표현으로 최상의 의미를 나타낼 수 있다.

05 You will see that **no other child** participates in the group discussion **more actively than** Chris.

▶해석 다른 어떤 아이도 Chris보다 더 적극적으로 그룹 토론에 참여하지 않는다는 것을 알게 될 것입니다.

▶**해설** no other가 한정하는 명사구가 포함된 비교 표현으로 최상의 의미를 나타낼 수 있다.

06 **Nothing** could be **further** from the truth **than** assuming that we are born to compete with each other.

▶**해석** 우리가 서로 경쟁하기 위해 태어났다고 추정하는 것보다 사실로부터 더 멀리 떨어질 수 있는 것은 없다.

▶**해설** 부정어 주어가 포함된 비교 표현으로 최상의 의미를 나타낼 수 있다.

07 Over the past century, society has witnessed **more** advances in medicine, science, and technology **than any other century**.

▶**해석** 지난 세기 동안, 사회는 의학, 과학, 그리고 기술에서 다른 어떤 세기보다 더 많은 발전을 이루었다.

▶**해설** any other가 한정하는 명사구가 포함된 비교 표현으로 최상의 의미를 나타낼 수 있다.

08 A study of food preferences among the Hadza hunter-gatherers of Tanzania found that honey was the most highly preferred food item, an item that has **higher** caloric value **than any other food item**.

▶**해석** 탄자니아의 Hadza 수렵·채집인들 사이의 음식 선호에 관한 연구는 다른 어떤 식품보다 더 높은 열량 값을 가진 품목인 꿀이 가장 많이 선호되는 식품이었음을 밝혀냈다.

▶**해설** any other가 한정하는 명사구가 포함된 비교 표현으로 최상의 의미를 나타낼 수 있다.

09 Investigators place a high value on process and learning. They use logic and the information gained through their senses to conquer complex problems. **Nothing** thrills investigators **more than** a "big find." They are happiest when they're using their brain power to pursue what they deem a worthy outcome.

▶**해석** 조사자들은 절차와 학습에 높은 가치를 둔다. 그들은 복잡한 문제들을 극복하기 위하여 논리와 감각을 통해 얻은 정보를 사용한다. '큰 발견'보다 더 조사자들을 전율하게 하는 것은 없다. 그들은 가치 있는 결과로 여기는 것을 추구하기 위해 자신의 지적 능력을 사용하고 있을 때 가장 행복해한다.

▶**해설** 부정어 주어가 포함된 비교 표현으로 최상의 의미를 나타낼 수 있다.

10 Once upon a time, there was only one way to launch a hit album: radio. **Nothing else** reached **as many** people, **as often**. But now radio is in seemingly terminal decline. So how to market music? Labels know the answer lies online, tapping the word-of-mouth forces that are replacing traditional marketing in creating demand, but they're still trying to figure out exactly how best to do it.

▶**해석** 예전에는 인기 앨범을 출시하는 데 한 가지 방법밖에 없었는데 그것은 라디오였다. 다른 어떤 것도 (라디오만큼) 많은 사람들에게, 그리고 자주 도달하지 못했다. 그러나 이제 라디오는 외관상 가망이 없는 쇠퇴기에 있다. 그러면 어떻게 음악을 마케팅할 것인가? 음반사들은 해답이 온라인에 있음을 알고서, 수요를 창출하는 데 있어 전통적인 마케팅을 대신하는 구전의 힘을 이용하고 있지만, 그들은 여전히 어떻게 하면 그것을 가장 잘 해낼 수 있을지를 알아내기 위해 노력하는 중이다.

▶**해설** 부정어 주어가 포함된 동등 비교로 최상의 의미를 나타낼 수 있다.
비교 대상을 확실히 알 수 있어 문장 끝에 as radio가 생략되었다.

Structure **76** 기타 비교 표현

Challenge   본문 ▶ p182

259 Richard is **no more fit** to be a priest **than** Fred is.

▶**해석** Richard가 성직자가 되기에 어울리지 않는 것은 Fred가 성직자가 되기에 어울리지 않는 것과 같다.

▶**해설** X is no more ~ than Y is 'X가 ~ 아닌 것은 Y가 ~ 아닌 것과 같다'

260 Resting is **not so much** a waste of time **as** an investment.

▶**해석** 쉬는 것은 시간 낭비가 아니라 투자이다.

▶**해설** ~ is not so much X as Y '~은 X가 아니라 Y이다'

261 Money is **nothing more than** a means to an end.

▶해석 돈은 목적을 위한 수단에 불과하다.

▶해설 X is nothing more than Y 'X는 Y에 불과하다'

262 Our customers expect **nothing less than** perfection from us.

▶해석 우리 고객들은 우리들에게서 다름 아닌 바로 완벽을 기대한다.

▶해설 X is nothing less than Y 'X는 다름 아닌 바로 Y이다'

263 **No sooner** had Betty heard the news **than** she burst into tears.

▶해석 Betty는 그 소식을 듣자마자 울음을 터뜨렸다.

▶해설 no sooner X than Y 'X하자마자 Y하다'

264 I **would rather** go to the movies **than** stay home.

▶해석 나는 집에 머무르기보다는 영화관에 가고 싶다.

▶해설 would rather X than Y 'Y하기보다는 X하고 싶다'

본문 ▶ p183

01 Interviewing is **nothing more than** expressing yourself.

▶해석 면접을 보는 것은 여러분 자신을 표현하는 것에 불과하다.

▶해설 X is nothing more than Y 'X는 Y에 불과하다'

02 What I heard was **nothing less than** a desperate cry for help.

▶해석 내가 들은 것은 다름 아닌 바로 도움을 향한 필사적인 외침이었다.

▶해설 X is nothing less than Y 'X는 다름 아닌 바로 Y이다'

03 Creativity is **not so much** an inborn talent **as** a learned skill.

▶해석 창의성은 타고난 재능이 아니라 학습된 기술이다.

▶해설 ~ is not so much X as Y '~은 X가 아니라 Y이다'

04 Jill was **not so much** nervous **as** impatient for the journey to be over.

▶해석 Jill은 여행이 끝나는 것에 대해 걱정한 것이 아니라 안달이 났다.

▶해설 ~ is not so much X as Y '~은 X가 아니라 Y이다'

05 **No sooner** had Harry arrived in the States **than** he started to find a place to stay.

▶해석 Harry는 미국에 도착하자마자 머무를 장소부터 찾기 시작했다.

▶해설 no sooner X than Y 'X하자마자 Y하다'

06 What David wanted to hear from his student was **nothing less than** an honest answer.

▶해석 David이 자기 학생으로부터 듣고 싶었던 것은 다름 아닌 바로 솔직한 대답이었다.

▶해설 X is nothing less than Y 'X는 다름 아닌 바로 Y이다'

07 Which school you graduated from means **nothing more than** how much you studied.

▶해석 어떤 학교를 졸업했는지는 얼마나 많이 공부했는지를 의미하는 것에 불과하다.

▶해설 X is nothing more than Y 'X는 Y에 불과하다'

08 The reason you don't remember what you ate for lunch last week is **not so much** that your memory of last week's lunch has disappeared **as** that your brain has filed it away with all the other lunches you've ever eaten as *just another lunch*.

▶해석 지난주에 점심으로 먹은 것을 기억하지 못하는 이유는 지난주의 점심에 대한 기억이 사라진 것이 아니라 여러분의 뇌가 여태껏 먹어 봤던 다른 모든 점심들과 함께 '그저 그런 점심'으로 정리해 놓았기 때문이다.

▶해설 ~ is not so much X as Y '~은 X가 아니라 Y이다'

09 We can **no more** escape the artist's feelings of pride **than** we could escape an infectious disease. However, the effects of art are neither so certain nor so direct. People vary a great deal both in the intensity of their response to art and in the form which that response takes.

▶ 해석 우리가 예술가가 가지는 자부심의 감정을 피할 수 없는 것은 우리가 전염병을 피할 수 없을 것과 같다. 하지만 예술의 영향은 그렇게 확실하지도 않고 그렇게 직접적이지도 않다. 사람들은 예술에 대한 그들의 반응의 강도에 있어서와 그러한 반응이 취하는 형식에 있어서 둘 다 많이 서로 다르다.

▶ 해설 X can no more ~ than Y could ~ 'X가 ~할 수 없는 것은 Y가 ~할 수 없을 것과 같다'

10 To get the best performance from workers, managers **would rather** inspire them **than** command them. Antoine de Saint-Exupery put it nicely: "If you want to build a boat, do not instruct the men to saw wood, stitch the sails, prepare the tools, and organize the work, but make them long for setting sail and travel to distant lands."

▶ 해석 근로자들로부터 최상의 성과를 거두기 위해서, 경영자들은 그들에게 명령하기보다는 격려하려고 한다. 생텍쥐페리는 "배를 만들고 싶다면, 사람들에게 나무를 톱으로 자르고, 돛을 꿰매고, 도구를 준비하고, 그리고 그 일을 조직하라고 지시하지 말고, 그들로 하여금 출항하기를 간절히 바라서 멀리 떨어져 있는 땅으로 여행하게 만들어라"라고 멋지게 그것을 말했다.

▶ 해설 would rather X than Y 'Y하기보다는 X하고 싶다'

U/N/I/T **8** 문장의 어순

Structure **77** 주어와 조동사의 도치

Challenge
본문 ▶ p188

265 [{**Seldom**} **do we hear**] Michael say "sorry."

▶ 해석 우리는 Michael이 "미안하다"고 말하는 것을 좀처럼 듣지 못한다.

▶ 해설 [ ]로 표시된 부분에서, 문장이 { }로 표시된 부정어구로 시작되어 조동사(do)가 주어(we) 앞으로 이동했다.

266 [{**Only then**} **did the reporter understand**] why the tragedy had happened.

▶ 해석 그때가 되고 나서야 그 기자는 그 비극이 왜 일어났는지를 이해했다.

▶ 해설 [ ]로 표시된 부분에서, 문장이 { }로 표시된 부정어구로 시작되어 조동사(did)가 주어(the reporter) 앞으로 이동했다.

267 [{**Not until his death**} **did they realize**] that Tony was a great artist.

▶ 해석 Tony가 죽고 나서야 사람들은 그가 훌륭한 화가라는 것을 깨달았다.

▶ 해설 [ ]로 표시된 부분에서, 문장이 { }로 표시된 부정어구로 시작되어 조동사(did)가 주어(they) 앞으로 이동했다.

Application
본문 ▶ p189

01 [{**Only after we work hard**} **can we get**] what we want.

▶ 해석 열심히 일하고 나서야 우리는 원하는 것을 얻을 수 있다.

▶ 해설 [ ]로 표시된 부분에서, 문장이 { }로 표시된 부정어구로 시작되어 조동사(can)가 주어(we) 앞으로 이동했다.

02 [{**Rarely**} **will they reveal**] what you don't need to know.

▶해석 그들은 여러분이 알 필요가 없는 것을 좀처럼 드러내지는 않을 것이다.

▶해설 [ ]로 표시된 부분에서, 문장이 { }로 표시된 부정어구로 시작되어 조동사(will)가 주어(they) 앞으로 이동했다.

03 [{**Never**} **had the soldier wanted**] something to drink so badly.

▶해석 그 병사는 결코 마실 것을 아주 몹시 원하지는 않았다.

▶해설 [ ]로 표시된 부분에서, 문장이 { }로 표시된 부정어구로 시작되어 조동사(had)가 주어(the soldier) 앞으로 이동했다.

04 [{**Never before**} **had the man ever chanced**] to meet another human being.

▶해석 그 남자는 이전에 다른 인간을 우연히라도 만난 적이 결코 없었다.

▶해설 [ ]로 표시된 부분에서, 문장이 { }로 표시된 부정어구로 시작되어 조동사(had)가 주어(the man) 앞으로 이동했다.

05 [{**Not only**} **does Dan speak**] Chinese, he's also good at dealing with computers.

▶해석 Dan은 중국어를 말할 뿐만 아니라, 컴퓨터를 다루는 데도 능하다.

▶해설 [ ]로 표시된 부분에서, 문장이 { }로 표시된 부정어구로 시작되어 조동사(does)가 주어(Dan) 앞으로 이동했다.

06 [{**Little**} **did my father know**] that he was fueling his son with a passion that would last for a lifetime.

▶해석 내 아버지는 평생 지속될 열정을 자신의 아들에게 불어넣고 있다는 것을 거의 알지 못했다.

▶해설 [ ]로 표시된 부분에서, 문장이 { }로 표시된 부정어구로 시작되어 조동사(did)가 주어(my father) 앞으로 이동했다.

07 [{**Only through a balanced program of sports**} **is it**] possible to develop well-rounded individuals.

▶해석 균형 잡힌 스포츠 프로그램을 통해서만 (균형이 잡혀) 완벽한

사람들을 만들어 내는 것이 가능하다.

▶해설 [ ]로 표시된 부분에서, 문장이 { }로 표시된 부정어구로 시작되어 be동사(is)가 주어(it) 앞으로 이동했다.

08 [{**Not only**} **did it produce**] settled societies for the first time, the adoption of agriculture also radically changed society itself.

▶해석 농업의 채택은 최초로 정착 사회를 만들어 냈을 뿐만 아니라, 사회 자체를 근본적으로 변화시켰다.

▶해설 [ ]로 표시된 부분에서, 문장이 { }로 표시된 부정어구로 시작되어 조동사(did)가 주어(it) 앞으로 이동했다.

Level up
09 Richard thanked the waiter. Following his instructions, Richard made a flower with the cream. He tried to be as precise as he could. [{**No sooner**} **had he completed**] his master-piece, Julie stepped into the cafe. As she sat down, she saw her coffee.

▶해석 Richard는 웨이터에게 감사를 표했다. 그의 설명을 따라 Richard는 크림으로 꽃을 만들었다. 그는 가능한 한 정확하게 하려고 노력했다. 그가 자신의 걸작을 완성하자마자 Julie가 카페로 걸어 들어왔다. 자리에 앉으면서 그녀는 자신의 커피를 보았다.

▶해설 [ ]로 표시된 부분에서, 문장이 { }로 표시된 부정어구로 시작되어 조동사(had)가 주어(he) 앞으로 이동했다.

Level up
10 Within the philosophical disciplines, logic must be learned through the use of examples and actual problem solving. [{**Only after some time and struggle**} **does the student begin**] to develop the insights and intuitions that enable him to see the centrality and relevance of this mode of thinking.

▶해석 철학 교과 내에서 논리는 실례의 사용과 실제적 문제 해결을 통해서 학습되어야 한다. 어느 정도의 시간과 노력이 있은 후에야 학습자는 이런 사고방식의 중요성과 타당성을 알 수 있게 해 주는 통찰력과 직관력을 발달시키기 시작한다.

▶해설 [ ]로 표시된 부분에서, 문장이 { }로 표시된 부정어구로 시작되어 조동사(does)가 주어(the student) 앞으로 이동했다.

본문 ▶ p190

Challenge

268 [{**At the bottom of the cliff**} lies {**a pile of fossilized horse bones**}].

▶해석 그 절벽의 밑바닥에 화석화된 말 뼈 더미가 놓여 있다.

▶해설 [ ]로 표시된 부분에서, 첫 번째 { }로 표시된 부사어구(장소)로 문장이 시작되어 두 번째 { }로 표시된 주어가 동사(lies) 뒤로 이동했다.

269 With each passing week, [{**out**} come {**the tomatoes and bell peppers**}].

▶해석 한 주 한 주 지나가면서, 토마토와 피망이 생겨난다.

▶해설 [ ]로 표시된 부분에서, 첫 번째 { }로 표시된 부사어구(방향)로 문장이 시작되어 두 번째 { }로 표시된 주어가 동사(come) 뒤로 이동했다.

270 [{**In front of them**} stood {**a very weird-looking animal**}].

▶해석 그들 앞에 매우 이상하게 생긴 동물이 서 있었다.

▶해설 [ ]로 표시된 부분에서, 첫 번째 { }로 표시된 부사어구(장소)로 문장이 시작되어 두 번째 { }로 표시된 주어가 동사(stood) 뒤로 이동했다.

Application

본문 ▶ p191

01 [{**Down the stairs**} came {**the deep shadow**}].

▶해석 계단 아래로 그 짙은 그림자가 내려왔다.

▶해설 [ ]로 표시된 부분에서, 첫 번째 { }로 표시된 부사어구(방향)로 문장이 시작되어 두 번째 { }로 표시된 주어가 동사(came) 뒤로 이동했다.

02 [{**On the top of the hill**} stood {**an old oak tree**}].

▶해석 언덕 꼭대기에 오래된 오크 나무가 서 있었다.

▶해설 [ ]로 표시된 부분에서, 첫 번째 { }로 표시된 부사

어구(장소)로 문장이 시작되어 두 번째 { }로 표시된 주어가 동사(stood) 뒤로 이동했다.

03 [{**Right in front of him**} stood {**a huge two-headed dragon**}].

▶해석 그의 바로 앞에 두 개의 머리를 가진 거대한 용이 서 있었다.

▶해설 [ ]로 표시된 부분에서, 첫 번째 { }로 표시된 부사어구(장소)로 문장이 시작되어 두 번째 { }로 표시된 주어가 동사(stood) 뒤로 이동했다.

04 [{**Behind the mountain**} lay {**the most beautiful valley that he had ever seen**}].

▶해석 산 뒤에 그가 일찍이 보았던 가장 아름다운 계곡이 있었다.

▶해설 [ ]로 표시된 부분에서, 첫 번째 { }로 표시된 부사어구(장소)로 문장이 시작되어 두 번째 { }로 표시된 주어가 동사(lay) 뒤로 이동했다.

05 [{**In the middle of the road**} was sitting {**a strange old man dressed in black**}].

▶해석 도로 한복판에 검은색 옷을 차려입은 낯선 노인이 앉아 있었다.

▶해설 [ ]로 표시된 부분에서, 첫 번째 { }로 표시된 부사어구(장소)로 문장이 시작되어 두 번째 { }로 표시된 주어가 동사(sitting) 뒤로 이동했다.

06 [{**From all this**} came {**the rich variety of colors that the artist used in his work**}].

▶해석 이 모든 것에서 그 화가가 자신의 작품에서 사용한 매우 다양한 색상이 나왔다.

▶해설 [ ]로 표시된 부분에서, 첫 번째 { }로 표시된 부사어구(방향)로 문장이 시작되어 두 번째 { }로 표시된 주어가 동사(came) 뒤로 이동했다.

07 [{**Around this central core**} revolve {**a number of planets in various stages of "maturity."**}]

▶해석 이 중심부 주위를 다양한 '성숙'의 단계에 있는 많은 행성들이 회전한다.

▶해설 [ ]로 표시된 부분에서, 첫 번째 { }로 표시된 부사어구(장소)로 문장이 시작되어 두 번째 { }로 표시된 주어가 동사(revolve) 뒤로 이동했다.

UNIT **8**

08 [{**About what goes on today**} hangs {**a cloud of thoughts concerning similar things undergone in bygone days**}].

▶해석 오늘 일어나는 일 주위에 지난 날에 겪은 유사한 일들에 관한 일단의 생각이 걸려 있다.

▶해설 [ ]로 표시된 부분에서, 첫 번째 { }로 표시된 부사어구(장소)로 문장이 시작되어 두 번째 { }로 표시된 주어가 동사(hangs) 뒤로 이동했다.

LevelUp

09 Lord Avenbury once made an experiment to see if the color of flowers attracted bees. Placing honey on slips of paper of different shades, he found that <u>the insects which visited them seemed to have a marked preference for blue,</u> [{**after which**} came {**white, yellow, red, green and orange**}].

▶해석 한번은 Avenbury 경이 꽃의 색깔이 벌들을 유인하는지 알아보기 위해 실험을 했다. 다양한 색조의 종이 쪽지에 꿀을 발라 놓았을 때, 그것들을 찾아온 그 곤충들이 청색을 두드러지게 더 좋아하는 것처럼 보였으며, 그 다음으로 흰색, 노란색, 빨간색, 녹색, 주황색이 뒤따른다는 것을 그는 발견했다.

▶해설 [ ]로 표시된 부분에서, 첫 번째 { }로 표시된 부사어구(장소)로 문장이 시작되어 두 번째 { }로 표시된 주어가 동사(came) 뒤로 이동했다.

LevelUp

10 Getting on a radio playlist was difficult, but once a song was in heavy rotation on the radio, it had a high probability of selling. [{**Then, in the 1980s**}, came {**MTV, which became the <u>second way to create a hit</u>**}]. It had even more limited capacity for new music, but its influence over a generation was unparalleled.

▶해석 노래가 라디오 방송 예정 녹음 리스트에 올라가는 것이 어렵기는 했지만, 일단 라디오에서 자주 들리면, 그것은 팔릴 가능성이 아주 높았다. 그러다가 1980년대에 MTV가 등장했는데, 그것은 인기 앨범을 만드는 또 하나의 길이 되었다. 그것은 새로운 음악에 대해 훨씬 더 제한적인 수용 능력을 가졌지만, 한 세대에 대한 영향력은 비할 데가 없었다.

▶해설 [ ]로 표시된 부분에서, 첫 번째 { }로 표시된 부사어구로 문장이 시작되어 두 번째 { }로 표시된 주어가 동사(came) 뒤로 이동했다.

Structure 79 주어의 후치: 보어로 시작

Challenge 본문 ▶ p192

271 [{**Resting on the saucer**} were {**two packets of sugar**}].

▶해석 받침접시 위에 두 묶음의 설탕이 놓여 있었다.

▶해설 [ ]로 표시된 부분에서, 첫 번째 { }로 표시된 보어로 문장이 시작되어 두 번째 { }로 표시된 주어가 be동사인 were 뒤로 이동했다.

272 [{**Around them**} were {**lots of wooden barrels and boards**}].

▶해석 나무로 된 많은 통과 판자가 그것들 주위에 있었다.

▶해설 [ ]로 표시된 부분에서, 첫 번째 { }로 표시된 보어로 문장이 시작되어 두 번째 { }로 표시된 주어가 be동사인 were 뒤로 이동했다.

273 Success is good, but [{**more important than success**} is {**greatness**}].

▶해석 성공은 훌륭하지만, 성공보다 더 중요한 것은 위대함이다.

▶해설 [ ]로 표시된 부분에서, 첫 번째 { }로 표시된 보어로 문장이 시작되어 두 번째 { }로 표시된 주어가 be동사인 is 뒤로 이동했다.

Application 본문 ▶ p193

01 [{**Behind every argument**} is {**someone's ignorance**}].

▶해석 모든 언쟁의 이면에는 누군가의 무지가 있다.

▶해설 [ ]로 표시된 부분에서, 첫 번째 { }로 표시된 보어로 문장이 시작되어 두 번째 { }로 표시된 주어가 be동사인 is 뒤로 이동했다.

02 [{**Enclosed**} is {**a copy of the original receipt and the repair bill**}].

▶해석 영수증 원본과 수리 청구서의 사본이 동봉되어 있다.

▶해설 [ ]로 표시된 부분에서, 첫 번째 { }로 표시된 보어로 문장이 시작되어 두 번째 { }로 표시된 주어가

be동사인 is 뒤로 이동했다.

---

03 [{**In the center of the room**} was {**the strangest lady I had ever seen**}].

▶**해석** 방의 한가운데에 내가 일찍이 보았던 가장 이상한 여자가 있었다.

▶**해설** [ ]로 표시된 부분에서, 첫 번째 { }로 표시된 보어로 문장이 시작되어 두 번째 { }로 표시된 주어가 be동사인 was 뒤로 이동했다.

---

04 [{**Among them**} was {**a Scottish-born immigrant named Alexander Gardner**}].

▶**해석** 그들 가운데 Alexander Gardner라는 이름의 스코틀랜드 태생의 이민자가 있었다.

▶**해설** [ ]로 표시된 부분에서, 첫 번째 { }로 표시된 보어로 문장이 시작되어 두 번째 { }로 표시된 주어가 be동사인 was 뒤로 이동했다.

---

05 [{**Near my house**} is {**a tiny dry-cleaning shop run by two chatty old ladies**}].

▶**해석** 내 집 근처에 수다스런 두 명의 노부인이 운영하는 작은 세탁소가 있다.

▶**해설** [ ]로 표시된 부분에서, 첫 번째 { }로 표시된 보어로 문장이 시작되어 두 번째 { }로 표시된 주어가 be동사인 is 뒤로 이동했다.

---

06 [{**Next to the doll**} was {**a small box containing tiny combs and a silver mirror**}].

▶**해석** 그 인형 옆에 작은 빗들과 은으로 된 거울이 들어 있는 작은 상자가 있었다.

▶**해설** [ ]로 표시된 부분에서, 첫 번째 { }로 표시된 보어로 문장이 시작되어 두 번째 { }로 표시된 주어가 be동사인 was 뒤로 이동했다.

---

07 [{**Behind the words**} is {**an energetic impact that can leave a dent on a physical level**}].

▶**해석** 말 뒤에는 신체적 수준에서 자국을 남길 수 있는 강력한 영향력이 숨어 있다.

▶**해설** [ ]로 표시된 부분에서, 첫 번째 { }로 표시된 보어로 문장이 시작되어 두 번째 { }로 표시된 주어가 be동사인 is 뒤로 이동했다.

---

08 [{**Also offered**} is {**taekwondo class, effective in developing discipline and concentration in oneself**}].

▶**해석** 규율과 스스로에 대한 집중력을 개발하는 데 효과적인 태권도 수업이 또한 제공된다.

▶**해설** [ ]로 표시된 부분에서, 첫 번째 { }로 표시된 보어로 문장이 시작되어 두 번째 { }로 표시된 주어가 be동사인 is 뒤로 이동했다.

Level Up

09 [{**Behind virtually all criticism**} is {**the sentence "If only you were more like me, and living life as I see it, you would be a lot better off."**}] But no one, even your child, is exactly like you. Praise your children for attempting a task, even if it was unsuccessful, and for taking risks.

▶**해석** 거의 모든 비판 뒤에는 "네가 더 나처럼만 하면, 그리고 내가 아는 의미에서의 인생을 살아가기만 한다면, 너는 훨씬 (사정이) 더 나아질 텐데."라는 문장이 있다. 하지만 어느 누구도, 심지어 여러분의 자녀조차도, 여러분과 똑같지 않다. 비록 그것이 성공적이지 않았다고 하더라도, 과업을 시도하는 것에 대해서 그리고 위험을 감수하는 것에 대해서 그들을 칭찬해 주어라.

▶**해설** [ ]로 표시된 부분에서, 첫 번째 { }로 표시된 보어로 문장이 시작되어 두 번째 { }로 표시된 주어가 be동사인 is 뒤로 이동했다.

Level Up

10 There are many common arctic plants with wintergreen leaves. [{**Among them**} are {**arctic poppy, thrift, alpine saxifrage, and several kinds of chickweeds and starworts**}]. Wintergreen leaves are not limited to the Arctic; many plants of the northern forests have them, too.

▶**해석** 녹색으로 겨울을 나는 잎을 가진 평범한 북극 식물이 많이 있다. 그것들 중에는 시베리아꽃 개양귀비, 아르메리아, 고산 범의귀, 그리고 몇 가지 종류의 별꽃과 개미취가 있다. 녹색으로 겨울을 나는 잎들은 북극에만 국한되지 않는데, 북쪽에 있는 숲의 많은 식물도 그 잎을 가지고 있다.

▶**해설** [ ]로 표시된 부분에서, 첫 번째 { }로 표시된 보어로 문장이 시작되어 두 번째 { }로 표시된 주어가 be동사인 are 뒤로 이동했다.

Challenge 본문 ▶ p194

274 In New Guinea, [**there are** {**more than 800 languages**}].

▶해석 New Guinea에는 800개가 넘는 언어가 있다.

▶해설 [ ]로 표시된 부분에서, 형식상 주어 역할을 하는 there로 문장이 시작되어, { }로 표시된 내용상 주어는 술어동사(are) 뒤에 위치하고 있다. 술어동사의 수(복수)는 내용상 주어의 수(복수)와 일치한다.

275 [**There was once** {**a captain who named his ship after his wife**}].

▶해석 언젠가 아내의 이름을 따라 자신의 배의 이름을 지은 선장이 있었다.

▶해설 [ ]로 표시된 부분에서, 형식상 주어 역할을 하는 There로 문장이 시작되어, { }로 표시된 내용상 주어는 술어동사(was) 뒤에 위치하고 있다. 술어동사의 수(단수)는 내용상 주어의 수(단수)와 일치한다.

276 I think [**there is** {**too much emphasis on winning**} in youth sports].

▶해석 청소년 스포츠에서 승리를 너무 지나치게 강조하는 것 같다.

▶해설 [ ]로 표시된 부분에서, 형식상 주어 역할을 하는 there로 문장이 시작되어, { }로 표시된 내용상 주어는 술어동사(is) 뒤에 위치하고 있다. 술어동사의 수(단수)는 내용상 주어의 수(단수)와 일치한다.

Application 본문 ▶ p195

01 [**There's** {**an extra monitor**} in the storage room].

▶해석 창고에 여분의 모니터가 있다.

▶해설 [ ]로 표시된 부분에서, 형식상 주어 역할을 하는 There로 문장이 시작되어, { }로 표시된 내용상 주어는 술어동사(is) 뒤에 위치하고 있다. 술어동사

의 수(단수)는 내용상 주어의 수(단수)와 일치한다.

02 [**There may be** {**a relationship between sleeping position and personality**}].

▶해석 수면 자세와 성격 사이에 관계가 있을지도 모른다.

▶해설 [ ]로 표시된 부분에서, 형식상 주어 역할을 하는 There로 문장이 시작되어, { }로 표시된 내용상 주어는 동사 be 뒤에 위치하고 있다.

03 [**There is** {**an important distinction to be made between denial and restraint**}].

▶해석 부인과 자제 사이에는 중요한 차이가 있다.

▶해설 [ ]로 표시된 부분에서, 형식상 주어 역할을 하는 There로 문장이 시작되어, { }로 표시된 내용상 주어는 술어동사(is) 뒤에 위치하고 있다. 술어동사의 수(단수)는 내용상 주어의 수(단수)와 일치한다.

04 [**There is** {**evidence that larger groups are more productive than smaller groups**}].

▶해석 규모가 더 큰 집단이 더 작은 집단에 비해 더 생산적이라는 증거가 있다.

▶해설 [ ]로 표시된 부분에서, 형식상 주어 역할을 하는 There로 문장이 시작되어, { }로 표시된 내용상 주어는 술어동사(is) 뒤에 위치하고 있다. 술어동사의 수(단수)는 내용상 주어의 수(단수)와 일치한다.

05 One of the real problems is that [**there has never been** {**enough emphasis placed on forming good habits**}].

▶해석 진정한 문제들 중의 하나는 좋은 습관을 형성하는 데 주어진 충분한 강조가 있어 본 적이 결코 없다는 것이다.

▶해설 [ ]로 표시된 부분에서, 형식상 주어 역할을 하는 there로 문장이 시작되어, { }로 표시된 내용상 주어는 동사(been) 뒤에 위치하고 있다. 내용상 주어의 수(단수)는 has의 수(단수)와 일치한다.

06 For books, [**there are** {**various filters that help readers distinguish between reliable and unreliable information**}].

▶해석 책의 경우에, 독자들이 믿을 만한 정보와 믿을 수 없는 정보를 구분하는 데 도움을 주는 다양한 여과 장치들이 있다.

▶해설 [ ]로 표시된 부분에서, 형식상 주어 역할을 하

는 there로 문장이 시작되어, { }로 표시된 내용상 주어는 술어동사(are) 뒤에 위치하고 있다. 술어동사의 수(복수)는 내용상 주어의 수(복수)와 일치한다.

---

07 Before you can have an idea of a chair, you need to understand that [**there exist in the world {certain functional objects}**].

▶해석 의자라는 개념을 가질 수 있기 전에, 여러분은 세상에 기능을 가진 어떤 물체들이 존재한다는 것을 이해할 필요가 있다.

▶해설 [ ]로 표시된 부분에서, 형식상 주어 역할을 하는 there로 문장이 시작되어, { }로 표시된 내용상 주어는 술어동사(exist) 뒤에 위치하고 있다. 술어동사의 수(복수)는 내용상 주어의 수(복수)와 일치한다.

---

08 Beneath the many layers of shoulds and shouldn'ts that cover us, [**there lies {a constant, single, true self that is just waiting to be discovered}**].

▶해석 우리를 덮고 있는 여러 겹의 해야 하는 일들과 해서는 안 되는 일들 바로 아래에, 발견되기만 기다리고 있는, 지속적인 단 하나의 진정한 자아가 놓여 있다.

▶해설 [ ]로 표시된 부분에서, 형식상 주어 역할을 하는 there로 문장이 시작되어, { }로 표시된 내용상 주어는 술어동사(lies) 뒤에 위치하고 있다. 술어동사의 수(단수)는 내용상 주어의 수(단수)와 일치한다.

---

^{Level Up}
09 Where denial and suppression occur, [**there comes {the danger that in doing so the individual stores up anger and resentment}**]. The trouble here is that at some future point they may find they cannot contain these feelings any longer].

▶해석 부정과 억제가 발생하는 곳에서, 그렇게 할 때 개인이 노여움과 분개를 축적하는 위험이 생긴다. 여기서 문제는 미래의 어느 시점에 이르게 되면 그들이 더는 이러한 감정을 억누르고 있을 수 없다는 것을 알게 될 수 있다는 것이다.

▶해설 [ ]로 표시된 부분에서, 형식상 주어 역할을 하는 there로 문장이 시작되어, { }로 표시된 내용상 주어는 술어동사(comes) 뒤에 위치하고 있다. 술어동사의 수(단수)는 내용상 주어의 수(단수)와 일치한다.

---

^{Level Up}
10 [**There are {many reasons why people don't buy your product—most of which have nothing to do with you}**]. It may be that a potential customer didn't need your product. Perhaps he couldn't afford it. The point is, you must not feel personally rejected.

▶해석 사람들이 여러분의 제품을 사지 않는 이유가 많이 있는데 그중 대부분은 여러분과 전혀 관계가 없다. 잠재적인 고객이 여러분의 제품을 필요로 하지 않았기 때문일 수 있다. 어쩌면 그가 그것을 살 형편이 되지 않았을 수도 있다. 요점은 여러분 자신이 개인적으로 거절당했다고 느끼지 말아야 한다는 것이다.

▶해설 [ ]로 표시된 부분에서, 형식상 주어 역할을 하는 There로 문장이 시작되어, { }로 표시된 내용상 주어는 술어동사(are) 뒤에 위치하고 있다. 술어동사의 수(복수)는 내용상 주어의 수(복수)와 일치한다.

Structure **81** 「It is ~ that ...」 강조 문장

^{Challenge}
본문 ▶ p196

277 It is [**our budget**] **that** is reduced.

▶해석 축소되는 것은 바로 우리의 예산이다.

▶해설 초점 위치에 있는 our budget이 문장에서 가장 강조되고 있다.

---

278 It is [**the Louvre Museum**] **that** Irene wants to visit most.

▶해석 Irene이 가장 방문하고 싶어 하는 곳은 바로 루브르 박물관이다.

▶해설 초점 위치에 있는 the Louvre Museum이 문장에서 가장 강조되고 있다.

---

279 It was [**when I was 14 years old**] **that** I lived in Lexington.

▶해석 내가 Lexington에 살았던 시기는 바로 14살 때였다.

▶해설 초점 위치에 있는 when I was 14 years old가 문장에서 가장 강조되고 있다.

01 It is [**Jack**] that is to blame.

▶**해석** 탓해야(비난받아야) 하는 것은 다름 아닌 Jack이다.

▶**해설** 초점 위치에 있는 Jack이 문장에서 가장 강조되고 있다.

02 It was [**on a boat**] that Jeffrey proposed to Nicole.

▶**해석** Jeffrey가 Nicole에게 청혼했던 곳은 바로 배 위에서였다.

▶**해설** 초점 위치에 있는 on a boat가 문장에서 가장 강조되고 있다.

03 It was [**then**] that Andrew made a big mistake!

▶**해석** Andrew가 큰 실수를 한 것은 바로 그때였다!

▶**해설** 초점 위치에 있는 then이 문장에서 가장 강조되고 있다.

04 It is [**the way we teach English**] that we should change.

▶**해석** 우리가 바꿔야 하는 것은 다름 아닌 우리가 영어를 가르치는 방식이다.

▶**해설** 초점 위치에 있는 the way we teach English가 문장에서 가장 강조되고 있다.

05 It is [**in this sense**] that we should draw attention to fig trees.

▶**해석** 우리가 무화과나무에 주의를 기울여야 하는 것은 바로 이러한 의미에서이다.

▶**해설** 초점 위치에 있는 in this sense가 문장에서 가장 강조되고 있다.

06 It was [**over those last few weeks**] that the owner realized Amy was a great encourager for his employees.

▶**해석** 사장이 Amy가 그의 직원들에게 큰 격려가 되는 사람이라는 것을 깨달았던 것은 바로 그 마지막 몇 주간이었다.

▶**해설** 초점 위치에 있는 over those last few weeks가 문장에서 가장 강조되고 있다.

07 It is [**not the money *per se***] that is valuable,

[**but the fact that it can potentially yield more positive experiences**].

▶**해석** 가치 있는 것은 돈 '그 자체'가 아니라 바로 그것이 잠재적으로 더 많은 긍정적인 경험을 가져올 수 있다는 사실이다.

▶**해설** 초점 위치에 있는 not the money *per se*가 문장에서 가장 강조되고 있다.
but the fact that it can potentially yield more positive experiences도 not X but Y로 서로 대등하게 연결되어 함께 강조되고 있다.

08 Although it is [**the performance of the hardware**] (i.e., the highways, pipes, and transmission lines) that is of immediate concern following an earthquake, it is actually [**the loss of services that these systems provide**] that is the real loss to the public.

▶**해석** 비록 지진에 뒤이어 즉각적으로 우려되는 것은 바로 하드웨어(즉, 고속도로, 배관, 그리고 전송선과 같은)의 작동이지만, 대중에게 진짜 손실인 것은 실제로는 다름 아닌 이러한 시스템이 제공하는 서비스의 상실이다.

▶**해설** 초점 위치에 있는 the performance of the hardware는 접속사 Although로 유도된 양보의 부사절에서, the loss of services that these systems provide는 주절에서 각각 가장 강조되고 있다.

09 More often than not, parents judge their children wrongly. People tend to stop thinking about things that are closest to them, and simply accept them. When parents are required to judge their children, it is perhaps [**their customary thoughtlessness**] that makes them judge so mistakenly.

▶**해석** 대개 부모들은 자신의 자녀들을 잘못 평가한다. 사람들은 자신에게 가장 가까이 있는 것들에 대해서는 생각하기를 멈추고 그냥 받아들이는 경향이 있다. 부모들이 자신의 자녀들을 평가하도록 요구받을 때 그들이 그렇게 잘못 평가하게 만드는 것은 아마도 다름 아닌 그들의 습관적인 무심함일 것이다.

▶**해설** 초점 위치에 있는 their customary thoughtlessness가 문장에서 가장 강조되고 있다.

10 When people are removed from the cues of "real" time—be it the sun, bodily fatigue, or timepieces themselves—it doesn't take long before their time sense breaks down. And it is [**this usually imprecise psychological clock**], as opposed to the time on one's watch, that creates the perception of duration that people experience.

▶**해석** 그것이 태양이든, 신체적 피로이든, 아니면 시계 자체이든 간에, '실제' 시간 신호로부터 사람들을 떼어 놓으면, 오래지 않아 그들의 시간 감각은 고장이 난다. 그리고 사람들이 경험하는 지속 시간에 대한 인식을 만들어 내는 것은 그 사람의 시계에 나타나는 시간이 아니라 다름 아닌 일반적으로 부정확한 이 심리적 시계이다.

▶**해설** 초점 위치에 있는 this usually imprecise psychological clock이 문장에서 가장 강조되고 있다.

본문 ▶ p198

Structure 82 「What ... is ~」 강조 문장

Challenge

280 **What** is reduced **is** [**our budget**].

▶**해석** 축소되는 것은 바로 우리의 예산이다.

▶**해설** 초점 위치에 있는 our budget이 문장에서 가장 강조되고 있다.

281 **What** most people want **is** [**privacy**].

▶**해석** 대부분의 사람들이 원하는 것은 다름 아닌 사생활이다.

▶**해설** 초점 위치에 있는 privacy가 문장에서 가장 강조되고 있다.

282 **What** you have to do **is** [**(to) tell people to get things done**].

▶**해석** 여러분이 해야 하는 것은 바로 사람들에게 일을 해 놓으라고 말하는 것이다.

▶**해설** 초점 위치에 있는 (to) tell people to get things done이 문장에서 가장 강조되고 있다.

Application

본문 ▶ p199

01 What you need is [**warm encouragement**].

▶**해석** 여러분이 필요한 것은 다름 아닌 따뜻한 격려이다.

▶**해설** 초점 위치에 있는 warm encouragement가 문장에서 가장 강조되고 있다.

02 Soil erosion is not new, and what is new is [**the rate of erosion**].

▶**해석** 토양 침식은 새로운 것이 아니고, 새로운 것은 바로 침식의 속도이다.

▶**해설** 초점 위치에 있는 the rate of erosion이 문장에서 가장 강조되고 있다.

03 What we should do now is [**(to) focus on what we have been assigned to do**].

▶**해석** 우리가 지금 해야 하는 것은 다름 아닌 우리가 하도록 맡겨진 것에 집중하는 것이다.

▶**해설** 초점 위치에 있는 (to) focus on what we have been assigned to do가 문장에서 가장 강조되고 있다.

04 What surprised and delighted me was [**that the parent birds did not push the little ones out of the nest**].

▶**해석** 나를 놀라게 하고 기쁘게 했던 것은 바로 그 부모 새들이 새끼들을 둥지 밖으로 밀어내지 않은 것이었다.

▶**해설** 초점 위치에 있는 that the parent birds did not push the little ones out of the nest가 문장에서 가장 강조되고 있다.

05 What is required is [**an ability to put many pieces of a task together to form a coherent whole**].

▶**해석** 요구되는 것은 다름 아닌 일관성 있는 전체를 만들어 내기 위해서 하나의 과업의 많은 부분들을 한데 모으는 능력이다.

▶**해설** 초점 위치에 있는 an ability to put many pieces of a task together to form a coherent whole이 문장에서 가장 강조되고 있다.

06 What damaged the health and well-being of the workers was [**the anxiety induced by anticipating the loss of their jobs**].

▶**해석** 근로자들의 건강과 안녕에 피해를 입혔던 것은 다름 아닌 자신들의 직업 상실을 예상함으로써 유발된 불안감이었다.

▶**해설** 초점 위치에 있는 the anxiety induced by anticipating the loss of their jobs가 문장에서 가장 강조되고 있다.

07 What it was that Clayton was really trying to gain was [**not recognition from others, but pure intellectual delight**].

▶ **해석** Clayton이 정말로 얻으려고 애썼던 것은 바로 다른 사람들로부터의 인정이 아니라, 순수한 지적인 기쁨이었다.

▶ **해설** 초점 위치에 있는 not recognition from others, but pure intellectual delight가 문장에서 가장 강조되고 있다.

08 The memory of last Wednesday's lunch isn't necessarily gone; what you lack is [**the right hook to pull it out of a sea of lunchtime memories**].

▶ **해석** 지난 수요일 점심에 대한 기억이 꼭 사라진 것만은 아닌데, 여러분에게 없는 것은 바로 점심시간의 기억이라는 바다 밖으로 그것(지난 수요일 점심)을 끌어낼 수 있는 알맞은 낚싯바늘이다.

▶ **해설** 초점 위치에 있는 the right hook to pull it out of a sea of lunchtime memories가 문장에서 가장 강조되고 있다.

(Level up)

09 Even though well over a billion dollars is spent every year on promoting new movies, what really counts is [**people talking to people**]. This is well illustrated by the number of low-budget movies that have succeeded with little or no advertising—and by the number of big-budget flops.

▶ **해석** 비록 10억 달러가 훨씬 넘는 돈이 매년 새 영화를 홍보하는 데 쓰이지만, 정말로 중요한 것은 다름 아닌 사람들이 사람들에게 말하는 것이다. 이것은 광고를 거의 하지 않거나 전혀 하지 않고도 성공한 저예산 영화의 수와 많은 예산을 들인 실패작의 수에서 분명하게 보인다.

▶ **해설** 초점 위치에 있는 people talking to people이 문장에서 가장 강조되고 있다.

(Level up)

10 Imagine a child playing on the beach below a cliff. He finds a cave, and full of excitement, goes in. Suddenly fear seizes him. In the deep dark of the cave, he cannot see the way ahead.

What is frightening him is [**the sense of the unknown stretching into the black distance**]. Worries can be like this.

▶ **해석** 절벽 아래에 있는 해변에서 놀고 있는 아이를 상상해 보라. 그 아이는 동굴 하나를 발견하고 잔뜩 흥분해서는 안으로 들어간다. 갑자기 두려움이 그 아이를 사로잡는다. 동굴의 깊은 어둠 속에서 그 아이는 앞에 놓인 길을 볼 수가 없다. 그 아이를 두렵게 하고 있는 것은 바로 깜깜하게 멀리 뻗어 있는 미지의 것에 대한 느낌이다. 우리가 하는 걱정들도 이와 같을 수 있다.

▶ **해설** 초점 위치에 있는 the sense of the unknown stretching into the black distance가 문장에서 가장 강조되고 있다.

Structure 83 내용상 주어의 후치

본문 ▶ p200

283 It is important [**to draw a meaningful result from the experiment**].

▶ **해석** 그 실험으로부터 의미 있는 결과를 끌어내는 것이 중요하다.

▶ **해설** 술어 뒤로 이동한 to부정사구가 내용상 주어 역할을 한다.

284 It is not surprising [**that humans use all their five senses to analyze food quality**].

▶ **해석** 인간이 음식의 질을 분석하기 위해 자신의 오감 모두를 이용하는 것은 놀랍지 않다.

▶ **해설** 술어 뒤로 이동한 명사절이 내용상 주어 역할을 한다.

285 It is still on the table [**how many employees we need to recruit next year**].

▶ **해석** 내년에 얼마나 많은 직원을 모집할 필요가 있는지는 여전히 논의 중이다.

▶ **해설** 술어 뒤로 이동한 명사절이 내용상 주어 역할을 한다.

01 It remains unclear [**why Dave changed his major abruptly**].

▶해석 Dave가 왜 갑자기 전공을 바꿨는지는 여전히 분명하지 않다.

▶해설 술어 뒤로 이동한 명사절이 내용상 주어 역할을 한다.

02 It would seem logical [**to provide online counselling for young people**].

▶해석 젊은이들에게 온라인 상담을 제공하는 것이 논리적으로 보일 것이다.

▶해설 술어 뒤로 이동한 to부정사구가 내용상 주어 역할을 한다.

03 It is important [**to have good illumination, either sunlight or artificial light**].

▶해석 태양광이든 인공조명이든 좋은 조명을 가지는 것이 중요하다.

▶해설 술어 뒤로 이동한 to부정사구가 내용상 주어 역할을 한다.

04 It's possible [**that innovations and cultural changes can expand Earth's capacity**].

▶해석 혁신과 문화적인 변화가 지구의 수용력을 확장시킬 수 있다는 것이 가능하다.

▶해설 술어 뒤로 이동한 명사절이 내용상 주어 역할을 한다.

05 It has been shown [**that mathematics and music are related in various ways**].

▶해석 수학과 음악이 다양한 방식으로 관련이 있다는 것이 밝혀졌다.

▶해설 술어 뒤로 이동한 명사절이 내용상 주어 역할을 한다.

06 It is likely [**that age changes begin in different parts of the body at different times**].

▶해석 나이에 따른 변화는 서로 다른 시기에 신체의 서로 다른 부위에서 시작될 공산이 있다.

▶해설 술어 뒤로 이동한 명사절이 내용상 주어 역할을 한다.

07 In large groups, **it** is hard [**for everyone to take part equally in discussions or to have the same amount of influence on decisions**].

▶해석 규모가 큰 집단에서는, 모든 이가 동등하게 논의에 참여하거나 의사 결정에 같은 양의 영향을 미치기가 어렵다.

▶해설 술어 뒤로 이동한 to부정사구가 내용상 주어 역할을 한다.
[ ] 안의 for everyone은 to부정사구의 의미상 주어를 나타낸다.

08 It must be emphasized [**that tradition was not static, but constantly subject to minute variations appropriate to people and their circumstances**].

▶해석 전통은 정적인 것이 아니라, 끊임없이 사람들과 그들의 환경에 적절한 미세한 변화들을 겪었다는 것이 강조되어야만 한다.

▶해설 술어 뒤로 이동한 명사절이 내용상 주어 역할을 한다.

Level up
09 Ellie walked to school in her new shoes. "I like those," Megan whispered. "Cool." Ellie felt happy. She knew **it** was hard [**to get compliments from Megan**] and couldn't hide her smile.

▶해석 Ellie는 새 신발을 신고 학교로 걸어갔다. "그 신발 마음에 드는걸. 멋진데."라고 Megan이 속삭였다. Ellie는 기분이 좋았다. 그녀는 Megan으로부터 칭찬을 받기가 어렵다는 것을 알고 있어서 미소를 감출 수가 없었다.

▶해설 술어 뒤로 이동한 to부정사구가 내용상 주어 역할을 한다.

Level up
10 If technology produced automobiles that pollute the air, it is because pollution was not recognized as a problem which engineers had to consider in their designs. Obviously, technology that produces pollution is generally cheaper, but now that **it** has been decided [**that cleaner cars are wanted**], less polluting cars will be produced; cars which scarcely pollute at all could even be made.

▶해석 기술이 공기를 오염시키는 자동차를 생산했다면, 그것은 오염이 공학자들이 설계할 때 고려해야 할 문제로 인식되지 않

앗기 때문이다. 분명히 오염을 발생시키는 기술이 일반적으로 돈이 더 적게 들기는 하지만, 이제 유독 물질을 덜 내뿜는 차가 필요하다고 결정되었으므로 오염을 덜 시키는 차가 생산될 것이며, 심지어는 거의 전혀 오염을 시키지 않는 차가 만들어질 수도 있다.

▶**해설** 술어 뒤로 이동한 명사절이 내용상 주어 역할을 한다.

본문 ▶ p202

Structure 84 내용상 목적어의 후치

Challenge

286 Inflation makes **it** difficult [**for households to plan ahead**].

▶**해석** 인플레이션은 가정이 미리 계획을 세우는 것을 어렵게 만든다.

▶**해설** 목적격 보어 뒤로 이동한 to부정사구가 동사 makes의 내용상 목적어 역할을 한다.
[ ] 안의 for households는 to부정사구의 의미상 주어를 나타낸다.

287 I found **it** almost impossible [**to climb the mountain without any equipment**].

▶**해석** 나는 어떠한 장비도 없이 그 산을 오르는 것이 거의 불가능하다는 것을 알게 되었다.

▶**해설** 목적격 보어 뒤로 이동한 to부정사구가 동사 found의 내용상 목적어 역할을 한다.

288 I owe **it** to my parents [**that I was able to overcome the difficult times**].

▶**해석** 나는 내가 그 힘든 시기를 극복할 수 있었던 것을 부모님 덕으로 여긴다.

▶**해설** 필수 부사어구 뒤로 이동한 명사절이 동사 owe의 내용상 목적어 역할을 한다.

Application

본문 ▶ p203

01 We have always found **it** useful [**to learn lessons from past events**].

▶**해석** 우리는 항상 과거의 사건들로부터 교훈을 배우는 것이 유용하다는 것을 알았다.

▶**해설** 목적격 보어 뒤로 이동한 to부정사구가 동사 found

의 내용상 목적어 역할을 한다.

02 I made **it** a rule [**to work out at least half an hour every morning**].

▶**해석** 나는 매일 아침 적어도 30분 동안 운동하는 것을 규칙으로 삼았다.

▶**해설** 목적격 보어 뒤로 이동한 to부정사구가 동사 made의 내용상 목적어 역할을 한다.

03 Daniel's unusual behavior put **it** into my head [**that he was lying**].

▶**해석** Daniel의 특이한 행동이 내 머릿속에 그가 거짓말하고 있다는 생각이 들게 했다.

▶**해설** 필수 부사어구 뒤로 이동한 명사절이 동사 put의 내용상 목적어 역할을 한다.

04 The committee left **it** an open question [**whether the report was trustworthy or not**].

▶**해석** 위원회는 그 보고서가 신뢰할 수 있는지의 여부를 미결 안건으로 남겨 두었다.

▶**해설** 목적격 보어 뒤로 이동한 명사절이 동사 left의 내용상 목적어 역할을 한다.

05 The fact that Liz was not at the crime scene made **it** easier [**for her to plead not guilty**].

▶**해석** Liz가 범죄 현장에 없었다는 사실이 그녀가 무죄를 주장하는 것을 더 쉽게 만들었다.

▶**해설** 목적격 보어 뒤로 이동한 to부정사구가 동사 made의 내용상 목적어 역할을 한다.
[ ] 안의 for her는 to부정사구의 의미상 주어를 나타낸다.

06 Prolonged positive (or negative) emotions might have psychological costs, making **it** difficult [**to concentrate and to notice new emotional information**].

▶**해석** 오래 계속되는 긍정적인 (또는 부정적인) 감정들은, 집중하고 새로운 감정적 정보를 인지하는 것을 어렵게 만들면서, 심리적 대가를 치를지도 모른다.

▶**해설** 목적격 보어 뒤로 이동한 to부정사구가 making의 내용상 목적어 역할을 한다.

07 Adrian thought **it** logical [**for the bait to hide**

the hook], so he ignored his dad—but after quite a few days of catching nothing, decided to follow his dad's advice.

▶해석 Adrian은 미끼가 낚싯바늘을 감추는 것이 타당하다고 생각해서 아버지를 무시했지만, 꽤 여러 날 동안 아무것도 잡지 못하고 나서는 아버지의 조언을 따르기로 결심했다.

▶해설 목적격 보어 뒤로 이동한 to부정사구가 동사 thought의 내용상 목적어 역할을 한다.
[ ] 안의 for the bait는 to부정사구의 의미상 주어를 나타낸다.

08 Focusing on on-line interaction with people who are engaged in the same specialized area can limit potential sources of information and thus make **it** less probable [**for unexpected findings to happen**].

▶해석 동일한 전문 분야에 종사하고 있는 사람들과의 온라인상의 교류에 집중하는 것은 잠재적인 정보원을 제한할 수 있고 따라서 뜻밖의 발견이 이루어지는 것을 덜 가능하게 만들 수 있다.

▶해설 목적격 보어 뒤로 이동한 to부정사구가 동사 make의 내용상 목적어 역할을 한다.
[ ] 안의 for unexpected findings는 to부정사구의 의미상 주어를 나타낸다.

Level up
09 We take **it** for granted [**that film directors are in the game of recycling**]. Starting in the early silent period, plays were regularly "turned into" films. However, as a source of plot, character, and dialogue, novels seemed more suitable.

▶해석 우리는 영화감독들이 재활용하는 게임을 하고 있다는 것을 당연시한다. 초창기 무성 영화기를 시발점으로 연극은 자주 영화로 '전환'되었다. 하지만 줄거리, 등장인물, 대화의 공급원으로서 소설이 (연극보다) 더 적합해 보였다.

▶해설 필수 부사어구 뒤로 이동한 명사절이 동사 take의 내용상 목적어 역할을 한다.

Level up
10 Children recognize books as fiction sooner than television. Apparently, the fact that print does not physically resemble the things and events it symbolizes makes **it** easier [**to separate its content from the real world**]. Thus, as many have feared, television, with its presenta-

tion of live action, is a more tempting medium in transforming fantasy into reality.

▶해석 아이들은 텔레비전보다 책을 더 빨리 허구라고 인식한다. 명백히 인쇄된 활자가 그것이 상징하는 사물과 사건을 물리적으로 닮지 않았다는 사실은 그것의 내용을 실제 세상과 구분하는 것을 더 쉽게 만든다. 따라서 많은 이들이 두려워해 온 것처럼, 실제 행동을 보여 주는 텔레비전은 공상을 현실로 변형시키는 데 있어서 더 유혹적인 매체이다.

▶해설 목적격 보어 뒤로 이동한 to부정사구가 동사 makes의 내용상 목적어 역할을 한다.

Structure 85 명사구를 수식하는 어구의 후치

Challenge 본문 ▶ p204

289 Someone left a message [**who(m) we don't know**].

▶해석 우리가 모르는 누군가가 메시지를 남겼다.

▶해설 [ ]는 명사구 Someone을 수식하는 관계절로서 술어 뒤로 이동했다.

290 I saw an exciting film last night [**about the life of penguins**].

▶해석 나는 지난밤에 펭귄의 삶에 관한 흥미로운 영화를 봤다.

▶해설 [ ]는 명사구 an exciting film을 수식하는 전치사구로서 부사어구 뒤로 이동했다.

291 The idea was quite revolutionary [**that the earth revolves around the sun**].

▶해석 지구가 태양의 둘레를 돈다는 생각은 상당히 혁명적이었다.

▶해설 [ ]는 명사구 The idea와의 동격 관계를 표시하는 동격절로서 술어 뒤로 이동했다.

Application 본문 ▶ p205

01 New crises arose [**that we'd never expected before**].

▶해석 우리가 이전에 한 번도 예상하지 못했던 위기들이 발생했다.

UNIT
8

▶**해설** [ ]는 명사구 New crises를 수식하는 관계절로서 술어 뒤로 이동했다.

---

02 A book was sitting on the table [**about the theory of disruptive innovation**].

▶**해석** 파괴적 혁신이라는 이론에 관한 책 한 권이 탁자 위에 놓여 있었다.

▶**해설** [ ]는 명사구 A book을 수식하는 전치사구로서 술어 뒤로 이동했다.

---

03 Word got around the office [**that the company was looking to replace Amanda**].

▶**해석** 회사에서 Amanda를 교체하려고 한다는 소문이 사무실에 돌았다.

▶**해설** [ ]는 명사구 Word와의 동격 관계를 표시하는 동격절로서 술어 뒤로 이동했다.

---

04 A lecture was delivered by Mr. Stevenson three years ago [**on the future of our education**].

▶**해석** 우리 교육의 미래에 관한 강연이 3년 전에 Stevenson 씨에 의해서 행해졌다.

▶**해설** [ ]는 명사구 A lecture를 수식하는 전치사구로서 부사어구 뒤로 이동했다.

---

05 Often, a lively discussion arises [**that raises important questions about authorial ownership**].

▶**해석** 작가의 소유권에 대해 중요한 의문을 제기하는 활발한 토론이 자주 일어난다.

▶**해설** [ ]는 명사구 a lively discussion을 수식하는 관계절로서 술어 뒤로 이동했다.

---

06 Five comfortable palm-thatched cabins are constructed of local wood [**within which are fitted mosquito nets**].

▶**해석** 안에 모기장이 설치된 야자나무로 지붕을 인 다섯 개의 편안한 객실이 그 지역의 나무로 지어져 있다.

▶**해설** [ ]는 명사구 Five comfortable palm-thatched cabins를 수식하는 관계절로서 술어 뒤로 이동했다.

---

07 The question remains [**why diverged languages don't merge again when formerly separated people spread out and re-contact each other at speech boundaries**].

▶**해석** 예전에 서로 분리되었던 사람들이 퍼져 나가다가 언어의 경계 지역에서 서로 다시 만나게 될 때 왜 분화된 언어들이 다시 융합하지 않는가라는 문제가 남아 있다.

▶**해설** [ ]는 명사구 The question과의 동격 관계를 표시하는 동격절로서 술어 뒤로 이동했다.

---

08 Suddenly, the phrase came floating into my mind [**that you must do him or her a kindness for inner reasons, not because someone is keeping score or because you will be punished if you don't**].

▶**해석** 불현듯 누군가가 점수를 매기고 있기 때문이거나 하지 않으면 처벌받기 때문이 아니라, 내면의 이유에서 사람들에게 친절을 베풀어야 한다는 구절이 머릿속에 떠올랐다.

▶**해설** [ ]는 명사구 the phrase와의 동격 관계를 표시하는 동격절로서 술어 뒤로 이동했다.

Level up

09 We don't improve by simply living. We have to be intentional about it. Musician Bruce Springsteen commented, "A time comes [**when you need to stop waiting for the man you want to become and start being the man you want to be**]." No one improves by accident. Personal growth doesn't just happen on its own.

▶**해석** 우리는 단순히 살아가는 것만으로는 나아지지 않는다. 우리는 그것에 의도적이어야 한다. 음악가 Bruce Springsteen은 "여러분이 되고 싶은 사람을 기다리는 것을 멈추고 되고 싶은 사람이 되기를 시작해야 할 시간이 온다."라고 말했다. 아무도 우연히 나아지지 않는다. 개인의 성장은 그저 저절로 일어나는 것이 아니다.

▶**해설** [ ]는 명사구 A time을 수식하는 관계절로서 술어 뒤로 이동했다.

Level up

10 In order to create interest in a product, companies will often launch pre-market advertising campaigns. In the nutrition industry, articles are often written [**that discuss a new nutrient under investigation**]. Then, after 4–6 months, a new product is coincidentally launched that contains the ingredient that has been discussed in previous issues.

▶ 해석 어떤 제품에 대한 관심을 창출하기 위해 회사들은 자주 출시 전 광고 캠페인에 착수하곤 한다. 영양 업계에서는 연구 중인 새로운 영양소에 대해 논하는 기사가 흔히 작성된다. 그러고 나서 4~6개월 뒤에 이전 간행물의 호에서 논의되어 온 성분을 함유하는 신제품이 우연인 것처럼 출시된다.

▶ 해설 [ ]는 명사구 articles를 수식하는 관계절로서 술어 뒤로 이동했다

Structure 86 구동사의 목적어

Challenge 　　　　　　　본문 ▶ p206

292 We [**open ourselves up**] to new possibilities in our lives.

▶ 해석 우리는 삶에서 새로운 가능성에 스스로를 열어 둔다.

▶ 해설 [ ]로 표시된 부분에서, 「동사+부사」로 이루어진 구동사(open up, '~을 열어 두다')가 대명사(ourselves)를 목적어로 취하면서, 목적어인 대명사가 동사와 부사 사이에 놓였다.

293 I'm sorry, but I can't [**put it off**] any longer.

▶ 해석 미안하지만, 그것을 더 이상 미룰 수 없어.

▶ 해설 [ ]로 표시된 부분에서, 「동사+부사」로 이루어진 구동사(put off, '~을 미루다')가 대명사(it)를 목적어로 취하면서, 목적어인 대명사가 동사와 부사 사이에 놓였다.

294 The most effective way to focus on your goals is to [**write them down**].

▶ 해석 여러분의 목표에 집중할 수 있는 가장 효과적인 방법은 그것들을 적어 두는 것이다.

▶ 해설 [ ]로 표시된 부분에서, 「동사+부사」로 이루어진 구동사(write down, '~을 적어 두다')가 대명사(them)를 목적어로 취하면서, 목적어인 대명사가 동사와 부사 사이에 놓였다.

Application 　　　　　　　본문 ▶ p207

01 I don't know what to say. I [**let our whole team down**].

▶ 해석 나는 무슨 말을 해야 할지 모르겠다. 나는 우리 팀 전체를 실망시켰다.

▶ 해설 [ ]로 표시된 부분에서, 「동사+부사」로 이루어진 구동사(let down, '~을 실망시키다')가 명사구(our whole team)를 목적어로 취하면서, 목적어인 명사구가 동사와 부사 사이에 놓였다. 이 경우에는 부사 다음에 명사구가 놓일 수도 있다.

02 Do everything you want to do. Don't [**put it off**] until tomorrow.

▶ 해석 여러분이 하고 싶은 모든 일을 해라. 내일까지 그것을 미루지 마라.

▶ 해설 [ ]로 표시된 부분에서, 「동사+부사」로 이루어진 구동사(put off, '~을 연기하다')가 대명사(it)를 목적어로 취하면서, 목적어인 대명사가 동사와 부사 사이에 놓였다.

03 The air creates resistance against falling objects so it [**slows them down**].

▶ 해석 공기는 떨어지는 물체에 대한 저항을 만들어 내고, 그래서 그것은 그것들의 속도를 늦춘다.

▶ 해설 [ ]로 표시된 부분에서, 「동사+부사」로 이루어진 구동사(slow down, '~의 속도를 늦추다')가 대명사(them)를 목적어로 취하면서, 목적어인 대명사가 동사와 부사 사이에 놓였다.

04 All you have to do is make posters and [**put them up**] around the school.

▶ 해석 여러분이 해야 할 일은 포스터를 만들어 학교 전역에 게시하는 것이 전부다.

▶ 해설 [ ]로 표시된 부분에서, 「동사+부사」로 이루어진 구동사(put up, '~을 게시하다')가 대명사(them)를 목적어로 취하면서, 목적어인 대명사가 동사와 부사 사이에 놓였다.

05 Intent on one of the pictures, she took a step back and hit the small table, [**tipping it over**].

▶ 해석 사진들 중 하나에 열중하면서 그녀는 한 걸음 뒤로 물러나다가 그 작은 탁자에 부딪혔고 그것을 쓰러뜨렸다.

▶ 해설 [ ]로 표시된 부분에서, 「동사+부사」로 이루어진 구동사(tip over, '~을 쓰러뜨리다')가 대명사(it)를 목적어로 취하면서, 목적어인 대명사가 동사와 부

UNIT
8

사 사이에 놓였다.

06 When the buffalo went away, the hearts of my people fell to the ground and they could not [**lift them up**] again.

▶ **해석** 물소가 사라졌을 때, 내 부족민들의 마음은 추락했고, 그들은 다시 그들의 마음을 들어 올릴 수 없었다.

▶ **해설** [ ]로 표시된 부분에서, 「동사+부사」로 이루어진 구동사(lift up, '~을 들어 올리다')가 대명사(them)를 목적어로 취하면서, 목적어인 대명사가 동사와 부사 사이에 놓였다.

07 Mozart thought out entire symphonies and scenes from operas in his head. Later he [**wrote them down**] on paper.

▶ **해석** Mozart는 자신의 머릿속에 전체 교향곡과 오페라의 장면을 생각해 두었다. 나중에 그는 종이에 그것들을 기록하였다.

▶ **해설** [ ]로 표시된 부분에서, 「동사+부사」로 이루어진 구동사(wrote down, '~을 적었다')가 대명사(them)를 목적어로 취하면서, 목적어인 대명사가 동사와 부사 사이에 놓였다.

08 Students should try to guess the meaning of new words while they read rather than [**look them up**] in the dictionary.

▶ **해석** 학생들은 책을 읽는 동안 사전에서 새로운 단어를 찾아보기보다는 그것들의 의미를 추측하려고 노력해야 한다.

▶ **해설** [ ]로 표시된 부분에서, 「동사+부사」로 이루어진 구동사(look up, '~을 (사전에서) 찾아보다')가 대명사(them)를 목적어로 취하면서, 목적어인 대명사가 동사와 부사 사이에 놓였다.

Level up
09 The bag has handles and a front pocket. And the fabric is partially made from recycled plastic bottles. You will like it because you can [**fold it up**] and put it in your backpack.

▶ **해석** 그 가방에는 손잡이와 앞주머니가 있다. 그리고 천은 재활용 플라스틱 병으로 부분적으로 만들어졌다. 여러분은 그 가방을 접어서 배낭에 넣을 수 있기 때문에 그것을 맘에 들어 할 것이다.

▶ **해설** [ ]로 표시된 부분에서, 「동사+부사」로 이루어진 구동사(fold up, '~을 접다')가 대명사(it)를 목적어

로 취하면서, 목적어인 대명사가 동사와 부사 사이에 놓였다.

Level up
10 People take longer to leave a parking spot when another driver is waiting. It's as if the space suddenly becomes more valuable once another person wants it. Strictly speaking, it is no longer valuable to the person leaving it. After all, it seems that our brains are so sensitive to loss that once we have been given something, we are hesitant to [**give it up**].

▶ **해석** 사람들은 다른 운전자가 기다리고 있을 때 주차 공간을 떠나는 데 더 오랜 시간을 끈다. 마치 그 공간은 다른 사람이 원할 때 갑자기 더 가치가 있게 되는 것 같다. 엄밀히 말하면, 그곳은 그곳을 떠나는 사람에게는 더 이상 가치가 없다. 어쨌든 간에 결국, 우리의 뇌는 매우 손실에 민감해서 일단 어떤 것을 얻게 되면, 우리는 그것을 포기하기를 주저하는 것 같다.

▶ **해설** [ ]로 표시된 부분에서, 「동사+부사」로 이루어진 구동사(give up, '~을 포기하다')가 대명사(it)를 목적어로 취하면서, 목적어인 대명사가 동사와 부사 사이에 놓였다.

Structure **87** 의문절의 어순

Challenge
본문 ▶ p208

295 The principal asked [**why Justin chose to work with young children**].

▶ **해석** 교장 선생님은 왜 Justin이 어린 아이들과 함께 일하는 것을 선택했는지를 물었다.

▶ **해설** [ ]는 의문사 why로 유도된 의문절로서 「의문사+주어+술어」의 어순을 취한다.

296 Science tells us [**where we are** and **what we are**].

▶ **해석** 과학은 우리에게 우리가 어디에 있으며 우리가 무엇인지를 말해 준다.

▶ **해설** [ ]는 의문사 where와 의문사 what으로 유도된 의문절로서 각각 「의문사+주어+술어」의 어순을 취한다.

297 One difference between winners and losers is [**how they handle losing**].

▶해석 승자와 패자 사이의 한 가지 차이는 그들이 패배를 어떻게 다루는가이다.

▶해설 [　]는 의문사 how로 유도된 의문절로서 「의문사＋주어＋술어」의 어순을 취한다.

본문 ▶ p209

Application

01 Can you guess [**what these words say**]?

▶해석 이 단어들이 무슨 뜻인지를 추측할 수 있겠니?

▶해설 [　]는 의문사 what으로 유도된 의문절로서 「의문사＋주어＋술어」의 어순을 취한다.

02 It should be determined first [**who is going to head the team**].

▶해석 누가 팀을 이끌지가 먼저 결정되어야 한다.

▶해설 [　]는 의문사 who로 유도된 의문절로서 「의문사＋주어＋술어」의 어순을 취한다.
[　]에서 who는 의문사와 주어 역할을 겸하고 있다.

03 Food plays a large part in [**how much you enjoy the outdoors**].

▶해석 음식은 여러분이 야외 활동을 얼마나 많이 즐기는가에 큰 역할을 한다.

▶해설 [　]는 의문사 how로 유도된 의문절로서 「의문사＋주어＋술어」의 어순을 취한다.
[　]에서 how much는 부사어구 역할을 하고 있다.

04 Charles asked me [**when I was supposed to finish work that day**].

▶해석 Charles는 나에게 내가 그날 언제 일을 마치기로 되어 있는지를 물었다.

▶해설 [　]는 의문사 when으로 유도된 의문절로서 「의문사＋주어＋술어」의 어순을 취한다.

05 I asked papa [**why he had to go away** and **why the land was so important**].

▶해석 나는 아빠에게 그가 왜 떠나야 하는지 그리고 그 땅이 왜 그렇게 중요한지를 물었다.

▶해설 [　]는 의문사 why로 유도된 두 개의 의문절로서 각각 「의문사＋주어＋술어」의 어순을 취한다.

06 When reading text, it is vital to figure out [**what points the authors are trying to make**].

▶해석 글을 읽을 때에는, 작가가 어떤 주장을 하려고 하는지를 알아내는 것이 매우 중요하다.

▶해설 [　]는 의문사 what으로 유도된 의문절로서 「의문사＋주어＋술어」의 어순을 취한다.
[　]에서 what points는 make의 목적어 역할을 하고 있다.

07 People sometimes think about [**what principles they should have** or **which moral standards can be best justified**].

▶해석 사람들은 때때로 자신들이 무슨 원칙을 가져야 하는지 또는 어떤 도덕적인 기준들이 가장 잘 정당화될 수 있는지에 대해 생각한다.

▶해설 [　]는 의문사 what과 의문사 which로 유도된 의문절로서 「의문사＋주어＋술어」의 어순을 취한다.
[　]에서 what principles는 동사 have의 목적어 역할, which moral standards는 주어 역할을 하고 있다.

08 Ineffective coaches either believe they have unlimited time, thinking that they will have more time tomorrow to get something done, or they underestimate [**how much time they really do have**].

▶해석 무능한 코치는 무언가를 할 시간이 내일 더 있을 것이라고 생각하면서 무한하게 시간이 있다고 믿거나 또는 자신들이 얼마나 많은 시간을 정말로 가지고 있는지를 과소평가한다.

▶해설 [　]는 의문사 how로 유도된 의문절로서 「의문사＋주어＋술어」의 어순을 취한다.
[　]에서 how much time은 동사 have의 목적어 역할을 하고 있다.

Level Up

09 At the zoo, visitors may witness a great beast pacing behind the bars of its cage. They may observe and admire the creature, its amazing bone structure, and its magnificent coat. However, [**how long visitors spend in front**

UNIT
8

of the cage] has nothing to do with their understanding of the beast.

▶ **해석** 동물원에서 방문객들은 큰 짐승 한 마리가 우리의 창살 뒤에서 서성거리는 것을 목격할지도 모른다. 그들은 그 동물과 그것의 놀라운 골격, 그리고 기막힌 털가죽을 관찰하며 감탄할지도 모른다. 하지만 방문객들이 그 우리 앞에서 얼마나 오랫동안 시간을 보내는지는 그들이 그 짐승을 이해하는 것과는 아무런 상관이 없다.

▶ **해설** [ ]는 의문사 how로 유도된 의문절로서 「의문사＋주어＋술어」의 어순을 취한다.
[ ]에서 how long은 동사 spend의 목적어 역할을 하고 있다.

Level Up

10 Teddy bears that had a more baby-like appearance were more popular with customers. Teddy bear manufacturers obviously noticed [**which bears were selling best**] and so made more of these and fewer of the less popular models, to maximize their profits. This resulted in the evolution of a more baby-like bear by the manufacturers.

▶ **해석** 더 아기 같은 모습을 가진 봉제 곰 인형들이 고객들에게 더 인기가 있었다. 봉제 곰 인형 제조업자들은 어떤 곰들이 가장 잘 팔리고 있는지를 분명히 알아차렸고 그래서 자신들의 이익을 극대화하기 위해 이런 것들을 더 많이 만들고 인기가 덜한 모델들은 더 적게 만들었다. 이것은 제조업자들이 더 아기 같은 곰을 점진적으로 발전시키게 되는 결과를 낳았다.

▶ **해설** [ ]는 의문사 which로 유도된 의문절로서 「의문사＋주어＋술어」의 어순을 취한다.
[ ]에서 which bears는 주어 역할을 하고 있다.

Structure 88 If가 생략된 절의 어순

Challenge 본문 ▶ p210

298 [**Should honeybees disappear**], all living creatures on earth would die out.

▶ **해석** 꿀벌이 사라진다면, 지구상의 모든 생명체들은 멸종될 것이다.

▶ **해설** 가정을 나타내는 접속사 if가 생략되어 조동사 Should가 주어 앞으로 이동했다.

---

299 [**Were I you**], I wouldn't change my mind.

▶ **해석** 내가 당신이라면, 나는 마음을 바꾸지 않을 텐데.

▶ **해설** 가정을 나타내는 접속사 if가 생략되어 동사 Were가 주어 앞으로 이동했다.

---

300 [**Had Andy studied harder**], he would have been admitted to the school.

▶ **해석** 더 열심히 공부했더라면, Andy는 그 학교에 입학이 허락되었을 것이다.

▶ **해설** 가정을 나타내는 접속사 if가 생략되어 조동사 Had가 주어 앞으로 이동했다.

Application 본문 ▶ p211

01 How would you feel [**were I to offer you the Sales Director position in London**]?

▶ **해석** 제가 당신에게 런던의 영업 부장 자리를 제안한다면 기분이 어떻겠습니까?

▶ **해설** 가정을 나타내는 접속사 if가 생략되어 동사 were가 주어 앞으로 이동했다.

---

02 [**Should you be interested**], please fill out this form and send it by August 10th, 2018.

▶ **해석** 관심이 있다면, 이 서식을 작성하여 2018년 8월 10일까지 보내세요.

▶ **해설** 조건을 나타내는 접속사 if가 생략되어 조동사 Should가 주어 앞으로 이동했다.

---

03 What would happen [**were I to go to the soil and say, "Give me some fruit. Give me some plants"**]?

▶ **해석** 내가 흙에게 가서, "내게 과일을 좀 줘. 내게 식물을 좀 줘."라고 말한다면 무슨 일이 일어나겠는가?

▶ **해설** 가정을 나타내는 접속사 if가 생략되어 동사 were가 주어 앞으로 이동했다.

---

04 [**Had it not been for the theory**], our way of thinking about nature might have been totally different.

▶해석 그 이론이 없었더라면, 우리가 자연에 대해 생각하는 방식이 완전히 달라졌을지도 모를 텐데.

▶해설 가정을 나타내는 접속사 if가 생략되어 조동사 Had가 주어 앞으로 이동했다.

---

05 **[Should you create a protagonist based directly on yourself]**, you could hardly view yourself objectively on the page.

▶해석 직접 여러분 자신을 기반으로 해서 주인공을 만든다면, 여러분은 페이지 위에서 객관적으로 자기 자신을 거의 볼 수 없을 것이다.

▶해설 가정을 나타내는 접속사 if가 생략되어 조동사 Should가 주어 앞으로 이동했다.

---

06 **[Had the lawyer insisted on participating in the discussion]**, she would have spoiled the deal and destroyed her credibility.

▶해석 그 변호사가 논의에 참석하기를 고집했더라면, 그녀는 그 거래를 망치고 자신의 신뢰도를 훼손했을 것이다.

▶해설 가정을 나타내는 접속사 if가 생략되어 조동사 Had가 주어 앞으로 이동했다.

---

07 They could have understood and predicted events better **[had they reduced passion and prejudice, replacing these with observation and inference]**.

▶해석 격정과 편견을 줄이고 이것들을 관찰과 추론으로 바꾸었더라면 그들은 사건들을 더 잘 이해하고 예측할 수 있었을 텐데.

▶해설 가정을 나타내는 접속사 if가 생략되어 조동사 had가 주어 앞으로 이동했다.

---

08 **[Should the extremely limited set of conditions change—as a result of nature or, more commonly, an outside force—]**specialist species like the koala bear often become extinct.

▶해석 극도로 제한된 일련의 조건들이 자연, 혹은 더 흔하게는 외부의 힘 때문에 바뀐다면, 코알라와 같은 특화종들은 흔히 멸종하게 된다.

▶해설 조건을 나타내는 접속사 if가 생략되어 조동사 Should가 주어 앞으로 이동했다.

Level Up

09 First put forward by thinkers of the European liberal movement, the principle of non-intervention would have been capable, had it been actually followed, of serving that movement in a most effective manner. **[Had it been observed in the case of the French Revolution]**, France would have been left to her own free and spontaneous development.

▶해석 내정 불간섭의 원칙은 유럽의 자유주의 운동 사상가들에 의해서 처음 제안되었는데, 그 원칙이 실제로 지켜졌더라면 대단히 효과적인 방식으로 그 운동에 도움이 될 수 있었을 것이다. 프랑스 혁명의 경우에서 그것이 준수되었더라면, 프랑스는 스스로 자유롭고 자발적으로 발전할 수 있도록 남겨졌을 것이다.

▶해설 가정을 나타내는 접속사 if가 생략되어 조동사 Had가 주어 앞으로 이동했다.

Level Up

10 During the time of year when other fruits are less plentiful, fig trees become important in sustaining fruit-eating vertebrates. **[Should fig trees disappear]**, most of the fruit-eating vertebrates would be eliminated. Protecting fig trees is an important conservation goal because it increases the likelihood that monkeys, birds, bats, and other vertebrates will survive.

▶해석 한 해 중 다른 과실들이 덜 풍부한 기간 동안에, 무화과나무는 과실을 먹는 척추동물들을 살아가게 하는 데 중요해진다. 무화과나무가 사라진다면, 과실을 먹는 척추동물들의 대부분이 없어질 것이다. 무화과나무를 보호하는 것은 그것이 원숭이, 새, 박쥐, 그리고 다른 척추동물들이 생존할 가능성을 증가시키기 때문에 중요한 보존 목표이다.

▶해설 가정을 나타내는 접속사 if가 생략되어 조동사 Should가 주어 앞으로 이동했다.

UNIT
8

내신·수능 대비 추천 학습 로드맵 | 국어

고교 교재 선택, 더이상 고민하지 마세요!
EBS 과목별 고교 교재 시리즈로 선택만 하면 됩니다.
꼭 필요한 교재가 모두 준비된 EBS 고교 시리즈, 이제 학습 수준과 목표를 확인하고 바로 시작할 수 있습니다!

고1 ~ 고2			고3				
고교 입문	내신 + 수능 기본 개념	단기/특화·수능입문 고난도	[고3 예비]	기출 문제집	수능 실전		
					연계교재	단기 / 고난도	실전모의고사
국어 공부 따로 하지마라 국공따	올림포스	[고2 예비] 수능 길잡이	[고3 예비] 2018년 1월 지금, 내 등급은?	기출의 미래	수능특강	[수능연계완성] 4주 특강	FINAL 실전 모의고사
[고1 예비] 2018년 1월 지금, 내 등급은?	국어 독해의 원리	수능 특강 Light			수능완성	수능의 7대 함정	만점 마무리 봉투 모의고사
고등 예비 과정	국어 문법의 원리						

수능의 7대 함정

자꾸 틀리고, 누구나 틀리고, 아쉽게 틀리는!
최고 오답률 문제, 함정 탈출 해법서

내신·수능 대비 추천 학습 로드맵 | 영어

고교 교재 선택, 더이상 고민하지 마세요!
EBS 과목별 고교 교재 시리즈로 선택만 하면 됩니다.
꼭 필요한 교재가 모두 준비된 EBS 고교 시리즈, 이제 학습 수준과 목표를 확인하고 바로 시작할 수 있습니다!

고1 ~ 고2			고3				
고교 입문	내신 + 수능 기본 개념	단기/특화·수능입문 고난도	[고3 예비]	기출 문제집	수능 실전		
					연계교재	단기 / 고난도	실전모의고사
고등 예비 과정	기본 Grammar POWER 상|하				감수 수능특강	[수능연계완성] 4주 특강	FINAL 실전모의고사
	기본 Reading POWER 완성		[고3 예비] 2018년 1월 지금, 내 등급은?	기출의 미래			
	기본 Listening POWER 실력						
	VOCA POWER 어원 | 고교 필수 어휘						
[고1 예비] 2018년 1월 지금, 내 등급은?	올림포스	[고2 예비] 수능길잡이			감수 수능완성	수능의 7대 함정	만점마무리 봉투 모의고사
		수능특강 Light					

수능의 7대 함정

자꾸 틀리고, 누구나 틀리고, 아쉽게 틀리는!
최고 오답률 문제, 함정 탈출 해법서

내신·수능 대비 추천 학습 로드맵 | 수학

고교 교재 선택, 더이상 고민하지 마세요!
EBS 과목별 고교 교재 시리즈로 선택만 하면 됩니다.
꼭 필요한 교재가 모두 준비된 EBS 고교 시리즈, 이제 학습 수준과 목표를 확인하고 바로 시작할 수 있습니다!

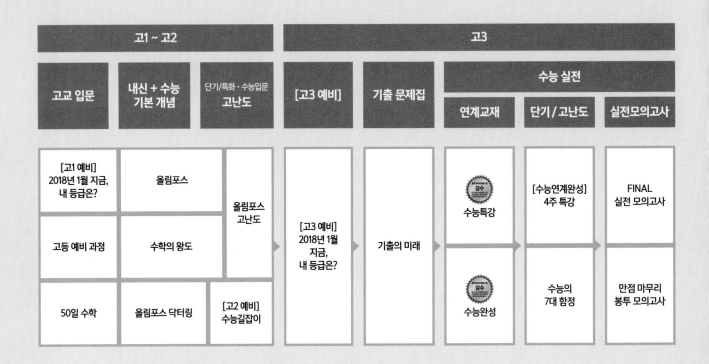

고1 ~ 고2			고3				
고교 입문	내신 + 수능 기본 개념	단기/특화·수능입문 고난도	[고3 예비]	기출 문제집	수능 실전		
					연계교재	단기 / 고난도	실전모의고사
[고1 예비] 2018년 1월 지금, 내 등급은?	올림포스	올림포스 고난도	[고3 예비] 2018년 1월 지금, 내 등급은?	기출의 미래	수능특강 (감수)	[수능연계완성] 4주 특강	FINAL 실전 모의고사
고등 예비 과정	수학의 왕도				수능완성 (감수)	수능의 7대 함정	만점 마무리 봉투 모의고사
50일 수학	올림포스 닥터링	[고2 예비] 수능길잡이					

수능의 7대 함정

자꾸 틀리고, 누구나 틀리고, 아쉽게 틀리는!
최고 오답률 문제, 함정 탈출 해법서

내신·수능 대비 추천 학습 로드맵

| 사회 · 과학 · 한국사

고교 교재 선택, 더이상 고민하지 마세요!
EBS 과목별 고교 교재 시리즈로 선택만 하면 됩니다.
꼭 필요한 교재가 모두 준비된 EBS 고교 시리즈, 이제 학습 수준과 목표를 확인하고 바로 시작할 수 있습니다!

고1 ~ 고2			고3			
고교 입문	**내신 + 수능 기본 개념**		**기출 문제집**	**수능 실전**		
				연계교재	**단기 / 고난도**	**실전모의고사**

		개념완성 문항편 ※ 뉴탐스런 평가문항집		감수 수능특강		FINAL 실전 모의고사
고등 예비 과정	개념완성	빈칸완성	기출의 미래		수능의 7대 함정	
	(※ 고2,3 : 뉴탐스런)	필수 한국사		감수 수능완성		만점 마무리 봉투 모의고사

수능의 7대 함정

자꾸 틀리고, 누구나 틀리고, 아쉽게 틀리는!
최고 오답률 문제, 함정 탈출 해법서

MEMO

2022 학년도 뉴수능 스타트

평가원 예시문항 최초 분석

국어, 영어, 수학Ⅰ, 수학Ⅱ, 확률과 통계, 미적분, 기하 전 7책 발행

고1~2 내신 중점 로드맵

과목	고교 입문	기초	기본	특화	단기
국어		윤혜정의 나비효과 입문편			
		어휘가 독해다!			

국어 / 영어 / 수학 / 사회 / 과학

- 고등 예비 과정
- 내 등급은?

국어 특화: 국어 독해의 원리 | 국어 문법의 원리

영어 특화: Grammar POWER | Reading POWER | Listening POWER | Voca POWER

고급: 올림포스 고난도

수학 특화: 수학의 왕도

단기 특강

기초: 50일 수학
초급: 올림포스 닥터링

기본서: 올림포스
기본서: 올림포스 전국연합 학력평가 기출문제집
기본서: 개념완성 + 개념완성 문항편

인공지능: 수학과 함께하는 AI 기초

과목	시리즈명	특징	수준	대상
전과목	고등예비과정	예비 고등학생을 위한 과목별 단기 완성	●	예비 고1
국/영/수	내 등급은?	고1 첫 학력평가 + 반 배치고사 대비 모의고사	●	예비 고1
	올림포스	내신과 수능 대비 EBS 대표 국어·수학·영어 기본서	●	고1~2
	올림포스 전국연합학력평가 기출문제집	전국연합학력평가 문제 + 개념 기본서	●	고1~2
	단기 특강	단기간에 끝내는 유형별 문항 연습	●	고1~2
한/사/과	개념완성 & 개념완성 문항편	개념 한 권 + 문항 한 권으로 끝내는 한국사·탐구 기본서	●	고1~2
국어	윤혜정의 나비효과 입문편	베스트셀러 '개념의 나비효과', '패턴의 나비효과'의 입문편	●	고1~2
	어휘가 독해다!	7개년 학평·모평·수능 출제 필수 어휘 학습	●	고1~2
	국어 독해의 원리	내신과 수능 대비 문학·독서(비문학) 특화서	●	고1~2
	국어 문법의 원리	필수 개념과 필수 문항의 언어(문법) 특화서	●	고1~2
영어	Grammar POWER	구문 분석 트리로 이해하는 영어 문법 특화서	●	고1~2
	Reading POWER	수준과 학습 목적에 따라 선택하는 영어 독해 특화서	●	고1~2
	Listening POWER	수준별 수능형 영어듣기 모의고사	●	고1~2
	Voca POWER	고등학교 영어 교육과정 필수 어휘 단어집	●	고1~2
수학	50일 수학	50일 만에 완성하는 중학~고교 수학의 맥	●	고1~2
	올림포스 닥터링	친절한 개념 설명을 통해 쉽게 연습하는 수학 유형	●	고1~2
	올림포스 고난도	1등급을 위한 고난도 유형 집중 연습	●	고1~2
	수학의 왕도	EBS가 만든 신개념 수학 특화서	●	고1~2
기타	수학과 함께하는 AI 기초	파이썬 프로그래밍, AI 알고리즘에 직접 필요한 수학 개념	●	고1~2